• 经济管理学术文库 •

企业公民教育研究

——企业公民、企业自生能力与企业社会责任

The Impact of Sports Sponsor Marketing on
Brands Equity

王金辉／著

经济管理出版社
ECONOMY & MANAGEMENT PUBLISHING HOUSE

序

——读出来的学问

知识有两个来源，一个是做实验干科研干出来的，另一个是读书读出来的。读书真能读出来学问吗？能，而且能读出来大学问，能读出有创意又有创造性的学问。

读书人，沉潜乐学，不浮不躁，坐在书斋里，清心寡欲，安静下来，打开书本，一行一行地读，一页一页地读，读完这本再读另外一本。并且，边读边想，"是什么"，"为什么"，"怎么办"；用自己做人做事的经验去理解书中的概念、理论和技术；又用书中的思想和方法去梳理自己的所见所闻、所思所想。书真正读进去了，理解了作者，把握了主旨与意图，明白了微言大义，有了若干心得体会，这或许就是原作者不曾发现，未曾想到，来不及理论的。这不就是创新吗？

摆在我们面前的这本书，就是王金辉读书读出来的大学问。书中讨论的是企业社会责任与自生能力。这两个课题是作者有浓厚兴趣、长期关注的问题，也是企业界、学界及社会经常热议的问题。作者大学毕业后，就投身商海，创办了民营公司，从事小麦、大豆和棉花等农副产品交易。像投放了酵母的面团一样，公司很快做大了，虽然没有国有公司那般强大，但是，在同业同行心目中也算是榜上有名了。他自己总结道：公司迅速发展，一不是靠钱，二不是靠权。这两项他都不具优势。他的优势就是读书学习。他爱读书、爱学习，爱把书本上写的变成公司的经营管理实践，是名副其实的学习型企业家，其公司是名副其实的学习型企业组织。

王金辉先生学习有三个特点：

锲而不舍、坚持不懈，是他学习的第一个特点。他读了一个学校又一个学校，学习了一个专业又一个专业。北京大学、清华大学、中国社会科学院研究生院、香港中文大学、英国温布尔大学，校校都有他的课桌，到处都有他的足迹。生产、经营、管理、金融、投资、物流，他都饶有兴趣地涉猎，孜孜不倦地研习。笔者是在北京大学教组织行为学时与其相遇相识的。他给笔者留下了深刻印象。与其他学员不大相同，他听课十分认真，一直保持倾听姿态，不时做笔记，善于目光交流，能及时抓住课间时间提些很有质量、很有深度的问题，可见其边听边思考着许多问题，并力图在学习中解决。

认真选择图书文献，是王金辉读书的第二个特点。眼下，信息洪水汹涌澎湃，大有淹没一切的势头。报纸、杂志、广播、电视、短信和博客所传播的信息令人应接不暇。读什么与不读什么，常常使人无从选择。这不仅因为我们的选择能力有限，而且还因为我们用于阅读的时间并不是无限的。企业家没有不喊忙的，王金辉也不例外。但是，我们除了听到他喊工作忙碌之外，还听到他阅读的消息。为了集中解决一个问题，他广泛涉猎，搜集大量文献，一一阅读。为写这本讨论社会责任与自生能力的书，他检索了中文文献164个，英文文献95个。它们多来源于核心刊物，撰稿人多具代表性和权威性。

深思熟虑、质疑批评，是王金辉读书的第三个特点。他总是以敬佩的心情，虚怀若谷的态度去阅读，像海绵一样吸纳书中的思想、理论、方法和技术。但是，他从来不死读书，不迷信、不盲从，坚持质疑、批评。就拿讨论企业社会责任来说吧，他介绍了道义论、自利论、战略论以及其他一些理论。对每种理论，都指出其优点、优势和长处，同时又指出它的弱点、缺点和错误，充满了批判精神。没有批判就没有创新，批判是创新的开始。作者在对文献的品头论足当中提出并论证了自己的观点和主张，从而彰显了大胆创新的精神。愿作者的创新精神在广大读者中传播，盼一个个充满批判创新精神的学习型企业在中国大地上崛起。

李庆善

于北师大公寓

2010.10.12.

（李庆善，中国社会科学院研究生院教授，博士生导师。
中国社会心理学会秘书长，中国社会科学院社会学所研究员。
享受政府特殊津贴。）

目　录

上篇　企业自生能力

下篇　企业社会责任

导　论

　　企业公民不仅是一个理论研究的热点问题，而且企业公民建设已经成为一种全球性的社会运动，它将企业经济行为与企业社会责任联系起来，从而实现了理论与实践的融合。外国企业特别是 500 强企业在其长期的发展历史中深刻地体会到社会需求、社会环境对企业健康发展的重要性，因而逐渐形成了非常成熟的企业公民理念，进而成为全球企业好公民的样板企业。在当今世界范围内，企业公民建设作为推动企业与社会、环境和谐发展的重要动力，已经得到政府、社会和企业的高度关注和支持，成为构建和谐世界的重要力量，符合新形势下企业发展的需要。

一、问题的提出和意义

　　近年来，随着全球化进程的加快和跨国投资力度的加大，企业公民理念在中国得到较为广泛的传播，与之相关的理论、政策法规和监督评价体系日趋完善，企业公民的社会组织机构基本建立，企业从事社会责任实践活动的形式、内容日益多样化，范围逐步扩大，发布企业社会责任报告的企业数量日益增加，中国企业公民建设取得了阶段性成果。但由于中西方文化差异较大，社会经济发展背景不同以及中国经济发展阶段和层次的限制，中国企业公民建设还处于较低的水平，法律和体制保障尚未健全，企业社会责任缺失情况较为普遍，甚至一些恶性事件还时有发生。为了进一步推动企业公民建设，我们要科学地界定企业公民的内涵，厘清认识上的误区，建立合理的企业公民治理机制，完善服务机构，这样才能为企业公民建设创立良好的外部环境。

　　无论是在古代还是在近现代，中西方的经济思想家们在主张经济利益的同时，也非常重视道义，即经济利益的获取手段和方式。早在 2000 年前，中国西汉史学家司马迁就提出"礼生于有而废于无"、"富者，人之情性，所不学而俱欲者也"[①]，作出了"天下熙熙，皆为利来；天下攘攘，皆为利往"的著名论

---

① 司马迁：《史记·货殖列传》，中州古籍出版社，1994 年。

断，表明司马迁已朦胧地意识到了物质利益规律是人类社会正常运行的第一驱动力，反映其财富观的唯物主义倾向；同时他指出"求富有正道，奸富不可取"，对通过作奸犯科、杀人越货等非法手段得来的不义之财予以坚决否定。亚当·斯密的《国富论》虽然以"经济人"假设为立论基础，指出每个人都是自己利益的最好判断者，人们从事经济活动无不以追求自己的最大利益为动机。但斯密也反对损人利己、道德沦丧。他公开抨击了商人只考虑自身利益的极端自私心理，认为唯有互利才能使每个人的自利追求得以实现。司马迁的财富观和斯密的"经济人"假设有着异曲同工之妙，二者都肯定"利己"，并认为这是社会经济发展的内在驱动力，其思想见解闪烁着唯物主义的光辉；都反对"损人"，体现了"利己"和"利他"的统一，司马迁的"致富层次论"与斯密的"道德人"所体现的人文关怀，折射出两位巨人经济思想中浓厚的辩证色彩。①

　　企业是社会的细胞，企业是经济的灵魂。传统意义上的经济学把企业仅仅看成一个以盈利为目的的生产经营单位，利润最大化是其追求的永恒主题，它没有责任也没有义务去完成本应由政府或社会完成的工作，其行为只要不违法，以何种手段和方式去追求利润都无可厚非。几十年前，美国经济学家米尔顿·弗里德曼就撰文指出："企业负有一种并只有一种社会责任，那就是遵守职业规则，在拒绝诡计和欺诈的前提下，充分利用其资源从事公开的、自由的竞争而增加其利润。"1920年，福特的创始人就说过这样一句话："经营一个企业要赚钱，如果不赚钱企业就会死掉，但是如果只关心赚钱，而对社会规律不闻不问，那么这个企业也会死掉，因为它失去了存在的价值。"现代管理学的奠基人彼得·德鲁克也认为，单纯追求利润最大化的企业会忽视非常重要的领域，比如研究、培训和福利，只要它的竞争对手在这些领域倾注全力，就会轻易将它击败。

　　美国理安·艾斯勒在《国家的真正财富：创建关怀经济学》一书中提出，②我们最重要的经济资产不是财经方面的，而是人的贡献和自然环境的贡献。该书构建了关怀经济学体系的6个基础：基础一：全方位的经济图景。全方位的经济图景包括家庭经济、无报酬社区经济、市场经济、非法经济、政府经济与自然经济。基础二：重视和支持关怀与给予关怀的文化观念与体制。观念与体制伙伴以伙伴关系而不是统治关系为取向，并且在亲子关系与两性关系形成时从统治关系转为伙伴关系。基础三：政府经济规章、政策和措施。政府与企业的规章、政策与措施鼓励和奖励关怀和给予关怀，满足人类的基本需求——物质需求与人类发展需求，用以维护生命的直接技术突破；并考虑对未来世代的

---

① 景春梅：《司马迁与亚当·斯密若干经济思想之比较》，《生产力研究》，2008（15）。
② 理安·艾斯勒：《国家的真正财富：创建关怀经济学》，社会科学文献出版社，2009年。

影响。基础四：完备且准确的经济指标。这些指标包括传统上由妇女在家从事的和其他非货币化的经济活动，以及大自然维护生命的进程，它们不包括伤害我们和自然环境的活动。基础五：伙伴关系的经济与社会结构。更加平等和更加参与性的结构促进互惠、负有责任和义务的关系，而不是使经济资产和权力集中于领导。基础六：演进中的伙伴主义经济理论。这种经济理论结合了资本主义和社会主义的伙伴关系因素，并且超越了它们，认识到关怀我们自己、他人与大自然的重要经济价值。这6项基础，其实反映的是一个全社会的公民意识：人与社会、大自然的和谐共存。该理论基础也是对企业公民理论与实践探索的一种新的突破，通过人文关怀实现对企业公民所富有的情怀进行阐释。

　　在大自然生态活动中，有一个能够显而易见地诠释企业公民的道理：蜜蜂为了酿蜜，必须从各种植物与花草中采集花蜜，这可以看作是蜜蜂对自然环境资源的索取，而它在采蜜的同时也因为翅膀上粘附了花粉而给花授粉，从而实现其对大自然的回报。人比蜜蜂更为聪慧的是，人们从一开始就将责任放在首位：一旦做起了企业，不是做成后顺带做了什么，而是自始至终去维护整个社会的人文与生态和谐。而与之相反的是竭泽而渔的赚钱、唯利是图的商战，然后终于大功告成，最后是所谓的慈善——这种逻辑的反动，恰恰是企业"非公民"思维的结果，这不仅是对企业公民、责任与慈善的玷污，而且是对企业的慢性扼杀。

　　在一个开放、竞争的市场中，一个正常管理的企业，必须有能力获得投资者可以接受的预期利润率，这样的企业才会有人去投资设立；一个企业投资设立后，在未来的经营中也必须能获得投资者可以接受的预期利润率，这样的企业才会被继续经营下去。要是一个正常经营的企业不能获得市场上大家可以接受的预期利润率，就会失去自生能力，它的设立和继续经营就只能靠外力的支持，主要是政府给予的政策性补贴、保护。在此需要指出的是：一个正常运转的市场必须允许新企业自由进入、企业间竞争以及在竞争中落败的企业被淘汰出局。

　　本书之所以选择从企业自生能力和社会责任两个方面来集中研究企业公民问题，主要因为在深入系统研究企业如何打造自生能力，如何履行社会责任的同时，还想就以下两个方面做出阐释和厘清：一是理清企业公民的理念。一般而言，谈到企业公民，人们仅仅想到企业为社会做了什么，回报社会多少，给社会捐献多少金钱和物资，往往忽视了我们社会和政府应为企业生存与发展创造怎样的环境和条件。其实，社会和政府要携起手来，按照我国社会主义市场经济的要求，共同构建符合企业成长的体制环境，让企业立足国内放眼世界，使其充分利用国内外两种资源、两个市场，争取取得更好的业绩。二是改革开放以来，随着我国社会主义市场经济的建立和发展，很多人极端夸大了企业作为"经济人"的作用，乃至信用缺失、职业道德败坏、只求利己而不惜损人的见利忘义行为广泛存在，严重制约着市场经济的健康发展。通过对企业公民理念的重塑，让我国企业重温"以义取利"、"义利兼得"的优良传统，正确解读斯密"经济人"假设的丰富内涵，对企业树立新时期社会主义荣辱观，切实履行社会责任和义务，推动我国转轨时期市场经济的健康发展，构建和谐社会有着重要的启迪意义。

《福布斯》文章曾指出，在20世纪70年代，美国国务卿亨利·基辛格曾经请中国总理周恩来对法国大革命对世界造成的重要影响发表看法。周恩来总理当时回答他说："现在来说这个还为时过早。"西蒙·谢玛（Simon Schama）在其杰作《法国革命》前言中也提到了周恩来总理对法国革命的重要评价。周恩来总理的评价很耐人寻味，一个政治事件的发生有其历史的必然性，也有其现实的合理性，没有历史的检验是很难盖棺定论的。这种回答方式，显现出周恩来总理既审慎又超然的态度。我想，人类历史中发生的重大历史事件，到底对历史进程产生何种重大作用和重要影响，的确是在短时间内难以认识清楚的。200年在历史长河中也不过是个片段而已，更何况是刚刚过去几十年，甚至几年的重大历史事件。我们探讨企业公民问题，对企业界来讲是一个思维革命的问题，可以说算得上是对一个较大的问题的研讨，但有一点与政治探讨有所不同，经济发展是有规律可以遵循的、企业自生能力是可以按经济规律来培育的，而政治事件的发生具有一定的偶然性，是与人民对统治阶级的拥护程度密切相关的，与政党以民为本的理念有关，二者具有本质性的差异。所以，我们可以对一个企业是否是一个合格的企业公民下个结论：只要一个企业能够不断创新，开拓市场，培育好自生能力，履行好应承担的社会责任，那么这个企业就是一个良好的企业公民，值得受到社会的尊重和支持。

既然可以对企业公民下结论性的评价，那么就可以沿着这一思路进行研究和探讨，首先企业必须在一个竞争性的市场环境里生存和发展。竞争性的市场环境至少需要如下几个条件：第一，必须存在足够的企业或者产业的潜在进入者；第二，这些企业不能私下缔结合谋契约；第三，假如一家企业获得了主导地位，那么它不能滥用这种地位；第四，市场是免受政府庇护的，起码是适度竞争的；第五，技术或产品是多元的，是通过市场发现而催生的。①企业只有在上述的市场环境下，通过自身努力，培育立足于市场的自生能力，才能享有企业公民的权利并承担起相应的责任。

---

① 让-雅克·拉丰：《规制与发展》，中国人民大学出版社，2009年。

相应地,哈佛大学经济学家科尔耐认为,[1]自主经营是产权和协调机制的一种特定组合,其基本原则是企业领导由企业的工人选举产生,而不像国有企业的领导人那样自上而下产生;而且工人可以分享企业利润。科尔耐教授仅仅分析了与国企相对应的一种自主经营状态,是狭义的自主经营。本书谈到的自主经营,是企业在市场竞争环境下依法经营、自主决策、自由联合、合法缴税、合理分红的一种自由状态,是广义的自主经营。

二、企业公民:责任与权利的统一

伴随着企业社会责任与可持续发展等理念成为国际上的一股主流思潮,企业公民一词得到了广泛的传播。这一名词脱胎于商业道德和企业社会责任,从法学的角度强调了企业的社会公民身份,扩展了传统商业道德涉及的领域,丰富了公司治理的内容,几乎涉及了企业与社会相关的方方面面。进入21世纪,人们对企业的期望,已经不仅仅是解决就业、赚取利润和缴纳税收了,人们更希望企业能有效地承担起推动社会进步、关心环境和生态、维护市场秩序、扶助社会弱势群体、参与社区发展、保障员工权益等一系列社会问题上的责任和义务。于是,企业公民这一反映这种期望的概念便应运而生了。

企业公民概念属于社会文化范畴,是指一个公司将社会基本价值与日常经营实践、运作和策略相整合的行为方式。社会是企业利益的源泉,企业在享受社会赋予的条件和机遇时,也应该以符合伦理、道德的行动回报社会、奉献社会。企业公民这一概念蕴涵着社会对企业提出的要求,意味着企业是社会的公民,应承担起对社会各方的责任和义务。如,为员工提供更好的工作环境和福利,为社会创造就业机会和为社会发展做贡献,为消费者提供安全可靠的产品,同经营合作伙伴建立良好的关系,关注环境和社会公益事业,等等。企业公民不仅仅要从事公共慈善事业,更重要的是要把本职工作做好,确保企业遵纪守法,不骗人,不做假账,不生产伪劣产品,等等。实际上,能否做一个合格的企业公民体现了一个企业的价值取向和长远追求。

关于企业公民,西方研究者给出3个不同的回答:企业是公民、企业像公民、企业管理公民权。[2]持"企业是公民"观点的学者认为,企业是有权利和义务的法人,是它们所在国家的公民,企业伦理的首要原则就是:"企业本身就是公民,是一个大型社区的成员。"这种观点是企业公民研究中的重要转折点。持"企业像公民"观点的学者认为,企业像公民一样参与社会和治理,与政府和社

① 雅诺什·科尔耐:《社会主义体制:共产主义政治经济学》,中央编译出版社,2007年。
② 湛远知:《企业公民:策问与策辩》,社会科学文献出版社,2009年。

会组织合作，并管理个人公民权利。而持"企业管理公民权"的学者则认为，企业公民既不是"企业是公民"，也不是"企业像公民"，而是说企业在公民管理中能起到积极作用，并把其定义为"企业公民描述了企业管理个人公民权利的作用"，指出企业进入公民领域是由于传统的政府角色出现失灵，国家不再是公民权的唯一担保人，企业接管了某些原先完全由政府履行的保护公民权的职能，企业与公民的结合，即企业公民的出现，正是这种情形的反映，而这一重要变化在全球化过程中表现得尤为明显（霍季春，2008）。不管何种说法，都说明企业作为一个社会的公民主体，是责任与权利的统一体。

对于企业公民与企业社会责任的关系，目前学界存在 3 种不同的看法：一是认为企业公民是企业社会责任的一部分，二是认为企业公民与原来的企业社会责任概念是等同的，三是认为企业公民概念是对企业社会责任概念的延伸和拓展。爱泼斯坦认为，好的企业公民意味着企业与利益相关者之间有良好的合作，而这些利益相关者并不仅仅指那些与企业有着密切的、长期的经济利益联系的群体。企业公民行为涉及与企业之外的、超越法律或商业关系的利益相关者有关的行为。这些行为包括为社区提供经济和非经济支持、工作培训，制定超出法定要求的环境标准，促进当地政治经济文化发展等。爱泼斯坦主张的企业公民行为是指企业在其经济责任、法律责任和伦理责任之外自愿承担的责任。

对于此类问题，西方学者给予充分的关注和研究。卡罗尔认为，企业公民行为不仅包括企业与社区之间的关系，还应包括企业对其他重要的利益相关者的回应。他提出了企业公民"四面说"，即每个企业公民均有经济面、法律面、伦理面和慈善面四面。对于不同的"面"而言，企业公民均应满足不同的要求。如经济面要求企业公民赚取利润，法律面要求企业公民遵守法律，伦理面要求企业公民的行为要符合道德伦理标准，慈善面要求企业公民需要为公共目的做出贡献，包括自愿服务、自愿交往和自愿捐赠等。范·卢杰克（Van Lujik，2001）解答了使用企业公民概念的缘由，他认为，企业社会责任概念暗含了企业有可能出现不负责任的情况而将企业看作是经常违反道德和伦理的群体，而企业公民概念更有利于正确认识企业在社会中的位置，标志着企业在承担社会责任的同时也像普通自然人公民一样拥有相应的权利。沃德尔（Waddell，2000）亦表示，企业公民重在强调由企业组织的社区中所有相互联系和相互依赖的成员的权利和义务。瓦洛（Valor，2005）认为，企业公民是一个比企业社会责任更积极的概念，它提供了通过借鉴对自然人公民的分析来完善企业公民理论的途径。韦多克（Waddock）认为，企业公民体现在"企业与相关利益者和自然环境的关系以及企业对相关利益者和自然环境的做法"之中，强调企业行为的社会影响，并将企业表现与利益相关者和自然环境结合在一起，企业公民是企业社会责任思想与利益相关者理论的融合。

随着市场经济的深入发展，企业以"社会公民"身份履行社会责任的观念和实践越来越得到政府、市场和公众的认同和提倡，这从某种意义上已经超越了慈善家的个人行为，而是企业理性选择的存在方式。企业公民和企业社会责任理念的推广和影响力的扩大衍生出了众多的定义和标准，既有政府及政府间组织制定的标准，如国际劳工组织的有关公约、联合国人权宣言等；也有非政府组织制定的民间标准，包括联合国全球契约（GC）、道德贸易行动（ETI）准则、SA8000 等；很多跨国公司自身也制定了很多供应链行为准则，这些公司有迪斯尼、沃尔玛、耐克、宜家等。

三、企业公民的理论综述

早在 1993 年，德鲁克就提出："企业公民意味着积极的贡献，意味着责任，意味着为社区带来变化，为社会和国家带来变化。"美国波士顿学院对企业公民的权威定义为："企业公民是指一个公司将社会基本价值与日常商业实践、运作和政策相整合的行为方式。一个企业公民认为公司的成功与社会的健康和福利密切相关。因此，它会考虑公司对所有利益相关人的影响，包括雇员、客户、社区、供应商和自然环境。企业公民是关于企业、政府和社会的新的契约关系，它代替了以往争议的企业社会责任。"2003 年世界经济论坛认为"企业公民"应包括 4 个方面的内容：第一，企业的基本价值观，主要包括遵守法律、现存规则以及国际标准，拒绝腐败和贿赂，倡导社会公认的商业道德和行为准则。第二，对利益相关群体负责，其中雇员、顾客和股东是最基本的，主要包括安全生产、就业机会平等和薪酬公平，反对性别、种族等歧视，注重员工福利；保护消费者权益，保证产品质量；维护股东权益，重视投资者关系等。另外，还包括企业对所在社区的贡献等。第三，对环境的责任，主要包括维护环境质量，使用清洁能源，共同应对气候变化和保护生物多样性等。第四，对社会发展的贡献，如救助灾害、救济贫困、扶助残疾人等困难的社会群体和个人，赞助教育、科学、文化、卫生、体育、环保、社会公共设施建设，或其他促进社会发展和进步的社会公共事业和福利事业。

宗晓兰在《企业公民——理论探索与经验研究》中指出，企业公民实质上意味着企业是"平衡各方利益关系的企业实体"。[①] 李抗美认为："强调社会责任，是发展社会化大生产和市场经济的道德要求，反映了商品经济发展的一般规律，

---

① 宗晓兰：《企业公民——理论探索与经验研究》，苏州大学硕士学位论文，2005 年。

具有鲜明的时代性","履行社会责任,是独立市场主体对自身行为自主选择的结果,是企业在对自身社会道德关系正确认识的基础上的自由活动,具有高度的自觉性。"同时"承担社会责任,是提高劳动生产率和经济效益的有效途径,是企业在市场竞争中生存发展的可靠保证,具有明显的功利性"。因此,"企业社会责任是企业利益与社会利益的统一,企业承担社会责任的行为,亦是维护企业长远利益、符合社会发展要求的一种'互利'行为。这种行为对于企业而言,不仅仅是一种付出,同时也是一种获取"。①

企业已经是社会的企业,企业公民概念是对传统企业社会责任概念的超越,深化了企业与社会之间的关系,是"关于企业与政府和社会的健康关系,是企业对承担和不承担社会责任的社会理性选择"。从必要性层面讲,企业应该将"公民责任放入企业的长远规划中"。而在可行性层面,学者们认为"企业公民是战略要素"是"将社会问题转化为创新和商业机会"。②一些学者从公民一词的法律起源角度重新审视企业公民,认为"企业不仅仅应该是法律范围内的独立主体,还应该是国家范围内的公民"。邵炜在《从"社会责任"到"企业公民"思维转型》一文中指出:"如果说'企业社会责任'是社会对企业的期望的话,那么'企业公民'则意味着法律保障下的权利和义务。"③对承担社会责任的企业的权利的尊重和保障也是企业公民概念的内在含义,我们应当尊重企业在承担社会责任中的自主权利和自觉意愿,避免出现"逼捐"之类的"责任暴力",社会责任的履行应该得到相应的对其权利的尊重。

关于企业公民的进一步研究涉及企业公民行为的衡量,在这方面做出贡献的主要有美国学者 S.韦多克(Sandra Waddock)和英国学者马斯登(Chris Marsden)。韦多克(2000)对企业公民行为的评价方式进行了归纳,将其分为外部评价和内部评价。所谓外部评价包括各种社会投资对企业在企业公民方面表现的评价,以及从不同积极利益相关者角度对公司进行的排名。内部评价是用责任审计或者社会审计的方式,来评价企业公民方面的表现。

在外部评价方式中,社会投资主要包括社会甄别、股东积极主义、社会项目投资和小企业创业投资 4 种。社会甄别通常指根据利益相关者或社会投资者的关注点,由专门的投资机构和研究机构制定的评价企业公民表现的指标,如 KLD 公司创设的纳斯达克上市公司社会表现指数。股东积极主义是指股东通过使用表决权或董事会决议等方式来纠正企业在企业公民方面的不当行为的做法。

---

① 李抗美:《论企业的社会责任》,《江淮论坛》,1994 年第 3 期。
② 霍季春:《企业公民:对企业社会责任的匡正与超越》,中共中央党校博士学位论文,2008 年。
③ 邵炜:《从"社会责任"到"企业公民"思维转型》,《合作经济与科技》,2008 年 1 月号上(总第 336 期)。

如美国加州公务员退休系统（California Public Employees' Retirement System, CPERS）制定的"公司治理核心原则和指南"包括 6 条有关公司价值观的全球标准，即责任、透明、公平、表决权、最佳行为规范和长期愿景。社会项目投资是指投资者将资金投向欠发达地区以为当地提供资源和就业机会，并愿为此得到较低的资金回报率。小企业创业投资是指为小企业，甚至一些微型企业，特别是欠发达地区和群体的企业提供创业资金，帮助其开展经营活动，建立企业经济基础。

在内部评价中，韦多克和马斯登均提倡"三重底线"评价法。1998 年，英国沃卫克大学召开的企业公民问题研讨会上，壳牌、英国电讯和英国石油 3 家公司提出了它们所采用的衡量企业公民行为的方法，即"三重底线"评价法。所谓"三重底线"，就是指经济底线、环境底线和社会底线，即企业必须履行基本的经济责任、环境责任和社会责任。"三重底线"评价法是包括盈利能力、生态持续性和社会关注等在内的综合衡量方法，既实现了对企业业绩的全面、综合评价，又注重了企业长期的可持续发展。目前，"三重底线"评价法已经为越来越多的企业所采用。

对企业作为社会公民应当履行责任的原因解释，大体上经历了"道义论"、"自利论"和"战略论"3 个阶段。"道义论"认为，社会责任是企业所处社会经济环境对企业的一种外生性的非正式制度要求，强调企业自身利益与社会公共利益之间的统一性。"自利论"认为，企业的所有决策都应遵循追求利润最大化这一根本原则。"战略论"将企业社会责任界定为这样一种企业行为：在这种行为中企业不再依照传统模式，在法律和制度设定的范围内追逐最大化利润，而是积极动用自身资源投入到某种旨在促进社会福利的活动中去，以此达到企业对利润的追求。

"道义论"是在传统主流经济学的企业行为解释构架之上套加了一层企业的社会属性和社会对企业的要求，这样一来，不可避免地会使企业的最大化利润目标和企业的社会责任与社会职能产生背离。早期"自利论"只将企业社会责任视为企业攻击竞争对手、增大其成本和压力的工具。引入了企业资源基础理论和企业利益相关者理论之后，"自利论"发展为企业社会责任"战略论"，这似乎在一定程度上调和了企业经济职能与企业社会属性之间的矛盾，企业社会责任成为一种企业讨好利益相关者，从而积聚优质资源、获取竞争优势、实现可持续发展的途径。但"战略论"的理论基础依然是主流经济学，在这种解释模式中，"自利"是根本目的，"社会责任"只不过是企业的一种谋利手段罢了。因此，正如伦敦大学可持续发展研究中心主任曼坦和克莱因指出的那样，依照"战略论"的解释，企业承担社会责任的直接目的和意图是为了企业自利，因此，"企业社会责任"这种提法无法让人准确区分企业的短期目标与长期目标，承担社会责任似乎成为企业的一种"伪善"行为。[①]

四、企业公民的内涵与外延 [②]

企业公民这一概念最早出现于管理实践领域，20世纪80年代发源于美国的商业界（Altman & Vidaver-Cohen，2000），此后逐渐为一些全球大型企业接受。目前，国内学者给予了不同的解释。国内学者关于企业公民义务的范围有两种理解。冯仑认为：第一种也是最狭义的理解，即企业只要盈利、纳税，就算履行了企业公民责任。因为企业是市场经济中有效分配资源的一个载体，在市场经济中一个企业承担的责任是最有效地分配经济资源，如果盈利，那么对股东来说这个资源的分配就是积极正面的。于是按经济学家的理解，只要企业赚钱，实现盈利，能够很好地配置资源，善待员工，依法纳税，就算是一个好的企业公民。第二种理解比较宽泛，就是说企业对公民的义务不仅是维护员工利益、纳税、依法经营、遵循合理的竞争秩序以及维护社区环境、自然环境、生态环境等，还要承担无边界、无限度的责任。

根据卡罗尔（1999）对企业公民狭义的解释，企业有4类社会责任：一是追求利润的经济责任；二是遵守社会规则秩序的法律责任；三是实现行为正当、正义和公平的伦理责任；四是出于各类社会、教育、生活、文化目的的慈善责任。这一分类称为卡罗尔分类。关于企业公民最狭义的理解就是卡罗尔分类中的第4个方面，即对企业没有刚性要求，完全由企业自身自由选择的慈善责任。狭义企业公民观的倡导者认为，在企业与社会关系的讨论中，企业公民的提出，是为了描述企业在符合其经济身份的基础上对其所处的社会经济环境的投资，这种投资行为并非社会对企业的刚性要求，企业的根本目的在于追求长期利润最大化。有些学者甚至直接将企业公民看成是一个企业财务学的术语，把企业公民行为称为是企业的"社会性投资"（Waddock，2001），目的是为了建立企业的"社会资金"（Habisch，Meister & Schmid-peter，2001），或者"声誉资金"（Fombrun，Gardberg & Barnett，2000）。

当然，还有些学者认为，"企业公民"一词并没有多少新意，它在外延上就等同于企业社会责任。较有代表性的是卡罗尔（1998）的论文《企业公民的四个方面》，在这篇文章中，他认为，企业公民具有经济、法律、伦理和慈善4个方

① Matten D and Crane. "A corporate citizenship: Toward an extended theoretical conceptualization". Academy of Management Review, 2005, 30 (1): 166–179.

② 蒋正华、邹东涛：《中国企业公民报告（2009）》，社科文献出版社，2009年。

面的责任。还有一些学者认为尽管企业公民与企业社会责任两个概念之间存在一些细微的差别，然而除此之外这两个概念所包含的内容范围大体相当。如Maignan（2000）等人将企业公民定义为："企业满足利益相关者对其要求的经济、法律、伦理和可选择的慈善等方面责任的限度。"Maignan 只是进一步提出，我们还应当关注企业本身，企业本身也应当成为社会责任的对象。不论是狭义的企业公民观，还是等同的企业公民观，学者们讨论的对象范围以及他们所持的基本观点都基本相同，如企业慈善行为的自利性，企业社会参与的投资性，企业讨好利益相关者对于企业长期稳定利润的意义，等等。

从公民权和广义的企业公民观角度来看，企业公民是一个集企业自生能力与社会责任于一体的经济综合体，要想全面理解其含义，必须从公民权的角度去全面把握。公民权利源自近代西方民主革命，产生于反对君权专制和暴政的斗争中。法国大革命后，于 1789 年 8 月 26 日颁布了《人权与公民权宣言》，也就是所谓的《人权宣言》，它以美国的《独立宣言》为蓝本，采用 18 世纪启蒙学说和自然权论的观点，宣布自由、财产、安全和反抗压迫是天赋不可剥夺的人权，肯定了言论、信仰、著作和出版自由，阐明了司法、行政、立法三权分立的原则，提出法律面前人人平等，私有财产神圣不可侵犯。1793 年 6 月 24 日，雅各宾派对新宪法前面所附的《人权宣言》又作了进一步的修改，宣布"社会的目的就是共同的幸福"，提出"主权在民"，并且表示如果政府压迫或侵犯人民的权利，人民就有反抗和起义的权利。

公民权（Rights of Citizens）与人权（Rights of Man）存在一定的区别，在历史上，公民权概念的出现早于人权，但现代宪法意义上的公民权却是以人权为道德基础的，公民权是人权在法律上的表现，宪法则是公民权的法律根据。在效力上，作为法定权利，公民权有可能被政治权威通过法定程序合法地加以改变、取消或束之高阁，甚至直接违背人权。也就是说，公民权具有明显的法律依存性，公民权的确认和保障取决于一个国家的法律情况，进而受国家历史传统、意识形态和人权状况等方面的影响，与国家特定的社会环境紧密相关。

按照 2004 年世界经济论坛提出的具体标准，企业公民理念应包括 4 个方面的内涵：好的公司治理和道德价值、对人的责任、对环境的责任、对社会发展的广义贡献。一般认为，企业公民享有处置自身财产、选择经营策略的民主权利，同时也具有纳税、支付员工工资、支付相关利益者交易款项及向消费者负责的法律责任和义务。企业公民将经济行为与更广泛的社会信任相联系，并服务于双方的利益，特别强调企业作为社会中的经济实体必须承担与个人类似的应尽义务并享有相应的权利。

五、本书的框架结构和主要内容

本书共 12 章，分导论、上篇和下篇 3 部分，其中，上篇和下篇分别为 6 章，主要框架结构详见图 1。

导论从研究市场经济的背景出发，重点分析了本书的研究目的，企业公民的基本理论、内容、方法，列出了本书的主要框架和内容，阐述了本书可能的创新之处。

第一章主要梳理了林毅夫教授提出的企业自生能力概念、含义、模型和实践运用，并详细阐述了企业自生能力的 3 个支撑性理论：绝对优势理论、比较优势理论和要素禀赋论，综合分析了企业能力的核心理论：资源基础论、知识基础论和动态能力论。

第二章经济增长理论的成长先后经历了古典、新古典和新增长、可持续发展 4 个发展阶段。但在每一个阶段推动经济增长的主体当属每一个具有自生能力的企业，本章主要从反思新古典经济学的阐述开始，详细梳理了林毅夫教授对企业自生能力的分析，进一步就要素禀赋理论对企业自生能力的培育加以阐述。

第三章提出了核心竞争力是企业自生能力的原动力，培育企业自生能力的关键是发掘原动力，反映企业核心竞争力的重要指标是企业盈利能力。企业盈利能力和竞争力是否相关主要取决于企业所在的环境是否具备充分竞争的条件。在充分竞争的条件下，企业盈利能力、自生能力与竞争力有着密切相关的联系。

第四章重点分析了企业自生能力的动力机制，主要包括外在和内生两种动力机制。外在动力机制包括宏观制度环境、科技创新环境和经济发展环境 3 个方面；内生动力机制包括动态能力、学习型组织和整合能力 3 个方面。二者相辅相成，共同推动企业朝着一个正确、良性的方向发展，从而打造企业具有市场竞争力的自生能力。

第五章分析了企业自生能力的主要内容，提出企业自生能力是企业承担社会责任的基础，其中包括企业家禀赋、企业发展战略、企业技术创新和企业文化等多方面的内容，本章从市场竞争的视野，分别对其主要内容给予实践性概括和分析。

第六章提出培养企业自生能力需要从企业家禀赋、企业发展战略、企业技术创新能力和企业文化等多方面入手。在本章中，作者提出：创新禀赋是企业家禀赋要素中最重要的部分；企业的发展战略需要结合各国自身的资源禀赋结构而建构；提高企业的技术创新能力是培育企业自生能力的核心所在；技术和文化因素是企业自生能力的两个核心动力源。

第七章认为企业社会责任思想产生于早期的商业伦理思想，并随着经济发

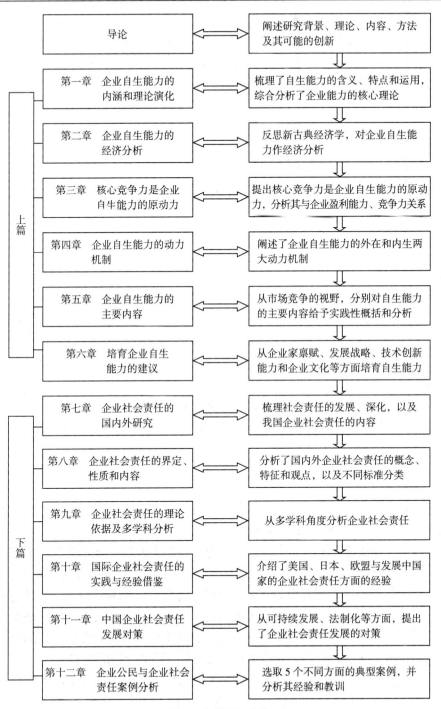

图 1　本书框架结构

展和社会进步逐步催生了企业社会责任理念并最终形成。本章分别综述了 19 世纪末、20 世纪中期、20 世纪中后期国内外学者对企业社会责任的不断研究。同时，作者从微观和宏观方面研究中国企业社会责任的主要内容。

第八章阐述了国内外企业社会责任的概念、特征和不同学者的观点，指出企业社会责任归根结底是企业对社会的一种义务的体现，是在道德和法律的双重约束下形成的。本章还详细介绍了企业社会责任的不同标准分类，以及企业社会责任发展所面临的诸多挑战。

第九章分析了企业社会责任的理论依据，并着重指出利益相关者理论是企业社会责任分析的主要理论依据。并从经济学、法学、管理学等多学科角度，分别对企业承担社会责任做出解释和规范。

第十章重点介绍了国际上不同国家的企业社会责任的经验，其中，介绍了美国企业社会责任的形成和法律、制度框架；分析了英国的法律实践和欧盟的指令草案；分析了日本的儒学思想与其神道精神相结合的企业社会责任；并介绍了一些发展中国家的企业社会责任标准、规范和社会实践。

第十一章提出了企业社会责任发展的对策，作者提出中国企业社会责任发展对策包括以下几个方面的内容：一是企业社会责任与可持续发展；二是推进企业社会责任的关键举措；三是实现企业社会责任的法制化；四是企业社会责任与政府公共管理等。

第十二章选取了 5 个不同方面的案例，详细阐述企业公民和责任体系建设的经验和教训，并对 2009 年发生的 3 个热点事件中的企业公民与社会责任行为进行分析，总结其得与失。

六、可能的创新或贡献

创新是一项非常艰难的工作，如果说本书在此方面有所贡献的话，笔者不揣冒昧地认为可能会存在以下几点：

（1）研究视角。把企业自生能力作为企业发展并履行社会责任的决定性因素，将其置于世界经济一体化进程的时代背景中进行考察显得更具现实意义。以林毅夫教授提出的国有企业自生能力理论为起始，推演到市场经济环境中靠竞争生存的一般企业，分析其自生能力的形成机制，其核心竞争力的塑造，并对相关因素进行分析。通过对国内外企业公民责任和义务的分析，借助经济学的分析和推理方法，提出企业自生能力是其履行社会责任的基础。

（2）研究内容。对企业自生能力和公民责任的关联性进行了较为系统的研究，本书上篇指出了企业自生能力的形成机制，分析了外在动力和内生动力，概括了企业自生能力的主要内容，并对培育企业自生能力提出了建设性的意见和建议。本书下篇比较全面地梳理了企业社会责任的基础性理论，界定了企业社会责任的边界与性质，从多学科角度探讨了企业社会责任，借鉴了发达国家在企业社会责任方面的实践和经验，分析了企业社会公民责任的典型案例，并提出了一些有利于企业发展的对策。

（3）研究方法。通过对文献的梳理和回顾本书发现，单独论证分析企业社会责任的文献较多，但将企业自生能力与社会责任紧密联系起来进行研究的文献很少。本书采取了分析与比较、理论与实践、归纳与演绎、制度与博弈相结合的研究方法，对企业的自生能力和社会责任进行了理论分析和实践考察，对自生能力对企业社会责任的决定性作用进行了全面描述，并作了典型案例分析。

（4）主要观点。从企业自生能力——社会责任的视角对企业自生能力和社会责任的必然联系进行分析后认为：随着我国市场经济的不断深化以及世界经济一体化进程的快速推进，企业自生能力是企业发展的核心基础，公民责任是企业发展的持久动力；从现实及长期看，企业自生能力是企业发展并履行社会责任的决定性因素，只有二者相互促进，才能发挥企业在我国经济发展中的推动性作用。

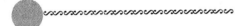

上篇　企业自生能力

第一章　企业自生能力的内涵和理论演化

第一节　企业自生能力的内涵

一、企业自生能力的概念

从字面上看，企业自生能力中的自生很像是自力更生的缩略语，至少在发生学上二者可能存在着某些内在关联性，因为所谓"自生"毕竟不会是无中生有的。自生能力与自力更生之间的相同点是，二者都强调了主体在经济行为中的作用（唐魁玉，2008）。而且，从社会嵌入性理论的视角来看，都是经济嵌入社会而形成的"社会能力"。"嵌入性"作为美国新经济社会学的一个基础性概念，是由卡尔·波拉尼和格兰诺维特提出来的。格兰诺维特认为，经济行为总是嵌入或缠绕于社会结构及其社会生活或生产网络中的。[①] 另外，按照生成论者的观点，这种主体社会能力都是在复杂的自组织生成系统中经过无序或有序化的过程而生成的。[②] 然而，必须解释的是，就经济学而言，"自生能力"与"自力更生"分别代表了不同的经济史时期，由于前者是经济学家通过学术媒体提出来的，所以它比由政治家通过大众媒体强化的后者要来得更为专业化。一般说来，"自生能力"专指企业能力，而不是指个人能力或国家能力。

改革开放以来，我国进行了两权分离、承包制、利改税、政企政资分开、资本结构优化、下岗分流再就业、建立现代企业制度、股份制、建立资本市场、完善社会保障、明晰出资人等一系列的改革。从点上看，这些改革确实也产生

---

① Granovetter M.."Economic Action and Social Structure: The Problem of Embeddedness". American Journal of Sociology, 1985, 91.

② 李喜先等：《技术系统化》，北京科学出版社，2005 年。

了一些积极效果,涌现了一些非常有竞争力的国有企业;但是从面上讲,相当大比例的国有企业处境越来越艰难。有些学者认为国有企业的根本问题是产权改革还不彻底,预算约束尚未硬化所致。然而,世界银行的研究结果表明,虽然东欧和苏联的国有企业都已经私有化了,但其预算软约束并未消除,而且还更为恶化,因此,国有企业的问题应该有比产权更为根本的症结。

针对此种问题,前北京大学中国经济研究中心主任、著名经济学家、现世界银行副行长林毅夫教授 1999 年在《美国经济评论》撰文,提出了自生能力的概念 (Lin et al., 1999),并在其 2004 年出版的《自生能力、经济发展与转型理论与实证》一书中对这一概念进行了进一步的阐释和论证。企业自生能力是根据一个企业的预期利润率来定义的,即在一个自由竞争的市场经济中,一个正常经营的企业在没有外部扶持的条件下,如果能够获得不低于社会可接受的正常利润率水平的预期利润率,那么这个企业就是有自生能力的。因为,如果一个正常经营的企业的预期利润率低于社会可接受的水平,则不会有人投资于这个企业,这样的企业只有靠政府的扶持才能够生存。

二、研究企业自生能力的目的

林毅夫教授最初提出该理论主要为解决国有企业的出路问题,他曾认为,国有企业改革一招棋活,则整个经济体制改革全盘皆活;而国有企业改革不成功,则整个经济改革的许多方面就会处于被动局面。但是如何搞好国有企业,他提出自己的观点:"千改革、万改革,提高国有企业自生能力是第一条。"提高国有企业的自生能力是改革成功的第一位必要条件。预算软约束、政企不分、缺乏自主权、激励不足、效率低下等一系列问题都是由于国有企业缺乏自生能力所诱发出来的内生性表象问题。针对表象问题的改革,必然会产生"压下了葫芦浮起了瓢"的结果,没有国有企业自生能力的提高,就一定没有国有企业改革的最终成功 (林毅夫,2001)。这一观点对于科学认识国有企业自生能力不足问题,解决国有企业的生存和发展问题确实起到了很大的促进作用。

党的十一届三中全会以来,中国确立了以公有制经济为主体,多种所有制经济共同发展的基本经济制度。随着中国社会主义市场经济的深入发展,目前中国已形成了公有制为主体,多种经济成分共同发展的局面。改革开放 30 多年来,我们在创造财富的领域,承认和尊重了个体、企业之间能力的差别,承认了由能力差别和创造财富结果形成的利益差别,尤其在城市实行了职工劳动计件工资和计效分配,企业利改税,并且经营管理与企业、管理人员和职工的分配挂钩,科技人员按照创新成果进行分配,这些经济领域在尊重物质利益差别前提下的体制改革,极大地调动了劳动者、科技人员、经营管理者创业、创新、投资、经营、管理的积极性，使中国 30 年的经济发展，获得了最基础的动力，整个社会充满了创造财富的活力。与之相对应的是，随着中国政策层面的逐步放开，经济层面快速出现了国有企业、股份制企业、合资企业、外资企业、民营企业、私人企业等不同所有制的经济主体，不管哪一种性质的企业，在当前我国乃至世界的市场经济大背景下，都要面对不同的市场竞争者，进行充分的市场竞争。既然要竞争就存在一个不得不面对的问题，不管是国有企业还是其他形式所有制的企业，都要将其置身于一个自由竞争的市场经济中，必须通过科学的企业架构、明晰的发展战略、独特的研发能力、合理的资源配置和凝聚企业合力等方面的努力，获得不低于社会可接受的正常利润率水平的预期利润率，从而取得企业在市场中生存的前提条件。

本书以林毅夫教授提出的用企业自生能力解决国有企业问题为基础，对在市场经济环境下依靠自身经营获取发展机会和潜力的普遍经济体的问题进行研究，也就是说，只要企业在市场中竞争，就要培育自生能力，否则该企业就会被市场所淘汰。所以，本书旨在努力将企业自生能力理论进一步延伸和发展，不仅要用来解决国有企业生存问题，还要试图解决在市场中竞争的一般企业的生存问题。

第二节　企业自生能力的支撑理论

企业自生能力是一个较为前沿的问题，林毅夫教授对其提出并给予了框架性研究和分析，我们需要在此基础上进一步延伸和发展，首先要从经典的绝对优势理论、比较优势理论和要素禀赋论 3 个方面来分析和探讨，本书将这 3 种理论作为研究自生能力的基础性和支撑性理论。

一、绝对优势理论

绝对优势理论（Theory of Absolute Advantage）[1]由英国古典经济学家亚当·斯密创立，他认为，如果一国或一地区在某种产品的生产上所花费的成本绝对地低于他国，就称为该国或该地区在这种产品的生产上具有绝对优势。这种优势包括自然优势和获得优势。所谓自然优势，是指一国或一地区先天所具有的气候、土壤、矿产或其他相对固定的优势。所谓获得优势，是指一国或一地区

---

① 亚当·斯密：《国富论》，谢祖钧译，新世界出版社，2007 年。

后天所获得的优势,比如具有生产某种产品的特殊技术和设备以及长期积累起来的大量生产资金。斯密指出,每个国家或每个地区都有适宜生产某些特定产品的绝对有利的生产条件,如果各国、各地区都按照各自有利的生产条件进行生产,然后将产品相互交换,互通有无,将会使各国、各地区的资源、劳动力和资本得到最有效的利用,将会大大提高劳动生产率并增加物质财富。但是,绝对优势理论的运用有一个前提条件——双方可以自由地交易他们的产品,如果没有自由贸易,没有商品的自由流通,就不可能获得地域分工带来的益处。这种地域分工的主要优点在于:亚当·斯密认为,每一个国家都有适宜生产某些特定产品的绝对有利的生产条件,去进行专业化生产,然后彼此进行交换,则对所有交换国家都有利,这就是"绝对成本论"。斯密的这种国际贸易理论被称作"绝对优势说",也称"绝对成本论",又称"地域分工论"。

一是分工极大地提高了社会劳动生产率。斯密认为,人类有一种天然的倾向,就是交换。交换是出于利己心并为达到利己的目的而进行的活动。交换的倾向形成分工,分工使社会劳动生产率极大提高。斯密在《国富论》一书中以制针为例,说明工场手工业中实行分工协作可以大大提高劳动生产率。他说,由一个人制针,所有的18道制针工序都由他自己来完成,每天最多只能生产20枚。如果实行分工生产,由10个人分别去完成各种工序,平均每人每天能生产4800枚。这种劳动生产率的极大提高,显然是分工的结果。分工之所以能够提高劳动生产率,斯密认为原因主要有三点:①劳动者的技巧因分工而与日俱进;②分工免除了从一个工序转到另一个工序所损耗的时间;③分工促进了专业化机械设备的发明和使用。

二是国内的分工原则也适用于国家之间。斯密认为,适用于一国内部不同职业之间及不同工序之间的分工原则,也同样适用于国家之间。他认为,国际分工是各种分工形式中的最高阶段。国家之间进行分工能够提高各国的劳动生产率,使产品成本降低,劳动和资本能得到正确的分配和运用,通过自由贸易用较小的花费换回较多产品,这样就增加了国民财富。斯密主张,如果外国的产品比自己国内生产的要便宜,那么最好是从国外进口而不要自己生产这种产品。他举例说,苏格兰这个国家气候寒冷,不适宜种植葡萄,因而应从国外进口葡萄酒。但如果采用建造温室等方法,苏格兰也能自己种植葡萄并酿造出葡萄酒,只是其成本要比从国外购买高3倍。斯密认为,在这种情况下,如果苏格兰政府限制进口葡萄酒,并鼓励在本国种植葡萄和酿造葡萄酒,显然是一种愚蠢的行为。斯密主张,各国都应积极参加国际分工和国际贸易,用本国的优势产品去交换别国的优势产品,这对贸易双方都有利。斯密这里所说的优势指的是绝对优势。

斯密认为，商品的价格是由劳动价值决定的，各国的社会劳动生产率是不同的，因此商品价值所决定的商品价格也有所不同。某些商品的价格国内比国外便宜，就可以出口卖高价，换回外国比本国便宜的商品。这样，通过国际贸易，双方都可以获得更多和更便宜的商品，既节约了本国的劳动力，又增加了使用价值。同时，贸易的开展使两国的资本和劳动力都从生产率低的行业转移到发达兴旺的出口行业中来，这一方面实现了资源的优化配置，提高了社会生产效率；另一方面，又形成了合理的国际分工格局，其结果是，商品产量增加了，消费水平也提高了。其主要意义表现在：

一是亚当·斯密提出的以绝对成本论为基础的自由贸易理论，在资本主义上升时期成为英国工业资产阶级反对封建残余、发展资本主义的有力武器，在历史上起过进步作用。他指出了分工对于提高劳动生产率的巨大意义，各国之间根据各自的优势进行分工，通过国际贸易使各国都能得到利益，这也是十分正确的。

二是斯密创立的劳动价值论是科学的。他把劳动看作价值的源泉，认为劳动是衡量一切商品交换的真实尺度。作为价值尺度的劳动，可以是生产中所耗费的劳动，也可以是交换中所购得的劳动。这是政治经济学发展史上的宝贵财富。

三是斯密关于交换的倾向产生了分工的观点是错误的。他认为，交换是人类固有的天性，正是由于人类有了交换的倾向，才产生了社会分工。斯密在这里颠倒了分工和交换的关系。人类社会是随着生产力的发展才逐渐有了社会分工和国际分工，有了分工，才有了以专业化生产为纽带的商品交换和国际贸易。斯密受时代的局限，未能正确地认识到这一点。

四是绝对优势理论还有其局限性，它只能说明在某些产品的生产中具有绝对优势地位的国家参加国际分工和国际贸易才能获得利益。现实中，世界上有很多国家在任何产品的生产中都不具有绝对优势，它们生产所有产品的效率都低，成本都高。那么，这类经济落后的国家是否应该参加国际分工和国际贸易呢，如果参加，它们是否能够从中获得利益呢？依据斯密的绝对优势理论，对这些问题只能做出否定的回答。这是绝对优势理论最主要的缺陷。

二、比较优势理论

比较优势理论（Theory of Comparative Advantage）[①]由大卫·李嘉图提出，后人称为比较优势贸易理论。比较优势理论认为，国际贸易的基础是生产技术的

[①] 大卫·李嘉图：《政治经济学及赋税原理》，1821年。

相对差别而非绝对差别，以及由此产生的相对成本的差别。每个国家都应根据"两利相权取其重，两弊相权取其轻"的原则，集中生产并出口其具有比较优势的产品，进口其具有比较劣势的产品。比较优势贸易理论在更普遍的基础上解释了贸易产生的基础和贸易利得，大大发展了绝对优势贸易理论。这是一项最重要的、至今仍然没有受到挑战的经济学普遍原理，具有很强的实用价值和经济解释力。

比较优势理论是在绝对成本理论的基础上发展起来的。根据比较优势原理，一国在两种商品生产上较之另一国均处于绝对劣势，但只要处于劣势的国家在两种商品生产上劣势的程度不同，处于优势的国家在两种商品生产上优势的程度不同，则处于劣势的国家在劣势较轻的商品生产方面具有比较优势，处于优势的国家则在优势较大的商品生产方面具有比较优势。两个国家分工专业化生产和出口其具有比较优势的商品，进口其处于比较劣势的商品，则两国都能从贸易中得到利益。这就是比较优势原理。也就是说，两国按比较优势参与国际贸易，通过"两利取重，两害取轻"，两国都可以提升福利水平。事实上，中国的田忌赛马故事也反映了这一比较优势原理。田忌所代表的一方的上、中、下三匹马，每个层次的质量都劣于齐王的马。但是，田忌用完全没有优势的下马对齐王有完全优势的上马，再用拥有相对比较优势的上、中马对付齐王的中、下马，结果稳赢。

整体来看，比较成本理论在加速社会经济发展方面所起的作用是不容置疑的。它对国际贸易理论的最大贡献是，首次为自由贸易提供了有力证据，并从劳动生产率差异的角度成功地解释了国际贸易发生的一个重要起因。直到今天，这一理论仍然是许多国家，尤其是发展中国家制定对外经济贸易战略的理论依据。

但是，比较优势理论也存在较大的不足。首先，比较成本理论的分析方法属于静态分析。该理论认为世界是永恒的，是一个静态均衡的世界，是一个各国间、各经济集团间利益和谐一致的世界。李嘉图提出了9个假定作为其论述的前提条件：一是只考虑两个国家两种商品；二是坚持劳动价值论，以英、葡两国的真实劳动成本的差异建立比较成本说，假定所有的劳动都是同质的；三是生产是在成本不变的情况下进行的；四是没有运输费用；五是包括劳动在内的生产要素都是充分就业的，它们在国内完全流动，在国际之间不能流动；六是生产要素市场和商品市场是完全竞争市场；七是收入分配没有变化；八是贸易是按照商品的物物交换的方式进行；九是不存在技术进步和经济发展，国际经济是静态的。其次，李嘉图解释了劳动生产率差异如何引起国际贸易，但没有进一步解释造成各国劳动生产率差异的原因。最后，该理论的一条重要结论是：各国根据比较优势原则，将进行完全的专业化生产。现实中，难以找到一个国家在国际贸易中进行完全的专业化生产。一般来说，各国多会生产一些与进口商品相替代的产品。同时，根据其结论进行推导，两国比较优势差距越大，则贸易的空间越大。那么，当前的国际贸易应该主要发生在发达国家与发展中国家之间。但现实的情况是，国际贸易主要发生在发达国家之间。不过，该理论对国际经济发展的作用仍然是不可低估的，其所提出的比较优势原理，在现实经济中有着重要的意义。

三、要素禀赋论

要素禀赋论（Factor Endowment Theory）①是赫克歇尔—俄林继承和发展了李嘉图的比较成本理论，用生产要素的丰缺来解释国际贸易产生的原因。该理论又称赫克歇尔—俄林理论（Heckscher-Ohiln Theory，简称"H-O 理论"）、要素比例学说。该理论是现代国际贸易理论的新开端，被誉为国际贸易理论的又一大基石，其基本内容有狭义和广义之分。狭义的要素禀赋论用生产要素丰缺来解释国际贸易的产生和一国的进出口贸易类型。广义的要素禀赋论包括狭义的要素禀赋论和要素价格均等化学说。根据要素禀赋论，一国的比较优势产品是应出口的产品，是它需在生产上密集使用该国相对充裕而便宜的生产要素生产的产品，而进口的产品是它需在生产上密集使用该国相对稀缺而昂贵的生产要素生产的产品。简言之，劳动丰富的国家出口劳动密集型商品，而进口资本密集型商品；相反，资本丰富的国家出口资本密集型商品，进口劳动密集型商品。要素禀赋论基于一系列简单的假设前提，主要包括：

（1）假定只有两个国家、两种商品、两种生产要素（劳动和资本）。

（2）假定两国的技术水平相同，即同种产品的生产函数相同。这一假设主要是为了便于考察要素禀赋，从而考察要素价格在两国相对商品价格决定中的作用。

---

① 要素禀赋论的基本论点是赫克歇尔首先提出来的；俄林师承赫克歇尔，创立了要素禀赋论；萨缪尔森则发展了赫—俄理论，提出了要素价格均等化学说。1919 年，赫克歇尔在纪念经济学家戴维的文集中发表了题为《对外贸易对收入分配的影响》的著名论文，提出了要素禀赋论的基本论点，这些论点为俄林所接受。1929~1933 年，由于资本主义世界经历了历史上最严重的经济危机，贸易保护主义抬头，各国都力图加强对外倾销商品，同时提高进口关税，限制商品进口。对此，瑞典人民深感不安，因为瑞典国内市场狭小，一向对国外市场依赖很大。在此背景下，俄林继承其师赫克歇尔的论点，于 1933 年出版了《域际贸易和国际贸易》一书，深入探讨了国际贸易产生的深层原因，创立了要素禀赋论。而在美国经济由中盛走向极盛、再走向衰落的时代背景下，1941 年萨缪尔森与斯托尔珀（W.F.Stolper）合著并发表了《实际工资和保护主义》一文，提出了生产要素价格日趋均等化的观点。萨缪尔森还在 1948 年前后发表的《国际贸易和要素价格均衡》、《国际要素价格均衡》及《论国际要素价格的均衡》等文中对上述观点作了进一步的论证，建立了要素价格均等化学说，发展了要素禀赋论。

（3）假定两国生产两种产品：一种为劳动密集型产品；另一种为资本密集型产品。

（4）假定两国在两种产品的生产上规模经济利益不变，即增加某商品的资本和劳动使用量，将会使该产品产量以相同比例增加，单位生产成本不随着生产的增减而变化，因而没有规模经济利益。

（5）假定两国进行的是不完全专业化生产，即尽管是自由贸易，两国仍然继续生产两种产品，亦即无一国是小国。

（6）假定两国的消费偏好相同，若用社会无差异曲线反映，则两国的社会无差异曲线的位置和形状相同。

（7）在两国的两种商品、两种生产要素市场上，竞争是完全的。这是指市场上无人能够购买或出售大量商品或生产要素而影响市场价格。也指买卖双方都能掌握相等的交易资料。

（8）假定在各国内部，生产诸要素是能够自由转移的，但在各国间生产要素是不能自由转移的。这是指在一国内部，劳动和资本能够自由地从某些低收入地区、行业流向高收入地区、行业，直至各地区、各行业的同种要素报酬相同，这种流动才会停止。而在国际间，却缺乏这种流动性。所以，在没有贸易时，国际间的要素报酬差异始终存在。

（9）假定没有运输费用，没有关税或其他贸易限制。这意味着生产专业化过程可持续到两国商品相对价格相等为止。

俄林认为，商品价格的绝对差异是由于成本的绝对差异，而成本的绝对差异是由于：第一，生产要素的供给不同，即两国的要素禀赋不同；第二，不同产品在生产过程中所使用的要素的比例不同（要素密集程度不同）。生产要素禀赋理论自创立以来，虽然受到里昂惕夫等学者的质疑，但仍被奉为当代国际经济理论中的圭臬，西方经济学界认为该理论构成了对古典学派李嘉图比较成本说的重大挑战，奠定了现代国际贸易理论的基石。俄林理论有助于我们分析、判断和预测世界各国的贸易模式，并制定相应对策，在充满风险的国际竞争中知己知彼，掌握主动权。此外，我们应认识到一国的生产要素实际是变量，随着生产力的提高，科技和教育的发展，生产要素的数量、质量和结构相应发生变化。当代技术革命已改变了要素的内涵，促进了人力资本、技术创新信息资本等无形要素和有形要素的融合，赋予生产要素以全新的内涵。因此我们不能片面静止地对待要素禀赋上的比较优势，这是我们借鉴俄林理论应持有的科学态度。

任何一国对外贸易的发展都会受到其国内资源禀赋和比较成本的制约，发展中国家在国际经济中的不利地位，表面上是它们的发展水平，进而是产业结构、竞争力等，实质上是它们的要素禀赋地位，即要素禀赋结构的弱势地位。相对于已经走上信息化经济的世界来说，发展中国家拥有的仍然是代表成熟的夕阳产业的生产要素，缺乏代表知识经济的核心要素，因此仍然处于要素的弱势地位。中国是一个发展中国家，社会主义市场经济尚处于"初级阶段"。从中国当前的经济发展状况来看，按照传统比较优势进行生产和贸易还不能过早地放弃，继续发挥传统的以要素禀赋和比较成本为核心的比较优势可以为新兴的、资本（或技术）密集型产业积累资金、技术，培养企业家才能，从而为技术创新、突破生产要素的投入瓶颈和促使传统的劳动密集型产业逐步升级打下基础。

从经济发展的趋势来看，中国现有的建立在资源禀赋与比较成本基础上的比较优势将逐步减弱。一方面，中国人均占有资源数量不丰裕，经济的高速增长使国内资源消耗显著上升，导致国内不少资源性产品（包括农产品）的价格已接近甚至已超过国际市场水平。因此，中国对外贸易发展战略的选择必须着眼于享有贸易促进技术进步的动态利益。为此，中国今后在发展经济中应该重视国内的区际贸易，扩大开放，积极与国际上的跨国公司建立长期合作的关系，并且重视用现代适用技术改造传统产业。加入世界贸易组织也将使我国参与国际分工提高到全方位水平：分工不能只是生产制造业的分工，而要广泛地延伸到广义的第三产业。所以我们应当广泛地注重新崛起的服务业的发展和这一层面上国际分工的参与。

总之，赫克歇尔、俄林、萨缪尔森的要素禀赋论和要素价格均等化学说是在比较利益论的基础上的一大进步，有其合理的成分和可借鉴的意义。大卫·李嘉图及穆勒和马歇尔都假设两国交换是物物交换，国际贸易起因于劳动生产率的差异，而赫克歇尔、俄林是用等量产品不同货币价格（成本）比较两国不同的商品价格比例，两国的交换是货币交换，两国的劳动生产率是相同的，用生产要素禀赋的差异寻求解释国际贸易产生的原因和国际贸易商品结构以及国际贸易对要素价格的影响，研究更深入、更全面，认识到了生产要素及其组合在各国进出口贸易中居于重要地位。他们研究所得出的结论有一定实用价值，例如，关于国家间商品相对价格的差异是国际贸易的直接原因；一国某种生产要素丰富，要素价格低廉，出口该要素密集型产品具有比较优势，某种生产要素稀缺，要素价格昂贵，进口这种要素密集型产品对本国有利，出口这种要素密集型产品则没有比较利益，这些观点或结论既有理论意义，又有政策意义。

但是，赫克歇尔、俄林、萨缪尔森的理论有明显的局限性。要素禀赋论和要素价格均等化学说所依据的一系列假设条件都是静态的，忽略了国际、国内经济因素的动态变化，使理论难免存在缺陷。就技术而言，现实是技术不断进步，而进步能使老产品的成本降低，也能产生新产品。因而会改变一国的比较利益格局，使比较优势产品升级换代，扩大贸易的基础。再拿生产要素来说，远非同质，新旧机器总归有别，熟练工人与非熟练工人也不能相提并论。再看同种要素在不同国家的价格，全然不是要素价格均等化学说所指出的那样会随着商品价格均等而渐趋均等，发达国家与发展中国家工人工资的悬殊、利率的差距，足以说明现实世界中要素价格无法均等。

第三节　企业自生能力的基础理论

市场经济条件下，没有竞争，就没有竞争力；没有竞争力，核心竞争力也就无从谈起；没有核心竞争力，更谈不上企业有自生能力。本节就自生能力的基础性理论作以下阐释和探讨。

一、竞争

汉语中竞争一词，最早出现于《庄子·齐物论》："有竞有争"，是相互竞争的意思。西晋哲学家郭象认为："并逐曰竞，对辩曰争。"竞争（Compete）一词的英语解释是，试图比别人或别的组织获得更大的成功。经济学上的竞争（Competition）是指经济主体在市场上为实现自身的经济利益和既定目标而不断进行角逐的过程。也就是说，在市场上存在大量潜在的供应商和消费者，因此，没有人能控制产品、价格等市场因素。

生物学中竞争一词大致有两种用法：第一，同种或不同种的许多个体，对食物和空间等生活的必需资源（Requisite Resource）有共同的要求，因此当需求量超过供应量时所产生的相互作用，就称为竞争。[1] 这时竞争有两种解释，一种是不论其结果如何，专指这种相互作用的过程（F. E. Clements &V. E. Shelford，1939；W. C. Allee et al.，1949）；另一种解释限于结果对有关个体有害的时候（K. Bakker，1961）。而前一种解释是指，竞争的结果不一定有害，也有各种互利的竞争（Cooperative Competition）。第二，不论需求量是否超过供应量，也不限于在极端情况下对资源具有的共同要求，而只是用于相互作用的结果使个体生存价值的差别进一步扩大的场合。[2] 这种解释认为竞争是自然选择的主要因

---

[1] 中国生态环境网。
[2] http://environ.biox.cn/Geography/200701/20070113230927_2192.shtml。

素，遗传学家多采用这个定义。竞争的机制大致分为干涉（Interference）和掠夺（Exploitation）两种。干涉是指直接地阻止竞争者利用资源的行为，而掠夺则是指一些个体由于先利用了资源而影响其他个体可利用的资源量的一种行为。但是这种区别仅是概念性的，实际上两种情况往往共同起作用。竞争又可分为种内竞争和种间竞争。过去也有人把被食者和捕食者间的相互作用归于种间竞争，但现在已无人再将其归入种间竞争了。因此，竞争是在资源数量不能满足需要时，个体间所发生的争夺现象。在同种个体间出现的竞争称为种内竞争，其结果是削弱了弱的个体而有利于保存种。在异种个体间进行的竞争称为种间竞争，其结果是一个种可能被另一个种代替。

竞争是市场经济矛盾运动的必然产物，是价值规律得以贯彻落实的基本条件。《反不正当竞争法》规定的竞争的基本原则有：①自愿原则：当事人按自己的意愿设立、变更或终止商业关系，不得强买强卖；②平等原则：参加交易的主体法律地位平等；③公平原则：参加市场竞争的主体按规则行事，不得非法获取竞争优势；④诚实信用原则：善意、诚实、恪守信用、不得欺诈；⑤遵守公认的商业道德原则；⑥不滥用竞争权利原则。可以说，在市场经济条件下，竞争无处不在。但前提条件就是企业或其他法人组织在竞争中不断增强竞争优势，提高竞争力。

二、竞争力

竞争力是参与者双方或多方通过角逐或比较体现出来的综合能力。[1] 它是一种相对指标，必须通过竞争才能表现出来，笼统地说竞争力有大有小、或强或弱。但真正要准确测度出来又是比较难的，尤其是企业竞争力，竞争力是对象在竞争中显示的能力，因此它是一种随着竞争变化而体现出的能力。人们由于研究目的、研究方法、研究对象、研究过程不同，产生了对竞争力不同的理解和不同的定义。

迈克尔·波特认为，竞争力是一个企业对其行为效益有所贡献的各项活动，例如，创新、具有凝聚力的文化、有条不紊的实施过程以及恰如其分地把握运作的能力。英国管理学家 D.福克纳和 C.鲍曼认为，企业竞争力最关键的不是其竞争优势，而是其持续不断地获得比竞争对手更优质的资源的能力。在中国台湾素有"竞争力之师"之称的石滋宜博士在其《竞争力》一书中这样诠释竞争力：竞争力就是学习力。他认为，竞争力是适应变化而进行变革的能力，而学习是带动变革的原动力。要通过学习新的观念与方法，改变旧的思维与习惯，

---

① http://baike.baidu.com/view/638810。

重塑新的竞争力。我国经济学家金碚认为，在市场经济中，竞争力最直观地表现为一个企业能够比其他企业更有效地向消费者（或者市场）提供产品或者服务，并且能够获得盈利和自身发展的能力或综合素质。

1985 年世界经济论坛（WEF）发布的《关于竞争力报告》指出，竞争力是指企业目前和未来在各自的环境中以比其国内外竞争对手更有吸引力的价格和质量进行设计和销售货物以及提供服务的能力和机会。瑞士洛桑国际管理学院（IMD）的定义是：企业竞争力是指企业和企业家设计、生产、销售产品和劳务的能力，其产品和劳务的价格和质量比竞争对手具有更大的市场吸引力，是企业在适应、协调和驾驭外部环境的过程中成功地从事经营活动的能力。

从上述几个概念可以看出，竞争力是一种商业化能力而不是科学发明能力。企业竞争力概念已经超越了具体的产品或服务，超越了企业的具体资产、技术和职能活动，超越了企业的单个业务单元和各个活动环节。应该说，竞争力是指企业由于其产品或服务上的特异性或成本优势而形成的占有市场、获得利润的能力。企业竞争力会随着市场结构的变化和企业之间力量的消长而变化，但它是一种本质上的能力，不是在表象上显而易见的种种比较优势，也不是作为企业生产要素的种种资源。① 企业竞争力根植于组织的系统之中，是企业组织的系统能力，而不是局部上的能力。为此，需要透过组织的各种表面职能，挖掘企业深层次的内涵，逐步做大、做强竞争力。

三、核心竞争力

核心竞争力的概念是 1990 年美国密歇根大学商学院教授普拉哈拉德（C.K. Prahalad）和伦敦商学院教授加里·哈默尔（Gary Hamel）在其合著的《公司核心竞争力》（The Core Competence of the Corporation）一文中提出的，该文章发表在 1990 年 5~6 月的《哈佛商业评论》（The Harvard Business Review）上，文章一出，有关核心竞争力的论述就引起了管理界的关注。他们对核心竞争力的定义是："在一个组织内部经过整合了的知识和技能，尤其是关于怎样协调多种生产技能和整合不同技术的知识和技能。"从与产品或服务的关系角度来看，核心竞争力实际上是隐含在公司核心产品或服务里面的知识和技能，或者知识和技能的集合体。普拉哈拉德和哈默尔还提出了识别和检验核心竞争力的 3 种方法：一是核心竞争力能够为企业进入多个市场提供方便；二是核心竞争力应当对最终产品为客户带来的可感知价值有重大贡献；三是核心竞争力应当是竞争对手难以模仿的。

---

① 李梦觉：《企业核心竞争力研究》，湖南人民出版社，2009 年。

李梦觉（2009）将核心竞争力理论总结为七大流派，[①] 主要观点如下：

一是基于整合观的核心竞争力。这一观点的代表是普拉哈拉德和哈默尔，他们认为，核心竞争力是组织内一种整体的能力，特别是一种协调不同生产技能和整合多种技术流的能力。从中我们不难看出，理解核心竞争力有两个关键点：①核心竞争力是组织内部一种整体的素质和能力，即企业整体的能力，它不属于某个人或某个战略业务单元专有的，而是属于整个企业的；②突出强调"协调"和"整合"，核心竞争力的形成不是企业内技能或技术的简单堆砌，而是需要有机协调和整合，即需要管理的介入和各种要素的融合。整合观强调各要素之间的协调配合，认为核心竞争力是各种技能及其相互关系所构成的整合，是各种资产与技能的协调配置。另外，麦肯锡咨询公司也认为，企业核心竞争力是指企业组织内部一系列互补的技能和知识的结合，它具有使一项或多项业务达到竞争领域一流水平、具有明显优势的能力。麦肯锡的专家K.P.Covne还进一步指出，核心竞争力是群体或团队中根深蒂固的、互相弥补的一系列技能和知识的组合，借助该能力，能够按世界一流水平实施一到多项核心流程。

二是基于资本观的核心竞争力。西方学者鲍·埃里克森和杰斯帕·米克尔森认为，企业核心竞争力是企业组织资本和社会资本的集合。组织资本是对组织所承担的任务具有协调能力的资产，而社会资本是指作为资源提供给行为人用来获取收益的那部分社会结构的价值，它通过行为人之间相互关系的变化产生，像其他资本一样，社会资本具有生产性。在这个定义中，组织资本反映了协调和组织生产的技术方面，社会资本则显示出社会环境的重要性。前者可以在组织结构中得以体现，后者可以反映出企业文化，并被看做是特定组织结构水平上的产物，两者互为补充，暗含了企业应在特定情形下寻求提高组织活动效率的途径。

三是基于知识观的核心竞争力。巴顿（Leonard Barton）是从基于知识的角度分析企业核心竞争力的代表人物。他从知识的角度进行考察，强调知识载体的重要性，根据企业所拥有的知识是否可被外部所获得或模仿来定义企业的核心竞争力。巴顿认为，企业的核心竞争力是具有企业特性的、不易交易并能为企业带来竞争优势的企业专有知识信息，是企业所拥有的提供竞争优势的知识体系。因此，建立学习型组织是提高企业核心竞争力的重要途径。我国基于知识观的核心竞争力学者也认为，核心竞争力是用各种知识载体来指示员工、技术系统、管理系统、价值与规范，是一个以知识和创新为内核的动态平衡系统。当然，巴顿等学者在这里所指的知识是一个"泛知识"概念，既包括狭义的企

① 李梦觉：《企业核心竞争力研究》，湖南人民出版社，2009年。

业专有的知识，又包括企业员工所掌握的技能、技术以及企业内部管理制度和价值观。

四是基于文化观的核心竞争力。拉法（Raffa）和佐罗（Zollo）认为，企业核心竞争力不仅存在于企业的业务操作系统中，而且存在于企业的文化系统中，根植于复杂的人与人、人与组织以及人与环境的关系当中。核心竞争力的积累蕴藏在企业文化中，然后渗透到整个组织中。而在组织内达成共识并为组织成员深刻理解并指导行动的企业文化恰恰是不可模仿的，这为核心竞争力的形成、培育打下了综合基础。

五是基于组合观的核心竞争力。康尔特（1998）认为，[1]核心竞争力是组织中主要创造价值并被多个产品或多种业务共享的技能和能力。这个定义除了指出创造价值和能被多个产品或业务共享这两个核心竞争力的特征外，也把核心竞争力定义在了技能上。而在《核心竞争力和竞争优势》一文中，鲍格纳（William.C.Bogner）和索马斯（Howard Thomas）（1994）认为，核心竞争力是企业的专有技能和与竞争对手相比能更好地指导企业实现最可能高的顾客满意度的认知。在《组织性学习和企业的核心竞争力》（1994）一文中，海利劳德（Duane Helleloid）和西蒙（Bornard Simonin）把核心竞争力简单地定义为组织独特的人力资源的、物质的、组织的和协调性资源的能力。

六是基于竞争观的核心竞争力。迈克尔·波特认为，企业核心竞争力是指企业依据自己独特的资源（资本资源、技术资源或其他方面的资源以及各种资源的综合）培育创造的本企业不同于其他企业的最关键的竞争力量与竞争优势。这种竞争力量与优势是本企业独创的，也是企业最根本、最关键的经营能力。这种竞争力在企业建立市场领先地位、获得巨大市场份额和获取超额利润上起着关键作用，它能够保证企业在市场上占有持久的优势，它是企业能否成功的关键因素。

七是基于能力观的核心竞争力。能力观强调能力作为一种要素是核心竞争力的主要构成部分，认为核心竞争力是各种能力的组合。其代表人物主要有Coombs（1996）、Henderson and Cockburn（1994）和科因（1997）等人。由此还延伸出一些分支流派，如“能力论”（Langlois，N.R.）、“特殊能力论”（Selznick）、“激励能力论”（Teece）、“企业能力基础论”（Hamel & Heene）。事实上，有人也将核心竞争力的英文原文 The Core Competence 中的 Competence 翻译成能力，即将其直译成核心能力。从这个意义上讲，能力观是比较基础的一种观点，其他观点只是能力观的引申和发展。由此可以看出，不论如何定义核心

---

[1] Many. K. Coulter. "Strategic Management in Action". Upper Saddle River, N.J. Prentice Hall, 1998.

竞争力，其概念最少应包括4个方面的含义（李梦觉，2009）：①在企业内部建立一整套配置和调动资源的高效率机制，而这种高效率必须能够降低成本、提高效益。②占领市场、增强竞争优势是手段，提升顾客认知价值是目的。③核心竞争力是一种整合的能力，并非单一的某种能力，单一的能力不是核心竞争力，只有多种能力相互交织、相互作用，才会使核心竞争力具有难以模仿的特性。④核心竞争力的核心是能力，而不是技术和资源，因为在市场经济条件下，技术和资源一般可以购买，但企业自身的技能难以买到，而且技术和资源只有通过能力的整合、配置和延伸，才能不断创新、保持活力和赢得市场。

从上述可以看出，竞争、竞争力、核心竞争力存在着天然的内在关系，三者之间既有区别又有联系。竞争是企业在市场中为了争取有利资源或获得超额利润而进行的角逐、抗衡、制约和争夺，是一个优胜劣汰的运动过程。竞争力是指企业目前和未来以比其他竞争者更有吸引力的价格和质量进行设计、生产并销售货物以及提供服务的能力，也就是指企业在市场经济的竞争环境中，相对于其他竞争对手所表现出来的生存能力和持续发展能力的总和。核心竞争力是一个企业能够长期获得竞争优势的能力，是企业所特有的、能够经得起时间考验的、具有延展性的，并且竞争对手难以模仿的技术或能力。现代企业的核心竞争力是一个以知识、创新为基本内核的企业某种关键资源或关键能力的组合，是能够使企业、行业和国家在一定时期内保持现实或潜在竞争优势的动态平衡系统。竞争力、核心竞争力都是反映企业竞争能力的概念，但两者也是既有区别，又有联系。从逻辑上来说，核心竞争力包含在竞争力之中，竞争力的外延比核心竞争力大，核心竞争力的内涵要比竞争力丰富。

第四节　企业自生能力的核心理论综述

本节主要对企业自生能力的文献进行综述，详细阐述了企业自生能力的核心理论，为企业打造自生能力提供理论指导。

一、自生能力文献综述

在广义层面上，自生能力有国家经济自生能力和企业自生能力之分。国家经济自生能力是指一个国家在经济方面的不依赖别国的自我生存和长期发展的能力。这是一个综合的概念，具体可以分为经济增长力、吸引力和持久力3个方面。目前中国还是一个发展中国家，与美国等发达国家相比，国家经济自生能力还很弱。要想把改革开放和经济发展的奇迹延续下去，就必须把国家自生能力培育提高并转化为现实能力。企业自生能力是国家经济自生能力的基础，该能力能否培育提高，对壮大国家自生能力具有十分重要的意义。鉴于此，本书主要从企业层面来探讨如何培育企业的自生能力。

20 世纪 80 年代，中国的改革开放步入第一个高潮时期，市场中各类所有制企业空前活跃，提高了理论界对经济改革的研究热情。国有企业改革关系到国计民生，因而成为理论探讨和国家制定政策时所关注的焦点。对于转型期间国有企业改革如何入手的问题，经济学家们的观点大致分为两类：诺贝尔经济学奖得主米尔顿·弗里德曼曾强调中央政府下放经济权利和实行彻底的私有产权的重要性；经济学家张维迎也提出国家所有制下的企业家不可能定理，主张进行彻底的私有化改革。而以林毅夫为代表的学者通过反思新古典经济学理论假设条件，提出了企业自生能力理论，主张优先解决国有企业自生能力问题。

林毅夫认为，企业自生能力就是在一个开放、竞争的市场中，一个有着正常管理的企业，具有不必依靠政府的扶持或保护，就能够获得市场上投资者可以接受的预期利润率的能力（林毅夫，2002）。根据这个定义，一个不具有自生能力的企业只有在政府的保护和扶持下才有可能建立起来并继续经营下去。在一个开放、竞争的市场经济体当中，一个企业的自生能力与这个企业所在经济体的比较优势有关，一个企业只有选择进入这个经济体具有比较优势的产业或产业区段中，它所生产的产品或所提供的服务才能跟国外的同类产品和服务竞争，只有这样的企业才能不需要政府的保护而自己能够生存和发展。[①] 在一般的市场经济当中，一个不具有自生能力的企业是不会有人去投资的，也不会有人继续经营下去的，所以，在市场上能够存在的企业必然具有自生能力。因此，从发达的市场经济中发展出来的现代经济理论把企业具有自生能力当作是任何经济理论研究不言自明的暗含前提。在此前提下，一个企业实现的利润水平的高低，取决于管理水平的高低。因此，现有的经济理论关心的是公司治理以及管理的问题，而把企业自生能力的问题抽象掉。

林毅夫教授在《中国的奇迹：发展战略与经济改革》一书中，详细论述了传统计划经济体制的各种制度安排，提出不管是苏联的计划经济体制还是中国的计划经济体制，都是为了在资金稀缺的经济中去优先发展不具有比较优势的资金密集型重工业而形成的。在一个开放、竞争的市场经济中这种不具比较优势的资金密集型重工业中的企业是没有自生能力的，这也是为什么在国家以行政的力量来扶持之前这种类型的企业不存在的原因。他同时指出，在缺乏市场竞争

---

① 林毅夫：《自生能力与改革的深层次问题》，《经济社会体制比较》，2002 年第 2 期。

的计划配置体制下，一个盈利企业该有的盈利水平或亏损企业该有的亏损水平，也没有一个客观的标准，在国家作为所有者和企业经理人员对企业的经营存在严重的信息不对称的情况下，给予企业经理人员自主权，必然出现经理人员利用手中的权力多吃、多拿、多用的道德风险问题，为了避免企业经理人员的道德风险给国家所有者带来的损失，企业经理人员在人、财、物、产、供、销上的自主权全都被剥夺了，这种看似无效的企业治理模式其实是在价格信号扭曲、缺乏市场竞争的外部环境下，所有者为了避免企业经理人员的道德风险造成过大损失的"次优"制度安排。

林毅夫教授在《充分信息与国有企业改革》一书中，将由自生能力问题的显性化形成的负担称为战略性负担，战略性负担与社会性负担合起来，统称为政策性负担。如果国有企业的政策性负担问题不解决，所有关于国有企业的改革措施都不会有效，即使私有化也不能解决问题。这是因为大型企业必然是所有权和经营权分离的，在两权分离的情况下必然会有激励不相容和信息不对称的问题。如果有政策性负担就会有政策性亏损，政策性亏损的责任在于政府，政府就必须给予有政策性负担的企业政策性优惠和补贴。可是，在信息不对称的情况下，政府难以分清政策性亏损和经营性亏损，企业就会把任何亏损都说成是由于政策性负担引起的，而政府只好把所有亏损的责任都背负起来，形成了企业的预算软约束。在企业的预算无法硬化的情况之下，任何给予企业更多自主权的公司治理的或是产权结构的改革都是对改革前剥夺企业人、财、物、产、供、销自主权的"次优"制度安排的背离，对国家所有者来说只会是更糟糕而不会是更好。只要存在政策性负担而国家又不能让企业破产，即使是将国有企业私有化，国家对企业的亏损还是负责任的，而且私有化了以后，企业向国家要优惠、要补贴的积极性会更高，国家要为此付出的代价也就会更大。世界银行对苏联、东欧原国有企业私有化以后的情况的研究结果支持了上述的推断。

我国上海、深圳股票市场问题的根源也在于国有企业自生能力。林毅夫教授在《自生能力与我国当前资本市场的建设》一文中指出，中国的股票市场是作为国有企业改革的一项措施在 1991 年建立起来的。国有企业上市前普遍存在社会性负担和战略性负担。虽然为了上市，国有控股母公司会把冗员和养老等问题从要上市子公司剥离，由母公司承担起来。但不少上市子公司的战略性负担问题并未解决，仍然缺乏自生能力，在竞争性市场中，即使有正常的管理也不具有获得市场可以接受的预期利润的能力的问题仍然存在，这样的企业没有持续给股东分得高到值得长期持股的红利的能力。①解决中国当前股票市场问题的治

---

① 林毅夫：《自生能力与我国当前资本市场的建设》，《经济学》（季刊），2004 年 1 月第 3 卷第 2 期。

本之道在于按照剥离社会性负担和战略性负担的思路，对上市公司，包括其母公司进行改革，使其具有自生能力，即只要正常经营就可以预期这些企业能够获得正常的利润率；同时，让更多具有自生能力的非国有企业，包括民营和三资企业上市。这样监管部门才有可能真正进行有效监管，散户和基金也才能够长期持有股票获得投资回报。

　　唐魁玉在《自生能力：信息产业的市场化、集群化与创新化》一文中指出，我国企业普遍缺乏自生能力，不能够获得正常利润，这是市场活力不足的主要原因。[①]自生能力的提高，起到了推进信息产业市场化和集群化的作用。作为一个发展中国家，在当今全球信息化浪潮中，我国要实现跨越式发展，就必须充分利用产业集聚及其优势，努力增强国际竞争力，要在实施多样化信息产业创新政策的同时，不断地完善国家创新体系。邓玲、肖化柱在《自生能力视角下的中小企业参与产业配套问题研究》一文中指出，我国中小企业的平均寿命只有 5.7 年，80%的中小企业的寿命不超过 5 年。[②]中小企业生命周期如此短暂固然与所有者管理水平较低密切相关，但数量众多的中小企业未能在较短时间内形成自生能力却是根本原因。国有企业和中小企业（绝大部分是私营企业）的自生能力问题实际上是现有经济体制下企业自生能力问题的两个方面，前者因是国民经济支柱，受到政府补贴扶持得以存在和发展；而后者则难以得到政府的保护，在市场夹缝中艰难求生存，大多数企业未能形成规模就夭亡了。刘兴赛在《主体自生、结构优化与市场深化》一文中，提出东北问题根源于深层次的体制、结构问题，其表现为基于历史路径的所有制结构和产业结构的耦合与不完善的市场机制的摩擦运动。[③]他提出，解决东北问题必须从系统的角度入手，即协同地解决所有制结构问题、产业结构问题以及市场机制问题。实施东北振兴战略，关键在于建构区域的内生发展能力，即实现市场主体的自生、产业结构的优化和市场的深化。尽管该文分析的是区域发展问题，但企业的自生能力对区域发展至关重要。

二、企业自生能力的核心理论

　　综合研究分析有关企业自生能力的观点，本书认为企业自生能力的核心理

---

　　① 唐魁玉：《自生能力：信息产业的市场化、集群化与创新化》，《哈尔滨工业大学学报》（社会科学版），2005 年 5 月第 7 卷第 3 期。
　　② 邓玲、肖化柱：《自生能力视角下的中小企业参与产业配套问题研究》，《价值工程》，2008 年第 19 期。
　　③ 刘兴赛：《主体自生、结构优化与市场深化》，《东北大学学报》（社会科学版），2009 年 3 月第 11 卷第 2 期。

论主要有资源基础论、知识基础论和动态能力论3种。

1. 资源基础论

资源基础论[①]是企业资源学派在 Edith Penrose（1959）倡导的企业内在成长论的基础上提出的。该理论认为：①由企业资源的差异性和不能完全流动导致的企业资源稀缺性，是让企业能够赢得利润与竞争优势的主要原因。②企业利用稀缺资源，可以生产出相比其他企业而言成本低、质量高的产品，从而获得竞争优势。③企业竞争优势的来源从企业的外部转向了企业的内部，从企业内所拥有的稀缺资源出发来说明企业优势能力的形成，强调通过企业内部的资源积累来创造竞争优势。④企业组织是独特的资源和能力的结合体，这一结合体形成了企业竞争战略的基础；企业竞争优势来自于其所拥有的战略性资源，这种资源应该具有价值的、稀少的、难于模仿的、不可替代的4种特性。[②]⑤企业战略管理最重要的原则是通过资源积累与配置，赋予所占资源以异质性和独特性，从而获得持续竞争优势，即获得"持续租金"；在企业资源中，核心资源是企业的核心专长，即企业拥有的知识及由知识培育起来的独特技能和能力。其实，资源基础论将研究的视野转向了企业内部资源和能力，关注企业的异质性和成长，是企业自生能力理论的逻辑发展阶段。

2. 知识基础论

知识基础论的代表人 Barney（1991）认为，能够产生竞争优势的"独特资源"正是企业所拥有的难以交易和模仿的知识。概括起来，知识基础论的主要观点为：①企业是知识的集合体，知识尤其是隐性知识是企业核心能力的基础，核心能力是使企业独具特色并能为企业带来竞争优势的知识体系。②提出核心知识能力与核心运作能力的概念，认为这两种能力是鉴别企业优势的截然不同的但密切相关的两个方面，核心运作能力是使企业高速、高效率地生产高质量产品和服务的过程和能力；核心知识能力则是相对于特定业务而言的独一无二的专长、知识和技能。[③]③将企业能力视为公司的经验性知识。当在能力的某个层次上分析企业竞争优势的源泉时，高一层次上的能力分析会使低一层次上的分析无效，企业能力不可能成为企业可持续发展的"决定性"源泉。④强调能力的动态性，但企业能力自身能够适应变化，能力的学习、变化和适应不需要

① 谷奇峰、丁慧平：《企业能力理论研究评述》，《北京交通大学学报》（社会科学版），2009年1月第8卷第1期。

② Barney J. B.."Is the Resource-Based 'View'a Useful Perspective for Strategic Management Research? Yes". Academy of Management Review，2001，26（1）.

③ Allee V.."The Knowledge Evolution：Expanding Organizational Intelligence". Boston：Butterworth-Heinemann，1997，51（11）：71-74.

"动态能力"作为中介。⑤从知识的角度，认为不同企业之间知识创造和利用机制的不对称性产生了绩效差异。

3. 动态能力论

20世纪90年代后期，动态能力论成了学术界探讨的热点课题。戴维·提斯等人（Teece，Pisan，Shuen，1997）将"动态能力"定义为厂商整合、建立和再配置内部与外部能力来适应快速变动的环境的能力。其中"动态"一词是指组织为了应对外部环境变动，而拥有的更新的能力；当产业技术的变动速度较快或变动幅度较大时，未来市场竞争将充满更大的不确定性，这时，厂商的创新反应能力就显得极为重要。而能力一词则强调修正、整合及重新配置厂商组织内部与外部的技能、资源来配合环境变动需求的能力。

动态能力论认为，动态能力的内涵取决于市场机制，市场动态包括稳定性市场与高度变化的市场（Eisenhardt，Martin，2000）。市场机制对动态能力的影响主要表现在：①动态能力的稳定性将随着市场动态性的增强而减弱；②动态能力的特点将随着市场动态性的增强而变化，更加难以获得和保持；③动态能力的偶然性和模糊性将会随着市场动态性的增强而变化。也就是说，在适度动态环境下因其复杂性和难以观测性而呈现模糊状态，而在高度动态市场中却因其简单性而呈现出模糊性。所谓的动态能力是指公司整合、建立和再构造内部与外部能力以应对快速变化环境的能力，同时也是不断更新竞争力的能力。动态能力方法是一种可以促使厂商在动态环境中不断保有其核心竞争力的方法，它提供了厂商更新或创新组织知识与技能的能力，即巩固和扩大厂商的市场位置并进一步更新发展相关的活动，并借此进入进一步细分的新市场。

本章小结

自生能力与自力更生都强调了主体在经济行为中的作用。从社会嵌入性理论视角来看，都是经济嵌入社会而形成的社会能力。按照生成论者的观点，这种主体社会能力是在复杂的自组织生成系统中经过无序或有序化的过程而生成的。改革开放以来，中国进行了一系列改革，初步建立了现代企业制度。虽涌现了一些有竞争力的国有企业，但有相当大比例的国企处境不容乐观。为此，林毅夫教授提出了自生能力的概念，认为在一个自由竞争的市场经济体中，一个正常经营的企业在没有外部扶持的条件下，如果能够获得不低于社会可接受的正常利润率水平的预期利润率，则这个企业就是有自生能力的。这一观点对于科学认识国有企业自生能力不足问题具有很大意义。在此基础上，延伸到在市场经济环境下依靠自身经营获取发展机会的普遍经济体的问题，试图解决在市场中竞争的一般企业的生存问题。

自生能力的基础性和支撑性理论有 3 个：绝对优势理论、比较优势理论和要素禀赋论。英国古典经济学家亚当·斯密提出了绝对优势理论，认为每个国家或地区都有对自己有利的自然资源和气候条件，如果都按照各自有利的条件进行生产，然后将产品相互交换，将会使各国、各地区的资源、劳动力和资本得到最有效的利用，大大提高劳动生产率并增加物质财富。优势包括自然优势和获得优势，具有绝对优势地位的国家或地区生产某些产品的绝对成本低，通过国际分工和贸易获得利益。比较优势理论是大卫·李嘉图提出的，认为国际贸易的基础是生产技术的相对差别而非绝对差别，以及由此产生的相对成本的差别。根据比较优势原理，两个国家分别专业化生产和出口其具有"比较优势"的商品，进口其处于"比较劣势"的商品，则两国都能从贸易中得到利益。"两利相权取其重，两弊相权取其轻"，则两国都可以提升福利水平。要素禀赋论是赫克歇尔—俄林继承和发展了李嘉图的比较成本理论而提出的，用生产要素的丰缺来解释国际贸易产生的原因。狭义的要素禀赋论用生产要素的丰缺来解释国际贸易的产生和一国的进出口贸易类型。广义的要素禀赋论包括要素价格均等化学说。根据要素禀赋论，一国的比较优势产品是应出口的产品，是它需在生产上密集使用该国相对充裕而便宜的生产要素生产的产品，而进口的产品是它需在生产上密集使用该国相对稀缺而昂贵的生产要素生产的产品。一国的生产要素实际是变量，随着生产力的提高、科技和教育的发展，生产要素的数量、质量和结构相应发生变化。要素禀赋论和要素价格均等化学说是在比较优势理论的基础上的一大进步，但也有其局限性。

经济学上的竞争是指主体在市场上为实现自身的利益和既定目标而不断进行的角逐过程，竞争是市场经济矛盾运动的必然产物，是价值规律得以贯彻落实和实现的基本条件。竞争力是参与者双方或多方的一种通过角逐或比较而体现出来的综合能力。竞争力是一种商业化能力而不是科学发明能力，是指企业由于其产品或服务上的特异性或成本优势而形成的占有市场、获得利润的能力，其概念超越了具体的产品或服务。企业竞争力根植于组织的系统之中，是企业组织的系统能力。核心竞争力是"在一个组织内部经过整合了的知识和技能，尤其是关于怎样协调多种生产技能和整合不同技术的知识和技能"。核心竞争力理论的主要观点有：①基于整合观的核心竞争力；②基于资本观的核心竞争力；③基于知识观的核心竞争力；④基于文化观的核心竞争力；⑤基于竞争观的核心竞争力；⑥基于能力观的核心竞争力；⑦基于组合观的核心竞争力。竞争、竞争力、核心竞争力存在着天然的内在关系，一起构建了自生能力的基础性理论。

　　自生能力有国家经济自生能力和企业自生能力之分。企业自生能力是国家经济自生能力的基础。以林毅夫为代表的学者通过反思新古典经济学理论假设条件，提出了企业自生能力理论，在他们的相关著作中对自生能力的核心理论进行了阐述。企业自生能力的核心理论主要有资源基础论、知识基础论和动态能力论 3 种。①资源基础论。资源基础论是企业资源学派在 Edith Penrose (1959) 倡导的企业内在成长论的基础上提出的。认为由各个企业资源所具有的差异性而导致的企业资源稀缺性是企业能够赢得利润与竞争优势的主要原因。在企业资源中，核心资源是企业拥有的知识及由知识培育起来的独特技能和能力。资源基础论将研究的视野转到企业内部资源和能力，关注企业的异质性和成长，构成了企业自生能力理论的一个逻辑发展阶段。②知识基础论。Barney (1991) 认为，能够产生竞争优势的"独特资源"正是企业所拥有的难以交易和模仿的知识。③动态能力论。"动态能力"指厂商整合、建立和再配置内部与外部能力来适应快速变动环境的能力。动态能力论认为，动态能力的内涵取决于市场机制。动态能力方法是一种可以促使厂商在动态环境中不断保有其核心竞争力的一种方法，它提供了厂商更新或创新组织知识与技能的能力。

第二章　企业自生能力的经济分析

本章从对新古典经济学的反思中，详细梳理了林毅夫教授对自生能力的分析，进一步就要素禀赋理论对企业自生能力的培育进行了阐述。

第一节　反思新古典经济学

经济理论是用来解释经济现象的，新古典经济理论发展于发达的市场经济国家，所要解释的是发达市场经济国家的现象。在发达市场经济国家中假定企业具备自生能力是合适的，因为发达市场经济国家的政府，除了很特殊的产业中的企业外，一般不会给予企业补贴和保护。如果一个企业在正常管理下，大家预期它不会赚得市场上可以接受的正常利润，那么，根本不会有人投资建立这样的企业。如果这样的企业，因为错误的信息而被设立起来，投资者也会用脚投票，而使这家企业倒闭。所以，在开放、竞争的市场中存在的企业应该都是具有自生能力的，也就是，只要有正常的管理就应该能够赚得正常的利润（林毅夫，2002）。当前，无论是在现有的社会主义国家、转型中国家还是在其他许多发展中国家，都实实在在地存在着大量不具备自生能力的企业。分析原因，存在预算软约束、企业法人选择手段单一、政策性负担、职工积极性等问题，都会导致企业自生能力低下。

鉴于此，我们必须对马歇尔以来新古典经济学理论体系把企业具有自生能力作为暗含前提进行反思。在这一前提下，政府和经济界人士在制定经济政策时，要把重点从产权安排、政策扶持、公司治理、人事安排转向企业竞争环境的改善、自生能力的培育上来。我们应从实际出发，把企业是否具有自生能力作为一个具体考量，作为推动经济发展的助推器，这样有助于中国政府进一步明晰政府职能，倡导公共政府管理理念，避免继续采取以扶持不符合比较优势、不具备自生能力的企业为目标的发展战略，使中国经济快速稳定向前发展。在企业自生能力提升方面，中国的企业也进行了大量的探索，取得了一定经验，例如专栏 2-1 中对东北三省国企如何培育自生能力进行了探讨。

专栏 2-1

提高国企自生能力

在一个开放、竞争的市场中，只有具备自生能力的企业，才会有人投资设立并继续经营；缺乏自生能力的企业，其设立和继续经营只能依靠外力支持，主要是政府给予的政策性补贴和保护。东北三省大量的国有企业所在行业、产品和技术结构，都是资本密集甚至是高度资本密集的，与中国劳动力相对丰富、资本相对稀缺的要素禀赋结构所决定的比较优势不相协调。这些企业是在新中国成立初期为了实现国家的战略意图，靠政府以行政力量压低利率、汇率以及各种投入品的价格，并以计划动员和配置的方式，集中方方面面的资源建立起来的。在这一系列扶持和保护措施之下，东北三省的经济发展在改革开放之前领先于国内其他地区。

然而，这种"赶超"战略尽管使中国在极低的发展水平上拥有了完整的重工业体系，但是在价格扭曲和计划干预之下，整个经济效率低下，资本积累速度缓慢，后继投资乏力，国民经济的整体发展处于停滞状态。党的十一届三中全会后，中国开始了以建立社会主义市场经济体系为导向的改革。随着改革开放的深化和市场经济体系的建立和完善，对国有企业的投资由不需还本付息的财政拨款改为需要还本付息的银行贷款；各种投入要素价格放开，产品价格随市场开放和竞争的增加而下降，东北老工业基地的国有企业缺乏自生能力的问题也就由隐性变为显性。

国有企业缺乏自生能力的问题，以及由养老、冗员等所导致的负担问题，都属于政策性负担，而政策性负担必然导致政策性亏损，这种亏损只能通过政府给予政策性优惠和补贴加以解决。国有企业的债务问题是振兴东北老工业基地的一个焦点问题。这个问题的形成，固然有"拨改贷"的原因，但实质是国有企业的政策性负担问题。"拨改贷"之后，由于缺乏自生能力，国有企业在竞争的市场中无法获得足够的利润归还贷款，于是形成呆坏账；同时当国家以银行贷款解决国有企业的职工就业和养老负担时，呆坏账必然会增加。如果政策性负担的问题不解决，即使将国有企业现在的债务豁免，或是推行"债转股"将国有企业对银行的欠账转变为国家对企业的投资，虽然能让国有企业获得短暂的喘息机会，但国有企业在竞争的市场中缺乏获利能力的问题仍在，亏损和呆坏账的积累将不可避免地又迅速增加，隔不了多久就会又要国家解困纾难。所以，要消除国有企业的政策性负担，使国有企业没有向国家要保护要补贴的理由，并与其他所有制类型的企业在市场中处于平等的竞争地位，依靠改善经营管理获得市场上可接受的利润率。这样预算软约束才能消除，政企才能分开，改善公司治理的努力才能获得预期的效果。

　　对于剥离养老、冗员等社会性负担的问题，社会各界已经形成共识，政府也正在通过建立社保体系和实施冗员下岗再就业等措施来解决。但是，对于因资金密集度过高、不符合中国比较优势的问题，则尚未有清晰的认识。如果这个问题不解决，即使社会性负担剥离了，在开放、竞争性的市场中，大多数国有企业仍然缺乏自生能力，仍然需要国家的保护和补贴才能生存，那么预算软约束的问题就不可能根除，公司治理和明晰产权等改革措施也就难以产生预期的效果。因此，振兴东北老工业基地的关键点在于解决国有企业缺乏自生能力的问题。

　　根据国有企业产品的特性和国内市场的大小，可采取以下4种方式解决国有企业自生能力问题：一是生产国防安全必需产品的企业。对这类企业，任何国家都只能由国防预算直接拨款来维持其经营和发展，由国家直接给予必要的监管，我们自然也只能采取这种方式。二是有很大国内市场的民用产品企业。这类企业可与发达国家的同类企业合资，或直接到国外资本市场上市获取国外资金，或吸引国内民营企业的资金，克服国内资金相对稀缺的比较劣势，补充自身的资金量，而使自身具备自生能力。三是一些老军工、重工企业，产品老旧且市场容量小，但拥有相当好的工程设计能力。这类企业可利用其工程设计能力，转向生产劳动力较密集、在我国具有比较优势的产业的产品，而使自身具备自生能力。四川长虹、重庆嘉陵等老军工企业即是这类例子。四是一些产品既无国内市场，又无工程设计和管理优势，缺乏转产可能的国有企业，则只好让其破产。

　　解决好国有企业缺乏自生能力的问题，并通过完善社会保障制度剥离企业的社会性负担后，东北老工业基地的国有企业就可以轻装上阵了。

资料来源：景壮：《提高国企自生能力》，《吉林日报》，2004年10月18日。

　　总之，林毅夫教授提出的自生能力的概念，为我们反思新古典经济学的理论指出了道路，也为发展经济学的新发展奠定了理论基础。本书将这一概念引申到在整个市场经济环境下的所有企业，如果作为市场主体的企业都能够培育出较强的自生能力，那么就能促进整个经济的增长。

第二节　经济增长理论与发展

经济增长一直是经济学家关注的问题，古老而持久，其渊源可以推及到古希腊，色诺芬在《经济论》和《希腊的收入》中就曾经论述过财富的性质和来源。一般认为，经济增长理论的成长经历了古典、新古典、新增长、可持续发展4个阶段。古典经济学的理论核心是经济增长产生于资本积累和劳动分工的相互作用之中，即资本积累进一步推动了生产专业化和劳动分工，而劳动分工反过来通过提高总产出使得社会形成更多的资本积累，让资本流向最有效率的生产领域，形成发展的良性循环。古典经济学指出了经济增长的规模性动因(资本、技术、土地)和拓扑性机制（分工），也注意到了自然资源在增长中的特殊意义。但他们的分析侧重于农业生产占主导地位的经济，肥力递减等边际收益递减规律被过分地强化了。同时，技术进步的连续性也没有得到应有的重视。

19世纪70年代由"边际革命"开始而形成了一种新的经济学流派——新古典经济学派，主要代表是英国剑桥大学的马歇尔。新古典经济学派在继承古典经济学经济自由主义思想的同时，以边际效用价值论代替了古典经济学的劳动价值论，以以需求为核心的分析代替了古典经济学以供给为核心的分析。新古典经济学派用折中主义手法把供求论、生产费用论、边际效用论、边际生产力论等融合在一起，建立了一个以完全竞争为前提、以"自由市场、自由经营、自由竞争、自动调节、自动均衡"五大原则为基础、以"均衡价格论"为核心的相当完整的经济学体系。新古典经济学家认为，人口数量的增加、财富（资本）的增加、智力水平的提高、工业组织（分工协作）的引入等，都会促进工业生产和经济增长；这些因素对厂商生产的影响表现为收益递增。同时，他们认为，在一个简单再生产的静态经济中，当所有的生产资源达到最佳使用状态时，经济达到均衡。如果经济中各种投入量能维持不变，这种均衡就会自行重复。不过，在静态均衡中，没有超额利润，没有积累，也没有经济发展。经济发展的可能性来自于静态均衡的破坏，而打破静态均衡的关键在于超额利润诱发的创新。凯恩斯考察了自由放任主义的历史，抨击了自由放任的思想基础和实践弊端，倾向于由国家来调节经济，主张通过政府的干预来解决市场的缺陷；[①] 1936 年，凯恩斯发表《就业利息和货币通论》一书，[②] 其提出的政策干预经济的政策主张得到了理论上的支撑，并且为西方经济学界所接受。

新经济增长理论兴起于 20 世纪 80 年代，这一理论的核心是强调经济增长是经济体系的内部力量，是内生技术变化的产物。认为知识和人力资本具有收益递增、外溢效应等特点，并在国际贸易中会产生边干边学的动态效应。技术进步、人力资本投资是推动经济增长的动力，而技术进步的来源则是教育、知识积累和技术创新。与新古典增长理论相比，新增长理论从不同侧面探究了经济增长的源泉和机制，并在更大范围内解释了经济现象，也提出了促进经济增长的相关政策。依照 Larry Jones（1997）的分类，[③] 从模型对生产函数刻画的角度来看，新增长理论可分为凸性模型和非凸性模型两大类，凸性模型强调生产过程中的规模收益不变特征；非凸性模型则设定生产函数具有规模收益递增特征。从动力角度来看，新增长理论可以分为 4 类：技术类（外溢和发明）模型、分工类模型、贸易类模型和制度类（金融制度、分配制度、产权制度）模型。可见，新增长理论已突破了传统增长理论所强调的动力因素（劳动数量、资本存量），转而强调比较"软"的动力因素（人力资本、分工、贸易和制度等）。同时，新增长理论也突破了传统的增长动力机制（完全竞争机制），提出了垄断性竞争机制和正费用交易（协调）机制。在增长动力因素选择上，新增长理论非常强调技术因素，注意到了制度因素，并且也认为制度安排和技术进步在长期中是互动的，是经济持续增长不可或缺的因素。

可持续发展理论的形成经历了相当长的历史过程。20 世纪 50~60 年代，人们在经济增长、城市化、人口、资源等所形成的环境压力下，对增长=发展的模式产生怀疑并展开深入探讨。1962 年，美国女生物学家莱切尔·卡逊（Rachel Carson）发表了一部引起很大轰动的环境科普著作《寂静的春天》，作者描绘了一幅由农药污染引发的可怕景象，惊呼人们将会失去"春光明媚的春天"，在世界范围内引发了人类关于发展观念的争论。10 年后，两位著名美国学者巴巴拉·沃德（Barbara Ward）和雷内·杜博斯（Rene Dubos）的《只有一个地球》问

---

① 凯恩斯：《自由放任主义的终结》，1926 年。

② 凯恩斯认为，通论与传统理论（新古典理论）之间的根本区别是：第一，传统经济学认为我们对有关未来的知识非常清楚，而事实上我们对有关未来的知识是含糊的、不确定的和被动的；第二，传统经济学信奉瓦尔拉斯的一般均衡和萨伊法则，认为供给能自动创造需求，整个社会的总供求能自动达到均衡的状态，而事实上是需求决定了供给水平，结果传统学派由于缺乏有效需求理论，无法解释就业水平和总产量的波动。所以，凯恩斯的经济分析重心从经典学派（新古典）的供给层面转移到了需求层面。基于此，现代经济学才有了真正的均衡（两种力量的交汇点）分析范式，而不是经典学派的恒等（单种力量的生长线）分析范式。

③ http://gbyd.blog.163.com/blog/static/96324442008113118555601。

世，把对人类生存与环境的认识推向一个新境界。1987年，以挪威首相布伦特兰为主席的联合国世界与环境发展委员会发表了一份报告《我们共同的未来》，正式提出可持续发展概念，并以此为主题对人类共同关心的环境与发展问题进行了全面论述，受到世界各国政府组织和舆论的极大重视，在1992年联合国环境与发展大会上可持续发展要领得到与会者的认可。

可持续发展概念有以下几个得到全球普遍认可的内涵：① 一是共同发展。地球是一个巨大而且复杂的系统，每个国家和地区都是这个巨大系统中不可分割的子系统。系统最根本的特征是其整体性，每个子系统都是和其他子系统相互联系并发生作用的，只要一个系统发生问题，就会直接或间接地造成其他系统的紊乱，甚至会诱发系统的整体突变，这在地球生态系统中表现得最为突出。因此，可持续发展追求的是整体发展和协调发展，即共同发展。二是协调发展。协调发展包括经济、社会、环境三大系统的整体协调，也包括世界、国家和地区三个空间层面的协调，还包括一个国家或地区经济与人口、资源、环境、社会以及内部各个阶层的协调，持续发展源于协调发展。三是公平发展。世界经济的发展因水平差异而呈现出层次性，这是在发展过程中始终存在的问题。但是这种发展水平的层次性若因不公平、不平等而加剧，就会从局部扩大到整体，并最终影响到整个世界的可持续发展。可持续发展思想的公平发展包含两个维度：时间维度上要求当代人的发展不能以损害后代人的发展能力为代价，空间维度上要求一个国家或地区的发展不能以损害其他国家或地区的发展能力为代价。四是高效发展。公平和效率是可持续发展的两个轮子。可持续发展的效率不同于经济学的效率，可持续发展的效率不仅包括经济意义上的效率，也包含着自然资源和环境损益的成分。因此，可持续发展思想的高效发展是指经济、社会、资源、环境、人口等因素的协调高效率发展。五是多维发展。人类社会的发展表现出全球化的趋势，但是不同国家与地区的发展水平是不同的，而且不同国家与地区又有着异质性的文化、体制、地理环境、国际环境等发展背景。此外，可持续发展还是一个综合性、全球性的概念，要考虑到不同地域实体的可接受性，因此，可持续发展本身包含了多样性、多模式的多维度选择的内涵。在可持续发展这个全球性目标的约束和引导下，各国与各地区在实施可持续发展战略时，应该从国情或区情出发，走符合本国或本区实际的、多样性的、多模式的可持续发展道路。

科学发展观的第一要义是发展，核心是以人为本，基本要求是全面协调可持续，根本方法是统筹兼顾。就其对经济理论发展的贡献而言，科学发展观是

---

① http://wiki.mbalib.com/wiki。

对党的三代领导集体关于经济发展思想的继承和发展，是对西方发展理论的新概括，是对第二次世界大战后新古典经济学、新古典政治经济学、新增长理论、可持续发展理论等战后发展理论的新突破。[①]科学发展观强调提高自主创新能力，建设创新型国家。这是国家发展战略的核心，是提高综合国力的关键。强调坚持走中国特色自主创新道路，把增强自主创新能力贯彻到现代化建设的各个方面。同时，认识到要使科技、教育真正推动经济增长，并非是简单地通过追加经费投入就可以实现的，如果科教体制和模式不合理，即使大量增加科研和教育投入，也不一定能带动经济的增长。所以，"要深化科技管理体制改革，优化科技资源配置，完善鼓励技术创新和科技成果产业化的法制保障、政策体系、激励机制、市场环境，实施知识产权战略"。

第三节　企业自生能力是经济内驱力

在一个国家的经济发展模式选择中，比较优势和自生能力是两个尤为重要的考虑因素。而对于一个处在经济转型中的发展中国家而言，比较优势是其经济发展的最优选择，自生能力则是其经济发展的内生前提。不仅国家如此，一个地区的经济发展也是如此。就一个省份或地区而言，培育自生能力对其经济发展至关重要，是其经济发展的发动机。专栏2-2分析了自生能力推动浙江经济发展的内在演进。

专栏2-2

自生能力推动模式的内在演进

演进，即推演递进。经济发展是一个不断向前延伸并提升水平的过程。浙江省在"五个没有"——没有良好的资源禀赋、没有良好的工业基础、没有强力政府直接投资推动、没有强力外商投资推动、没有跳跃式经济结构的前提下获得了骄人的经济增长业绩。

经济学界对浙江经济的一个共同认识是浙江是个资源小省。借用国务

---

① 韩喜平：《论科学发展观对经济发展理论的突破与创新》，《当代世界与社会主义》，2009年第5期

院农村发展研究中心发展研究所对浙江省资源状况的概述来说明此观点：如果全国人均资源量平均数为100，则浙江省的水资源、能源、矿产、可利用土地、耕地和气候分别为：89.6、0.5、4.9、40和117.2，在历年各省市的"人均资源拥有量综合指数"栏目中，浙江居倒数第3位，与浙江相邻排列的是上海、天津、江苏和广东。浙江选择劳动密集型产品生产和出口，既受要素禀赋、产业优势的约束，也是民间力量推动的结果。浙江劳动要素总量供给多于上海而少于江苏，且人力资本含量总体低于上海、江苏，要素禀赋条件决定浙江选择劳动密集型产业有优势。劳动密集型产业，相对于资本密集型、知识密集型产业来讲，投资少、技术要求低、资本回收周期短，从而风险较低，因此比较符合非国有、非公有制经济主体的产业选择目标。

　　浙江从资源小省发展为经济大省后，"浙江模式"与"苏南模式"、"珠江模式"并列成为独特的经济发展模式。目前对"浙江模式"的诠释，经济学界意见纷呈。浙江经济的发展有着独特的区域经济特色，不但与浙江人执著、敢闯、敢拼的精神有关，也与浙江积淀深厚的历史文化有关。"日出华舍万丈绸"的绍兴，大力发展轻纺工业；"奉帮裁缝"聚集的宁波，大力发展服装产业；"百工之乡"的永康，大力发展小五金，这些事例都说明独特的历史文化是浙江的资源禀赋。浙江人勇于利用这种禀赋，并加以发扬光大，终于形成了当地的比较优势，这是自生能力推动的结果。浙江的产业基本属于劳动密集型，既与独特的历史文化资源禀赋有关，又与浙江得天独厚的区位优势有关。浙江位于改革开放的一级中心——长江三角洲的南翼。上海，这个国际性大都市对浙江的资金和人才在一定范围、一定程度上有吸纳作用，但从传统产业——纺织业的角度来看，上海对浙江经济具有绝对的辐射作用。浙江的劳动力成本较上海低，加上浙江省有纺织业发达的历史基础，于是上海把纺织业向浙江转移。其他的劳动密集型产业在浙江聚集也基于上述资源优势。在浙江经济发展过程中，信任度逐渐提高，成为浙江经济进一步发展的动力之一。经济学家认为，信任是人们理性选择的结果，这点在浙江体现得较充分。信任是经济发展的一种资源禀赋，这是民营企业在经济发展过程中自发认识到的。

　　浙江经济增长的动力源自内源性民间力量，内源性民间力量是指企业的自生能力，它区别于来自外方的政府推动力量，正是凭借这种自生能力，企业获得了高于社会正常利润水平的利润，使浙江经济得以增长、发展，在不具备国际经验验证的条件下取得了高增长，这里的高增长条件是指在企业具有自生能力的前提下，逐渐探索私有化、放弃政府对经济的干预、完全市场化等条件。浙江经济是自生能力推动的经济模式，表现在城市化道路上就自然是小城镇发展之路。浙江的自生能力最初萌生于农民这个群体，在经济转型过程中，农村人口及农村劳动力首先向小城镇聚集，小城镇有丰富的吸纳农村劳动力的就业岗位，小城镇的生活方式及环境与农村较为贴近，比较适宜农村人口的生活。由于从农村转移出来的农村劳动力聚集在小城镇，主要在非国有、非公有制经济中就业，于是小城镇发展资金也主要由企业或个人提供。小城镇发展之路也就是由自生能力推动的城市化道路。自生能力推动发展的模式，在经济转轨时期较易取得高增长的结果，但由于没有或很少有外力的介入，其自身存在的不足也相当明显。目前较为普遍的观点认为浙江经济具有"低、小、散、弱"、"轻、小、集、加"的特点，其实就是这一模式必然导致的结果。一方面，浙江处在全国市场经济尚处建立阶段的大环境之内，计划经济观念根深蒂固的中国部分地区对浙江经济发展仍会起"示范"作用或牵制作用；另一方面，自生能力本身出自于微观经济主体的内在动力，在市场经济中，微观经济主体本身存在盲目性、短期性、自发性等弱点对自生能力效用最大化起削弱作用。自生能力推动发展模式的主要不足在于：效用最大化起削弱作用。

资料来源：薛国琴：《自生能力推动模式的内在演进》，人民网。

　　大卫·李嘉图认为，国际间劳动生产率的不同是国际贸易的唯一决定因素。[1]因为劳动生产率不同，不同国家在生产相同产品时，存在着不同的机会成本。即使一国并不拥有任何绝对优势，但只要该国在本国生产一种产品的机会成本用其他产品来衡量低于在其他国家生产这种产品的机会成本，则该国在生产该种产品上就具有比较优势。林毅夫教授的经济发展理论[2]中，最重要的是两个概念，即自生能力和"比较优势发展战略"。自生能力概念的提出为整个林毅夫经济发展理论体系奠定了基础，而"比较优势发展战略"则是从该理论出发所能得到的唯一合理的结论。然而这种新古典经济理论是起源于发达市场经济国家的，它所要解释的也是发达市场经济国家的经济现象。所以，在发达市场经济国家中假定企业具备自生能力是合适的，因为发达市场经济国家的政府，除了很特殊的产业中的企业外，一般是不会给予企业补贴和保护的。但是，在转型经济国家和发展中国家，很多企业是不具有自生能力的，也就是说，即使有

①　大卫·李嘉图：《政治经济学及赋税原理》，华夏出版社，2005年。
②　李永军：《自生能力和比较优势发展战略》，http://jlin.ccer.cn/lyf2.asp。

了正常的经营管理，在竞争的市场中也无法获得大家可以接受的预期利润率。这是因为一个企业是否具有自生能力，主要取决于这个企业所在的产业、所生产的产品以及所用的技术是否与这个国家的要素禀赋结构所决定的比较优势一致。由此可见，在自由、开放、充分竞争的经济中，一个企业要立足于市场，其经营、管理的好坏会影响这个企业实际的利润率水平。但是在给定正常经营管理的条件下，一个企业的利润率还决定于其产业和技术选择是否得当。

从图 2-1 中可见，[①] 曲线 I 是一条等产量曲线。A 点所代表的技术和 B 点所代表的技术相比，前者劳动较为密集，而后者资本较为密集。图中的 CC、C_1C_1、DD、D_1D_1 为不同资本和劳动价格之下的等成本线。在两条斜率相同的等成本线中，越接近原点 O 的，成本越低。等成本线的斜率则代表资本和劳动的价格比。在图中 CC 线的斜率小于 DD 线，其意义为 CC 和 DD 相比，CC 的劳动价格相对低而资本的价格相对高。

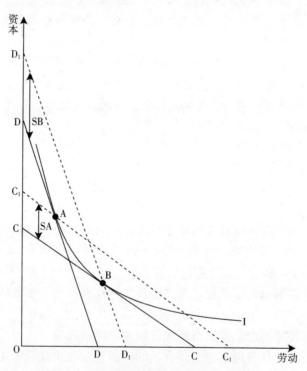

图 2-1　要素相对价格和产品的技术选择

说明：C_1C_1、DD 分别代表资本相对丰富程度由低到高两种情况下的要素相对价，同时也表示在对应的要素禀赋结构下 1 元钱的等成本线。

---

① 林毅夫：《自生能力与经济发展与转型——理论与实证》，北京大学出版社，2004 年。

从图 2-1 中可看出，当一个经济中的劳动价格相对低而资本的价格相对高时，如等成本线 CC 所示，选择以劳动较密集的技术 B 来生产这种产品比选择以资本较密集的技术 A 来生产的成本低。反之，当劳动的价格相对高而资本的价格相对低时，如等成本线 DD 所示，选择以资本较密集的技术 A 来生产比选择劳动较密集的技术 B 来生产成本低。

在一个只生产一种产品的完全竞争的市场经济中，给定资本和劳动的相对价格，一个企业要获得正常的利润水平，即具有自生能力，必要条件是其生产成本必须最小化。成本最小化要求企业所选择技术的资本和劳动的相对密集度，必须吻合于反映这个经济体劳动和资本两种要素相对稀缺性的要素相对价格，也即等产量线正好和这个经济的等成本线相切的点。在图 2-1 所示的经济中，如果其资本和劳动的相对价格可由斜线 CC 来代表，只有选择 A 点的技术来生产，其成本才是最低的，采用任何偏离 A 点的技术来生产的企业，其成本没有最小化，从而无法获取市场可接受的平均利润水平。市场竞争的结果，只有采用 A 点的技术来生产的企业才能生存。在竞争性的市场中，采用这个技术所得到的利润是没有超额利润的正常利润。所以在给定资本和劳动相对价格的竞争性市场中，企业的自生能力取决于它的技术选择。

在一个自由、开放、竞争的市场经济中，资本和劳动的相对价格会反映这个经济的禀赋结构中资本和劳动的相对稀缺性，当劳动的禀赋相对丰富而资本相对稀缺时，劳动的价格将会相对低而资本的价格将会相对高；当要素禀赋结构中资本的相对丰富程度提高而劳动的相对丰富程度降低，劳动和资本的相对价格就会往相反的方向变动。因此，如果原来的要素禀赋结构决定的资本和劳动的相对价格为 CC 线所代表时，某个企业选择 A 点技术生产，那么，当要素禀赋结构中资本的相对丰富程度提升，等成本曲线由 CC 线变为 DD 线时，这个企业也必须改为选择技术 B 来生产，才有自生能力。由此可见，一个有自生能力的企业，其技术选择是由这个经济中的要素禀赋结构来决定的。当要素禀赋结构变化时，其技术选择也必须跟着变化。为了行文简便，资本相对丰富的要素禀赋结构，将简称为水平高的要素禀赋结构。

现实经济生活当中，如果不是由企业自主按照市场价格信号的引导进行决策，而是由外在力量（如政府）出于特定的目标而干预企业的决策的话，那么，企业的生产行为就未必能够实现成本最小化。进而这些企业也就没有自生能力。在图 2-1 中，如果资本相对稀缺的经济体想要追求高水平的技术 B，政府就必须给予企业一定的扶持。扶持的方式有二：一种是在不扭曲要素价格的条件下，给予企业以总量的补贴。补贴额相当于 SA 刻画的那样多的资源。另一种是直接把要素价格扭曲到 DD 线反映的水平。同样的道理，当资本相对丰富的经济

第五节　要素禀赋结构与企业自生能力

林毅夫认为，[①] 一个经济的最优产业结构和技术结构是由其要素禀赋结构所内生决定的，"比较优势发展战略"是唯一能够保证国家快速地积累资本的经济发展战略。由于研发往往是资本密集的活动，资本相对稀缺的国家难以承担其成本。"赶超"战略的推行必然在经济中造成一大批没有自生能力的企业，这就成为国家宏观经济不稳定的根源。那些实行比较优势发展战略的国家则有可能有效地避免上述宏观经济不平衡的出现。林毅夫、蔡昉、李周认为，[②] 在经济发展的战略选择上，除了立足于赶超型重工业优先发展战略或进口替代战略以外，还有一种更为成功的经济发展道路，即比较优势战略，这是日本和亚洲"四小龙"实现经济成功的核心所在。比较优势战略使得经济发展在每个阶段上都能发挥当时资源禀赋的比较优势，从而维持经济的持续增长并提升资源禀赋的结构。钟佩君等人认为，通过对以追求最原始的约束因素为目的的一系列国际分工理论的分析发现：在国界的约束下，无论是古典国际分工理论还是新贸易理论和新兴古典经济学的国际分工理论，其理论基础都是假设各国间存在要素禀赋状况差异，要么由要素禀赋结构差异决定，要么由要素禀赋总量差异决定。

鉴于要素禀赋结构和企业自生能力[③] 最早是由林毅夫教授提出的，且具有一定的权威性，目前国内外有关这一理论的研究尚处于深入阶段，需要各界同仁共同探讨，本节的后半部分重点介绍和分析要素禀赋结构和企业自生能力理论。

现在我们放松只生产一种产品的假定，引入产业的概念。许多生产技术有关联的产品，共同构成了一个产业。如图 2-2 所示，[④] I_1、I_2、I_3 分别代表某一产业 I 中的 3 种不同产品的等产量曲线，它们所代表的产值相同，但产品的特性和所使用的技术不同，平均相对劳动密集度 I_3 大于 I_2，I_2 大于 I_1。当这个经济

---

① Justin Yi fu Lin. "Development Strategy, Viability, and Economic Convergence". Economic Development and Cultural Change，2003（51）。

② 林毅夫、蔡昉、李周：《比较优势与发展战略——对"东亚奇迹"的再解释》，《中国社会科学》，1999（5）。

③ Justin Yifu Lin . "Development Strategy and Economic Convergence". The Inaugural D. Gale Johnson Lecture，Department of Economics，the University of Chicago，May 14，2001。

④ 林毅夫、刘培林：《自生能力与国企改革》，北京大学中国经济研究中心 2001 年讨论系列稿，No. C2001005。

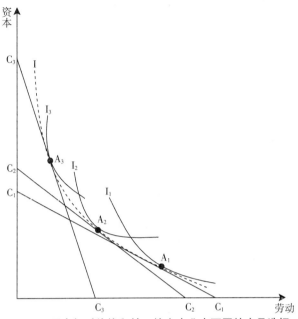

图 2–2　要素相对价格和某一给定产业中不同的产品选择

说明：I_1、I_2 和 I_3 分别代表某个给定产业中，3 种产品 1、2 和 3 的价值为 1 元等产量线；I 代表该给定产业中的各个产品价值为 1 元等产量线的外包络线，也即该产业的 1 元等产量线；C_1C_1、C_2C_2 和 C_3C_3 分别代表资本相对丰富程度由低到高 3 种情况下的要素相对价格，同时也表示在对应的要素禀赋结构下 1 元钱的等成本线；A_1、A_2 和 A_3 分别代表相应要素禀赋结构之下各种具体产品的成本最小化的要素投入结构。

的要素禀赋结构的水平较低，等成本线是 C_1C_1 时，一个企业只有选择 I_1 所代表的产品，并以 A_1 点所代表的技术来生产，才是有自生能力的。当这个经济的要素禀赋结构水平提高，等成本线变为 C_3C_3 时，只有选择 I_3 产品并以 A_3 技术来生产的企业才有自生能力。

　　一个产业可由其所有不同的等产量曲线的包络线来表示，在这个等产量曲线中，每一点代表的是这个产业中的一个性质不同但产值相同的产品。现在我们进一步把分析的视野由一个产业拓展到整个国民经济，国民经济由多个产业组成。如图 2–3 所示，假定在一个经济中有 3 个资本密集度逐次降低的产业，分别由 H、M、L 这 3 条曲线刻画。H、M、L 表示 3 个归属于不同产业但是价值相同的等产值曲线，H 是资本相对最密集的产业，L 则是劳动最密集的产业。当这个经济的要素禀赋结构水平较低，其等成本线为 C_1C_1 时，一个企业选择进入 L 产业或 M 产业并生产以 A_1 点的技术或 A_2 点的技术所代表的产品时都是有自生能力的。但是在这个经济中，不管采用什么技术来生产，一个企业在资本最密集的产业 H 中，都是没有自生能力的。当这个经济的要素禀赋结构水平提高，等成本曲线由 C_1C_1 变为 C_2C_2 时，这个经济就会出现技术和产业结构水平的升级。产业结构由原来的 L 和 M 升级到资本相对较为密集的 M 和 H。这个经济开始生产 M 产业的产品，并且原来处于 L 产业的企业将缺乏自生能力而退出生产。在产品和技术选择上，M 产业则由原来的 A_2 点升级到 A_3 点。

产业或技术结构的升级决定于资本和劳动相对价格的降低，而后者则决定于要素禀赋结构水平的提高。因此，在一个完全自由、开放、竞争的市场经济中，只有提高了要素禀赋的结构水平，产业和技术结构的水平才可以提高。而且，由于在自由竞争的经济中，企业的自生能力随着要素禀赋结构的提高和资本与劳动的相对价格的变化而变化，因此，只要提高要素禀赋结构的水平，这个经济的产业和技术结构的水平自然会随着企业的自主决策而提高。

从上述的讨论中可以看出自生能力和比较优势的概念高度相关，两者都决定于一个经济中的要素禀赋结构。以图 2-3 为例，当一个经济的要素禀赋结构水平较低，这个经济在劳动力相对比较密集的 L 和 M 产业有比较优势，在资本比较密集的 H 产业则没有比较优势，当一个经济的要素禀赋结构的水平提高，等成本线从 C_1C_1 变为 C_2C_2 时，具有比较优势的产业变为 M 和 H，而企业则只有在此两个具有比较优势的产业中，采取以 A_3 或 A_4 的技术来生产相应的产品时才有自生能力。同样，在没有比较优势的劳动密集产业 L，则不管采用何种技术或生产何种产品都没有自生能力。

在这里值得指出的是，一个经济中的各个企业面对的是同样的资本和劳动的相对价格水平，但在不同的具有比较优势的产业中，各个有自生能力的企业所采用或生产的技术或产品的资本密集度也不会一样。如图 2-3 所示的 3 个产业，当一个经济的要素禀赋结构的水平比较低，具有比较优势的是劳动较为密集的 L 和 M 产业，在 M 产业上具有自生能力的企业所采用的生产的产品 A_2 比在 L 产业上具有比较优势的企业所采用的技术或生产的技术或产品 A_1 的资本密集度高。此外，两个具有不同要素禀赋结构水平的经济可以在同一产业上具有比较优势，但要素禀赋结构水平高的经济中具有自生能力的企业，会比要素禀赋结构水平低的经济中具有自生能力的企业所采用的资本密集度高。以图 2-3 为例，如果 C_1C_1 和 C_2C_2 分别代表两个具有不同要素禀赋结构水平的经济的等成本线，这两个经济都在 M 产业具有比较优势。但同样是具有自生能力的企业，在要素禀赋结构水平较高的经济中所采用的技术或生产的产品为 A_3，其资本密集度高于在要素禀赋结构水平较低的经济中所采用的技术 A_2。

由上述可见，就一个经济体当中具有比较优势的产业而言，企业可以在其中具有自生能力的不是整个产业，也不是产业当中的一个生产点，而是整个产业当中的一个区段，我们将称此区段为这个经济具有比较优势的产业区段。

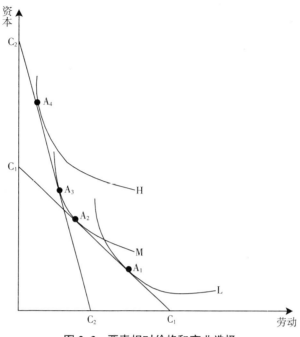

图 2-3　要素相对价格和产业选择

说明：H、M 和 L 分别代表 3 个资本密集程度由高到低的产业等价值线，C_1C_1 和 C_2C_2 分别代表资本相对丰富程度由低到高两种情况下的要素相对价格，同时也表示在对应的要素禀赋结构下 1 元钱的等成本线。从图 2-3 中可见，在资本相对稀缺时，有自生能力的产业是中等和低等资本密集度的产业 M 和 L；在资本相对丰富时，有自生能力的产业是高等和中等资本密集度的产业 H 和 M；另外，尽管在两种不同的资本丰富程度之下 M 产业都具有自生能力，但是所选择的具体产品却是不一样的。

本章小结

　　林毅夫（2002）认为，在开放竞争的市场上存在的企业都应该具有自生能力，只要有正常的管理就应该能赚得正常的利润。但由于存在预算软约束、企业法人选择手段单一、政策性负担、职工积极性等问题，现实中存在大量不具备自生能力的企业。林毅夫教授提出的自生能力概念，为反思新古典经济学理论指出了道路，也为发展经济学奠定了理论基础。只有作为市场主体的企业都培育出了较强的自生能力，那么整个经济的增长才能得到促进。

　　经济增长理论经历了古典、新古典和新增长、可持续发展 4 个阶段。古典经济学理论的核心思想是经济增长产生于资本积累和劳动分工的相互作用，其

7. 标杆企业选取法

企业核心竞争力研究是在与其他企业比较的前提下进行的，通常情况下都是在与国际上同类企业相比较中完成的。所以，选取标杆企业并与之进行比较就成了当前较为流行且简单易行的方法。标杆企业选择适当不仅为所研究的企业提供标杆，也为企业提供了战略基础。相反，企业竞争力研究就可能脱离实际或标杆企业对于所研究的企业来说可望而不可即，或者根本没有差距而无法使企业的核心竞争力凸显出来。标杆企业选取法的一般步骤分为以下几点：大范围地选取业内全球领先的企业；业内专家或权威评价机构的认同；按经营业务领域和地理范围对企业进行排名；考虑业务和地域因素，最终选取标杆企业；依照既定的核心竞争力比较模型与标杆企业进行比较。

本章小结

核心竞争力是企业自生能力的原动力，培育企业自生能力的关键是发掘原动力。反映企业核心竞争力的重要指标是企业盈利能力。企业盈利能力和竞争力是否相关主要取决于企业所在的环境是否具备充分竞争的条件。在充分竞争的条件下，企业盈利能力、自生能力与竞争力有着密切相关的联系。

企业核心竞争力有 4 个根本特征：价值性、整体性、独特性、难以模仿性。另外还有 6 个连带特征：延展性、知识性、动态性、辐射性、不可交易性和难以替代性。核心竞争力是一个历史沉淀的过程，是企业长期积累的结果，其构成要素包含多个层面，归纳起来主要有 5 个层面：①企业技术研发能力；②企业战略决策能力；③企业核心市场营销能力；④组织协调企业各生产要素进行有效生产的能力；⑤市场应变能力。决定企业核心竞争力的内在要素主要有 4 个：知识和技术是核心竞争力的源泉；资源是核心竞争力的基础；企业文化是核心竞争力的原动力；管理整合是核心竞争力形成的必经途径。

我国学者评述企业核心竞争力的模型主要有：①谢恩模型。谢恩、李垣（2001）认为，核心竞争力表现为一些知识和经验，这些知识和经验只能通过不断地组织学习而得到和更新，其强调了知识和经验对核心竞争力培育的重要性。②赵建辉模型。赵建辉（2006）指出，组织核心竞争力的基本构成要素为知识资源、创新力和组织文化。模型强调个人或组织只有不断地学习，才能形成自己独特的核心竞争力。③吴价宝模型。吴价宝（2003）对基于组织学习的企业核心能力形成机理展开分析，构建了企业核心竞争力与组织学习之间的"塔形"

关系模型。模型强调组织学习产生工作常规，工作常规产生企业能力，企业能力产生企业核心竞争力，最终形成企业生生不息的自生能力。3个模型都强调企业学习是核心竞争力的内生变量，企业核心竞争力理论是一种代表着未来知识经济特征的先进的管理理念，是基于市场竞争的无形的动态的能力资源。

企业核心竞争力是一种综合因素，可从不同的方面来评测。评估企业竞争力有显性指标和分析性指标两类。显性指标包括市场占有率和自生能力率，前者反映企业所生产的产品或服务在多大程度上为市场所接受；后者反映企业长期发展的基本条件和经济目标的实现程度，即企业绩效。分析性指标是一个多角度、多层次的指标体系。显性指标所反映的是竞争的结果或竞争力的最终表现，而分析性指标所反映的是竞争力的原因或决定性因素，还有一些难以计量的因素，如企业家精神、企业理念、管理水平、品牌价值等。企业核心竞争力监测指标的选择应遵循一定的原则。核心竞争力评估方法体系包括：①数据包络分析法（DEA）；②综合指数评价法；③层次分析法（AHP）；④模糊综合评价法；⑤灰色系统评价法；⑥多元统计评价法；⑦标杆企业选取法。

第四章 企业自生能力的动力机制

企业自生能力的培育需要一个科学有效的形成机制作为支撑，这种机制既要有内在的动力机制，又要有外在的动力机制来与之相辅相成，共同构成一个有机整体，推动企业朝着一个正确、良性的发展方向前进，从而打造企业具有市场竞争力的自生能力。

第一节 企业自生能力的动力机制构成

企业自生能力动力机制是指在企业发展进程中"推动企业发展所必需的作用力的产生机理，以及维持和改善这种作用机理的各种经济关系、组织制度等所构成的各种不同作用力要素的系统总和"。本章主要从外在动力机制和内生动力机制两方面入手来分析，来共同推动企业自生能力的增长。在外在动力机制方面，本章主要从宏观制度环境、科技创新环境和经济发展环境3方面作一一分析，即：宏观制度环境是企业自生能力的初始动力，科技创新环境是企业自生能力的加速动力，经济发展环境是企业自生能力的直接动力。在内生动力机制方面，本章主要从动态能力、学习型组织和整合能力3方面进行分析，即企业动态能力是企业自生能力的基本动力，学习型组织是企业自生能力的持续动力，企业整合能力是企业自生能力的后续动力。关于企业自生能力的动力机制，具体构成如图4-1所示。

尽管影响企业自生能力的因素较多，但鉴于市场环境和企业多种所有制的变化所带来的新情况、新问题，以及新的企业理论的不断涌现和实践活动的不断深化，本章仅选择上述几项影响企业外在和内生动力机制的因素进行分析。当然，公司治理、激励机制和市场营销策略都会影响到企业自生能力的培育。

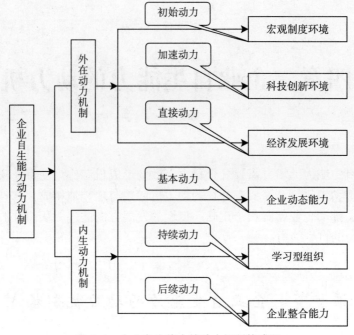

图4-1　企业自生能力的动力机制构成图

第二节　企业自生能力外在动力机制

企业自生能力外在动力机制是指打造企业自生能力的外部环境各要素之间的相互联系和作用机理。也就是说，企业在其所处的自然、制度、技术、经济、社会条件等发展环境中，通过政府扶持或通过自身努力争取到的外在发展有利环境，及其形成的一套促进企业发展的外部动力保障。

一、宏观制度环境是企业自生能力的初始动力

一个好的社会经济政治制度有可能会使一个企业起死回生，而一个不好的外部制度环境有可能会使企业走向衰亡。诺斯通过对荷兰、英国等国家1500~1700年科技发展和经济增长情况的考察，认为荷兰和英国在近代历史上曾经先后成为强国的主要原因是其追求在经济发展过程中所形成的特殊的产权制度。[①]

————————

[①] 道格拉斯·诺斯：《经济史中的结构与变迁》，上海三联书店，1991年。

熊彼特在研究了企业200年的兴衰之后认为，尽管不同社会所拥有的企业家总量确有差别，而这些企业家对各自社会的生产性贡献的差别更为显著，其主要原因就是各个社会占统治地位的"游戏规则"提供了不同的激励机制，使得企业家能力在创新和寻租活动甚至有组织的犯罪之间存在明显的配置差异。

中国宪法第三条规定，在中央的集中统一领导下，充分发挥地方的主动性和积极性是我国处理中央和地方关系的基本原则。一方面，中央制定的宪法、法律和行政法规，以及决议、决定等，地方必须执行，从而中央国家机关有权领导（或指导）地方国家机关的工作，这有利于维护国家的统一性；另一方面，省级和部分市级人大及其常委会有权依法制定地方性法规，地方各级人大有权讨论并决定本辖区内的重大事项，地方人民政府有权因地制宜地管理本行政区域内的行政事务。这些有利于充分发挥地方的主动性和积极性。作为活动原则，民主集中制主要体现在国家机关的决策过程中。任何国家机关都必须充分发扬民主，在民主的基础上集中正确的意见，从而作出决议（决定），再贯彻下去，亦即"从群众中来，到群众中去"。

历史实践证明，中国共产党在领导新民主主义革命走向胜利的伟大斗争中，确立了在中国各种革命力量中的核心领导地位。特别是1978年实行改革开放以来，中国共产党根据形势和任务的变化，明确多党合作制是中国政治制度的一个特点和优势，确立了中国共产党与各民主党派"长期共存、互相监督、肝胆相照、荣辱与共"的十六字方针，提出了一整套关于多党合作和政治协商的理论和政策，使坚持和完善多党合作制度成为中国特色社会主义理论和实践的重要组成部分。2002年中共十六大后，从建设社会主义政治文明的高度，中国共产党先后制定了进一步加强中国共产党领导的多党合作和政治协商制度建设的意见和加强人民政协工作的意见，使多党合作制度进一步规范化和程序化。新中国成立以来，中国多党合作制度不断巩固和发展，在国家政治和社会生活中发挥着重要作用。

中国当前的政治制度是能够发挥人的主观能动性的制度。当一种制度的诸多缺点已充分暴露、明显弊大于利的时候，理性的、恰当的方法是改变这种制度。但这在大多数所谓的"民主制度"的国家是难以做到的。一个比较成熟的"民主制度"的国家，通常形成了两党或三党竞争的寡头垄断政治格局，是长期以来党派之间、议员之间利益斗争和相互妥协的产物。即使作为执政党或国家总统、总理，要想改变一种不合理的制度规定，通常也是难以做到的。在大多数情况下，是以折中的制度来代替，或以其他不合理的制度安排来补偿，或以提倡改变制度的领导人的下台来结束。日本、印度尼西亚、韩国等许多国家的发展经验告诉我们，腐败不是伴随着多党制就能自然终结的。在多党制的体制下，不同政党均是一部分利益集团的代表。偶尔的反腐败只不过是为了增加威胁的可信度，而从一开始它们就没有彻底铲除腐败的意图，因为那会损害它们作为一个整体的政党的利益。但是，中国共产党具有立党为公的基本性质，其行为不是为了个别利益集团的政治或者经济利益，而是为了最广大人民群众的根本利益。所以，中国共产党在反腐败的斗争中，具有比西方代表一部分利益集团的政党有更大的利益动机和更彻底的决心，也一定能取得更好的效果。

中国政府具有超凡的领导和执行能力。奥尔森在《国家兴衰探源》一书中说明了执行力对一个国家兴衰的重要性。他从"分利集团"的角度解释了"滞胀、失业和经济周期"，总结了国家兴衰的规律。他认为，"分利集团"决策缓慢，使决策程序愈益烦琐，引致工资和价格的"黏性"，使得社会垄断性增加，市场无法结清，从而导致失业增加、社会总收入减少。众多分利集团会造成决策和执行能力的下降。但是，中国共产党领导的政府，总是能够拨开利益集团之间的纠葛，从大多数人的长远利益出发制定并落实制度和政策。特别是，地方政府官员的业绩由中央进行考核，独特的激励、监督和人事任免措施保证了下一级政府对上一级政府的听从，从而加强了政策执行的连贯性，减少了上下级责任的推诿与政策传递的损耗。中国政府强大的执行力还在于中央政府具有其他任何势力都无法比拟的经济力量，无须为了某个经济利益集团而考虑行动方向。

中国当前的政治制度与中国的传统文化结合紧密。传统文化会深刻影响人们的政治思想、政治道德、政治心理以及政治态度，任何一个国家的现行政治制度都会被传统文化打上深深的烙印。美国民主政治制度就是在清教徒们倾向于民主这一文化的基础上建立起来的。"君子喻于义，小人喻于利"，这是根植于每个国民心中的传统思想，它为我们定义政治家的言行提供了一条准绳，告诫我们要舍生取义。正是高尚的道德情操为社会主义精神文明建设提供了肥沃的土壤。"为富不仁"遭到社会的唾弃，"君子爱财，取之有道"能够得到广泛的认可，社会"大同"的理想要求现在的政治体制在追求效率的同时，不能忽视群体内部的公平。这些中国传统文化的思想与共产党的执政理念比较接近，它为建设高效、公平、持久发展的社会主义市场经济体制提供了中国式的文化基础。

立党为公的基本性质决定了中国共产党能够团结大多数人，形成强大的发展动力。中国共产党始终把体现人民群众的意志和利益作为一切工作的出发点和归宿，始终把依靠人民群众的智慧和力量作为一切工作的出发点和归宿，这就决定了中国共产党"立党为公"的基本性质。而且，在革命和建设的历程中，中国共产党始终走的是群众路线，依靠最广大人民群众的力量，从胜利走向胜利，所以立党为公也成为中国共产党的一大执政优势。

驻中国记者霍华德·弗伦奇（Howard W. French）曾在《国际先驱论坛报》

上发表了一篇关于中国新模式的文章：设想一下，如果让一批根据品行选拔出来的，又经过严格训练，思想纯正、胸有成竹的官员，在没有指手画脚的国会束缚的情况下去放手工作，他们会干出何等的业绩来？这一切不正可以解释为什么中国人能以创纪录的速度，从"文化大革命"造成的经济废墟中兴建起世界一流的基础设施，雄伟的城市、机场、高速公路和水坝吗？对于许多西方人来说，承认中国的发展、中国所允许的多元性就是在可怕地挑战西方国家作为全球道德高地的地位。欧洲和美国正在面对一个新的竞争者，它不仅经济繁荣、政治稳定，而且在世界大舞台上坚定地呈现着自己的价值观。

总之，对于中国这样一个正处在蓬勃发展和深化改革的过程中的多民族国家来说，提高企业在国际上的竞争能力，需要保持一个稳定的国内政治环境。而当前中国的政治制度对保持稳定的局面最为有效。效仿西方的所谓"民主"，将使社会的权力集中到一部分人身上，会造成社会的动荡，甚至有可能产生苏联或者印度尼西亚那样的民族国家解体。所以，加强和完善以共产党领导为核心的政治制度对提高中国企业的整体竞争力很有必要。

二、科技创新环境是企业自生能力的加速动力

从单个企业来看，其创造发明的新技术、新产品是由其自身的科研投入、研究力量、研究水平和所研究的领域所决定的。但从一个国家层次来讲，一个国家所发明创造的新技术、新产品，其数量和质量则是由这个国家的整体科技水平决定的。一方面，一国的整体科技水平构成了企业技术优势的外部条件，既影响着企业自身的科技水平，又影响着企业可转化的科技成果的数量和质量，从而对企业特别是技术型企业的竞争力有着重大影响。另一方面，国家的科技政策特别是引导和扶持政策，直接对企业科技水平产生作用，并在一定程度上决定着新成果、新技术、新产品推出的数量和推出的速度。[①] 在有利的科技创新环境下，企业自生能力的提高能够得以加速。

首先，应建立以企业为主体的科技创新体制。当前，国家的许多重大项目和重大科技基础设施建设项目，大多数以研究机构和大专院校为承担主体，以企业为支持主体的项目，无论是从立项数量上还是从支持金额上，均占较小比例。中国有许多专门针对企业自主创新的科学研究项目，例如国家星火计划、国家火炬计划、科技成果重点推广计划、重点新产品计划、科技兴贸行动计划等，但这些项目的主体并不是企业，而是国家重点院校和科研机构。事实上，企业作为技术的应用和推广基地，应越来越成为一国科技开发的主体。尤其是

---

① 张金昌等：《打造国际竞争力》，经济管理出版社，2008年。

在科学技术推动历史进步的今天，企业的经济实力和竞争能力，越来越主要地取决于科学技术水平以及科技成果转化为商品的速度。近50年来，占全世界一半以上的发明专利来自美国企业，其中信息技术占67.4%，生物技术占47.1%，药品占59.8%。[①] 一些大型企业设有自己的研究开发机构，技术开发力量相当雄厚。例如，德国、美国、日本企业拥有的科技人员占全国同类人员的60%~70%。而在企业内部，从事技术开发的人员又占企业全部工程技术人员总数的60%以上。近几年来，美国企业每年用于科技开发的投资高达800亿美元，日本300亿美元，德国200亿美元，英国和法国也不少于100亿美元，而且均保持上升的势头。资料表明，近50年来，世界上最主要的科技进步不再是由国家科研部门主导，而是由企业决定。无论是20世纪初期发明电话的"贝尔公司"，让汽车成为人们代步工具的"福特公司"，还是20世纪中期将人类送上蓝天的"波音公司"，以及近20年来崛起的微软公司、戴尔公司、思科公司，大凡进入全球500强的企业，无不是依靠发明创造一种新产品、新技术或是新的经营模式的结果。企业不但是当今社会技术创新的主体，而且也是将科学技术转化为现实生产力并推动人类社会科技进步的主体。企业为了生存和发展，必须不断创新，企业具有不断推动科研开发、谋求技术进步的内在动力。

其次，国家应出台扶持政策，一定要让企业成为科技创新的主体。当前，国家科技创新支持以科研机构和学校为主的现状应当彻底改变。一方面，在项目建立和审批上要重点支持企业的技术创新和研究开发，支持产学研三结合的科技项目，让企业成为科技项目的主承担方，力争使企业主导的科研课题超过国家总课题的2/3。另一方面，要将科技成果是否已经转化为现实的生产力、是否已经应用到了社会实践中去作为评价验收的主要标准。不能仅仅发表一篇论文了事，也不能仅仅以设计一个模型、制造出一个样品为终点，更不能每次的成果均是论文或样品。一定要考核科研成果的实际应用状况，通过科研成果实际应用情况的考核，来促进中国科研机构和学校的专家及科研人员，深入到社会实践、生活实践中去，使他们有更多的机会了解实际问题。只有理论研究和实践应用相结合，才能迸发出更多、更有价值的新理论、新创新和新实践。

再次：建立政府采购科研成果的制度，鼓励政府部门积极采购科研成果或其转化结果。政府公开采购科研成果，并不是要真正出钱大量采购，而主要是对科研成果应用价值的一种认可。政府采购科研成果：一是承认其应用价值。二是给予科研成果一个合理的定价，鼓励成果创造者继续进行创造性工作，同时也为愿意进行成果产品化的单位或个人确定了购买该成果应当支付的费用。

---

① 章斌飞：《发达国家的技术创新对我国企业的启示》，《今日科技》，2004年第5期。

三是可根据成果的市场紧缺程度、产品化难易程度以及对国家和产业发展的重要程度，确定不同的出售价格，通过市场手段发挥政府对科研和科研成果转化的导向作用。同时也应看到，对于科技成果是否具有很高水平，是否具有商业价值，是否是一种革命性的变化，大多数科技成果的需求者并没有足够的能力去鉴别。政府组织采购，实际上是借助于政府机构的公信力，对科技成果给予确认和定价。科技成果从发明、研究、开发、创造，到转化为可销售的商品或产品，通常需要一个过程。政府设立财政性专项资金，通过公开招标对这一转化过程及其成果进行采购，将会激励社会力量投资于科技成果转化，促进科技成果转化，将更多的科技成果转化为生产力。政府出面支持和协调科研成果的转化，将大大加速科研成果的产品化和商品化过程。通过这一过程，能够有效克服"两头冷"的困难，即科研成果持有者因对市场不明而缺乏投资动力转化，成果需求者因担心转化失败而缺乏投资热情。政府采购科技成果的转化成果，并不是要求政府出资购买无市场前景或无战略意义的科技成果，而是期望通过政府有选择的采购和认可行为，鼓励对科技成果转化的投资，引导科技成果转化的方向，搭建科技成果转化为现实生产力的通道和场所。因此，凡是政府资助的项目，建议同时成立两个或两个以上的独立课题组，同时进行科学研究。这样看似重复投资、重复立项，但实际上却能够形成有竞争、有比较、有借鉴、有鉴别的良好科研环境。建议一个重大科研项目或基础性研究项目，在批准由国家级的研究机构承担的同时，最少应同时批准一个企业或来自于基层单位的课题组同时立项，进行并行研究。

最后，支持和鼓励自主创新，鼓励建立多种形式、多种途径的奖励制度，激发技术创新动力。我们必须承认，中国在许多领域与国外发达国家还有巨大差距。向国外学习先进的技术、先进的管理经验是一项长期的任务。但是，历史已经表明，真正先进的技术、先进的经验，是拿钱买不来的，也是用市场换不回来的。中国企业的产品质量、技术已经有了很大的发展，在一些领域，中国已经走在了世界的最前列。因此，我们要立足国情，调整奖励制度体系的内部结构，完善政府奖，强化民间奖，进一步完善奖励制度。第一，国家要设立多种形式的奖励，充分发挥国家奖的精神奖励作用，科研工作者注重所获国家奖的名誉，在这种名誉的驱动下可以提高科技人员进行创新的动力，国家通过设立不同的奖项能够达到繁荣中国科技创新市场的作用。第二，国家要鼓励民间机构设立奖励基金，而且要给予充分的媒体宣传，改变以往民间奖的从属地位及不为人关注的状态。民间奖励一方面可以起到对国家奖励的补充作用，另一方面可以起到监督和比较作用，看看政府奖励和民间奖励谁真正奖励了优秀科研成果。要鼓励企业设立奖励基金，这样不仅可以促进企业积极参与技术创新，而且能够大大增强企业的科技创新能力，同时企业设立奖项也可起到宣传企业的目的，提升企业知名度，为企业提升自身竞争力创造条件。当然，在设立奖项的时候，不论是国家层次的还是民间和企业层次的，都要注意保证其所设奖项的科技能够反映科技创新的前沿及未来发展趋势，起到引领科技创新方向的作用。

三、经济发展环境是企业自生能力的直接动力

改革开放 30 年以来，中国领导层的战略计划使得中国这个曾经落后的欠发达国家一跃而成为全球最大的出口国、世界第三大经济体。而且，由于西方国家的公司争相进入这个巨大市场，使得中国处于有利位置来制定各项政治和经济政策。回想改革开放 30 年，如果一个国家能够以高质量生产人们所需的大部分商品并以无可比拟的价格优势把它推向全球市场，那么会是何种景象呢？诺贝尔经济学奖获得者保罗·萨缪尔森曾预言中国就可能成为这样一个国家。中国不仅在改变自己以适应全球贸易环境，同时也在改变着全球贸易环境。如果说美国是一个充满无限机遇的国家，欧洲是一个沉迷于为所有事物订立规范的联盟，那么中国可以称为一个极具战略眼光的国家。实践证明，中国的开放是实现强国战略计划的一部分，也就是利用国外资金和技术发展经济。为了实现从"世界工厂"到新技术创新基地的转变，中国通过限制外资股份等手段有效保护了国内的一些企业，并且通过适者生存的严酷竞争壮大了它们。

国内著名经济学家邹东涛教授曾在 2007 年将"中国改革开放怎么立起来的"表述为靠的是"一石四柱八梁"：一石是改革开放的奠基石，四柱是改革开放的四大理论支柱，八梁是改革开放的八根大梁。中国改革开放的基石是党的十一届三中全会。中国改革开放的四大思想支柱之一是中国特色社会主义理论，之二是社会主义市场经济理论，之三是社会主义初级阶段理论，之四是社会主义和谐社会理论。中国改革开放的八梁是改革内容的 8 个主要方面，八梁之一是农村经济体制改革和农村发展，之二是设立经济特区和对外开放，之三是私有制改革与基本经济制度建设，之四是财政金融体系改革，之五是价格改革与市场体系建设，之六是就业收入分配和社会保障制度建设，之七是教育和科技文化体制改革，之八是医疗卫生体制改革。这概括了改革开放 30 年的内容。

关于中国改革开放的阶段论，邹东涛教授说，第一阶段是起步阶段，从 1978 年 12 月党的十一届三中全会到 1984 年 9 月十二届三中全会。第二阶段是全面展开阶段，从 1984 年 10 月党的十二届三中全会到 1992 年 1 月邓小平同志南方谈话，重点是国企改革。第三阶段是制度创新阶段，从 1992 年 2 月到 2003 年 10 月，即从邓小平同志南巡视察到十六届三中全会。第四阶段是完善

社会主义市场经济体制阶段，从 2003 年 10 月中共十六届三中全会召开至今，完善市场经济、改革空间和科学发展观。关于改革开放路线图，他总结为 3 个方面，路线图之一是自下而上的改革，这包括农村改革、非公有制经济发展，这都是从下到上发展起来的。路线图之二是自上而下的改革，其一是财政体制改革，其二是金融体制改革，其三是外汇体制改革，其四是审批制度改革。这几个方面，都必须是中央政府做审批，自上而下进行的。路线图之三是上下结合的改革，国企改革、价格改革、市场体系建设、对外开放。这几个方面，中央和地方都有积极性，这两个积极性，上下配合，推动改革。

美国学者约翰·奈斯比特和多丽丝·奈斯比特合著《中国大趋势——新社会的八大支柱》一书认为：[①] 西方是一个说教型社会，而中国是一个学习型社会；中国作为一个新体制崛起的国家，自上而下的战略方针与自下而上的参与相得益彰，中国就像一个超级大企业已经实现了重组，用八大支柱支撑着自己的目标。实际上，这八大支柱是支撑中国新的社会经济体制的基础。这八大支柱是：

支柱之一：解放思想。中国改革开放总设计师邓小平所号召的解放思想是基于当时的时代背景：全中国人民都在搞阶级斗争，必须以共同发展目标把这些人团结起来，必须把"文化大革命"的毁灭性力量转化为建设中国新社会的动力。要实现社会变革首先要允许人民重新进行自主思考，解放思想是我国社会变革中第一个也是最重要的支柱。摆脱桎梏我们精神的枷锁，让人民实现精神解放，开展批评与自我批评，使得决策权逐步下放到各个阶层，个人获得更多的自由，让社会底层群体增强自信心，帮助他们看到自己对社会的贡献，鼓励他们实现自己在社会中的价值。

支柱之二："自上而下"与"自下而上"的结合。支撑中国新社会长治久安最重要、最微妙也是最关键的支柱就是"自上而下"与"自下而上"力量的平衡，这种治理模式西方学者称之为"纵向民主"。实际上，中国这种纵向民主是建立在自上而下与自下而上力量的平衡之上的。西方人理解中国民主的困难就在于他们从来不会注意到自下而上力量的存在。但是，几乎每一个中国人都知道一个偏远的村庄中的 18 个农民几乎在一夜之间改变了中国农村政策——从集体农场到个体耕种的故事。事实上，中国从农业迈出第一步起，自下而上的力量一直在持续壮大。这样一个自上而下与自下而上力量相互作用的体系的目标就是建立一个以信任为基础的体系：政府信任人民，人民也信任政府。这一模式适合中国历史、中国人的思维以及中国人民对和谐稳定社会的追求。

---

① 约翰·奈斯比特和多丽丝·奈斯比特：《中国大趋势——新社会的八大支柱》，吉林出版社、中华工商联合出版社，2009 年。

支柱之三：规划"森林"，让"树木"自由成长。30 年前，中国就像一片大森林，所有的树木都必须是一样的，不允许标新立异，后来，号召人们解放思想，允许多样化的存在。在政治领域：中国纵向民主的成熟与中国共产党的民主进程是息息相关的，同时要在保证政策长期性和消除以选举为导向的行为的负面影响的前提下，发展、壮大选举制度。在军事领域：中国从来没有过殖民地，也没有扩张的野心。胡锦涛在十七大报告中讲："坚决维护国家主权、安全、领土完整，为维护世界和平贡献力量。"同时，中国"一国两制"是明智之举。在经济领域：21 世纪的目标已经确立，就是把中国从世界工厂改造为世界创新实验室，在保持经济增长的同时注重保护环境。在文化领域：在重视传统的同时强调创新，艺术家们冲破统一的社会模式各抒己见，想象力与创造力正在展翅高飞。

支柱之四：摸着石头过河。摸着石头过河意思就是冒着一定风险通过反复尝试探索未来的道路，实现"实事求是"。就是当我们开始朝着某个目标进发的时候，我们并不知道会遭遇什么样的挫折和机遇，必须从实践中学习，边干边学，也摔过跟头，也失败过，但一直坚持前进，并且一直着眼于安全到达对岸这一目标。摸着石头过河是中国战略架构的思维模式体现，总体目标已经确定，中国为到达对岸进行了战略规划和战术部署，同时留出了灵活应变的空间。改革开放 30 年，中国成功跨越经济、政治和交流的"大石"，获得了摸着石头过河的较为成功的经验。中国坚持的纵向民主体系可以保证总体目标的同时灵活变通，以应对任何动荡。前进道路上没有路标，但充满机遇，也能避免险滩，还可能会有捷径。和美国社会的变革一样，在充满痛苦和不确定的今天，中国的变革也不会停止，直至抵达彼岸。

支柱之五：艺术与学术的萌动。虽然经济是中国剧变中最令人瞩目的部分，但并不是全部，甚至有可能并非是最重要的部分。邓小平在早些时候就曾经说过："我们要建设两个文明，物质文明和精神文明一起抓。"中国当今艺术与学术的活跃就是精神文明得以加强的表现。没有艺术家与知识分子的引领，任何社会都是不会进步的。邓小平的高瞻远瞩激发了中国经济领域的转变，而中国艺术家们的想象力与创造性则为其他领域的创新打下了基础。毕竟，艺术反映社会，彰显国家的个性。艺术家和知识分子是最早摆脱清规戒律束缚、放飞自己想象力与梦想的人。他们的创造力被大大释放出来。艺术家和知识分子将一直充当先锋，只有他们的觉醒才会提高整个国家的水平。以往的中国社会高度重视的是服从，听话的工人阶级在中国成为世界工厂的第一阶段中起到了很好的作用。但是，中国想要迈进第二个阶段、创造出富有鲜明中国特色的产品与设计就必须依靠不安于现状、有才能和创造精神的艺术家和知识分子。

支柱之六：融入世界。中国积极参与世界经济、政治和文化各领域的活动，表明她正在争取与自己的发展相匹配的国际地位。"同一个世界，同一个梦想"是 2008 年北京奥运会的主题，它表达简洁，但寓意深刻，充分体现了中国融入世界的愿望。它所瞩目的不只是中国，还有全世界。它表达了北京和全中国人民融入世界、与世界各国人民共享文明、携手共创未来的崇高愿望；体现了这个拥有 5000 年悠久历史、致力于和平发展、建设和谐社会的伟大国家迈向现代化的坚定决心；唱出了 13 亿中国人民对于建设和平、美好世界的渴望。2008 年是中国外交史上重要的一年，180 多个国家和政府首脑在这一年访华。外交部长杨洁篪说："现在中国的命运正越来越紧密地与世界命运联系在一起。"毫无疑问，这些外国领导人也意识到自己国家的命运也越来越紧密地与中国联系在一起。如今，中国已登上世界舞台，加入了 WTO，国际经济合作机会大大增加；改善中美关系，"三十年河东，三十年河西"，携手共建国际经济新秩序；成功召开中、日、韩峰会，缔结友好伙伴关系，共同维护亚洲经济秩序；同时中非关系日益稳固，中欧关系总体趋势在健康发展。

支柱之七：自由与公平。关于社会主义和资本主义的争论焦点经常落在自由与公平上。我们是否应该选择一个所有人都享有同样待遇、无人过于超前的体制？还是要为个人提供自由，以便他们凭借自己的才能与勤奋取得超越他人的成就？全世界都在被这些问题所困扰。但是，20 世纪 70 年代末，在中国开始的改革开放却为解决这个问题提供了良好的借鉴。在努力平衡自由与公平的过程中，中国的纵向民主模式拥有众多优点。共产党执政的连续性使得长期计划不会被任期所打断，也不会受到任期思维和计划不断更迭的影响。这种模式还可以使得地方政府采取措施减少社会寄生虫的数量，把更多的资金用在那些真正有需要的人身上。社会福利的大框架由中央政府提供，但是也为更贴近核心问题的地方政府和机构留出了自下而上参与、从而解决问题的空间。教育就是打开自由与公平大门的一把金钥匙。教育不仅是推动中国未来发展的动力，而且受过良好教育和培训的人们更有可能在动荡时刻提供解决方案。

支柱之八：从奥运金牌到诺贝尔奖。中国在 2008 年北京夏季奥运会上取得的辉煌成绩，正是中国未来经济竞争力的预演。中国奥组委投资 19 亿美元兴建了体育场馆，在城市基础设施方面的投入更是高达 420 亿美元。中国的目标就是要举办一届在艺术水平、场馆建筑和金牌数量方面都超越以往东道主的高水平的奥运会。这些目标中国全都实现了。在未来几十年中，世界将目睹中国在经济发展和国家竞争力方面重现奥运会的辉煌。中国经济的可持续发展将取决于从模仿到创新，从为外国品牌进行加工到拥有自主品牌的转变。中国正逐步走向"创新型国家"。胡锦涛主席在 2007 年十七大报告中确认了中国的科学发展，他指出，为了建设创新型国家，中国必须在全国建立现代化的教育体制、实现义务教育，必须依法治国、减少政府对微观经济运行的干扰、增强自主创新能力，与时俱进、面向世界、面向未来。这是对于未来任务的一个很好的概括。也许明天中国还不会有诺贝尔奖得主出现，但是世界将认可，新型经济模式已经把中国提升到了世界经济的领导地位。

不论是国内学者还是国外学者，基本都对中国改革开放以来的经济发展环境持发展、肯定的积极态度，说明这种健康持续的经济环境不管是在现在还是在将来，都会为中国企业自生能力的培育提供最为直接的外在动力。

第三节　企业自生能力内生动力机制

企业自生能力内生动力机制是指打造企业自生能力的内部各要素之间的相互联系和作用机理。也就是企业在所处的组织治理、人力资源、资源整合、生产条件等企业发展环境中，通过企业自身经营和努力所形成的一套促进企业发展的内生动力保障。

一、动态能力是企业自生能力的基本动力

企业的核心能力如何、如何创造并维持可持续发展的竞争优势一直是战略管理理论的核心课题。大多数学者认为，厂商之所以能够保持竞争优势并维持高获利状态的发展，主要原因来自于厂商建构的可持续竞争优势。在这样的思路下，学者们纷纷提出不同的理论来解释竞争优势的来源，从重视厂商所处产业环境的竞争力分析，到强调企业专属性资源与能力的资源基础观，再演进到新兴的动态能力观。这种理论思路的变化，呈现出学者们对厂商能力和竞争优势看法的转变，并反映出不同时代背景条件下理论思考的差异性。

动态能力是一种多维度的观点，即在某一领域中的动态能力，并不必然与另一领域中的动态能力产生直接关联。不同的学者对厂商动态能力的看法，大致可以划分为两大价值维度：一是本体论维度，即在理论架构上重视厂商的外部能力抑或内部能力，本体论维度涉及动态能力的对象，可以寓于厂商个体和外部联盟两个层面；二是认识论维度，即在理论架构上强调单一主体的"感知创造"或不同主体间的"感知给予"这两个概念。重视厂商外部能力或内部能力来自于厂商自身的适应程序与知识系统，外部能力是指厂商着眼于改善整个企业价值链的营运状况，尤其是与外部环境和联盟成员之间的互动关系；内部

能力指厂商关注改善厂商内部的工作状况与内部效率。而重视单一主体的"感知创造"或不同主体间的"感知给予"这两个概念，说明经理人员理解动态能力的不同着眼点，并以着眼点的不同作为改善动态能力有效性的关键点。事实上，动态能力的改善过程可以分为3个子过程：动态能力着眼点的定义、部署、修正过程。在每一个阶段，不同厂商对竞争的时间范围、竞争态势与当前动态能力的关系、核心价值观和信仰、心智模式与认知、信息认知、情感特征等方面的要求各不相同，由此导致了厂商个体对动态能力改善的不同着眼点。竞争价值方法在确定改善动态能力着眼点的具体实施时，必须采用整合动态能力维度的方法。首先必须征询和统一厂商组织中高层领导的意见，确认出影响厂商生存和需要改善动态能力的维度；其次是调查每个维度对厂商组织在两大价值维度上的影响，形成4个能力维度，分别是市场导向的感知能力、组织学习的吸收能力、社会网络的关系能力和沟通协调的整合能力，详见图4-2。[①]

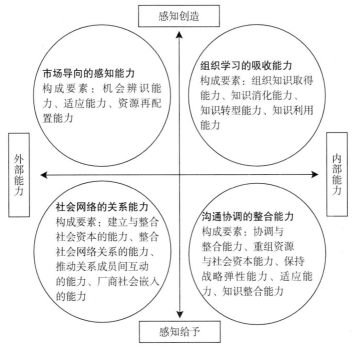

图4-2　动态能力的理论架构与构成要素

资料来源：Eavlou（2004），Ho and Tsai（2006），Pettus et al.（2007），Teece（2007），Wang and Ahmed（2007）。

① 罗珉、刘永俊：《企业动态能力的理论架构与构成要素》，《中国工业经济》，2009年第1期。

（1）市场导向的感知能力。动态能力的首要构成要素是市场导向的感知能力。市场导向的感知能力是企业感觉环境的变化、了解顾客需要的市场响应能力。这种感应市场能力需要通过扫描、寻找、探索和适应方式，响应变动市场的机会与威胁。具体来说，这种能力就是机会辨识能力、适应能力和资源再配置能力。

（2）组织学习的吸收能力。企业经营实务界与学术界认为"组织学习"和"知识能力"是厂商获得持续竞争优势的关键因素，通过知识的沟通与整合，厂商得以学习和创新。同时认为组织持续学习、调整、适应与提升厂商知识能力是提高竞争优势和成功竞争的关键。组织学习的吸收能力是对知识的取得、消化、转型与利用并产生新的知识的能力。我们认为，一个组织的吸收能力依靠其成员的"个人吸收能力"，而以认知为基础的"个人吸收能力"则包含有先前相关与多样化的背景知识，以及必要的努力投入。这就是说，组织吸收能力并不等于个人吸收能力，或者个人吸收能力的总和并不等于组织吸收能力，两者间的差异在于组织存在着"外在环境与组织"及"组织内部部门之间"的组织结构与沟通渠道问题。

（3）社会网络的关系能力。社会网络的关系能力源于社会结构的交互作用行为。社会网络的关系能力是厂商为适应高速变化的环境，利用资源机会，以获取资源、知识与技术来实现厂商目标的一种关系能力。在社会网络理论看来，社会网络的关系能力是企业家与某一个体或群体间建立特定的联结关系和嵌入关系，以获取资源与信息的重要渠道。无法取得有效资源、缺乏社会网络的关系能力的组织，就无法完成内部和外部资源的必要转换，也无法有效地对抗竞争对手，以及满足市场顾客的需要。社会网络关系能力强调，厂商间关系网络是由厂商与其他组织之间的一系列水平或垂直的相互关系组成的，包括厂商与供应商、分销商、顾客、竞争对手以及其他组织之间的相互关系。

社会网络的关系能力说明，厂商的成长是内生性的，但厂商的成长不仅依赖于本企业内部的资源以及管理能力，同时还依赖于社会关系网络或战略联盟伙伴的资源状况、行为以及相互之间的关系与合作的紧密程度。单个厂商与其他厂商建立正式或非正式的合作伙伴关系，借助于社会关系网络或战略联盟来获取和共享网络关系资源和关系租金，寻求在网络化背景下的成长，已经成为复杂的商业环境条件下厂商成长的方式与策略之一。我们认为，基于关系资源的厂商竞争优势是内生性的，因为社会网络关系与合作是异质的、稀缺的、不可转移的、不能被完全模仿的，是其他资源和能力要素所不能替代的，因而社会网络中长期的关系租金来源也是内生性的。

（4）沟通协调的整合能力。随着跨组织信息技术、企业组织的全球化经营、产品定制化与快速响应市场的发展，企业领导人发现采购、制造、市场营销、后勤、运输等活动已经突破了企业组织的范畴而与组织间关系成员的上下游厂商的配合息息相关。要有效地管理这些活动，企业组织除了要强化内部跨职能活动的协调之外，还需要加强组织间关系和跨组织间功能活动的协调与管理，更需要构建跨组织网络。我们认为，通过跨越厂商组织边界的沟通协调的整合能力来取得外部来源的知识和技术是创造竞争优势最重要的来源之一，因此企业沟通协调的整合能力将会对企业经营绩效产生显著影响。

沟通协调的整合能力就是企业适应高速环境变动下通过各种不同条件以展现个体的适应、个体知识的转化与重新组合、贡献出集体的绩效与价值的能力。这种整合能力是一种多维度的再配置资源的能力，其构成要素包含协调与整合的能力、重组资源与社会资本的能力、保持战略弹性的能力和适应能力。整合能力分为外部整合能力和内部整合能力两种形式，内部整合能力表现为如何更好地利用企业目前的资金、工厂、设备与专利等，而外部整合能力表现为通过战略联盟、构建虚拟垂直整合的价值链等合作方式而获取的互补性、稀缺性资源、技术或知识等。组织除了使用内部资源与技能外，也可从伙伴和顾客那里取得外部资源，并将这些内部与外部资源进行整合，构成组织的动态能力。

二、学习型组织是企业自生能力的持续动力

当今世界上所有的企业，不论遵循什么理论进行管理，主要有两种类型：一类是等级权力控制型，另一类是非等级权力控制型，即学习型企业。等级权力控制是以等级为基础，以权力为特征，对上级负责的垂直型单向线性系统。它强调"制度＋控制"，使人"更勤奋地工作"，达到提高企业生产效率、增加利润的目的。权力控制型企业管理在工业经济时代前期发挥了有效作用，它对生产、工作的行为和有效指挥具有积极意义。但在工业经济后期，尤其是进入信息时代、知识时代以后，这种管理模式越来越不能适应企业在科技迅速发展、市场瞬息万变的竞争中取胜的需要。企业家、经济学家和管理学家们都在探寻一种更有效的能顺应发展需要的管理模式，即另一类非等级权力控制型管理模式，学习型组织理论就是在这样一个大背景下产生的。

Senge（1990）指出，学习与信息吸收几乎没有关系，学习是提升能力的一个过程，培养组织的创新能力。Pedler等指出，学习型公司应具备以下一些条件：一是个人、小组、部门根据目标，互相交流、共享信息，对顾客满意度进行反馈；二是公司的信息系统能便于员工质疑现行的运行假设，为个人学习和集体学习寻求信息；三是组织的文化和管理风格能够鼓励试验和从成功、失败经验中学习。Fiol和Lyles将组织学习的概念定义为：组织在过去的经验、活动

基础上开发或者发展相应的能力和知识并将这些能力和知识应用在此后的行动中，以提高该组织的竞争能力和绩效。Levitt 和 March 认为，组织学习是对过去行为的反思，从而形成指导行为的组织规范。Edmondson 和 Moingeon（1998）则指出，组织学习是组织成员积极主动利用有关资料与信息来规划自己的行为，以提高组织持续适应能力的过程。国内学者芮明杰、陈晓静等（2008）详细对组织学习模型进行了梳理和评述，并分别从"系统"视角、"技术过程"视角、"学习模型"视角和"社会过程"视角，对国内外一些比较有代表性的组织学习模型进行评述，具有较大的影响。

通过对国内外相关文献的分析，不难发现，组织学习的研究视角主要包括：学习层面（个人学习、团队学习和组织学习）；学习类型（单环、双环和再学习）；社会过程（如适应和行为文化、认知和知识系统理论、行动学习和知识创新等）；技术过程（如信息的获取、传播、解释和存储）。如图 4-3 所示：

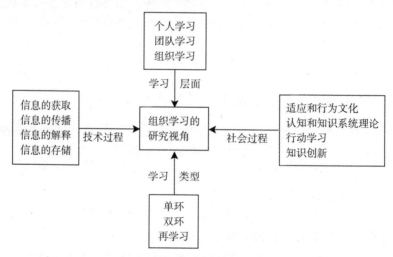

图 4-3   组织学习的研究视角

下面，我们从"系统"、"技术过程"、"学习模型"和"社会过程"视角，对比较有代表性的组织学习模型展开简要的评述，[①]以期看出学习型组织对培育企业自生能力的重要性。

（一）"系统"视角中的组织学习模型

1. Senge 模型

Senge 是麻省理工学院组织学习中心的负责人。他研究的题目是，在一个

① 芮明杰等：《公司核心竞争力培育》，格致出版社、上海人民出版社，2008 年。

越来越复杂、变化越来越快的世界里，公司及其他组织应该如何发展适应能力。Senge 在对公司进行研究的过程中发现，在许多团体中，每个成员的智商都在 120 以上，而整体智商却只有 62。之所以如此，原因在于组织的智障妨碍了组织的学习和成长，使组织被一种看不见的巨大力量侵蚀，甚至吞没。[①] 在深入分析了美国一些成功企业之后，Senge 提出，一个组织要提升自身的学习能力，必须进行 5 项修炼：

（1）自我超越。这是建立学习型组织的精神基础，是个体通过教育、正式的学习活动和工作经历而获得专业技术和熟练程度的过程。在 Senge 看来，自我超越强调自我向极限挑战，实现人们内心深处最想实现的愿望。一个组织应激发员工不断创造与超越的精神，进行真正的终身学习。

（2）改善心智模式。心智模式包括价值观、观念、态度和假设。这些组成了个人的基本世界观。共同的心智模式通过帮助员工将看上去无序的事件搞清原委来支持学习（Boyett & Boyett，1995）。Senge 认为，心智模式根植于内心，影响人们如何去了解世界，以及如何采取行动改造世界。因此，学习将自己的心智模式摊开，并加以检查和改善，有助于改变心中对周围世界的认识。这种修炼要求人们学会积极地表达自己的想法，并以宽容的心灵容纳别人的想法。

（3）建立共同愿景。共同愿景是指鼓舞公司员工的愿望和远景，主要包括共同的目标、价值观和使命感。它是组织学习的里程碑，代表了员工的共同观点，为学习提供了焦点和能量。共同愿景把组织成员凝聚在一起，为实现共同的目标而开展创造性学习。

（4）团队学习。团队学习是学习型组织最基本的学习形式，它鼓励沟通和合作以促进成员之间的相互协作和相互尊重，使团队成员开阔视野、加深理解、丰富观点、拥有良好的自我表现感觉。通过团队学习，充分发挥集体智慧，提高组织思考和行动的能力。团队学习的修炼从深度会谈开始，使团队所有成员自由交流自己心中的想法，从而获得真正一起思考的能力。

（5）系统思考。系统思考涉及组织各方面的考察和反思，例如使命和战略、结构、文化及管理实践。系统思考是第五项修炼的核心与基石，引导人们从局部思考到整体思考，让人们寻找小而效果集中的杠杆支点，产生以小博大的作用。

2. Dixon 模型

Dixon（1993）指出，学习可以发生在组织的个人、团队和系统 3 个层面。这 3 个层面相互关联，组织应培育专有的系统来促进这 3 个层面的学习。为了

[①] 彼得·圣吉：《第五项修炼——学习型组织的艺术与实务》（第一部），郭进隆译，上海三联书店，1998 年。

促进学习，组织应不断地从外部环境中获取、融合信息，对各部门工作作最低限度的规定，加强与其他组织的联盟并采取措施保存知识。Dixon（1995）在对组织学习进行研究的过程中，提出意义结构（Meaning Structures）这一概念来取代传统习惯使用的"知识"和"信息"。意义结构是一种数据的组织方式，指对事物形成的看法，它是一种静态的认知架构。在 Dixon 模型中，组织学习是通过组织成员的个人学习来实现的。但组织学习绝非个人学习的简单叠加，它是由个人学习通过集体融合、诠释而运用到组织中去的。Dixon 将意义结构分为个人意义结构、可共享意义结构和集体意义结构 3 部分，如图 4-4 所示。

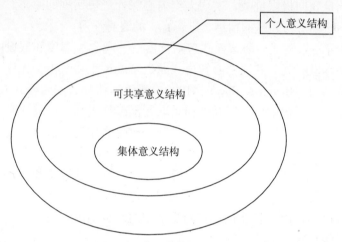

图 4-4　意义结构类型示意图

资料来源：Nancy Dixon. "The Organizational Learning Cycle". McGRAW-HILL Book Company，1995.

个人意义结构指组织中个人心中的可以用言语传达、能够得到大家认同的看法和价值观；集体意义结构是指建立在可共享意义结构的基础上的并被大多数人所认同的组织价值观、文化和认知。如图 4-5 所示，这一过程经历了获取、融合、诠释和付诸实施 4 个阶段，最终回归到吸收，形成一个循环。①获取是指信息和知识的广泛获取。这一阶段是在个人层面上完成的，它是组织学习的起点。②融合是把新的（局部的）信息融合到组织中去。对个人的知识进行融合，将其整合成为组织知识结构中的一个部分，这是整个组织学习创新的开始。③诠释即对信息作出解释和说明。Dixon 认为，对已经成为集体意义结构的那一部分的个人意义结构进行重新解释的过程，是组织学习的关键所在。④付诸实施。在 Dixon 看来，知识如果不能付诸实施，那么就失去了它的价值。

3. Cope 模型

Cope 模型是一种组织学习架构模型，它不是为了给出一个正确的组织学习

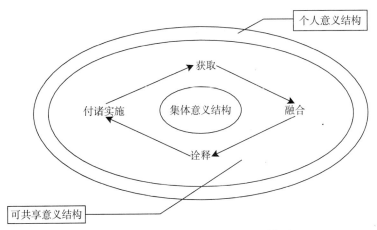

图4-5　Dixon 组织学习的循环过程模型

资料来源: Nancy Dixon. "The Organizational Learning Cycle". McGRAW-HILL Book Company, 1995.

答案，而是通过对组织中各个因素的探讨，强调人在组织中的作用，并分析作为组织成员的个人，是如何通过组织中各种因素及渠道的运用和合作，发挥出组织和个人的最大潜能，使其成为一个创造性的组织的。Cope 模型由 4 个核心要素和 10 个子要素组成。4 个核心要素分别为个体、关联性、传递机制和意图。

（1）个体。个体是指组织中学习的主体即个人，人是组织传递知识、保持组织竞争力的关键，尤其是掌握了组织自生能力的员工更是组织最大的财富，组织知识的应用和创新都依赖于人。与个体相关联的有 4 个关键要素：独立行为人、超级领导者、意识系统和创造奇迹。

（2）关联性。它指的是组织的各构成部分不是绝对独立的，而是具有相互影响关系的。这种关系既影响组织学习，又是组织学习活动发生的必要条件。与此相关的因素有隐蔽型、自我型组织和社会化。

（3）传递机制。它指的是知识在组织内的转移、扩散和共享过程所依赖的机制，包括支撑知识转移的组织结构和知识在组织内的共享过程。

（4）意图。它指的是为了提高学习过程的能力而制定的目标。它是组织学习的动力机制和行动方向。意图的组成要素是战略。Cope 认为组织学习更多的应该从总体战略上予以保证。由于组织学习的非线性特点，靠僵滞的章程和规范是无法实现目标的，必须建立面向成员的激励机制。

归纳起来，"系统"视角中的组织学习模型强调从不同的层面、由不同的主体开展学习活动，比较系统地提出了组织学习应当包括的主体。如 Senge 模型中的个人、团队和组织；Dixon 模型中的个人意义结构（个人学习的关键）、可共享意义结构（团队学习的关键）和集体意义结构（组织学习的关键）；Cope 模型中的个体、关联性（个体和个体之间、个体和组织之间）。这 3 个模型将组织学习主体进行一个清晰的界定和划分，并指出各个层面该进行怎样的学习活动，这客观上为评估组织学习效果奠定了良好的基础。同时，它们都强调个体学习在组织学习中所发挥的重要作用，但是它们没有深入分析组织应该如何激励个体最大限度地发挥作用。"系统"视角中的组织学习模型最大的特点就是强调组织学习的整体性和综合性，但是它们对如何具体地进行组织学习以及组织学习的方式探讨不够深入具体。

（二）"技术过程"视角中的组织学习模型

1. Daft & Weick 模型

Daft 和 Weick（1984）将组织看作解释系统，并且把组织的整个学习过程表达为：扫描、解释和学习，如图 4-6 所示。

图 4-6　组织扫描、解释和学习关系

资料来源：Daft and Weick."Toward a Model of Organizations as Interpretation Systems". The Academy of Management Review，Apr.1984，Vol.9，No.2.

（1）扫描。扫描是指对环境实行监视并将获得的关于环境的数据提供给公司管理人员的过程。该过程主要关注数据的收集。我们知道，任何组织都是社会环境的一部分，复杂多变的环境对组织的绩效产生很大的影响。因此，组织应时刻关注各种与之相关的信息。组织应建立正式的数据收集系统，公司管理人士应通过社会交往获取关于环境的数据。

（2）解释。它指的是公司上层管理人员通过对事件的描述形成共享的理解和概念的过程。在这个过程里形成共享概念和认知地图。该过程类似于个人学习新技能的过程。按照 Daft 和 Weick 的理论，解释有 4 种不同的方式（见图 4-7）。这 4 种方式分别是间接的审查、限定条件的审查、执行以及发现。

图 4-7 中的横轴表示组织的参与度，是对组织超越其组织边界进行观察的意愿所进行的一种测度。根据组织对组织内外信息的收集、分析活动的态度，可以分为主动参与和被动参与两种。比如，一家技术型的公司可能专注于公司内部核心技术开发，对核心技术进行深入研究，较少关注外部世界。它认为

有关环境的假设	不可分析的	**间接的审查** 有限制的解释 非常规的、非正式的数据 预感、传闻、机会	**执行** 实验、检验 压力、创新环境 干中学
	可以分析的	**限定条件的审查** 在传统的边界内进行解释 被动的验证 惯例、正式的数据	**发现** 正式的寻找 询问、调查 数据收集、积极的验证
	组织的参与度	被动	主动

图 4-7　组织解释方式模型

资料来源：Daft and Weick."Toward a Model of Organizations as Interpretation Systems".The Academy of Management Review，Apr.，1984，Vol.9，No.2.

"酒香不怕巷子深"，只要产品做得好就可以。相反，一家市场导向的公司可能高度关注公司外部环境，高度重视客户关系管理、供应链管理等组织外部的业务，产品生产出来以后，尤其重视包装、广告宣传的投入。

图 4-7 中的纵轴表示组织关于环境的假设，即它对环境的看法。如果认为通过自己的努力，可以认识、解释环境，那么就会积极地通过组织文化的塑造、组织结构的调整、激励机制的设计等方面去充分获取、共享组织内外环境中的信息；反之，就会漠视任何组织和个人获取信息的行为，组织内部的信息沟通自然而然也就只能通过非正式渠道，这样的组织文化、组织结构极不利于知识的共享和交流。

这两根轴代表了组织对外部环境及自身角色的看法。两者相结合就反映了公司的文化观。一个公司的文化观决定它怎样对环境的反应做出解释，是否根据这些反应去采取行动，以及采取哪些特定的方式行动。

（3）学习。学习则是关于组织行为与环境之间相互作用关系的知识以及基于这些知识所采取的相应行动。也就是说，通过扫描和解释，组织获得了大量有用的信息，归纳、整理后形成一些有助于各个层次领导决策的信息。

2. Slater 模型

Slater（1995）认为组织学习是一个经过信息获取、信息传播、信息共享解释 3 个阶段，最终将共同的解释通过组织记忆的方式进行存储，并且存储的信息在需要的时候又会重新被提取进行再加工的过程模型，如图 4-8 所示。

（1）信息获取。组织可从自身直接经验、其他组织的经验或组织记忆中获取信息。从其他组织中获取信息的学习方式包括标杆学习方式、不断参加培训、建立合资企业、网上冲浪、建立战略联盟等。

（2）信息传播。信息传播是来自不同来源的信息得以共享并因此带来新的

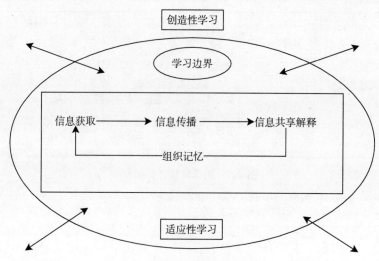

图4-8　Slater 组织学习过程模型

资料来源：Slater and Narver. "Market Orientation and the Learning Organization". Journal of Marketing, Jul.1995, Vol.59, No.3.

信息和解释的过程。

（3）信息共享解释。信息在经过获取和传播之后，要成为一种组织共享的知识，还需要进行信息解释。

（4）组织记忆。组织记忆相当于知识库，它存储解释后的信息，记载着组织的过去，同时又影响着组织学习现在和将来的决策。

Slater 模型图中所示的箭头是指信息获取、信息传播、信息共享解释和组织记忆过程中所采用的新方式，它们超越学习边界，形成创造性学习。

（三）"学习模型"视角中的组织学习模型

1. Agyris & Schon "环型" 学习模型

Agyris 和 Schon 于 1978 年提出四阶段模型，如图 4-9 所示，即发现、发明、执行和推广。在该模型中，他们又嵌入单环学习[①] 和双环学习[②]。

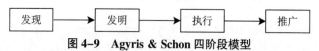

图4-9　Agyris & Schon 四阶段模型

资料来源：陈国权、马萌：《组织学习的过程模型研究》，《管理科学学报》，2000 年 9 月。

---

① 单环学习是指，在这一形态中，组织学习只发生在发现错误和纠正错误的过程中。在这里，组织原有的规范并没有改变，问题的解决是以维持组织原有的规范为前提的，它是一种低水平的学习方式。

② 双环学习是指，在这一形态中，组织不仅可以检测和改正错误，还进一步对现存的规范、程序和条例进行合理的修正。双环学习是较高水平的学习，能够扩展组织的能力。

这就使得组织学习的过程更加具体。

　　Agyris 认为，组织作为一个整体开展学习，必须完成 4 个阶段。第一个阶段是发现阶段，包括发现组织内部潜在的可能危及组织未来发展的问题以及组织外部环境中存在的机遇和挑战。第二个阶段是发明阶段。在这一阶段，组织开始着手寻找解决问题的方法，最终的阶段成果就是形成具体的问题解决方案。在这里，前两个阶段的学习，主要是在组织现有的制度框架内以不改变组织的基本制度为前提的，属于一种"纠错学习"，也就是我们熟悉的"单环学习"。第三个阶段是执行阶段。在这一阶段，解决方法得到贯彻实施，即产生新的或修改了的操作程序、组织结构或报酬系统。然而，即使成功实施了新的程序也不足以保证学习发生在组织水平上，因为学习必须传播到组织内所有相关区域。学习不仅应从个人水平上升到组织水平，还应贯穿组织的各个层面或组织边界，这就是第四阶段推广阶段。在后两个阶段，组织产生了新的规范和程序，旧的规范被取而代之，组织发生了双环学习。

　　2. 陈国权模型

　　清华大学的陈国权教授（2002）认为，Agyris 模型没有反映学习的动态特征，缺少了选择环节。他从 Agyris 的四阶段模型出发，加入了选择和反馈两个环节，提出了"6P—1B"模型，如图 4-10 所示，使组织学习成为一个闭环过程，体现了组织学习永无止境的、持续改进的本质。"6P—1B"模型指完整的组织学习和学习型组织的过程模型由发现、发明、选择、执行、推广和反馈6个阶段（6P=6 Processes）以及 1 个库（1B=1 Knowledge Base）组成。

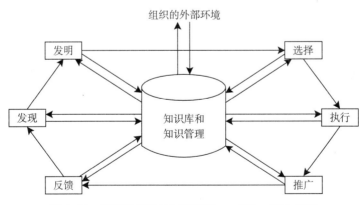

图 4-10　学习型组织的过程模型——"6P—1B"模型

资料来源：陈国权：《学习型组织的过程模型、本质特征和设计原则》，《中国管理科学》，2002 年 8 月。

　　陈国权认为知识库的建立对组织学习十分重要。在"6P—1B"模型中，组织学习的 6 个过程中都有知识的产生，只有建立一种积累知识的机制，组织学习才能持续发展。组织应建立必要的流程、方法和手段来积累和存储各个阶段产生的知识到知识库中。此外，组织也要利用知识库中的知识作用于每一个阶段。组织知识库中的知识除来自内部外，有时也会直接来自外部环境，还会输出给外部环境。

（四）"社会过程"视角中的组织学习模型

芮明杰模型

芮明杰等认为企业知识链的主要环节包括知识获得、知识选取、知识融合、知识创造、知识扩散和知识共享。借鉴 Nonaka 知识创新的 3 个模块，即知识场、知识创造过程和知识资产，构建了组织知识创新模型，如图 4-11 所示。

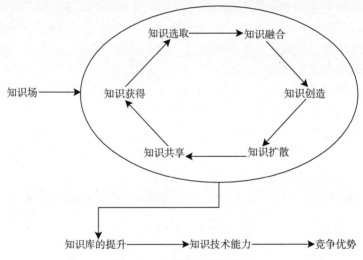

图 4-11　组织知识创新模型

资料来源：芮明杰、李鑫、任红波：《高技术企业知识创新模式研究——对野中郁次郎知识创造模型的修正与扩展》，《外国经济与管理》，2004 年 5 月。

在芮明杰模型中，知识创新过程可分为 6 个阶段，各阶段目标和具体方式如表 4-1 所示。

芮明杰等（2004）认为，企业知识经济迅速崛起，对企业提出了严峻挑战，现代人工作价值取向的转变，终身教育、可持续发展战略等当代社会主流理念对组织群体的积极渗透，为组织学习提供了理论上的支持。结合研究现状，我们提出学习型组织的内涵：第一，学习型组织基础是团结、协调及和谐。组织学习普遍存在"学习智障"，个体自我保护心理必然造成团体成员间相互猜忌，这种所谓的"办公室政治"导致高智商个体，组织群体反而效率低下。从这个意义上说，班子的团结，组织上下协调以及群体环境的民主、和谐是建构学习

表 4-1 高科技企业知识创新各阶段的目标和具体方式

知识价值链的不同阶段	目 标	具体方式
知识获得	从外部获取新知识	搜寻、购置、招募、学习等
知识选取	选取对公司有用的知识	人工分析、计算机分类鉴别
知识融合	管理知识	过滤、分类、提取等
知识创造	创造新知识	SECI 模型
知识扩散	传递知识	教育、培训、引出、分送、解读和应用
知识共享	个人、团队和组织分享知识	知识社区

资料来源：芮明杰、李鑫、任红波：《高技术企业知识创新模式研究——对野中郁次郎知识创造模型的修正与扩展》，《外国经济与管理》，2004 年 5 月。

型组织的基础。第二，学习型组织核心是在组织内部建立完善的"自学习机制"。组织成员在工作中学习，在学习中工作，学习成为工作新的形式。第三，学习型组织精神是学习、思考和创新。此处学习是团体学习、全员学习，思考是系统、非线性的思考，创新是观念、制度、方法及管理等多方面的更新。 第四，学习型组织的关键特征是系统思考。只有站在系统的角度认识系统，认识系统的环境，才能避免陷入到系统动力的旋涡里去。 第五，组织学习的基础是团队学习。团队是现代组织中学习的基本单位。许多组织不过就是组织现状、前景的热烈辩论，但团队学习依靠的是深度会谈，而不是辩论。深度会谈是一个团队的所有成员摊出心中的假设，而进入真正一起思考的能力。深度会谈的目的是一起思考，得出比个人思考更正确、更好的结论；而辩论是每个人都试图用自己的观点说服别人同意的过程。

通过上述组织学习模型的介绍和评价，我们可以看出组织的创新和完善对企业自生能力培育的重要性。企业只有不断进行组织创新、学习，才会激发企业技术创新的螺旋上升运动，日积月累将会呈现出一种有潜在价值的竞争能力。

三、整合能力是自生能力的后续动力

整合能力是企业对内、对外资源的综合调配与运用的能力。企业自生能力的培育和发展，是通过企业各个层次的重组、整合和长期积累实现的。企业的整合能力主要体现在：

（1）企业的外部资源整合，这是企业开发与获取构成自身能力的专长和技能。企业自生能力是由一系列专长和技能共同有机构成的，企业在建设和发展自生能力的过程中，必然会在所需要的各种要素或专长方面面临不同程度的缺乏，所以，通过种种方式整合建立自生能力所必需的专长和技能则是整个过程的第一步。这个阶段的竞争主要来自于两个方面：第一是在竞争力要素积累方面的竞争。主要发生在技术、人才等要素市场上，谁能得到最关键的技术和人才，谁就取得了初步胜利。第二是时间的竞争。自生能力的建立是一个漫长的过程，那些能最早或在最短时间内完成这项工作的企业无疑会取得有利的市场地位。

通过内部发展建立核心专长是比较缓慢的，因为会受到企业内部资源的约束和传统观念的束缚，相比之下，通过获取外来资源则有可能在较短的时间内获得必要的竞争力要素。获取外部资源的具体途径主要有以下几种：第一，吸收掌握关键技术的人才。知识经济时代信息爆炸，企业要拥有掌握各类知识的人才是不可能的而且成本也会很高。如果企业有针对性地从外部引进与自身自生能力构建相关的人才，肯定会节约资金和时间。在引进人才时有两点雇佣哲学要铭记：一是为企业找到比自己更优秀的人，二是要用最有用的而非最有名的人。第二，与拥有互补性核心专长的公司建立战略联盟。所谓战略联盟是指两个或两个以上的企业之间，出于对整个市场的预期和企业总体目标、经营风险的考虑，为达到共同拥有市场、共同使用资源和增强竞争优势等目的，通过协议的方式而结成的一种联合体。战略联盟的目标主要是新产品、新市场和新行业，通过资源的互补与共享可以达到提高资金效率、降低成本、节约时间的效果。第三，通过重组、兼并而直接将与建立自生能力相关的公司纳入本企业的阵营。此时企业更多的不是关注对方的短期财务利益，而是侧重于考察能从中获取的竞争力要素。财务利益固然重要，但后者对企业的长远发展更具战略意义，很多情况下，具有显著短期财务利益的兼并对象，由于不能对培育企业竞争力做出显著贡献，自然也难以得到企业自生能力的支持，所以从长远发展看，并无多少价值。如果企业在外部重组过程中不能明确地将获取重要的竞争力要素作为战略目标，而过于追求短期财务利益，就有可能在购并企业的短期财务利益消失后为其所累，同时也可能丧失一些获取关键竞争力要素的机会。所以，企业在进行重组时，应把战略目标定位于努力获取对企业自生能力的培养和发展有重要意义的资源和专长，而不要被短期的利益所蒙蔽。

（2）企业的内部整合，这是企业竞争力的要素整合。自生能力是由各种要素有机组合而形成的整体竞争实力。一组分散的技能、专长等要素都不能构成为自生能力。所以，企业在以各种方式拥有了建立自生能力所需要的要素后，将这些要素系统地整合为自生能力比获取某些要素更为重要。自生能力要素的整合，涉及企业内部管理几乎各个方面的具体问题。首先，需要自生能力的技术要素在本领域内不断更新、提高，始终保持领先地位。因此这就要求企业不仅要给予必要的资金支持、必需的开发人员，还要建立有效的科研开发激励制度，以保持研究人员积极的研究热情。其次，需要在产品的试制和试销等方面对新产品开发予以支持，并很好地协调科研部门与生产销售部门之间的关系。最后，在产品营销阶段，需要建立营销部门与生产科研部门之间密切的信息联系，以便于及时将市场信息反馈给研究部门，使生产、研究开发更好地与市场需求相一致，等等。几乎每一项竞争力的实现都需要涉及多方面内容的管理整合工作，可以说，企业竞争力要素的整合与内部管理所涉及的问题是基本相同的，其实质都在于企业内部资源的优化配置。与传统管理观点有所区别的是，以建立企业自生能力为目的的要素整合，更关注企业长远发展的需要，追求的不仅仅是如何在现有市场上做得更好，而是更注重自己如何获得在未来市场上的竞争优势地位。在一定程度上，竞争力要素的整合过程是原有企业自生能力扩展和未来竞争力发展壮大的过程，它会使潜在的竞争优势变为现实的竞争力。

（3）企业的市场整合，这是企业对核心产品市场的开发。核心产品是介于企业自生能力与最终产品之间的中间性产品。如在 VCD 和 DVD 市场上，品牌繁杂、竞争激烈，但绝大多数品牌的产品都使用菲利浦公司生产的具有较强纠错功能的主板。虽然菲利浦的 VCD 市场占有率不是很高，但它通过建立在国际先进解码技术基础之上的 VCD 核心主板却占有了近乎垄断的 VCD "虚拟市场份额"，并大获其利。VCD 核心主板就是介于菲利浦的核心专长（解码技术）与最终产品（VCD）之间的核心产品。与最终产品的市场份额相比，企业核心产品的市场份额更有意义。一方面，核心产品的发展，可以借助下游合作伙伴的营销渠道和品牌来实现，使企业避开最终产品市场的激烈竞争，从而获得可观的间接性的市场份额，由此获得的收益和经验又可以加快企业自生能力的发展；另一方面，在最终产品市场上建立垄断地位会受到市场销售渠道等多方面因素的限制，核心产品份额则不受限制，它可以只考虑技术的发展状况而相当自由地发展。所以，不论是从短期利益，还是从长远发展看，核心产品都有相当重要的意义，理应成为企业市场重组的发展重点。如果企业将注意力全部集中于最终产品市场，在企业遇到巨大的竞争压力时，受到影响的就不仅仅是最终产品的销售量和利润水平，以该产品市场为依托的自生能力的发展也会受到直接影响。企业的竞争优势是通过市场实现的，任何重组的努力，最终都要落实到市场和产品等非常具体的问题上，但如果将市场限定在最终产品市场上，企业生存的市场空间和应付竞争压力的灵活性将会受到很大的限制。实际上，企业整个生产流程都不同程度地涉及市场问题，企业和市场的界限完全可以根据企业具有比较优势的专长（其实质就是自生能力）重新定义。这样往往可能把企业带入一个新天地，而超脱原有产品市场的激烈竞争。对于已经拥有重要技术专长的企业来说，更应注意核心产品的市场开发。有些企业认为，把核心产品出售给其他企业，会培养最终产品市场上的竞争对手。其实，只要企业能从核心产品市场上获取较大利益，能有更多的资源培养和发展自己的核心专长，往往就能做到在市场竞争中因始终掌握着主动权，而占据竞争的优势地位。另外，这种开放性的战略取向，还有助于制约竞争对手开发核心技术，而这对企业的长远发展来说是十分有利的。

第四节　科学构建企业自生能力动力机制

构建科学的企业自生能力动力机制，要结合国情，从有利于企业的长远发展出发，围绕上述外在动力机制的宏观制度环境、科技创新环境、经济发展环境和内生动力机制的动态能力、学习型组织和整合能力几个方面进行构建。

一、构建科学的外在动力机制

1. 宏观制度环境的完善

宏观制度环境是企业自生能力的初始动力，中国改革开放以来之所以取得如此的成绩，在一定程度上与中国优越的政治、经济和文化制度密切相关。"自上而下"与"自下而上"完美结合的中国式"纵向民主"、中国特色的社会主义市场经济、传承古今融合东西的开放型中国文化都是中国宏观制度环境的优势所在。企业自生能力外在动力机制的科学构建，最根本的就是要在宏观制度上坚持和完善具有中国特色的社会主义制度。政治上坚持中国共产党的领导核心和民主集中制，这是保证中国政治稳定和经济发展的前提；经济上不断探索具有中国特色的社会主义市场经济，完善宏观调控和市场调节相结合；文化上传承和弘扬优秀的中华文化，坚持走兼容并蓄、融合开放之路。

2. 建立有利于科技创新环境的体制和机制

科技创新环境是企业自生能力的加速动力。改善科技创新环境，不仅可以培育现实企业自生能力的技术环境，还可以为自生能力的长远培育提供技术环境保障。因此，中国需要制定鼓励科技创新的体制和机制，使国家、产业和企业在未来的竞争中处于有利地位。

（1）确立企业技术创新主体地位，强化企业决策层自主创新意识。在社会主义市场经济体制下，企业的技术创新活动已成为影响经济结构变动、促进经济发展的主要力量，即在国家宏观技术创新体系中，企业的技术创新占主导地位。因此，必须真正确立企业技术创新的主体地位，即企业必须成为技术创新决策的主体、投入的主体、技术开发的主体、承担技术创新风险的主体和获取相应利益的主体。企业的决策层对科技创新的重视程度，决定着企业未来的发展方向。企业决策层如果对技术开发活动意识淡薄，再加上技术开发的周期性和风险性，就会造成企业从眼前利益出发，不愿将有限的资金投入周期较长、见效较慢的研发过程，最终在竞争中被淘汰。因此，企业决策层应转变观念，强化技术进步意识，进一步增强责任感、使命感和紧迫感，坚持高起点，采取技术引进、合作开发等形式，努力与国际高技术产业发展方向接轨，提升企业技术水平，带动传统产业的技术升级。

（2）积极引导企业开展科技创新，加大科技投入力度，促进企业技术进步。科技活动经费投入相当于主营业务收入的比例是国际上衡量企业技术创新能力的重要指标。一般工业化国家的标准是：只有当工业企业的科技开发投入与主营业务收入的比例达到5%时，才有竞争力。中国企业参与自主创新的能力和实力相对不足。企业科技投入能否快速增长直接关系到中国科技投入水平，各级政府首先要继续加大对研发的财力配套投入，特别是对重点基础研究和应用研究项目的投入力度要加大。其次要贯彻落实好有关政策措施。最后要千方百计地创造有利条件，多管齐下，调动全社会进行科技投入的积极性。

（3）加强产学研结合，合理配置研发资源，提高投入效率。要采取各种措施，大力促进产学研结合，充分发挥科研机构和高等院校的科技人才、设备优势，促使其与企业密切合作，联合攻关，优势互补，共同发展。一方面，要以部分科研院所和高校为主体，建立产业研究开发中心，集中同一产业中所有科技资源，解决产业发展中的技术难题，指导产业内企业的技术开发。另一方面，要积极培育和发展技术服务市场，为产学研合作提供优质服务，加速科研成果向现实生产力转化，不断提高工业企业的自主创新能力和市场竞争能力。

（4）推进科技创新平台建设，提升企业自主创新能力。在市场经济下，企业必须增强自主创新能力，依靠技术进步应对各种风险和挑战。政府必须大力推进科技创新平台建设，促进产学研更加紧密结合，吸引更多的高水平科技成果转化为生产力，推动产业结构优化升级和经济增长方式转变。

1）解放思想，在观念转变上实现突破。引导企业突破小富即安、急功近利的思想束缚，以长远的眼光制定打造百年企业的规划，塑造创新精神，将自主创新视为企业的生命线，突出创新平台的龙头地位，瞄准行业前沿尖端科技，强化新产品研发，促进产品向产业链高端延伸，培育企业持久的生命力和竞争力。

2）提升功能，在公共科技创新平台建设上实现突破。公共科技创新平台建设涵盖创业平台、行业公共研发平台和创新服务平台3个方面：首先科技创业中心建设要转换机制，建立现代企业制度；其次行业公共研发平台建设要强化政策引导，搭建合作框架，完善共享机制，整合创新资源，提升产业集群的整体竞争力；最后也是最重要的是要重视科技创新服务平台建设，加强与各类中介服务机构的合作，形成网络化、专业化、规范化的科技中介服务体系，促进技术、市场与资本的结合，加速科技成果转化。

3）创新机制，在推进产学研合作上实现突破。实现有效的产学研合作，重点和难点在于如何建立完善的机制，拓展合作的深度和广度，形成创新资源良性循环模式。政府开展产学研合作，要积极搭建区域性科技创新平台，与高校和科研机构形成战略合作机制，采取"请进来"和"走出去"的方式，建立产学研合作的前沿阵地和后方基地，充分挖掘和利用高校和科研机构的智力资源，把人才优势和科研优势转化为产业优势和经济优势，推动区域经济和创新体系的持续发展。企业建立紧密的产学研合作机制，关键要坚持以项目为本，以项目为纽带，以企业创新平台为载体，紧紧依托重大科技攻关项目，进一步激发高校和科研机构的创新能力，加强信息双向交流，畅通科技成果转化渠道，推动高校和科研机构面向企业展示成果、对接成果、转化成果，构建务实高效、开放灵活、优势互补、互利共赢的产学研合作新机制。

4）多元投入，在融资规模上实现突破。科技创新具有高投入、高产出、高收益和高风险的特征，要建立"政策引导、企业主体、金融支持、政府扶持"的多层次、多形式的高新技术产业投融资体系，加强政府投资、创业投资和资本市场的结合。①完善政府投入机制，增加财政投入，优化资金投向，发挥财政资金的杠杆作用，引导企业和社会增加对科技创新的投入，形成以政府为主导、企业为主体、社会为补充的良性格局。②建立贷款推荐制度，加强银企合作，完善中小企业担保基金管理模式，帮助企业获取更多的贷款支持。③建立健全资本运作机制，鼓励高成长型企业上市，改善企业财务结构，增强企业资本实力；实施"双轮"驱动政策，大力扶持本地有实力企业组建风险投资公司，着力引进外地风险投资机构，不断壮大本地风险资本市场。④继续全力以赴地做好科技项目的挖掘、包装、策划和组织申报工作，使更多的科技型企业能够享受科技资金扶持。

5）完善政策，在人才队伍建设上实现突破。建立符合市场经济要求的人才运营机制。①进一步研究、制定并落实科技人才引进培养政策，协调各方面的力量，尽力为科技人才创造良好的工作、生活环境，努力营造适合科技人才成长、发挥专长的环境。②强化企业吸纳人才的主体地位，鼓励企业建立科研工作站，完善人才柔性管理机制，引进本地发展急需的高新技术研发人才和紧缺人才。③整合各类教育培训资源，加大对本土人力资源的开发力度，全面提高各类专业人才的素质，为提高企业自主创新能力提供人才支撑。④企业要牢固树立人才是第一资源的观念，深化人才队伍管理机制改革，完善保障机制和激励机制，激发科研开发人员的创新激情，培养和造就一支高素质的高新技术人才队伍。

3. 完善中国特色的经济发展环境

中国的经济发展环境就是具有中国特色的社会主义市场经济。完善经济发展环境，最重要的就是探索宏观调控和市场调节的关系，实现二者的有机结合。中国特色的经济发展环境是在"摸着石头过河"中探索前进的。前进的方向是确定的，但到达目标的方式是多种多样的。各地区经济条件不同，资源禀赋结构不一样，完善经济发展环境需要统筹兼顾、综合考虑。宏观调控和市场调节结合的核心理念是：不仅要借鉴国内外先进经验，而且更重要的是要适应中国国情，促进中国经济稳定、均衡增长。

二、构建科学的内生动力机制

1. 构建企业动态能力机制

企业需要一种在内外环境发生变化时改变当前战略的能力——动态能力。动态能力[①] 是企业整合、建立及重新配置内部与外部能力来满足快速变动的环境的能力。企业为实现其战略目标，根据内外环境的变化对其战略进行调整。这种战略调整既包括一种战略状态向另一种战略状态的转变，又包括为发动和实施战略而形成的外部环境和组织的变化。因此，企业的动态战略能力包括 3 个方面的内容：动态战略思维能力、战略转变能力和战略评价能力。科学地构建企业动态能力是企业内在动力机制建设的一个重要方面。

构建动态战略思维能力。动态战略思维能力是一种动态思维能力和学习能力。是一种动态的、非线性的思维方式和能力，实质上就是一种随时关注企业内外部环境的变化、重要战略的转变和战略创新的动态思维模式。这要求企业在竞争优势丧失之前制定实施新的战略，创造新的竞争优势。新的竞争优势不断更新或代替原有的竞争优势，便形成了企业的持久竞争优势。因此，动态战略思维能力是企业竞争优势产生及维持的源泉。企业动态战略能力还是一种动态学习能力。在具有很大不确定性的动态环境中，更好的心智模式能够对不可预测的变化做出及时反应。在这种情况下，管理者思维的重点不再是深思熟虑的计划和控制，而是开发企业进行战略思维和学习的能力，使企业保持足够的柔性和开放性，及时地认识到外部环境的变化，并预测企业竞争优势和劣势之所在。

---

① Teece D. J., G. Pisano and A. Shuen. "Dynamic Capabilities and Strategic Management". Strategic Management Journal, 1997, 18.

构建战略转变能力。战略转变又称为战略更新、战略转型或战略变化，这是对企业未来的蓝图和前景的再描绘，是对目前战略内容的改变。战略转变主要以两种方式发生：渐进式和巨变式。前者是在各项战略活动反复、逐步调整的基础上，完成一个彻底不同的新战略的过程；后者是指在短期内，由外部环境、资源配置、竞争优势等界定的企业战略以跳跃式的方式发生重大改变。战略转变要求企业对战略变化具有必要的分析能力，对资源具有分析整合能力并具有实现新战略的能力，它是动态战略能力的核心。

构建战略评价能力。战略评价是指检测战略实施情况、评价战略执行业绩、不断修正战略决策，以期达到预期目标的活动。战略评价包括 3 项基本活动：考察企业战略的内在基础；将预期结果与实际结果进行比较；采取纠正措施以保证行动与计划的一致。它将企业的战略管理研究置于能力的过程动态性基础之上，即在激烈变动的外部环境下，企业应不断更新自身的能力以配合与适应外部环境的变动。

动态能力观点延续了资源基础观点对企业"内部"因素的关注，同样遵循了"由内而外"的思维逻辑；但与资源基础观点不同的是，动态能力强调企业内部因素与企业外部环境的适配度，并以一种动态的观念指明企业竞争优势的形成与发展，其最终更超越了"由内而外"的思维逻辑，而将"内外之间的互动"作为企业战略管理的切入点。从战略管理理论范式的演化来看，动态能力观点则将竞争优势理论侧重的"由外及内"与资源基础观点强调的"由内而外"整合在一个统一的分析框架之中，将外部环境的变动趋势与企业内部资源或能力的演进过程连接在一起，从而为激烈变动的环境下企业的战略适应性以及持续竞争优势的形成与发展提供了一种新的战略思维模式。

2. 构建企业"学习型组织"机制

在市场经济条件下，构建企业"学习型组织"机制是企业持续发展的动力。企业学习型组织的建设，关键在于构建一套面向学习型组织的基础管理平台和运行机制，建立知识共享与交换平台。内外兼修、软硬相宜，完善以知识管理为基础、企业发展为导向的学习体系，倡导"终身学习"、"知识与技能共享"，建设一支高素质、高技能的员工队伍，实现企业高效运营和可持续发展。

一要加强对现代先进网络技术和前沿经营管理理论的学习。紧密跟踪管制政策、区域经济发展战略、人口和产业结构等关键环境因子的变化趋势，及时调整企业的核心价值观和经营理念，并形成有效模式，从高层向中层、基层推行；在设立组织结构方面，建议设立专门的知识管理部门来负责学习型组织的建设和维护，主要工作为标杆管理、外部信息收集和发布、企业内部问题公布和意见收集、知识共享平台的建设和维护，并且配合人力资源部进行相应的考核。

二要构建知识共享与交换平台，采取灵活多样的组织学习方式，扩展学习的宽度，强化学习的深度。平台建设包括硬件与软件两部分。硬件部分包括以IT技术为基础的知识管理平台，诸如 ERP、KMS 等，可以大大提高企业运营和知识积累与共享的效率；软件部分包括各种沟通会、研讨会、学习会等，人到企业的战略发展研讨会，小到班组每日的工作总结会，都可以成为知识共享的平台。可根据企业中各级员工承担的不同工作职责和岗位要求，有针对性地分层化地组织学习。高层从侧重于理念转变的角度，可以结合管理任务进行 MBA和 EMBA 的学历教育，也可以参加高层管理论坛、技术峰会和现场观摩、外部交流；中层从侧重于管理能力提升的角度，以学历教育和培训班为主要方式进行诸如执行能力、ISO9000 认证、BPR、现代管理方法论等内容的深度学习；基层员工从侧重于工作技能提升的角度，以班前示范、经验交流、技术培训、劳动竞赛等方式，对基本作用法、现代网络基本知识、管理学原理、人力资源运行机制等进行学习。此外，企业要充分利用已有通信网络进行大规模、随时在线的网上电子化学习（E-Learning），开设互动的频道和信箱，利于组织及时掌握员工的思想动态和学习需求，加强针对性和有效性。

三要形成学习型组织的运作机制。其核心是制定一套与企业经营活动互为补充的规范性制度和学习流程。在激励约束上，要对学习优秀的员工予以表彰，对学习的热情予以鼓励和引导，对消极的态度和行为要与绩效考评和岗位升迁的扣分指标挂钩。将学习型组织建设与企业文化建设紧密结合。在形式上互为借鉴，在内容上互为补充，在工作上互为协调。可以是一套人马两个职能，可以是两块牌子合署办公，也可以形成定期的协调与沟通会议制度。建立学习型组织的几种模式，选择试点，总结经验积极推广。让试点单位按照公司确立的学习型组织创建标准，制定创建规划，并组织实施，根据不同爱好、不同兴趣、不同工种、不同业务领域和技能水平，设置各式各样的学习小组。在单位各级组织的指导下开展各具特色的学习活动。通过开展学习型组织的创建活动，让广大员工"在工作中学习，在学习中工作"，使得他们的文化知识、专业技能与日俱增。

四要倡导终身学习理念。通过员工的学习提升组织的执行能力、创新能力和环境适应能力。学习是人与外部环境进行知识和技能的交换过程，持续学习能够让员工和组织始终保持对外部环境变化的敏感性，这也是驱动员工和组织不断进步的根本。所以，建设学习型组织，很重要的一点就是要让员工做到终身学习，必须把实现员工的持续学习作为学习型组织建设的基本驱动力来看待。

3. 构建企业整合能力机制

企业整合能力机制包括资源整合、经营方式整合、管理制度整合、营销模式整合等方面，构建企业整合能力机制，是企业自生能力的后续动力。企业对诸多资源的一种整合能力是其核心竞争力的表现，所以企业资源整合是企业整合能力机制的核心内容。

资源整合是一个复杂的动态过程。资源并不能自动产生竞争优势，要想让资源能够产生竞争优势、形成企业核心竞争力，就必须对不同类型资源进行有效整合。企业资源整合可概括为两个层次：①宏观战略层次上重建"游戏规则"的能力。它表现为企业利用企业内外资源、新旧资源、个体与组织资源以及横向纵向资源等打破原有僵化的"竞争规则"的能力。②微观战术层次上置换与配置的能力。指企业在构建竞争优势过程中所具有的汲取、凝聚、配置资源的能力，既涉及企业的内部关联状况，又涉及企业的外部环境条件。它主要表现在有效置换及配置的资源数量、质量及其结构合理性等方面。

企业资源整合经历资源识别与选择、资源汲取与配置、资源激活与融合3大环节。首先，从产业定位、市场定位和产品定位3个战略层面上以及层级性与可接受性相结合的战术层面上选择资源；其次，企业内部资源是汲取与配置资源的基础，按照资源购买、资源联盟及资源并购等方式汲取并合理配置不同类型资源；最后，按照相互匹配、互为补充及相互增强原则对企业内外资源进行充分激活和有效融合，以充分发挥其作用。

在经营方式、管理制度、营销模式等其他整合机制的建设中，制度创新是最为关键的因素。构建企业整合能力机制，其实就是在整合资源的基础上不断地进行制度创新。

本章小结

企业自生能力的提高有外在和内生两种动力机制。外在动力机制包括宏观制度环境、科技创新环境和经济发展环境3个方面；内生动力机制包括动态能力、学习型组织和整合能力3个方面。二者相辅相成，共同推动企业朝着一个正确、良性的方向发展，从而打造企业具有市场竞争力的自生能力。

外在动力机制通过企业外部环境各要素之间相互联系和作用的机理形成一套促进企业发展的外部动力保障。第一，宏观制度环境是企业自生能力的初始动力。好的制度可能会使一个企业起死回生，而不好的制度可能会使企业走向衰亡。产权制度曾经使英国在过去成为世界强国，中国现在的民主集中制和共产党领导下的多党合作的政治制度、社会主义市场经济制度和中国优秀的文化制度相结合，大大提高了中国企业的整体竞争力。第二，科技创新环境是企业自生能力的加速动力。首先企业应成为科技创新的主体；其次应建立政府采购科研成果的制度，鼓励政府部门积极采购科技成果或转化结果；最后要支持和鼓励自主创新，建立多种形式、多种途径的奖励制度，激发技术创新动力。第三，经济发展环境是企业自生能力的直接动力。改革开放 30 年来，我国成为"世界工厂"，支撑中国新的社会经济体制的基础有八大支柱。

内生动力机制通过企业内部各要素之间相互联系和作用的机理形成一套促进企业发展的内生动力保障。第一，动态能力是自生能力的基本动力。采用整合动态能力维度的方法有 4 个能力维度：①市场导向的感知能力；②组织学习的吸收能力；③社会网络的关系能力；④沟通协调的整合能力。第二，学习型组织是自生能力的持续动力。企业主要有两种类型：一类是等级权力控制型，另一类是学习型企业。在工业经济后期，尤其是进入信息和知识时代后，学习型组织对培育企业自生能力更具重要意义。首先，"系统"视角的组织学习模型主要有：①Senge 模型。Senge 提出了五项修炼：自我超越、改善心智模式、建立共同愿景、团队学习和系统思考。②Dixon 模型。Dixon（1993）指出学习可以发生在组织的个人、团队和系统层面。③Cope 模型。Cope 模型由 4 个核心要素（个体、关联性、传递机制和意图）和 10 个子要素组成。"系统"视角中的组织学习模型强调从不同的层面、由不同的主体开展学习活动，比较系统地提出了组织学习应当包括的主体。其最大的特点是强调组织学习的整体性和综合性，但对如何具体地进行组织学习以及组织学习的方式探讨不够深入具体。其次，"技术过程"视角的组织学习模型主要有：①Daft & Weick 模型。Daft 和 Weick（1984）将组织看作解释系统，并把组织的整个学习过程表达为：扫描、解释和学习。②Slater 模型。Slater（1995）认为组织学习是经过信息获取、信息传播、信息共享解释 3 个阶段，将共同的解释通过组织记忆的方式进行存储，并且存储的信息在需要的时候又会重新被提取进行再加工的过程。再次，"学习类型"视角的组织学习模型主要有：①Agyris & Schon "环型"学习模型。即发现、发明、执行和推广。在该模型中，他们又嵌入单环学习和双环学习。②陈国权模型。清华大学的陈国权教授（2002）认为，Agyris 模型没有反映学习的动态特征，缺少了选择环节。他从 Agyris 的四阶段模型出发，加入了选择和反馈两个环节，提出了"6P—1B"模型，即组织学习和学习型组织的过程模型由发现、发明、选择、执行、推广和反馈 6 个阶段（6P = 6 Processes）以及 1 个库（1B = 1 Knowledge Base）组成，使组织学习成为一个闭环过程，体现了组织学习永无止境的、持续改进的本质。最后，从"社会过程"视角评述组织学习模型，主要介绍了芮明杰模型。芮明杰等认为企业知识链的主要环节包括知识获得、知识选取、知识融合、知识创造、知识扩散和知识共享。借鉴 Nonaka 知识创新的 3 个模块，即知识场、知识创造过程和知识资产，构建了组织知识创新模型。第三，整合能力是自生能力的后续动力。企业自生能力的培育和发展，是通过企业各个层次的重组、整合和长期积累实现的。企业开发与获取构成自身能力的专长和技能需要整合外部资源，在企业内部需要整合各个竞争力要素，对核心产品市场的开发需要市场整合。整合能力是企业对内、对外资源的综合调配与运用的能力。

构建企业自生能力动力机制，需要科学地构建企业外在和内生动力机制。构建外在动力机制，包括完善社会主义市场经济宏观制度环境、建立有利于科技创新环境的体制和机制、改善中国特色的经济发展环境 3 个方面。构建内生动力机制也包括 3 个方面：①构建企业动态能力，即企业整合、建立及重新配置内部与外部要素来满足快速变动环境的能力机制；②构建企业"学习型组织"机制；③构建企业整合能力机制。

第五章 企业自生能力的主要内容

一个现代企业要完成企业公民角色的转换，必须首先具有很好的自生能力，只有自身的发展具有强劲的动力和前景，才能促进雇员、客户、社区及环境的和谐进步，企业在向社会提供完善的商品和服务的同时承担其自身的社会责任。

第一节 再造转型背景下的无限生机
——企业家禀赋

中国正处在经济转型的关键时期，经济结构的战略性调整需要不断提升企业的自生能力，而新时代的企业家禀赋是企业自生能力的关键因素。在这个全球经济一体化的时代，技术创新对企业发展的意义和作用是不言而喻的，企业拥有技术资源就具有自生的原动力，技术因素是企业自生能力建设最主要的基础条件。当今时代是以技术创新为基础通过互联网改造的世界，形成了一片大家都比较陌生的新大陆，推动世界运转的不再是国家之间或企业之间的竞争，而是个体之间的竞争，所以，在这个新大陆里，企业家具有举足轻重的作用。

企业家是指符合现代企业经营管理要求的具有特定素质和能力的企业经营管理者。企业家禀赋就是特定企业家所具有的综合素质和能力，是现代企业获取核心竞争力的关键因素所在。企业家禀赋对企业的技术创新具有促进作用，而企业的技术创新能力对企业家禀赋也提出了许多新的要求。因为技术要素涵盖的内容比较广泛，所以今天的技术创新理论包含了一切可能提高资源配置效率的活动，这些活动可能与技术直接相关，也可能与技术不直接相关，但其目的是要产生效益并获取利润。依据技术创新理论，再造转型背景下的企业家禀赋，是企业自生能力建设的主要内容之一。

当然，企业家禀赋的内涵十分丰富，既包括先天的因素，如性格、智力等，也包括通过学习和经验积累而获得的企业家后天禀赋。新时期的企业家禀赋至

少应该具备以下要素:

一、敏锐的战略眼光

战略眼光是企业家带领企业在不确定的环境中生存和发展的关键,企业家首先是一位战略专家。著名未来学家阿尔温·托夫勒认为,企业要发展必须有一个发展战略,这就要求企业家必须具备战略眼光,这是构成企业家禀赋最基本的要素。从技术创新理论上看,技术创新的内涵不是仅局限于技术问题的系统集成。在微观层面上,从项目立项过程开始就应该系统地考虑技术、市场、政策等一系列问题。企业家的前瞻性眼光和对未来的洞悉力在项目的判断和决策中起着至关重要的作用,这不是一般技术人员所能掌握的。在宏观层面上,企业技术创新战略的选择更不是企业技术层面所能决定的。领先、跟随或是模仿战略的选择需要契合企业的整体发展战略,需要高屋建瓴的眼界。一个典型的例子是不懂技术的马云却是"支付宝"项目的至关重要的设计者。阿里巴巴是世界首创的 B-B 网上商务王国,而网上交易最大的障碍是交易双方的不诚信,容易产生欺诈行为。如何从技术上防范或消除诚信风险就成了阿里巴巴需要解决的一大问题。正是马云跳出了技术人员"就技术谈技术"的框框,设计出了第三方支付平台——支付宝,彻底解决了网上交易的信用问题。而随着这个难题的解决,也使淘宝网的交易量呈井喷式放大,日交易额超过了 3 亿元人民币。

目前,在中国许多地方和许多行业中存在着产能过剩重复无效建设的问题,这都是决策者缺乏长期打算的充分论证,结果给国家和企业带来了不可挽回的经济损失和一个个越背越沉重的包袱。可以认为,战略上的失误,是企业家的致命伤,往往导致企业全军覆没。战略眼光是一个全局眼光、长远眼光、系统眼光,一个具有全局眼光的企业家在思考问题时,决不会被局部现象所左右,不会在对客观环境进行全面认真的分析之前轻易地更改企业原有的目标和方针。现代企业面临复杂多变的市场环境,企业家做出的任何一项决策,都会直接影响到企业的生存和发展。在不确定的环境下,企业家如果缺乏战略眼光,就会导致企业经营迷失方向。

二、睿智的胆略

事实证明:在竞争中,最大的敌人不是别人而是你自己。企业家要接纳自己、欣赏自己、相信自己,怯懦、自卑、恐惧是企业家的大忌。企业每时每刻都面临着风险,一个优秀企业家最重要的素质就是具备睿智的胆略,善于把握机会、控制风险。就技术创新而言,任何一项技术创新都伴随着资金的投入。在结果并不明朗的起始阶段,或大或小的资金投入都需要睿智的判断和足够的胆略。一位教授曾经说过："我们有远超于企业家的学识而成不了企业家的原因是我们缺乏企业家的胆略。"可见胆略是企业家之所以为企业家的最具特色的禀赋。对于看准的项目是否敢于投入、勇于承担风险，决定了企业能否把握机遇创造未来。当年张瑞敏砸向缺陷冰箱的第一锤，使他日后凸显的企业家魄力初露端倪，也为海尔冰箱后续的一系列开发奠定了基础，正是这个基础造就了海尔的华丽篇章。

企业经营本来就是一项风险性事业，在激烈的市场竞争中，企业的生产经营活动具有更大的不确定性和变动性，每一项决策都不同程度地存在风险和机遇。无论是企业的战略选择、制度选择、内部经营管理，还是发展过程中的任何一项活动，都存在着许多风险，可以说，风险与企业生存发展时刻相随。但是，风险往往与收益息息相关，风险越大，收益也越大。所以，为了使企业获得更大的收益，企业家还必须树立正确的风险经营意识，学会风险管理。通用电气新任 CEO 杰夫·伊梅尔特在和 25 位中国企业家对话时说："为了做新的事情必须冒险，我们尽可能通过两种方式来降低风险：一个是多样化，另一个是通过良好的运营系统来实现。"所以，企业经营不可能远离风险，而是要通过多样化的业务方式和良好的运营系统来对风险进行控制和处理。在企业经营管理中，经常会遇到危机和紧急情况，企业家必须沉稳、坚定、积极果断地解决问题，优秀的企业家即使在自己不能确定解决危机的最好方法和没有必胜的把握时，仍表现出高度的负责精神，不怕担风险，不怕负责任，果敢应对，指挥若定，努力把危机造成的损失降到最低。勇于负责、坚持不懈、顽强拼搏、百折不挠是企业家的宝贵品质，而睿智的胆略则是企业家禀赋的核心要素。

三、创新的意识

创新意识是引导企业走向未来的生命线，企业家必须具备创新意识。企业家的创新意识决定着企业的生机和活力，它直接影响和制约着企业生产经营各环节的成效，决定着企业的生存和发展。

创新包括管理变革和技术创新两大方面。就管理变革而言，现代企业家要适应社会形势和企业发展阶段及其定位的需要，创新管理手段和方法，使企业运作高效、严谨。更为重要的是，企业家的创新意识要高屋建瓴，注重的是企业整体的、未来的、长远的发展。在市场经济条件下，增强市场意识，善于发现和创新客户需求是企业家最大的创新意识。2009 年 5 月 10 日，北大纵横咨询集团董事长王璞在新浪财经举办的"西部发展研讨会"上表示，企业家最大的禀赋是能够敏锐地发现潜在需求。企业要想与客户建立联系，首先是发现客户的需求，并有很好的产品满足这种需求。不仅能够提供产品和服务，而且还要跟真正使用产品和服务的客户建立起紧密关系，建立持续的良性反馈机制和互动关系。

技术创新则是企业产品推陈出新，在同行业处于领先地位。技术是企业发展的"硬件"，没有技术企业就难以发展。市场经济条件下企业只有拥有高新技术，才能在激烈的市场竞争中取得主动。技术创新的最终目的是项目的产业化和市场化，是从市场中获得利润从而收回投资并体现项目的价值。企业家禀赋之一即是对项目在市场蓝海中的挖掘，以细分市场的精耕细作为项目最终目标，对之实现保驾护航。一个比较生动的例子是依据张瑞敏的"只有淡季的思想，没有淡季的市场"而开发出的"小小神童"洗衣机。另一个"为客户找产品而不是为产品找客户"的例子是"海尔整体厨房"。这个项目能够成功上市并快速抓住消费者眼球的原因是，海尔在做产品开发的时候，就融入了营销的概念，站在消费者的角度提供了满足消费者需求的整套方案，同时利用海尔多年来打造的建材市场、网络媒体等多种营销渠道，将产品迅速推向市场，占领厨房家电与橱柜合一的整体厨房的市场先机。现在，美、日、德等国的许多大企业已经开始进入基础科研领域。因为，他们知道：今天的技术储备和超前能力，就是明天的市场占有率和经济效益。

从创新的观点出发来管理企业，可以给企业带来无限的希望，将企业引向成功的彼岸。企业家应是创新者，积极倡导创新活动，不墨守成规，不死循经济运行的陈旧轨道。具备创新意识的企业家，在企业管理实践中常常表现出勇于开拓、不断进取、乐于奉献的精神。可以说，在技术创新的每一个关键节点上，企业家禀赋都起着举足轻重的作用。从海尔的每一个创新产品中都可以捕捉到张瑞敏强烈的创新意识，而从阿里巴巴的每一次技术进步中也能看到视野开阔的马云的影子。

四、强烈的社会责任

一个文明进步的社会，应该是一个经济社会顺利发展、人际关系诚信友爱、国家制度法纪严明、公益慈善事业完善、社会环境安定有序的社会。这也是我们构建社会主义和谐社会最基本的要求。但是，这样的社会环境，这样的和谐社会，是不会从天上掉下来的，也不会有人白送给你的。社会要求我们每一个人特别是企业家都能够肩负起自己的责任，共同为实现这样的社会理想而努力。企业家是我们这个社会的脊梁，其首要的社会责任是办好企业、发展经济、多提供就业机会、多缴税收，为解放和发展社会生产力、增强国家综合国力、提高人民群众的生活水平，作出自己的贡献。

这些社会责任，同时也是我们每一个人包括每一名企业家做人做事的基本规范。这不仅是社会对我们的要求，而且更是我们自己的事情、自己的言行规范。我们不能简单地把这些社会责任看作是别人从外部强加于自己的，而应该认识到这是自己在社会中应该做到也必须做到的。一旦我们尽到了这些社会责任，也就实现了自己的人生价值。

这些社会责任，归根到底能够造福于整个社会包括我们自己。企业家更应该认识到：这些社会责任本质上是个人与社会相联系的基本纽带，承担起这样的社会责任，既有利于社会，也有利于企业家和企业的发展。企业是社会最基本的物质生产单位，企业家的社会责任对于企业和中国的和谐社会建设具有深远的影响。经济社会的健康发展，不仅是构建和谐社会的物质基础，而且关系到我们企业能否持续发展；诚信友爱的人际关系，不仅是构建和谐社会的思想道德基础，而且关系到我们企业内部能否形成一个和谐的劳动关系并调动所有员工的积极性；坚持人人遵纪守法，不仅是构建和谐社会的法治基础，而且关系到我们企业能否赢得社会地位和社会尊严；支持公益慈善事业，不仅是构建和谐社会的社会基础，而且关系到我们企业家能否在回报社会、扶贫济困中获得社会的回报并树立良好的社会形象；保持社会安定有序，不仅是构建和谐社会的必然要求，而且关系到我们企业能否放心发展、平安发展。

因此，在坚持科学发展观、构建社会主义和谐社会的时候，我们的企业家应该比一般人更加清醒地理解自己的社会责任，更加自觉地承担起自己的社会责任。社会责任对社会和个人产生双向的积极作用，同社会责任相联系的不仅是义务而且是权利。每一个企业家一旦尽了自己的社会责任，也就获得了社会赋予他的权利和荣誉，获得了堪同企业"硬实力"相匹配的"软实力"。在全面建设小康社会、推动中国特色社会主义事业全面发展的过程中，企业家必须具备强烈的社会责任感，而不只是纯粹地追求企业利益最大化。在向社会和人民大众提供有效产品和用自身财富造福于社会的同时，不断内化为人类文明做出自己应有贡献的强烈愿望和自觉意识。

当然，在新时代，企业家禀赋的内涵和外延远不止如上所述。企业家不同于专家，企业家能够依靠业务专家的突破和战略专家的胆识，抓住转瞬即逝的机会把企业做强做大。善于创新、勇于开拓是企业家天然的禀赋。为此，第一，要做到在失败中摸索前进，这需要坚强的意志，不气馁；第二，要从成功走向更大的成功，这需要睿智的洞察力和勇往直前的精神，不骄气；第三，既要放弃那些成功的东西，又要抵御排山倒海的声名诱惑，拒绝一切"形势虚耗"，这需要深刻的自制力，不浮躁；第四，深刻领会自身角色的重要性，引领企业自觉成为新时代的企业公民。能够做到这4条的企业家才是真正的强者，才具有现代企业家禀赋所要求的素养。

第二节　重塑企业自生能力的前提
——企业发展战略

　　"企业战略"是对企业各种战略的统称，其中既包括竞争战略，又包括营销战略、发展战略、品牌战略、融资战略、技术开发战略、人才开发战略、资源开发战略，等等。企业战略是层出不穷的，例如信息化就是一个全新的战略。企业战略虽然有多种，但基本属性是相同的，都是对企业的谋略，对企业整体性、长期性、基本性问题的计谋。例如：企业技术开发战略是对企业技术开发的谋略，是对企业技术开发整体性、长期性、基本性问题的计谋，企业竞争战略、企业营销战略、企业人才战略，等等，以此类推，都是一样的。各种企业战略有同也有异，相同的是基本属性，不同的是谋划问题的层次与角度。总之，无论哪个方面的计谋，只要涉及的是企业整体性、长期性、基本性问题，就属于企业战略的范畴。

　　企业发展战略是众多企业战略之一，是对企业发展的谋略，是对企业发展中整体性、长期性、基本性问题的计谋。重塑企业发展战略，是增强企业自生能力的重要前提。

　　1965 年，美国的一位专家发表了《企业战略论》。从此以后，战略这个概念就进入了企业领域。企业发展战略有 5 个特征。在这 5 个特征中，1 个是企业发展战略的本质特征，另外 4 个是企业发展战略的一般特征。企业发展战略的一般特征是任何企业战略都具备的特征。企业发展战略的本质特征是发展性，即着眼于企业发展的方向问题。虽然有些企业战略也是为企业发展服务的，如企业竞争战略与营销战略，但是它们的着眼点与发展战略是不同的，竞争战略着眼于竞争，营销战略着眼于营销。

　　企业发展战略是关于企业发展的谋略，发展性是其本质特征。企业发展是成长、壮大的过程，其中既包括量的增加，又包括质的变化。企业发展战略不是企业发展中长期计划，企业发展战略是企业发展中长期计划的灵魂与纲领。企业发展战略指导企业发展中长期计划，企业发展中长期计划落实企业发展战略。前者是纲，纲举目张。企业发展战略因时而异、因地而异、因人而异、因事而异，没有固定的内容，也没有固定的模式。一般而言，企业发展战略涉及企业中长期干什么、靠什么和怎么干等 3 大方面的问题。

　　谋划企业中长期干什么，就是要定好位。市场已发生变化，连皇帝的女儿也愁嫁。企业要发展，定位很重要。定位是为了解决发展的方向、目标问题。企业发展要有正确方向，要灵活地运用规模化和差别化原则，要坚持专、精、特、新。企业发展要有中长期目标，不要像空中的风筝，没有远见、决心、魄力和毅力，干不成大事业。定位要准确，定错位，白费劲。定位主要是为了解决核心业务问题。企业也可以开展多项业务，但核心业务不能多。可以搞多元化经营，但不可以搞多核心经营。用核心业务带动其他业务，用其他业务促进核心业务，这是先进企业的成功之道。不仅对经营范围要定位，而且对经营地区等也要定位。定位有阶段性，不同发展阶段应该有不同的定位。定位的方法很多，定位无定式。定位看起来很简单，实际上很复杂。许多企业认为自己的定位很正确，实际上存在很大问题，而这些问题足以使他们发展缓慢或失败。

谋划企业中长期靠什么，就是要广开资源。集四面潜在资源、成八方受益事业是企业的使命。广开资源是企业发展战略的重要方面，不广开资源，再好的定位也没用。要树立大资源观，不仅要重视物质资源，也要重视人力资源；不仅要重视体力资源，也要重视智力资源；不仅要重视国内资源，也要重视国外资源；不仅要重视空间资源，也要重视时间资源；不仅要重视现实资源，也要重视潜在资源；不仅要重视直接资源，也要重视间接资源；不仅要重视经济资源，也要重视政治资源；不仅要重视有形资源，也要重视无形资源。广开资源要运用智慧，运用智慧就能够善用资源。

谋划企业中长期怎么干，就是要制定好战略措施。战略措施是实现定位的保证，是善用资源的体现，是企业发展战略中关键、生动的部分。从哪里入手、向哪里开刀、先干什么、再干什么、保哪些重点、丢哪些包袱、施什么政策、用什么策略、怎么策划、如何运作，等等，这些都是战略措施的重要内容。战略措施是省钱、省力、省时的措施，省钱、省力、省时不等于不花钱、不用力、不用时。战略措施要贴近实际、顺应趋势、新颖独特、灵活机动。战略措施要以定性为主，要有可操作性，但这种可操作性不同于战术的可操作性。

企业发展战略不仅具有发展性这个本质特征，而且还具有企业战略的一般特征。企业战略的一般特征有4个：第一是整体性。整体性是相对于局部性而言的。任何企业战略谋划的都是整体性问题，而不是局部性问题。第二是长期性。长期性是相对于短期性而言的。任何企业战略谋划的都是长期性问题，而不是短期性问题。第三是基本性。基本性是相对于具体性而言的。任何企业战略谋划的都是基本性问题，而不是具体性问题。第四是计谋性。计谋性是相对于常规性而言的，任何企业战略都是关于企业问题的计谋而不是常规思路。企业战略必须同时具备上述4个特征，缺少其中一个特征就不是典型的企业战略了。企业发展战略必须同时具备上述5个特征，缺少其中一个特征也就不是典型的企业发展战略了。

企业发展战略是企业各种战略的总战略，所以，企业发展战略的整体性更加突出。也就是说，企业发展战略比其他企业战略针对的问题更加全面。从某种意义上说，企业发展战略是其他企业战略的上位概念，是统率其他企业战略的总战略。用企业发展战略指导其他企业战略，用其他企业战略落实企业发展战略，这是先进企业的成功之道。

企业发展战略应该保持相对稳定，保持相对稳定并不意味着一成不变。像技术、管理、营销等需要不断创新一样，企业发展战略也需要不断创新。企业发展战略创新就是研究制定新的企业发展战略。企业发展战略创新是为了应对外部环境和内部条件的重大变化。任何企业发展战略都是针对一定的外部环境与内部条件制定的。当外部环境或内部条件发生重大变化时，毫无疑问就应该与时俱进、调整或重新制定发展战略。我们所处的时代是变化速度空前加快的时代，中国加入世界贸易组织又使中国企业融入了变化多端的国际市场，这就使企业发展战略创新显得格外重要。在经营过程中，企业内部条件发生了原来意想不到的重大变化也是常有的事，如果发生了这种变化就要调整或更新原有的发展战略。企业发展战略创新也是为了提高战略水平。企业各项工作都要上水平，发展战略更要上水平。企业发展战略水平决定企业各项工作水平。智慧有大小，战略有高低。企业发展战略存在着水平差异，甚至是相当大的水平差异。企业发展战略创新是为了获得更好的企业发展战略。

企业发展战略创新取决于企业领导的观念转变。企业普遍需要发展战略创新，有的需要重新定位，有的需要重新整合资源，有的需要重新制定战略措施。可是，由于企业领导或多或少地存在旧观念，企业发展战略创新往往提不到议事日程上来。要想获得更好的企业发展战略，领导者应该首先向自己的旧观念挑战。企业发展战略创新也源于企业领导的动力、魄力和毅力。从某种意义上讲，企业发展战略创新是企业再造工程，是一项具有很大风险、困难和阻力的系统工程。企业领导如果没有强烈的事业心、责任感，没有排除各种困难和阻力的魄力，没有坚忍不拔的毅力，就很难下定这个决心。加强企业发展战略研究，在任何企业都是主要领导人的责任。如果说企业的各个副职可以在一定程度上主持其他企业战略的研究工作，比如技术总监可以在一定程度上主持技术开发战略的研究工作，营销总监可以在一定程度上主持营销战略的研究工作，那么只有主要领导才能主持企业发展战略的研究工作。

第三节　企业自生能力的核心因素
——技术创新能力

企业的核心自生能力主要体现在管理能力、资源获取能力、技术能力三个方面，三种能力的适度组合，才能满足企业生存和发展的需要。其中，技术创新能力是技术能力的核心因素，而技术能力又是企业自生能力的核心内容。作为企业自生能力重要的核心内容，技术创新能力对其他两种能力有着较大的影响作用。技术创新对资源获取能力的影响体现在三个方面：一是技术创新使资源得到更好的使用；二是技术创新能使资源的开发范围和应用范围得到更好拓展；三是技术创新是资源获取能力的本质性发展。技术创新对管理能力的影响可以概括为两个方面：一是技术创新可以提高管理效率；二是技术创新是衡量管理绩效的重要标志。

什么是企业的技术创新能力呢？国内外经济学界对此有不同的见解。对于企业技术创新能力的研究国外开展较早，并且在理论上和实践上都取得了一定的成果。柏格曼和曼迪奇认为，企业技术创新能力是支持企业技术创新战略的一系列综合特征；巴顿认为，企业技术创新能力的核心是掌握专业知识的人、技术系统、管理系统的能力及企业的价值观，等等。国内关于技术创新能力的概念最早出现在宏观科技政策的研究中，到20世纪80年代后期有研究者把这一概念引入到微观企业中。浙江大学许庆瑞教授认为，可以从产品创新能力和工艺创新能力两个方面来探讨企业技术创新能力的概念。韩景元、杨忠敏、李荣平等认为，企业技术创新能力可表达为技术创新能力。也有学者认为，技术创新能力是指企业在技术创新活动过程中所表现出来的技术开发与转化的条件和力量。综合来看，可以认为企业技术创新能力就是企业筹集必需的资金，将技术开发设想转变成市场需要的产品，组织生产、销售并最终获利的资金、智慧、设备、法律、技能技巧等各方面力量的综合。

按照林毅夫教授的定义，"如果一个企业通过正常的经营管理预期能够在自由、开放和竞争的市场中赚取社会可接受的正常利润，那么这个企业就是有自生能力的。否则，这个企业就是没有自生能力的"。[1] 因此可以看出，"自生能

---

[1] 林毅夫：《发展战略、自生能力和经济收敛》，芝加哥大学"D.盖尔·约翰逊年度讲座"讲稿，2001年5月14日。

力"首先是一个微观经济的范畴,它与企业的经营绩效有关。不过,企业之间在经营绩效方面的差别也可能是由企业管理能力的差别造成的,而"自生能力"概念则与企业的经营管理能力无关。或者说,我们必须事先将企业经营能力之间的差别抽象掉。在此之后我们将发现,企业是否具有自生能力主要取决于企业的技术选择。

传统的微观经济理论告诉我们,在一个竞争的市场经济中,企业是否能够取得正常利润,取决于企业能否以最小的成本来生产既定的产量或价值。而为了以最小的成本进行生产,企业就必须按照市场给定的投入产品价格选定成本最小的投入要素组合,或者说生产技术。这就是说,在抽象掉管理因素后,企业是否具有自生能力将取决于企业的技术选择。假设经济中只存在两种投入——资本和劳动,为了取得自生能力,劳动价格相对低廉、资本价格相对高昂的经济中的企业应当选择劳动相对密集的生产技术,而劳动价格相对高昂、资本价格相对低廉的经济中的企业就应当选择资本相对密集的生产技术。

进一步讲,劳动和资本的相对价格与该经济的要素禀赋结构有关。在不存在政策扭曲的情况下,那些劳动相对丰裕、资本相对稀缺的经济必然拥有较低的劳动价格和较高的资本价格;反之,那些劳动相对稀缺、资本相对丰裕的经济则必然拥有较高的劳动价格和较低的资本价格。这样看来,企业是否具有自生能力就取决于企业是否选择了与整个经济要素禀赋结构相适合的生产技术。那些偏离了经济资源禀赋特征的企业——在劳动相对丰裕的经济中使用资本密集型生产技术或在资本相对丰裕的经济中使用劳动相对密集型生产技术的企业,往往不会具备自生能力。

自生能力的概念还可以进一步扩展到同一产业中不同产品的技术选择中去。虽然一种产品的生产可以采用多种技术——即不同的要素组合,但是这些要素组合的集合在不同产品之间又有重要的差别。简单地说,与另一种产品相比,一种产品的所有生产技术的组合在整体上可能是更为劳动密集或资本密集的。由于这种差别,在资源禀赋不同的两种经济中,企业对于产品的选择也会不同。那些资本相对丰裕、劳动相对稀缺的经济中的企业可能会选择多生产资本相对密集的产品、少生产劳动相对密集的产品;而那些劳动相对丰裕、资本相对稀缺的经济中的企业则要选择多生产劳动相对密集的产品、少生产资本相对密集的产品。只有这样,该经济中的多数企业才是具有自生能力的。

在行业经济结构中,技术选择因素对于行业的自生能力具有同样的影响作用。与产品的情形相类似,行业之间也存在劳动相对密集或资本相对密集的差别。同样类似的是,只有按照该行业经济的资源禀赋特征来配置资源,该行业经济中的多数企业才会是具有自生能力的。因此,一方面,一个经济中的多数企业是否具有自生能力的关键取决于该经济中的企业在行业和技术上的选择是否与经济的资源禀赋结构相一致。另一方面，"自生能力"的概念与该经济是一种开放经济还是封闭经济没有必然的关系。那些封闭经济当然需要生产所有的产品——无论它是资本相对密集的还是劳动相对密集的，其产业结构和生产技术的选择仍然会向自己更多地拥有资源的那些产业和技术倾斜。下面两种情况往往会导致经济中的许多企业不具有自生能力：第一，在一个劳动相对丰裕、资本相对稀缺的经济中过多地发展或生产资本相对密集型的行业或产品；或者反之，在一个资本相对丰裕、劳动相对稀缺的经济中过多地发展或生产劳动相对密集型的行业或产品。第二，在一个劳动相对丰裕、资本相对稀缺的经济中超前地使用资本相对密集的生产技术；或者反之，在一个资本相对丰裕、劳动相对稀缺的经济中保留了许多劳动相对密集的生产技术。

根据一定的经济资源禀赋选择生产技术是企业自生能力建设的基础，企业要获取源源不断的发展动力就需要持续的技术创新能力。技术创新能力是企业自生能力的核心内容，加强企业自生能力建设首先要组合企业技术创新能力的各个要素，即优化企业技术创新能力结构。

企业技术创新能力的结构是指构成企业技术创新能力的基本要素及其组合联结方式。在国际上，巴顿认为，技术创新能力是由技术人员和高级技工的技能、技术系统的能力、管理能力、价值观等内容组成的；拉里把技术创新能力看成是组织能力、适应能力、创新能力和技术与信息的获取能力的综合；麦耶和乌特贝克认为，创新能力是产品开发能力、改进生产技术能力、储备能力、组织能力的综合；柏格曼认为，创新能力由可利用的资源、对行业竞争对手的理解、对环境的了解能力、公司的组织文化和结构、开拓性战略等组成。国内清华大学傅家骥教授等将技术创新能力分解为创新资源投入能力、创新管理能力、创新倾向、研究开发能力、制造能力和营销能力 6 大部分；史清琪、尚勇等认为从产业角度可以将要素分解为技术创新的技术基础、技术创新的转化能力、技术创新的经济支撑力；许庆瑞、魏江认为企业技术创新能力包括研发能力、制造能力、市场营销能力以及组织能力和资金投入能力。

提升企业技术创新能力，最关键的是根据企业技术创新能力要素，结合自身技术创新的优势，采取有针对性的措施，组合多方面要素形成一个系统技术工程。这里所说的技术不一定是最高、最新的技术，但一定是最具竞争力、是最符合企业现阶段发展能力的技术的组合。其主要包括以下几点内容：

1. 提高研发能力

企业必须以市场为导向进行研发。必须面向市场，紧跟市场需求，努力做到生产一代、试制一代、研发一代、构思一代。一要基于完全自主创新能力的提高。走自主开发道路的企业通常有两种类型：①企业具有技术研发优势。②企业有一定的地区技术优势和一定的研究开发能力。不管是哪一类企业都一定要立足于自身优势，做到自主拥有核心知识产权。二要基于引进技术创新的提高。在引进先进技术的基础上，不断消化吸收先进的技术知识，结合自身的研究开发，使企业技术能力提高到具有自主技术创新和持续自主技术创新的水平。三要基于技术合作创新的提高。技术合作根据合作程度的不同可以分为合作生产、合作设计、合作研究。单纯依靠该模式显然是不够的，关键原因在于该模式中存在较高的技术依赖性，以及能力领先企业的技术封锁。四要基于模仿创新的提高。模仿创新是企业通过学习、模仿率先创新者的创新思路和创新行为，汲取率先创新者的经验和教训，破译率先创新的核心技术和技术秘密，并在此基础上进一步完善创新形式。

2. 激活设备制造能力

提高企业生产制造能力，在硬件设备方面，除了添置新生产线、生产设备外，重点应当放在原有设备的激活上。一是重新配置固定资产。设备的重新配置包括两种类型，即企业内部资产的流动和企业外部资产的流动。通过资产的重新配置、组合提高其使用效率。二是激活专用性资产。不同企业之间存在的设备资产专一性能促进核心能力的形成。企业应当充分分析和利用这些设备的专用性特征，固化和强化其所隐含的竞争能力。三是对部分设备进行现代化改装。"激活休克鱼"理论同样可以移植到设备使用上。通过设备局部现代化改装，使设备技术性能达到或局部达到先进水平。四是优化生产工艺流程。按照管理运筹学、生产组织管理等理论和方法对工艺流程进行优化。五是降低生产成本。通过严格控制设计成本、资源耗费、费用开支和产品质量，达到增收节支的效果。

3. 强化市场营销能力

市场营销的核心是供需双方的商品交换，是目标市场和供应商如何销售的问题。提高市场营销能力，是提高企业技术创新能力的重要保障和最终检验。一是必须确立目标市场。要综合考虑地理和产品等各种因素，进行目标市场细分。综合企业的产品定价目标，采取合理的产品定价策略，确定不同产品的价格和在不同目标市场上的价格组合。二是建立激励机制。激励机制主要有诱导机制、动力机制和压力机制。诱导机制，即采取各种有效的物质激励、精神激励等措施，充分调动营销部门、营销人员的积极性。动力机制，即赋予营销部门和营销人员特殊的权力。压力机制，即给企业内部营销人员施加一定压力，从反面激发其工作积极性。

技术创新是企业长期发展的基石，是企业保持持久生命力的动力之源。技术创新对企业发展的推动作用主要表现在 3 个方面：

（1）技术创新使企业突破生命周期束缚，走向全新发展阶段。生产制造企业的生命周期与其产品的生命周期紧密相连。如果企业能够不断地推陈出新，生产出符合市场需求的新产品，那么随着新产品的成长发展，企业也将获得新的生命力。技术创新不仅能够使企业摆脱产品生命周期的限制，还能使企业突破原有产业领域边界，在新的产业中获得更为广阔的发展空间。当企业所处的产业渐渐走向衰退时，产业利润率不断减小，市场需求持续降低，只有借助技术创新走进新的产业领域，企业才有持续发展的可能。可见，通过技术创新，能够推动企业产品、产业领域的拓展，使企业实现自身的持续发展。

（2）技术创新使企业获得有利市场地位，赢得激烈的市场竞争。在竞争激烈的市场经济中，拼规模、拼资金、拼优惠政策，只能占领一时的市场，而依靠技术创新，才是企业在市场上长久立足之道。技术创新能从多方面提升企业的市场竞争力。第一，技术创新能够有效地降低产品成本，使企业获得成本领先优势。第二，技术创新是提高产品质量和数量的主要途径，为产品竞争力提升和企业规模扩张创造条件。第三，技术创新能实现产品批量化生产，扩大生产规模。第四，技术创新导致产品的更新换代，使企业能够领导市场消费的方向，获得发展主动权。

（3）技术创新是企业核心自生能力，是企业持久发展的动力。企业和企业家为了追求盈利机会，往往会对技术创新活动进行投资，因为他们发现，技术创新能够带来收益。这种盈利主要是不完全竞争市场上的垄断利润，即新产品的推出会产生一段时期内的垄断利润，一旦其他企业对新产品进行模仿或改进，垄断利润便会相应减少，于是要求企业更多地进行技术创新。由此可见，企业持续不断地追求技术创新所带来的利润正是经济增长的推动力。一个企业的技术进步越快，它占有的市场份额就越大，也将获得更大的新产品开发动力。因此，企业要谋求更大的发展，就必须不断地进行技术创新。技术创新是企业发展的核心驱动力量，不管是大企业还是小企业，要想在激烈的市场竞争中立于不败之地，都必须进行技术创新活动。

技术创新是企业发展的动力系统，是企业自生能力建设的核心内容。提高企业技术创新能力是一项系统工程，其包含多方面的内容，需要进行多方面的努力才能实现。除上述内容外，还应当综合考虑管理、人才、信息、资金、风险等多方面的因素，并根据相关的理论和实践经验，采取相应的措施，才能有效地提升企业的技术创新能力。在宏观层面上，一定的经济资源禀赋结构决定了企业选择什么样的生产技术才可能具备自生能力；在微观层面上，个体企业的自生能力主要依赖其技术创新能力，技术创新能够使企业突破生命周期限制，赢得竞争优势，构筑核心自生能力，从而推动企业的持续发展。

第四节 一种新的能力再造视角
——企业文化

再造企业自生能力的一种崭新的视角就是企业文化，其对企业自生能力的影响有两个方面：一是企业文化和技术创新的互动关系，即良好的企业文化和技术创新之间互相促进，形成良性循环。二是企业文化和企业发展之间的关系，即良好的企业文化和企业发展互相影响、互相促进。

一、企业文化和技术创新

企业文化是企业为解决其生存和发展问题而树立的、被组织成员认为有效而共享并共同遵循的基本信念和认知，是企业成员共同的价值观念和行为规范。通俗点讲，就是每一位员工都明白怎样做是对企业有利的，而且都自觉自愿地这样做，久而久之便形成了一种习惯，再经过一定时间的积淀，习惯成了自然，成了人们头脑里一种牢固的"观念"，而这种"观念"一旦形成，又会反作用于（约束）大家的行为，逐渐以规章制度、道德公允的形式成为众人的"行为规范"。企业文化集中体现了一个企业经营管理的核心理念以及由此产生的组织行为。

技术创新是企业自生能力的核心要素，集中反映了科技是第一生产力的要求，良好的企业文化对于企业技术创新以及企业自生能力建设具有直接的促进作用。企业文化促进技术创新，而技术创新又培育了新的企业文化，企业文化和技术创新已经成为现代企业可持续发展的两大驱动力量。二者良性互动，推动企业不断创新、开拓发展。

企业文化是企业经营与创新活动效率和效益的动力源泉。企业文化重视人的因素，强调精神文化的力量，以一种无形的文化力量形成价值观念、行为准则和道德规范，提高企业职工的归属感、积极性和创造性，引导员工为企业取得竞争优势而团结奋斗、开拓发展、不断创新。现代企业围绕着市场和经营目标，通过人力资源开发和管理，将从事经营和技术创新活动的人的价值观统一起来，产生强大的精神动力，从而保证充分应用各种生产要素，实现资源的合理配置、优化组合，提高效率、降低成本，产生新的生产力。中国著名的海尔公司，以"创新、敬业报国、追求卓越"的价值理念和企业文化，打动了员工的心，构筑理念体系，成为整体意识和精神动力，进而由理念规范行为，激发员工的劳动积极性和创造精神，在强大的员工凝聚力和向心力的作用下，朝着共同的战略目标、奋发图强、不断创新，经过18年艰苦努力，发展成为大型国际化的企业集团。

企业文化决定着企业经营与创新活动的价值取向。在科技日新月异、市场瞬息万变的经济全球化背景下，现代企业追求"卓越、领先、创新"的价值理念决定着企业发展的规模、水平、重点和方式，通过研发创新，以其新工艺、新技术，开发、生产出满足用户需求的具有独特性能的新、优、廉、特的产品并推向市场，取得竞争优势。如日本索尼公司一直"以技术领先"为其企业文化的技术发展导向，故其在电视机、数字音响和通讯产品等领域取得了丰硕的创新成果，获得电子产品领域"艾米奖"的数量在全球所有电器公司中位居第一。

企业文化为企业经营与创新活动形成高效率运转的动力机制营造了良好的环境。现代企业经营、管理和发展方式总是受特定时代背景和社会环境的制约。正如美国管理史学家丹尼尔·A.霍恩所说："管理思想是多种学科的综合和多种力量的产物"，"管理既是环境的产物，又是环境中的一个过程。"现代企业经营与创新活动的动力机制受社会创新文化和企业文化的影响。企业文化也是根源于当代经济社会发展对企业经营管理模式的变革和创新的要求而形成高效运营的动力机制。企业通过让研发人员在共同的价值观、共同的行为理念的作用下，进行制度变革和技术创新，实施激励和约束等动力机制，形成高效运转的良好环境，使企业在竞争中不断发展。

技术创新是经济增长的动力源泉，是企业生存发展的必由之路。企业是技术创新的主体。面对全球化严峻的竞争态势，企业只有把握时代潮流，通过技术创新、技术进步，提高资源配置效率，挖掘生产潜力，对生产设备和工具进行脱胎换骨的技术改造，采用新的生产方式，开发和生产绿色产品，进行绿色经营，才能取得竞争优势，实现可持续发展。技术创新使企业获取产品竞争优势。企业市场竞争，集中表现在产品上。美国哈佛大学教授迈克尔·波特认为，竞争优势有两种基本类型，即成本领先和别具一格。这两种优势都要依靠以新技术、新工艺、新材料、新设备、新经营理念为特点的技术创新来研发生产深受用户青睐、适销对路又别具一格的有竞争力的产品。技术创新使企业取得总体发展的竞争优势。在信息时代，随着技术扩散和技术更新速度的加快，知识更新周期加快，企业技术、产品在市场上生命周期缩短，技术创新成为企业保持竞争优势，实现可持续发展的唯一选择。技术创新是一种技术经济活动，是一种能力整合。从机会识别、探索、利用新产品、新技术研发，到工艺和生产方式、企业制度、组织结构的变革，通过人力资源的开发、培养和优化配置，对生产要素进行重新整合。这样，由技术创新带动了企业一系列技术经济活动的系统变革，提高了人员的素质，增强了竞争力，为企业注入了活力，取得了总体发展的竞争优势。

企业文化是企业发展的灵魂，技术创新是企业发展的不竭动力，企业文化可以推动技术创新。企业文化是企业员工在生产和经营活动中共有的理想信念、价值观和行为准则，现代企业文化是以人为本，以价值体系为主要内容的群体精神支柱、思维方式与行为准则等聚集的合力表现。一般说来，现代企业的技术创新行为及其效率决定于技术创新的动力机制。这主要包括诱导、激励、压迫和驱动等子机制。其中诱导机制来源于创新收益和创新环境；激励机制来源于市场需求和竞争优势；压迫机制来源于竞争压力和创新制度；驱动机制则来源于企业制度和企业战略等因素。而这些因素大都受社会创新文化和企业创新文化的影响。优秀的企业文化将有力地推动企业实现持续、全面的技术创新。

企业文化培育员工的创新能力和创新思维。21世纪的企业竞争是综合性的持续竞争，这要求企业进行持续的技术创新。而技术创新决定于创新能力，造就创新能力又首先必须具备创新思维。企业文化的存在和发展是一个独具形态、别具自身规律和特点的能动的过程。这一能动的过程包括通过企业文化的熏陶，在企业内部形成良好的学习风气和创新传统，以鼓励员工采取各种有益的方式，不断改善自身的知识结构，同时建立既源于员工个人意愿，又高于个人意愿的共同创新意愿，从而不断激发员工创新学习和实践的愿望，在学习和实践中提高创新能力，并且在企业原有的理想信念、价值观、行为准则基础上集聚出更深邃的眼光、更长远的谋略，形成并确立能够把握和创造未来市场热点的创新思维。

企业文化增强企业凝聚力。企业技术创新活动是一项复杂的系统工程，涉及多个部门，需要各类专业技术人员的分工与密切协作。但是，由于部门利益的存在和员工个人信念、情感、动机和意愿的不同，往往形成企业内部部门之间、员工之间复杂而微妙的关系，从而会影响技术创新的组织和运行。尽管企业可以通过严格的制度和措施来维护企业的团结和统一，但是却难以持久。而企业文化就像一种强有力的"黏合剂"，通过共同的价值观和经营理念，使员工自觉地形成对企业的认同感，并有意识地调整自己的认识和行为，产生对企业的主人翁意识和责任感，从而建立起企业内部和谐的人际关系，产生并增强企业的凝聚力。这种凝聚力又将激发企业的活力和员工的创造性，形成一种推进创新的合力。

企业文化提高员工的意志力。随着世界科技水平日新月异的提高和发展，企业技术创新难度不断增大，创新过程也往往困难重重而且持久漫长。这就需要企业员工在创新的过程中，具有坚强的意志力，不怕困难、顽强拼搏，直到创新的成功。企业文化把尊重人作为它的中心内容，以人的管理为中心任务。它对员工的激励不是一种外在的推动，而是内在的引导，是通过企业文化的塑造，在员工心目中树立起创新的思想观念和行为准则，使每个员工从内心深处自觉产生出为企业技术创新而拼搏的献身精神，形成对企业创新发展的强烈使命感和持久驱动力量，从而激励员工不断追求技术创新。这种献身精神就是一种意志力，是一种高昂的情绪和奋发进取的精神。

技术创新培育新企业文化。企业技术创新是以人为本的科学发展过程。技术创新是由构想、研究、开发、新产品试制、生产、销售、服务以及调研市场对产品的反映等组成的系统链。其间每一个环节都要人参与，都对企业价值观、企业精神、企业形象产生潜移默化的深刻影响。一般来说，技术创新的实施不仅直接影响着企业的物质生产过程和结果，而且必然会带来企业内部利益格局的调整以及制度规范、行为方式和价值观念等企业文化的变革和发展。

技术创新促成企业价值观。企业价值观是指导企业研发、生产、经营管理的企业全体成员所共同拥有的根本信念和价值观，体现着现代企业的宗旨、根本追求和精神归宿。技术创新正是从创新的价值取向、战略目标、发展方向等方面来促成企业价值观的。在技术创新中追求先进、最新的技术是企业必然的价值选择。高起点、高质量、追求卓越便是技术创新的方向、需求和重要特点，往往在技术创新中要对方案的技术经济指标参数和工艺方法不断修改和完善。这种"争创一流"的意识，铸就了我国企业为社会、为用户精益求精、勇攀高峰、敢于向竞争对手挑战的价值观和奋斗精神。可见，技术创新有力地推动着企业价值观的形成，并使其不断升华。

技术创新培育企业精神。企业精神是企业在长期生产经营及发展过程中，在继承企业优良传统的基础上，适应时代需求，由企业家积极倡导，全体职工自觉实践而形成的先进群体意识。它体现了企业的个性，具有鲜明的时代特色和民族特点，犹如一面旗帜般激励和引导职工的意志和行为，是企业技术创新的精神动力和力量源泉。技术创新正是在复杂、艰难、曲折、长期且团结奋斗的创新过程中锻炼、培育了企业精神。技术创新能取得成功的重要因素是人力、资源的合理配置。在创新实施中必然会培育员工团结合作、互相帮助的精神，推动着技术创新的成功。技术创新的过程存在着种种困难和矛盾，需要员工以坚忍不拔的意志和顽强的战斗精神去克服困难、化解矛盾、创造条件、及时调整创新战略，力求走在市场变化的前面，夺取创新的成功。因此，在创新过程中培养了员工不怕困难、励精图治、艰苦奋斗的企业精神，造就了一支特别能战斗、锐意进取、果敢行动的高素质员工队伍。

技术创新塑造企业形象。企业形象是企业文化得到员工和社会认同的各种行为和外部表现的总体反映。它由企业的产品质量、工作质量、服务水平、员工素质、厂风厂容和经营作风等在用户心目中的地位，及其在企业员工和社会上所产生的影响和印象组成。在创新产品中树立企业形象，就是产品创新设计时要在产品的功能、材质、结构、形态、装饰以及文化品位等方面，从社会的、技术的、经济的、美学的角度进行精心设计，并通过精良制造，真正做到性能优良、造型新颖、赏心悦目，把科技要素、文化要素融为一体，从而塑造良好的企业形象。这同时也要求企业提高产品质量、降低生产成本，生产出名牌产品。为此，企业就要创新工艺流程，优化现场管理，使生产现场整洁卫生、文明、有序。这对企业员工的整体素质，提出了更高的要求，为塑造良好的企业形象打下了坚实的基础。用户的需求是技术创新的出发点和归宿。因此，企业极为重视"服务增值"，通过良好的售后服务、技术指导、市场调研、收集用户意见、跟踪反馈、改进提高等方式进行服务创新，从而形成了企业独特的服务文化、服务风格和服务气质，在广大用户和社会公众中塑造了良好的企业形象。

在科技迅猛发展、竞争激烈的市场经济条件下，现代企业要取得可持续发展的不竭动力并保持竞争优势，必须使企业文化和技术创新两大驱动力系统保持良性互动。优秀企业文化对技术创新有着深刻的影响和推动作用，成功的技术创新又将促成企业文化的健康发展。在构建优秀企业文化的过程中促进技术创新，在技术创新活动中培育新的企业文化。

二、企业文化和企业发展

企业文化和企业的发展息息相关，企业文化对企业发展具有直接的影响：

1. 企业文化对企业发展具有导向和激励作用

企业文化对企业发展的引导作用主要体现在两个方面：一是经营哲学和价值观念的指导。经营哲学决定了企业经营的思维方式和处理问题的法则，这些方式和法则指导经营者进行正确的决策，指导员工采用科学的方法从事生产经营活动。企业共同的价值观念规定了企业的价值取向，使员工对事物的评判形成共识，有着共同的价值目标，企业的领导和员工为他们所认定的价值目标去行动。美国学者托马斯·彼得斯和小罗伯特·沃特曼在《追求卓越》一书中指出："我们研究的所有优秀公司都很清楚他们的主张是什么，并认真建立和形成了公司的价值准则。事实上，一个公司缺乏明确的价值准则或价值观念不正确，我们则怀疑它是否有可能获得经营上的成功。"二是企业目标的指引。企业目标代表着企业发展的方向，没有正确的目标就等于迷失了方向。完美的企业文化会从实际出发，以科学的态度去制定企业的发展目标，这种目标一定具有可行性和科学性。企业员工就在这一目标的指导下从事生产经营活动。

企业文化对企业员工具有激励功能。共同的价值观念使每个职工都感到自己存在和行为的价值，自我价值的实现是对人的最高精神需求的一种满足，这种满足必将形成强大的激励。在以人为本的企业文化氛围中，领导与职工、职工与职工之间互相关心、互相支持，特别是领导对职工的关心，会使职工感到受人尊重，自然会振奋精神、努力工作。另外，企业精神和企业形象对企业职工有着极大的鼓舞作用，特别是当企业文化建设取得成功，在社会上产生影响时，企业职工会产生强烈的荣誉感和自豪感，他们会加倍努力，用自己的实际行动去维护企业的荣誉和形象。

2. 企业文化对企业发展具有约束和调适作用

企业文化的约束功能主要是通过完善管理制度和道德规范来实现的。企业制度是企业文化的内容之一，是企业内部的法规，企业的领导者和企业职工必须遵守和执行，从而形成约束力。道德规范是从伦理关系的角度来约束企业领导者和职工的行为。如果人们违背了道德规范的要求，就会受到舆论的谴责，心理上会感到内疚。同仁堂药店"济世养生、精益求精、童叟无欺、一视同仁"的道德规范约束着全体员工必须严格按工艺规程操作，严格质量管理，严格遵守纪律。

企业文化对企业发展具有调适功能。企业各部门之间、职工之间，由于各种原因难免会产生一些矛盾，解决这些矛盾需要各自进行自我调节；企业与环境、与顾客、与企业、与国家、与社会之间都会存在不协调、不适应之处，这也需要进行调整和适应。企业哲学和企业道德规范使经营者和普通员工能科学地处理这些矛盾，自觉地约束自己。完美的企业形象就是进行这些调适的结果。调适功能实际也是企业自生能力的一种表现。

3. 企业文化对企业发展具有凝聚和辐射作用

企业文化以人为本，尊重人的感情，从而在企业中形成了一种团结友爱、相互信任的和睦气氛，强化了团体意识，使企业职工之间形成强大的凝聚力和向心力。共同的价值观念形成了共同的目标和理想，职工把企业看成是一个命运共同体，把本职工作看成是实现共同目标的重要组成部分，整个企业步调一致，形成统一的整体。这时，"厂兴我荣，厂衰我耻"成为职工发自内心的真挚感情，"爱厂如家"就会变成他们的实际行动。另外，文化力不只对企业起作用，也能通过各种渠道对社会产生影响。文化力辐射的渠道很多，主要包括传播媒体、公共关系活动等。

企业文化和技术创新是企业发展的两大驱动力量，二者都是企业自生能力的重要内容。在中国文化大背景下成长起来的企业，其企业文化必然会打上中国文化的烙印。中国传统文化在过去曾达到过一个很高的文明阶段，随着中国经济国际地位的复兴，中国文化的国际地位也会跟着提高，中国企业要做到自立自强、走向世界并实现国际化。其企业文化不可能照搬西方，必然首先弘扬中国本土的优秀传统文化，随之，中国的企业文化也会伴随着中国企业的扩张而走向世界。

第五节　一扇重新审视世界的窗口
——五项修炼

著名管理学者麻省理工学院的彼得·圣吉 1990 年完成其代表作《第五项修炼——学习型组织的艺术与实务》提出了"五项修炼"，即自我超越、改善心智模式、建立共同愿景、团体学习和系统思考。《第五项修炼》的发表打开了一扇重新审视世界的窗口。

一、五项修炼的内容

（一）自我超越（Personal Mastery）

自我超越的修炼是学习型组织的精神基础。自我超越是指能突破极限的自我实现或技巧的精熟。自我超越以提高个人才能为基础，却又超乎此项目标；以精神的成长为发展方向，却又超乎精神层面。它是指精熟自我超越的人，集中精力，培养耐心，客观地观察现实，通过努力学习不断实现他们内心深处最想实现的愿望，他们对生命的态度就如同艺术家对艺术作品一般全身心投入，不断创造和超越，这是一种真正的终身学习。自我超越的意义在于以创造的现实来面对自己的生活与生命，并在此创造的基础上，将自己融入整个世界。个人学习是组织学习的基础，组织整体对于学习的意愿与能力，植基于各成员对于学习的意愿与能力，员工的创造力是组织生命力的不竭之源。自我超越的修炼兼收并蓄了东方和西方的精神传统，其精要在于学习如何在生命中产生和延续创造力，通过建立个人愿景（Vision），保持创造力，诚实地面对真相并运用潜意识，便可实现自我超越。

（二）改善心智模式（Improving Mental Models）

心智模式是深深根植于心中，影响我们对世界的了解和行动的假设、成见，或图像、印象。我们通常不易察觉自己的心智模式以及它对行为的影响。例如，对于常说笑话的人，我们可能认为他乐观豁达；对于不修边幅的人，我们可能觉得他不在乎别人的想法。在管理的许多决策模式中，决定什么可以做，什么不可以做，也常是一种根深蒂固的心智模式，但它不一定总能反映事情的真相，因为心智模式是在一定的事实基础上形成的，它具有不定期的稳定性，而事物是不断变化的，这导致了心智模式与事实常常不一致。不良的心智模式会妨碍组织学习，而健全的心智模式会帮助组织学习。改善心智模式就是要发掘人们内心的图像，使这些图像浮到表面，并严加审视，及时修正，使其能反映事物的真相。你无法掌握市场的契机和推行组织中的变革的原因很可能是它们与我们心中隐藏的、强而有力的心智模式相抵触。心智模式不仅决定着人们如何认知周围世界，而且影响人们如何采取行动。把镜子转向自己，是心智模式修炼的起步，借此我们可以学习发掘内心世界的图像。改善心智模式的结果是，使企业组织形成一个不断被检视、能反映客观现实的集体心智模式，它还包括进行一种有学习效果的、兼顾质疑与表达的交谈能力——有效地表达想法。

（三）建立共同愿景（Building Shared Vision）

共同愿景是指组织成员与组织共同拥有的目标。根据 Collins 等人的研究，组织的愿景由指导哲学和可触知的景象（Tangible Image）组成，共同愿景能为组织学习提供焦点和能量。在缺少愿景的情况下，组织充其量只会产生适应性学习，只有当人们致力实现他们深深关切的事情时，才会产生创造性学习。如果有一项领导的理念，多年来一直能在一个组织中鼓舞人心，那就是拥有了一种能够凝聚并坚持实现共同愿望的能力。一个缺少目标、价值观与使命的组织，必定难成大器。有了衷心渴望实现的目标，大家会努力学习，追求卓越，不是因为他们被要求这样做，而是因为衷心想要如此。但是许多领导者从未尝试将个人的愿望，转化为能够鼓舞组织的共同愿望。共同的愿望常以一个领袖为中心，或来自一件共同的危机。但是，如果有选择的余地，大多数的人会选择追求更高的目标，而并非只是暂时地解决危机。组织所缺少的，是将个人的愿望整合，涉及发掘共有"未来景象"的技术，它可以帮助组织成员主动而真诚地奉献和投入，而非被动地遵从。建立共同愿景的修炼就是建立一个组织成员衷心拥护、全力追求的愿望景象，产生一个具有强大凝聚和驱动力的伟大"梦想"。

（四）团队学习（Team Learning）

团队学习是建立学习型组织的关键。彼得·圣吉认为，未能整体搭配的团队，其成员个人的力量会被抵消浪费掉。在这些团队中，个人可能格外努力，但是他们的努力未能有效地转化为团队的力量。当一个团队能够整体搭配时，就会汇聚出共同的方向，调和个别力量，使力量的抵消或浪费减至最小。整个团队就像凝聚成的激光束，形成强大的合力。当然，强调团队的整体搭配，并不是指个人要为团队愿景牺牲自己的利益，而是将共同愿景变成个人愿景的延伸。事实上，要不断激发个人的能量，促进团队成员的学习和个人发展，首先必须做到整体搭配。在团队中，如果个人能量不断增强，而整体搭配情形不良，就会造成混乱并使团队缺乏共同目标和实现目标的力量。在一个管理团体中，每个人的智商都在 120 以上，何以集体的智商只有 62？团体学习的修炼即在处理这种困境。然而，我们知道团体确实能够共同学习：在运动界、表演艺术界、科学界，甚至企业中，有不少惊人的实例显示，团体的集体智慧高于个人智慧，团体拥有整体搭配的行动能力。当团体真正在学习的时候，不仅团体整体会产生出色的成果，个别成员成长的速度也比其他的学习方式快。团体学习中采用"深度会谈"等方法，包括找出有碍学习的互动模式。例如"自我防卫"往往根植于团队的互动中，若未察觉，则会妨碍组织学习。如果能以创造性的方式察觉它，并使其得以解决，学习的速度便能大增。团体学习之所以非常重要，是因为现代组织中，学习的基本单位是团体而不是个人。

（五）系统思考（Systems Thinking）

系统思考是一种分析综合系统内外反馈信息、非线性特征和时滞影响的整体动态思考方法。它可以帮助组织整体地、动态地而不是局部地、静止地看问题，因而为建立学习型组织提供了指导思想、原则和技巧。系统思考将前 4 项修炼融合为一个理论与实践的统一体。虽然工具是新的，但系统思考的基本观念却是非常浅显的。当乌云密布、天色昏暗，我们便知道快要下雨了；暴风雨过后，地面的水将渗入地下水中，天空会放晴，这一切的事件虽有时空的差距，然而事实上它们都息息相关，且每次运行的模式相同，每个环节都相互影响。这些影响通常是隐匿而不易被察觉的，唯有对整体而不是对部分深入地加以思考，你才能够了解这一系统。企业和人类其他活动也是一种"系统"，也都受到细微且息息相关的行动所牵连，彼此影响着，这种影响往往要经年累月才能完全展现出来。身为群体中的一小部分，置身其中而想要看清整体变化，更是加倍的困难。经过 50 年的发展，系统思考已发展出一套完整的架构，它既具备完整的知识体系，也拥有实用的工具，可帮助我们认清整个变化形态，并了解应如何有效地掌握变化，开创新局。

五项修炼是一个有机的整体，其中个人的自我超越是整个学习型组织的基础，它为学习型组织提供了最宝贵的人力资源。团队学习的许多工作最后都依赖于个人的努力，比如改善心智模式、建立共同愿景、系统思考，等等。团队学习是一种组织内部的学习，它不仅在规模上超越了个人学习，而且在内容上完全不同于个体学习。团队学习既是团队的活动内容，同时又是检视心智模式、建立共同愿景的载体和手段。检视心智模式和建立共同愿景，从时间上看前者针对已形成的"组织记忆"，是组织从记忆中学习的体现；后者则是对未来生动的描述，它对组织的成长起到牵动作用。系统思考是学习型组织的灵魂，它提供了一个健全的大脑，一种完善的思维方式，个人学习、团队学习、检视心智、建立愿景，都因为有了系统思考的存在而连成一体，共同达到组织目标。

二、五项修炼视角下的企业管理模式创新趋势

企业管理模式（Enterprise Management Model，简称 EMM），包括结构模型和支撑模型，是企业自生能力的重要组成部分。EMM 结构要素主要有企业文化、经营管理、管理技术、管理体制和规章、决策及领导体制；支撑模型说明支撑 EMM 存在和有效运转的要素，以及要素之间的联结关系。EMM 的支撑要素包括人员素质、产品技术、企业目标和目标市场。以上这些要素只有在企业管理中按照一定的规则产生互动，才能产生各要素应有的作用。这种规则有自组织形式和层级管理形式。自组织形式就是经济系统自我形成、自我组织、自我实施；层级管理形式是指由政府或高层次经济系统为低层次经济系统直接设定由外部权威来监督实施的制度。

现代企业处于知识经济时代，知识和信息日益成为企业经营的重要资源，新的与之相适应的管理思想不断涌现，一种全新的具有时代特征的企业管理模式正在形成，其主要特征为：①突出了以人为本的观念，即一切以人为根本，注重对人的积极性、创造性激励的管理思想。企业管理从来也没有像今天这样，从人类自身发展的需要出发，重视对作为资源的人进行培育、开发、激励。②体现了系统整合的观念，即注意组织内部管理层次、环节、部门、人员之间的相互联系和制约，注意个体与整体的配合协调，强调一切从整体出发，旨在优化企业系统整体功能的管理思想。③强化了择优决策的观念，即决策必须是多角度、多因素分析之后的多方案比较，然后择优。这种决策不是单纯的经验指导，而是一种多元化、动态、系统的管理行为。④树立了战略管理观念，认为对管理问题的揭示、管理措施的制定、管理方法的调整必须从企业的长远利益角度出发，与企业内外环境协调一致，强调管理行为要高瞻远瞩，管理者要具有超前思维。⑤融入了与时俱进的观念，即强调管理的适应性，认为管理必须是随机应变，因人因事因时因地制宜。

20 世纪 90 年代以后，彼得·圣吉（P.M.Senge）在《第五项修炼》（1990）中提出，企业唯一持久的竞争优势源于比竞争对手学得更快更好的能力，学习型组织正是人们从工作中获得生命意义、实现共同愿景和获取竞争优势的组织保证。除了学习型组织，90 年代还出现了一个热点——虚拟组织。《哈佛商业评论》1990 年第 6 期发表文章《公司核心能力》，作者建议公司将经营的焦点放在

不易被抄袭的核心能力上，由此引发了后来的虚拟组织热。虚拟组织围绕核心能力，利用计算机信息技术、网络技术及通信技术与全球企业进行互补、互利的合作，一旦目的达到后，合作关系即解散。以此种形式能够快速获取处于全球各处的资源为其所用，从而缩短"观念到现金流"的周期。不仅如此，灵活的虚拟组织还可避免环境的剧烈变动给组织带来冲击。

　　企业管理理论的形成和发展历程表现出两个明显的特征：首先，表现为企业管理主题的演变。在20世纪初，管理的主题以生产管理为中心。此时，由于市场产品供不应求，企业实行的是内部控制式管理，把主要精力放在提高内部生产效率上。虽然也出现过某些挑战性的问题，但并不构成对企业的威胁。但第二次世界大战后，大量的军用技术转为民用，各企业竞相采用新技术，致使在短期内劳动生产率得到了大幅提高，整个市场出现了生产过剩和供过于求的情况，迫使企业开始转向市场。随着生产过剩和供过于求状况的加剧，企业仅靠内部控制式管理，已无法应付未来的挑战和实现自己发展的愿望。于是，企业产生了筹划未来发展的要求和行为，预测性的管理方式如目标管理、预算管理和长远计划管理等应运而生。此时，管理的主题转到了以营销管理为中心。而从20世纪中叶开始，随着科技竞争的加剧，企业外部形成了一种庞大而复杂多变的环境，企业管理的主题则从营销管理转移到了战略管理。这就意味着企业管理的一切工作都应纳入战略管理的框架之下。

　　其次，企业管理理论集中体现了科技革命与科技进步的成果。从现代管理演进的过程来看，现代科技革命与科技进步对企业管理模式产生了极大的影响。现代企业管理模式的发展大致分为3个阶段：简单分工管理、综合分工管理和集（成）整（合）管理。分工是提高企业效能的革命性举措，科技的进步和工业经济的深入发展使分工日益细致，然而过度的分工容易导致业务流程的琐碎和管理层级的增加，使信息与知识共享受阻，既扼杀了员工的主动性和创造性，又降低了企业内外信息的流动与沟通，从而大大降低了企业的市场反应能力。在竞争不很激烈、企业规模不大或初创阶段等情况下，企业可采取简单分工管理模式。当企业规模发展到一定阶段以及市场竞争日益激烈的情况下，则必须实行综合分工管理。由于信息技术快速发展及其应用的普及，现代企业的管理模式已经开始建立在以现代信息技术为标志的新技术基础之上。在实现技术集成应用的同时，企业管理模式也从综合分工管理拓展和升华为"集（成）整（合）管理"，其核心是运用系统的思想指导企业的管理行为。集整管理模式是一种不断发展变化的、有机的、具有强大生命力的管理模式，这主要是因为它内在地具有较大的包容性和可扩展性。由于集整管理模式内含着信息技术的发展，也必然受到信息技术的约束，所以，信息技术的发展在很大程度上影响着集整管理模式的发展，影响着企业管理模式的拓展和提升。

科技进步在不断提高生产效能的同时，也在很大程度上影响着现代企业管理模式。这种影响表现为外部性和内部性两个方面：外部性主要是指科技进步缩短了产品生命周期，新技术应用加剧或降低竞争程度，挖掘或创造出新的市场需求以及供应商与合作机构的运作行为等，迫使企业不得不在管理模式上做出相应的变革以适应新的变化；内部性主要是指企业应用或忽视新技术，从而极大地提升或相对降低了管理效率和生产效能、丰富拓展或相对减少了管理工具和手段、深刻改变着企业内部人员的交流模式以及财务、物资、信息、无形资产、营销等方面的管理，乃至整个企业的文化等，这些都将促使企业通过变革管理方法、组织架构甚至整个公司的基本制度等，来应对科技进步所带来的挑战。

现代企业管理行为与传统企业相比，在生产经营与管理等诸多方面表现出新的时代特征：

第一，表现在人与物的管理上。传统企业管理重在对物的分配、调度、安置、收入、支出；而现代企业管理重在强调管理的核心是人的管理，重在调动员工的内在积极性。与此同时，现代企业管理还注重人与物的匹配，强调资源的综合利用和效能的发挥。

第二，表现在管理的理念上。传统企业管理重视制度的建立和完善，其宗旨是用周密的制度约束，确保实现企业的管理目标；而现代企业管理注重人的素质、人的协调、人的激励和人的自控。它旨在通过较高的领导层素质和员工素质，以及合理的人力资源配置，使企业形成良好的组织氛围和自律自激机制，最终实现企业的管理目标。

第三，表现在管理的内涵和目标上。传统企业管理行为总是针对某一管理要素实施，不管是对问题的揭示、分析还是处理措施的制定，基本上是直观的线性思考，是一种单维的平面式管理；而现代企业管理行为总是针对多个管理因素实施，注重多维的立体式协调处理，多维管理是现代企业管理的一个突出特征。此外，传统的企业管理对产品的质量保障只着眼于生产过程中，而现代企业管理则着眼于与产品生产有关的全过程的各个环节，从而建立起了全员参加、全过程展开的全面质量管理体系。

第四，表现在市场营销上。传统企业管理在产品销售方向选择上，一般着眼于区域内市场、部门内市场或既定的市场范围，这种市场营销由于其市场容量是自生的，是相对有限的，因而被称为小市场营销。而现代企业管理则与之相反，在产品销售方向选择上奉行的是大市场营销观念。它强调市场营销要打破传统的部门和行政界限，跨区域甚至跨国境进行，要将国内市场与国际市场融为一体来开展营销。而且，它强调市场的多变性和可引导性，企业可以引导消费，创造新的产品需求市场。企业的市场开发和创新是持久的行为，因此，在某种程度上，市场的时空是无限的。

企业管理模式随着科技的进步不断得到创新。从宏观经济走势看，全球经济一体化已成为时代潮流，各种组织之间的联系日益广泛而密切；从市场需求看，消费者对产品和服务的要求不仅越来越高，而且还越来越人性化、多样化和个性化，消费者要求产品和服务能够为其提供更多的精神和心理方面的满足；从竞争重点看，标准之争已成为竞争的重要内容，新经济时代，谁掌握了制定竞赛规则的主动权，谁就可能领先；从经营的战略资源看，知识和人才已成为企业发展中的核心资源，以人为本不再停留在理念上，而已经成为企业竞争力构成的关键所在；从组织架构看，面对迅速变化的市场环境，企业越来越倾向于采取更能贴近市场的组织模式，如扁平化、矩阵式、网络型等易于创新的组织结构，等等。所有这一切都是科技进步推动经济社会发展的必然结果和发展态势。

在新经济背景下，企业的经营管理必须要有新的理念和新的模式。纵观国内外企业管理的现状及其发展趋势，可以看到，企业管理模式创新呈现出弹性化、人本化、国际化、核心化等特点。

1. 组织管理弹性化

随着经济结构的变化，消费者需求日益多样化，过去的企业是围绕着物品和资金流动组织起来的，而现在则变为围绕着信息的流动来组织，因此，对管理的弹性和适应性提出了更高的要求。

第一，现代企业要有适度的企业规模。长期以来，人们都把追求规模经济效益作为经营成长的目标，可是自20世纪以来就出现了"大企业病"的问题，西方一些企业开始从"求大"到"求小"，提出了"小的是美好的"口号，即从过去那种一味追求大规模经营、大批量生产，改变为适度的小批量、多品种生产。

第二，现代企业要有灵活的管理组织。如：①战略联盟组织广泛出现。公司间为了共同利用电子技术平台或共同开发一种或多种关联产品，打破企业间在空间上的阻隔，结成联合体。②大公司内部实行模拟"公司制"。即在原来事业部的基础上，进一步将一些生产单位、业务部门变成自负盈亏的利润中心。有的将按地区、按部门多头管理的体制，转变为按业务范围进行直接管理。未来企业建立分权型的管理体制将是大势所趋。③强调管理重心下移，倡导团队式的组织形式。即从传统的垂直式、职能式的管理结构，向以"团队"为核心的扁平式管理结构发展。

第三，现代企业工作时间的分散化。由于计算机的普及和互联网的发展，越来越多的工作可以在家中完成，这种趋势使弹性上班制日渐流行，同时也向传统的人事业绩考核制度提出了挑战。

2. 人才开发人本化

在企业管理活动中，必须体现人本精神。

首先，未来企业的资本不仅仅是金钱，而且要求人的智能和发挥人才智能资本的作用。如果说传统产品属"集成资源"，未来的产品则属"集成知识"，智能资本将导致世界财富的一次大转移，即企业的成功将从自然资源拥有者的手里转移到那些拥有思想和智慧的人手中。

其次，未来企业需要具有创造力的人来治理。智能资本是指由企业花费在教育、培训等提高人的综合素质方面的开支形成的资本，它比一般的人力资本投入会带来更长期的收益。智能资本不像金融资本和物质资本那样，可以将它与所有者分离，它是对人们原先拥有的技术、知识、能力和价值观的继承，具有人力资本的积累性。现代企业的发展不仅需要一定素质的劳动者，而且需要超出常人的、高素质的综合智能。用丰富的人力资本优势转化，替代物质资本、自然资源和技术的优势，势在必行。

3. 生产经营国际化

企业的国际化经营是一个由初级形式向高级形式发展的过程，一般要经历一个从单一的贸易型或生产型向贸易、投资、生产、金融一体化，即向综合性跨国公司发展的过程。20世纪90年代以来，在国际化经营方面出现了所谓向无国籍化演变的战略，即一方面推行本地化战略，同时实行文化开放；另一方面调整结构，实行横向管理，在公司内部消除国界壁垒和部门分割，重新组建公司，以适应时代的需要。如日本的许多公司，近年来已由单纯向外倾销产品转向直接在外投资创办企业，使经营管理本土化。日本制造业已将70%的生产能力转移到其他国家和地区，在世界各地组建零部件生产和组装基地，通过跨国经营取得最佳效益。

4. 文化建设核心化

企业文化和企业形象建设是20世纪80年代以来从企业管理理论丛林中分化出来的一种新理论，被人们称为管理科学发展的"第四次革命"。21世纪企业经营管理模式创新的重要方向之一，是企业文化的创造与渗透。企业未来的文化与形象建设的深化，主要应在以下方面努力：一是致力于企业价值观的塑造。企业文化的核心是企业价值观，企业形象识别系统的核心是企业的理念识别。企业的价值观是企业广大职工对客观事物、对自己从事的生产经营活动的意义的总的看法和评价，是劳动者的价值观念在生产和生活中的沉积，它对构成企业文化、企业形象的诸要素，即企业的经营宗旨、经营战略和职工的行为规范等起着导向和决定作用。二是要突出本企业的气质和个性。在未来国内外市场竞争日益激烈的情况下，如果企业自己的经营没有特色，产品没有个性，管理没有气质，不能使广大消费者感知到其与其他企业的差别，就很难自立于市场之林。

与此同时，知识管理日趋重要。从信息管理向知识管理的演进，使信息转化成为知识，并用知识来提高特定组织的应变能力和创新能力。知识管理把信息、知识与企业活动和人联结起来，在人际交流的互动过程中通过信息与知识的共享，运用群体的智慧进行创新，以赢得竞争优势。知识作为无形资产，通过渗透到劳动对象、劳动工具、劳动力以及科技、教育等各种因素之中并发挥作用，就显得日益重要。

本章小结

企业自生能力是企业承担社会责任的基础，其包括企业家禀赋、企业发展战略、技术创新和企业文化等多方面的内容。在转型时期，企业家不仅要具有敏锐的战略眼光、睿智的胆略、创新的意识，还要内化企业公民观念，勇于承担社会责任。企业发展战略是统率企业发展的灵魂，重塑企业发展战略是增强企业自生能力的重要内容。技术创新是企业自生能力的核心要素，不同企业应根据自身的禀赋结构进行技术创新组合，不断提升研发能力，激活设备制造能力，提高市场营销能力，优化配置资源，以不断提高企业自生能力。以"五项修炼"为代表的企业文化创新了企业管理的新模式，企业管理创新呈现交叉、融合的趋势。由于管理这一复杂问题需要运用诸多学科的理论和方法进行共同研究才能解决，所以企业管理学科汇集了社会学、心理学、文化学、统计学、工程技术学、决策科学、系统科学、控制论、信息科学和复杂性科学等多学科的理论知识和方法。不同管理理论和管理思想的融合、统一，它们之间相互借鉴、吸收和扬弃，达到更完美地整合的目的，使企业的自生能力与时俱进。

第六章 培育企业自生能力的建议

在以技术创新为核心的企业自生能力建设中，企业家禀赋、发展战略和企业文化都需要与企业技术创新相适应，并以企业技术创新为核心，培育企业家的创新禀赋，构建企业比较优势发展战略，孕育中国本土特色的企业文化。

第一节 培育企业家的创新禀赋

奥地利学者熊彼特首次提出系统的创新理论，成为研究技术创新问题的开山鼻祖。他在 1912 年的著作《经济发展理论》中提出，技术创新是企业家对生产要素的新组合，这种组合包括：①开发出一种新的产品或者提高一种产品的质量；②采用一种新的生产方法；③开辟一个新的市场；④获得一种原材料或制成品的新的供应来源；⑤实现一种新的组织形式。

中国政府在"关于加强技术创新发展高科技实现产业化的决定"中提出，技术创新是指企业应用创新的知识和新技术、新工艺，采用新的生产方式和经营管理模式，提高产品质量，开发生产新的产品，提供新的服务，占据市场并实现市场价值。

可以看出，中国政府对技术创新的定义与熊彼特的概念在精神上是一脉相承的。提炼技术创新的含义，在对技术创新的理解上，必须把握两个要点：一是企业技术创新的目的是产生市场效益，形成企业的比较优势。二是技术创新是一种经济行为，它虽然是借助于技术手段实现的，但其成败和绩效的最终评判指标不应该是技术指标，而应是经济指标。所以，检验技术创新成功的根本标准是市场实现程度。

技术创新的最终目的是项目的产业化和市场化，是从市场中获得利润从而收回投资并体现项目的价值。企业家禀赋之一即是在市场蓝海中挖掘项目，在细分市场的精耕细作中为项目最终目标的实现保驾护航。技术创新的内涵决定了其与企业家禀赋息息相关。充满激情、洞悉未来、把握机遇、勇担风险是企业家与生俱来的先天禀赋，而这正是企业技术创新所需要的禀赋。企业发展从投入到产出，始于技术终于市场，企业家禀赋支撑着一条完整的技术创新链条。

依据技术创新理论培育企业家的创新能力，是培养企业自生能力建设的第一步。企业家只有具备特定的创新能力和素质，才能引领企业不断开拓未来，审时度势，立于不败之地。

一、建立和完善企业家培养机制

首先是建立和完善企业家培养机制。从目前的情况来看，对企业家的培养，还没有完全被有关部门高度重视。重视党政干部而不重视企业领导班子的配备，这种现象带来了严重的后果。正规化、职业化、现代化的教育培养正日益成为塑造企业家的主要渠道和关键条件，因此，整个社会教育系统应当明确培养企业家的目标任务和组织体系，制定出培养企业家的教育内容及其具体方式和措施。其基本内容和要求主要包括3个层次：一是在初、中等教育中增加企管的教学内容；二是通过高校为社会培养企管后备人才，培养具有现代企业家知识结构的优秀经理人才；三是建立完善的再教育和培训体系，加强企业家的系统培训。在这方面，西方的培训体系也很值得我们效仿。

其次是建立完善企业家使用机制。建立企业家使用机制主要应抓好4个环节的制度建设：一是建立企业家资格认定制度。按照企业家在知识能力、经营业绩、道德品质等方面应达到的具体水准确定其资格认证的标准体系。对于经严格考察确定具备资格的人才，允许其进入企业家市场，准许竞聘上岗。二是建立企业家选择聘任制度。按照现代企业制度的基本要求和国际通行的做法，挑选企业老总是董事会的基本权力和职责，董事会挑选企业老总一般有内部选拔和外部招聘两种方式。不论采用哪种方式都应当引入市场机制，真正使企业选聘到优秀经营领导人。三是建立企业考核评价制度。企业经营者的工作质量直接关系到企业的前途命运。因此，必须建立一套客观准确的考核评价指标体系及科学有效的考核评价组织制度和具体方式方法。四是建立企业家任免升降制度。企业经营者的职位是开放、流动和竞争性的，优者留，劣者汰。为了企业的健康持续发展，必须根据企业经营业绩情况适时作出对企业领导人的任免与升降决定。此外，在培养企业家创新能力的过程中，完善企业家的选拔和考核制度也是非常重要的。合理的选拔、考核制度有利于建立一个稳定的企业家阶层，打破经营者传统的官本位和铁饭碗，为企业家的成长提供平等竞争、优胜劣汰的环境。

二、探索建立企业家激励和约束机制

企业家创新需要一个良好的制度环境。在计划经济体制下，企业家缺乏创新的积极性，这主要是因为：一方面，企业的领导者不具备独立经营的权力，其行为受各项强制性的计划指令制约，不需要或很少需要发挥经营上的主观能动性；另一方面，由于缺乏一个有效的激励机制和约束机制，干好、干坏一个样，企业家缺乏创新的动力。

在现实中，我们对人力资本，特别是企业家这种稀缺人力资本，重要性的认识基本上还停留在物质资本为主导的阶段，没有从新的高度去把握人力资源的开发。一个突出的表现是，既然物质资本的拥有者有权获得资产的保值和增值，为什么我们的企业家却不能获得相应的保值增值保障？那些成功的国企老总付出了巨大的努力和代价，在改革的最前沿搏击，可惜他们的牺牲也最大。这就需要建立恰当的企业家激励制度，对企业家价值进行正确定位，以保护企业经营者的合法利益。尤其是在中国加入世界贸易组织之后，首先面对的就是人才争夺战，而人才争夺战的制高点就是对企业家的争夺，我们的国有企业恰恰拥有一大批才能出众的经营者而为各猎头公司虎视眈眈。据统计，美国公司总裁1998年的年收入平均达到1060万美元，迪斯尼公司总裁更是高达5.76亿美元。与此形成鲜明对比的是，1999年接受调查的36户国内中央企业董事长、总经理年均收入只有6.1万元人民币。所以，我们必须建立有利于企业家创新的激励和约束机制。

1. 建立企业家的激励机制

经济学的委托—代理理论充分证明了，激励机制在提高企业家创新的积极性方面是十分必要的。目前，企业家激励机制的建设在国内已经初露端倪，如年薪制和股票期权制的试行都是这方面工作的一些尝试。特别是有"金手铐"之称的期权制。股份期权（Stock Option）是企业家按与所有者约定的价格在一定时期内购进公司股份的权利。这是一种长期激励制度，是一种有丰富想象力、无比创造力的制度。有人说，期权制正在震撼着中国经济板结了的"制度硬土"。实际上，精神因素同样是激励企业家不断创新的源泉。熊彼特在分析企业家行为动机的时候，认为企业家创新有3种动机：①创建企业王朝的梦想和意志；②征服的意志；③创造的欢乐。企业家无疑具有通过获得金钱来证明自己成功的动机。

2. 完善对企业家的约束机制

激励是对企业家积极行为的一种奖励，而监督约束则是对企业家消极行为的一种惩罚。通过奖惩强化企业家的积极行为，消除消极行为，有利于企业家专心于创新工作，提高企业效益。因此，激励和监督约束是推动企业家创新的两个方面，缺一不可。企业家约束机制可分为内部约束机制和外部约束机制。内部约束机制主要有以下 4 个方面：①明确国有资产投资主体，解决所有权到位问题，强化国有资产所有权监督。②理顺经理与监事会、董事会的关系，这对于企业约束机制的建立和有效运转十分必要。③理顺公司党组织和法人治理结构的关系，加强党组织对经理人员的纪律监督和约束。④发挥职工的民主监督作用。职工参与民主监督主要有 3 条途径：一是职工代表大会；二是工会；三是作为职工代表进入董事会和监事会。从外部约束机制来看，同样有 4 个方面：①市场机制的自动监督约束。②法律约束。③银行的监督约束。④职能部门的监督约束。只有充分发挥这些监督约束职能，才能支撑起整个监督约束机制。

三、强化企业家的创新意识

培养中国企业家的创新意识，尤其是对仍处于经济转轨阶段的国有企业的企业家来说，强化竞争意识、风险意识和科技转化意识等，是培育中国企业家创新意识的必要途径。

1. 竞争意识

作为创新主体的企业，在市场经济条件下必须具有独立经营、自负盈亏、自担风险、独立决策的能力。它会逼迫企业家产生强烈的竞争意识，要求企业家在激烈的市场竞争中，全面关注各种因素的变化，不断发现新情况，引进新思路、新技术和人才，开发新产品，占领新市场。

2. 风险意识

这些风险具体包括市场风险、政策风险、经营风险、用人风险等。最为突出的是市场风险，创新和风险可以说是孪生兄弟，巨大的创新收益和困难、风险总是密切相关。这在高科技领域尤其显得突出。对于中国企业家来说，走出求稳、中庸的心理模式，培植风险意识，是激发企业家创新意识的必然途径。

3. 科技转化意识

科技转化意识是企业家创新的根本保证，它是把科技进步转化为经济效益的一种意识。如同熊彼特所说，发明只有转换为实际经济效益，才能称为创新。目前，增强科技转化意识在中国市场经济建设中，从宏观到微观都是一个亟待解决的难题。我们要建立企业技术中心，加大科研投入，特别是关键性和前沿性重点课题的研究开发和产业化投入，加强与高校、科研机构的合作，逐步提高技术配套和自主开发能力。另外，企业家要在敏锐的市场意识基础上，加快高科技产业化进程，真正使企业实现不断创新。

除此以外，还有信息意识、机遇意识、危机意识、文化意识等。

四、培养企业家的创新能力

创新能力是企业家内在因素和社会因素相互交叉产生的一种效应，除第四章第一节提到的企业家应该具有的禀赋因素外，它至少还应该包括但不限于以下几个方面的内容：

一是敏锐的洞察力和超前的发现力。企业家要富于理想，兴趣广泛，深刻了解社会、市场和企业，能敏锐地发现问题，并预测到这些问题对企业产生什么样的影响。为此，企业家广阔的视野即经济视野、技术视野、政治视野和国际视野是必不可少的。二是创造性思维能力。企业家要在市场经营上不断开拓，应善于学习，富于想象，遇到问题善于举一反三，触类旁通，善于运用多种创新思维的方法和技巧，为企业排忧解难。三是实干巧干的能力。企业家不能优柔寡断，瞻前顾后，面对复杂的环境，应该能迅速提出正确的意见，并善于把它变为计划，付诸实践，负责踏实地工作，不达目的，决不罢休。四是敢于承担风险的能力。企业家必须有开拓精神，不因循守旧，不墨守成规。创新必有风险，承担风险、接纳风险、控制风险、减少风险，是企业家应该具备的能力。企业家能够正确地协调收益和风险两者的关系，在风险面前知难而进，敢于决策，使机遇化为现实效益。五是激励诱导的能力。企业家必须通过创新管理理念、管理制度和管理方式等，激励诱导员工参与创新活动，充分激发员工的创造性和积极性。

企业家的创新能力有时表现为特定的具有创新潜质的独特思维能力和行事风格，而这恰恰是企业家在捕捉商机、开拓市场过程中所应具备的禀赋。培育企业家的创新禀赋，需要全社会各个方面做出共同的努力。

首先，要充分尊重企业家的独特性格。一个成功的企业家，往往就是一个不同寻常的创新家，这种创新性或许恰恰正表现为一种不同于常人的思维和行为方式的"怪异"，对于这种特殊性格，社会应该尊重。企业家不是政治家，不能用政治家的标准或模范人物的行为准则去强求他们成为"完人"。只要这种怪异没有触及法律，理当不受社会的不解甚至责难。

其次，要更多地关注企业家潜在人才的创新禀赋。在这方面，印度精心挑选潜在的企业家人选的做法值得借鉴。选择受训人员是企业家培训计划的第一步，并且是具有关键意义的一步，因为只有对于潜在的企业家来说，培训才是具有意义的。他们通过各种渠道以个人自愿申请的形式进行人才征集，同时以行为科学为基础对申请者进行评价，如对申请人的动机、承受风险和解决问题的能力，对自身的积极因素的自我评价，对采用非传统的新方式办企业的兴趣，等等，进行评价。申请者只有被确认具有潜在的企业家的才干时，才能取得学员资格。

最后，禀赋转化为才能需要实践的催化和文化的宽容。一个人的创新禀赋是成就企业家的基因，但是禀赋本身并不能自然地变成企业家实际的创新能力。培养企业家，重要的是实践。一个社会，即使没有成熟的企业家理论，但只要它的经济是自由的，成功的机会是向所有人开放的，失败的风险是由行动者自己承担的，在竞争中人人处于平等地位，它的企业家队伍就会不断壮大。国际上一些企业家培训过程以一个项目实习为中心，包括参加者对市场的考察和编制项目计划，受训者要对行业、生产线、各种市场和与项目有关的各方面做出合理的选择，并要将实务训练形成项目报告。我们的文化氛围对企业家在创新过程中产生的可以接受的"失败"，还应以宽容的态度相待，这是创新过程中必须支付的成本。

第二节　构建比较优势发展战略

企业自生能力与比较优势发展战略密切相关。林毅夫认为，自生能力是："在一个开放、竞争的市场中，只要有着正常的管理，就可以预期这家企业可以在没有政府或其他外力的扶持或保护的情况下，获得市场上可以接受的正常利润率。"所谓比较优势战略，简单地说，就是要在经济发展的每一个阶段上都选择符合自己要素禀赋结构的产业结构和生产技术。

一、自生能力与比较优势发展战略

经济发展的思想是林毅夫教授最重要的学术贡献之一。在经过多年的传播之后，该思想已经成为发展经济学中研究欠发达国家经济发展问题的一个重要理论流派。这一理论思想有两个概念，即自生能力和"比较优势发展战略"，两个概念的重要性在于，自生能力概念的提出为整个林毅夫经济发展理论体系奠定了基础，而"比较优势发展战略"则是从该理论出发所能得到的唯一合理的结论。

林毅夫教授从对比发展中国家所走过的不同发展道路及其发展绩效开始构造自己的经济发展理论。对比表明，第二次世界大战后，长期实行"赶超"战略或"进口替代"战略的国家无一例外最终都没能实现最初的发展目标，而那些没有选择或较少采取"赶超"战略或"进口替代"战略的国家中却有一些国家（或地区）实现了经济的快速增长。东亚四小龙——韩国、新加坡和中国的香港地区、台湾地区——就是这些国家（或地区）的典型代表。

对于这种结果，理论界存在多种解释。林毅夫教授在研究了各种解释后认为在其之前的各种解释都没有能够真正解释造成"赶超"战略或"进口替代"战略失败的原因和东亚四小龙成功的原因。他认为，真正的原因是，前者所实行的"赶超"战略或"进口替代"战略由于与自己的资源禀赋结构不相符合而违背了自己的比较优势，后者则在经济发展的每一个阶段都执行了与自己的比较优势相符合的经济发展战略。

简单地说，"赶超"战略或"进口替代"战略就是使用国家力量来推动资本相对密集型产业的发展和资本相对密集型技术的采用以期早日实现产业结构的升级和国家的富强。但是，欠发达国家的要素禀赋特色是劳动相对丰富、资本相对稀缺。自生能力的概念告诉我们：在这样的经济中大力推动资本相对密集型产业的发展，并在生产过程中超前地使用资本相对密集的生产技术，必然造成一大批没有自生能力的企业。为了保证国家战略目标的实现，实行"赶超"战略或"进口替代"战略的国家必须从各个方面来保护和扶持这些没有自生能力的战略性企业。如果"赶超"或"进口替代"的力度不大，国家还可以使用降低税收或给予补贴的方式来保护这些产业。如果"赶超"或"进口替代"的力度比较大，国家就只好使用扭曲价格机制的方式来扶持战略性产业。这样，"赶超"战略或"进口替代"战略的实行就造成一系列不良后果：

首先，由于"赶超"战略或"进口替代"战略的实施和经济中大批失去自生能力的企业的出现，国家的资本积累能力被削弱了，这就减慢了国家资本积累的速度。但是，国家经济结构的升级最终决定于其要素禀赋结构的升级。这样，由于资本积累速度减慢，"赶超"国家的经济结构升级速度快而经济增长速度就会减慢。其次，由于没有自生能力，那些作为"赶超"战略具体实施者的战略性企业往往处于亏损状态。林毅夫教授称这种企业背负了"战略性"政策性负担。最后，由于价格机制被扭曲，经济中信息不对称的程度增大，国家无法判断企业的亏损是由"战略性"政策性负担造成的还是由于企业经理人员缺乏努力造成的。这就使企业经理人员有借口要求国家不断进行扶持。结果，经济中会充满寻租行为。寻租行为的大量蔓延将导致企业经营绩效的进一步下降。

与那些实行"赶超"战略或"进口替代"战略的国家相反，东亚四小龙成功的原因则在于它们在其经济发展的每一个阶段上都自觉地推行了与其要素禀赋结构相符合的经济发展战略。由于企业的产业和技术选择都符合自己的要素禀赋结构，企业就具有自生能力。进一步讲，由于多数企业都具有自生能力，经济的资本积累能力比较强，因而能够快速推动要素禀赋结构以及产业结构的升级，加快经济发展速度。

在上述研究的基础上，林毅夫教授提出了作为其经济发展理论体系核心的"比较优势发展战略"。简单地说，所谓比较优势发展战略就是要在经济发展的每一个阶段上都选择符合自己要素禀赋结构的产业结构和生产技术。林毅夫教授详细分析了国家实行"比较优势发展战略"的优点：

第一，由于一个经济的产业和技术结构内生地决定于其要素禀赋结构，欠发达国家要想"真正"赶上发达国家，首先就必须使其要素禀赋结构升级，即通过快速的资本积累早日结束资本相对稀缺的局面。上文的分析已经告诉我们，"比较优势发展战略"是唯一能够保证国家快速地积累资本的经济发展战略。

第二，如果一个经济实行的是"比较优势发展战略"，它就不需要引进当时世界上最先进的生产技术，因为这些最先进的技术也是资本最密集的技术，它与欠发达国家的资源禀赋结构并不适合。为了进行技术升级，欠发达国家只需要引进一些比自己现有技术略微先进但在发达国家又不处在前沿的技术。这就使欠发达国家能够比较容易地、低成本地获得新的技术。与之相反，那些推行"赶超"战略的经济则可能需要引进更加先进的技术。这就增加了技术引进的难度，提高了技术引进的成本。许多时候，推行"赶超"战略的欠发达国家甚至需要重新发明发达国家已经发明的技术。由于研发往往是资本非常密集的活动，资本相对稀缺的国家难以承担其成本。

第三，前文已经指出，"赶超"战略的推行必然在经济中造成一大批没有自生能力的企业，这就成为国家宏观经济不稳定的根源。首先，由于企业缺乏自生能力，它们不仅不能成为国家税收的来源反而需要国家财政的大力扶持，这就有可能造成财政的空虚；其次，在财政空虚的情况下，银行不得不负担起支持战略性企业的重任，这就有可能造成银行贷款的损失和不良贷款的累积；最后，缺乏自生能力的企业更难以在国际竞争中取得优势。不仅如此，为了建立和维持这些企业，国家还需要不断拿出稀缺的外汇资源来进口昂贵的机器设备和先进技术。这就有可能造成国家经常项目的赤字。财政赤字、银行不良贷款的累积和经常项目赤字3个方面加在一起成为国家宏观经济稳定的最大威胁。与之相反，那些实行"比较优势发展战略"的国家则有可能有效地避免上述宏观经济不平衡情况的出现。

第四，"赶超"战略的推行有可能加剧居民收入分配上的不平等现象，而"比较优势发展战略"的实施则有助于保持收入分配上的平等。"赶超"战略以集中资源发展资本密集产业为目标，而使用同样的资本在资本密集型产业所能够创造的就业机会大大少于劳动密集型产业。这样，"赶超"战略的实行就有可能恶化国家的就业环境。如果一个国家失业现象严重，那么这个国家的收入分配就不可能是公平的。与之相反，在"比较优势发展战略"下，欠发达国家的劳动密集型行业能够得到足够的资金支持，从而能够创造足够的就业机会，降低国家的失业率。这必然有助于维护收入分配的公平性。

二、企业竞争优势和核心竞争力

企业具有核心竞争力是企业自生能力的表现，企业的自生能力和核心竞争力是一个问题的两个方面。核心竞争力是指企业在研发、设计、制造、营销、服务等某一两个环节上，具有明显优于竞争对手并且不易被竞争对手模仿的、能够满足客户价值需要的独特能力，它强调的是企业获得持续发展的一种内在能力。核心竞争力以企业的技术能力为核心，但又不完全由技术因素来决定，它与企业的组织、文化等因素密切相关，只有通过协调有序的组织结构以产生系统效应，并在和谐有凝聚力的企业文化氛围中，企业才能在其发展过程中培育并发展核心竞争力。核心竞争力是企业获得长期稳定的竞争优势的基础。核心竞争力主要包括核心技术能力、组织协调能力等，其本质内涵是让消费者得到真正好于、高于竞争对手的不可替代的价值、产品、服务和文化。其中，创新是核心竞争力的灵魂，主导产品（服务）是核心竞争力的精髓。

一般来说，一项竞争优势要成为核心竞争力，必须具备以下几个条件：一是要具备充分的用户价值。也就是说，它必须能够为用户提供根本性的好处或效用。二是应具备独特性。如果企业专长很容易被竞争对手所模仿，或通过努力可以很快建立，它就很难给企业提供持久的竞争优势。专长的独特性和持久性在很大程度上由它赖以存在的基础所决定。那些内生于企业整个组织体系、建立在系统学习经验基础上的专长，比建立在个别专利或某个出色的管理者或技术骨干基础之上的专长，具有更好的独特性。三是应具备一定的延展性。也就是说，它应该能为企业打开多种产品市场提供支持，对企业一系列产品或服务的竞争力都有促进作用。

拥有强大的核心竞争力，意味着企业在参与依赖核心竞争力的最佳产品市场上拥有了选择权。首先，它超越了具体的产品和服务，以及企业内部所有的业务单元，将企业之间的竞争直接升华为企业整体实力之间的对抗，所以核心竞争力的"寿命"比任何产品和服务都长，关注核心竞争力比局限于具体产品和业务单元的发展战略，能更准确地反映企业长远发展的客观需要，使企业避免进入目光短浅所导致的战略性误区。其次，核心竞争力可以提高企业在相关产品市场上的竞争地位，其意义远远超过单一产品市场上的胜败，对企业的发展具有更为深远的意义。最后，企业核心竞争力的建设更多地是依靠经验和知识的积累，而不是某项重大发明导致的重大跃进。因此，即使产品周期越来越短，核心竞争力的建设仍需要数年甚至更长的时间。这使竞争对手难以模仿，因而具有较强的持久性和进入壁垒。在建设核心竞争力的竞争中领先的企业，往往很难被赶超。

根据波特的竞争优势理论，为了创造高层次的竞争优势，企业唯一的选择是进行持续的投资和创新。因此，一个有利于企业持续投资和创新的环境对企业创造高层次竞争优势来说是至关重要的条件。要创造这样的有利环境使企业形成核心竞争力，获取持续的竞争优势，就需要信息、知识和智力的大胆投入，需要高新技术的推动，以雄厚的资金支出支撑智力资源的占有，走大规模、快速度、高投入、高产出的发展道路。因此，中国必须加快形成以企业为主导的创新机制，采取产学研相结合的形式，加速技术进步，提高创新能力。另外，发挥技术对经济增长的作用，必须在企业转换经营机制的前提下，加大企业对资金的投入，形成企业自身进行技术创新的良性发展机制，提高企业的技术创新能力。积极采用高新技术改造传统产业，实现工艺升级；政府应加强对技术发展的政策扶持，设立创业基金、企业科技开发基金，开展风险投资业务，大力发展风险资本、投资咨询和资本市场，降低创新风险。只有这样，才能发挥后发经济的优势，提高企业的核心竞争力，使之获得长期稳定的竞争优势。

三、构建中国比较优势发展战略

在转型经济和发展中国家，很多企业不具备自生能力，中国也不例外。从宏观上看，许多国有企业是政府为了尽快赶上发达国家的产业、技术发展水平而违背其比较优势建立起来的，尤其是重工业中大型的国有企业，从根本上决定了企业不具有成本和竞争优势。另外，虽然中国已基本形成了一种以市场为导向、企业决策的资源配置机制，但由于计划经济惯性的作用，企业在市场化运作时还不适应，不愿离开政府的保护和支持。在经济全球化和加入世界贸易组织的影响下，中国企业面对的市场竞争，特别是国际市场的竞争也将越来越激烈，而从全球竞争的角度考虑，中国企业的国际竞争力仍处于较低水平。中国企业竞争力不高主要表现在缺少规模经济、资产质量较差、盈利能力和研发投入严重不足、技术创新能力弱等方面。

在任何国家发展的早期阶段，要素禀赋结构的特征都是资本的严重缺乏。在此条件下，为了推行资本密集型产业优先发展的战略，所能做到的仅仅是把有限的资金倾斜地配置到少数几个产业上，其他产业则得不到最起码的发展资本，结果所扶持的产业，在扭曲价格和国家政策保护下，最终因缺乏自生能力丧失竞争力。因而，整个经济缺乏竞争力，就谈不上综合国力的提高。而且，违背比较优势所形成的畸形产业结构与劳动力丰富的要素禀赋形成矛盾，从而大大抑制了对劳动力的吸收。所以，经济发展归根结底是要改变资源结构，即增加资本在要素禀赋中的相对丰富程度。如果一个经济的产业和技术结构能充分利用其资源禀赋的比较优势，那么这个经济的生产成本就会降低，竞争能力就会增强，创造的社会剩余就会多，积累的财富量也就会大。

如果一个劳动资源相对丰富的国家遵循比较优势，发展劳动密集型产业，由于生产过程中使用较多廉价的劳动力，节约昂贵的资本，其产品相对来说成本就比较低，因而具有竞争力，从而，作为资本积累的剩余量的利润也就较大。而当资本相对丰富、劳动力相对稀缺时，具有比较优势的产业就是资本密集型产业，发展资本密集型产业就能创造出最多的剩余。要使一个国家（或企业）在做技术和产业选择时都能够对比较优势作出正确的反应，就需要有一个能够充分反映生产要素相对稀缺程度的价格结构。即在劳动力相对丰裕的禀赋条件下，劳动力价格应该相对便宜；反之，在资本变得相对丰裕的禀赋条件下，资本就相对成为便宜的要素。

由于一个经济的产业和技术结构内生地决定于其要素禀赋结构，那么，欠发达国家要想"真正"赶上发达国家首先就必须使其要素禀赋结构升级。"比较优势发展战略"是唯一能够保证国家快速地积累资本的经济发展战略。

中国还是一个资本相对稀缺的发展中国家，在劳动力成本上虽然占有一定优势，但中国的工资水平很低，平均而言只有不到美国和日本的1/50。然而，中国劳动力的劳动生产率也很低。尤其是在制造业，其平均的劳动生产率只有美国的1/25以及日本的1/26。如果考虑到这一因素，将劳动力成本进行分解，那么美国每生产1美元产值所需的工资成本仅比中国高1/3。同时，中国制造业创造的增加值相对而言是很低的。在2000年，中国的平均增加值仅26%，大大低于美国49%和日本43.6%的水平。比较优势理论说明，一个国家具有比较优势的产业、产品、技术结构内生决定于这个国家的要素禀赋结构，不顾自己国家的要素禀赋结构现状，试图去建立、采用、生产和发达国家同样的产业、产品和技术，其发展目标载体的企业必然没有自生能力，在开放竞争的市场中无法生存。毫无疑问，按照比较优势原则和要素禀赋理论，中国的比较优势在制造业劳动力成本优势上。在发挥比较优势的基础上进行技术升级也应该是开放经济的一个重要目的和新型工业化的根本要求，应该利用目前发达国家将部分资本密集型和技术密集型产业向外转移的机会，提高企业的技术含量。

日本和亚洲"四小龙"是在第二次世界大战之后从较低的经济发展水平起步的。特别是亚洲"四小龙"，其工业化水平在20世纪50年代初期仍然很低，资本和外汇十分稀缺。但是，这些经济体在二三十年的时间里持续、快速增长，并且随着资本、技术的积累，它们又逐步发展资本、技术密集型产业，成为新兴工业化经济。这一切都归根于它们循序渐进的经济发展模式：在经济发展的每个阶段上，都能够充分发挥当时资源禀赋的比较优势，而不是脱离比较优势进行赶超。这些经济在其不同的发展阶段上，由于不同的比较优势，形成的主导产业也不一样。随着经济发展、资本积累、人均资本拥有量的提高，资源禀赋结构得以升级，主导产业从劳动密集型逐渐转变为资本密集型，乃至信息密集型。

在对企业自生能力问题的解决上，专家提出了4种解决方案。第一种，对于生产的产品要求的资金和技术很密集，在中国不具有比较优势，但没有它就没有国防安全，而且无法从国外进口的企业，任何国家都是只能由国家财政直接拨款来扶持，并由政府直接监督其生产经营。然而，这种类型企业的数量不会太多。第二种，对于要求有非常密集的资金和技术，产品有很大的国内市场，但在国防安全上不是非常敏感的企业，可以采用以市场换技术和资金的方式，利用国外的技术和资金来克服国内要素禀赋结构对企业自生能力的限制。以市场换技术和资金有两种方式：一是直接到国外去上市；二是跟国外的企业合资，利用国外的资金和技术。第三种，对于所在的产业资金很密集，但产品在国内没有多大的市场，不可能用市场换资金的企业，解决其自生能力唯一的办法是利用传统大型国有企业在工程设计方面的人力资本优势，转向生产符合国内经济比较优势，并且有相当大国内市场的产品。第四种，连人力资本的优势也没有的企业，则只能让其破产。

四、比较优势发展战略与政府的作用

经济发展战略属于政府政策的范畴。所以，研究政府在实行"比较优势发展战略"的经济中应该发挥什么作用是一个重要问题。需要注意的是，理解政府在一个实行"比较优势发展战略"的经济中的作用可能要比理解政府在一个违背"比较优势发展战略"的经济中的作用困难一些。按照传统的经济理论，在一个完全竞争的经济中，价格机制的作用自然会引导资源向符合国家比较优势的产业流动。这样，一旦政府决定实行违背国家比较优势的经济发展战略，对经济运行机制的干预就是不可避免的。但是，既然价格机制的作用自然会将资源引导到符合国家比较优势的产业中去，那么，政府在实行"比较优势发展战略"的经济中又能发挥什么作用？

实际上，问题的答案已经部分地隐藏在问题本身之中。既然市场机制的作用具有引导资源向符合国家比较优势的产业中流动的趋势，那么，"当欠发达国家的政府选择了遵循比较优势的战略时，它的基本政策应该是为自由、开放和竞争的产品和要素市场的运转消除各种可能存在的障碍"。这就是说，政府在实行"比较优势发展战略"的经济中的第一个作用，可能也是最重要的作用——就是建立并维护一个竞争的市场机制。

政府的这一作用之所以重要是因为欠发达国家往往是市场机制非常不完善的国家。事实上，欠发达国家市场机制的不完善很可能正是长期实行某种违背自己比较优势的经济发展战略的结果。违背比较优势的经济发展战略的长期实行还使得欠发达国家经济中存在许多扭曲现象。这些扭曲现象的存在往往成为政府建立市场机制的最大障碍。为了清除这些扭曲的积淀，保证市场机制的顺利运行，欠发达国家的政府将面临艰巨的经济改革任务。除了改革旧的经济体制并建立市场经济机制之外，国家的另一个作用与市场的失效有关。在这方面，政府的作用将表现在：

（1）信息生产。通过国家的努力来促进信息的收集、加工和分享。经济的发展过程同时也是产业结构不断升级的过程，为了投资新的产业，企业必须对该产业具备充分的了解，这就需要收集和处理有关该产业的信息。信息是一种公共产品，因此由每个企业分别进行信息收集是无效率的。政府的介入则可以降低信息生产的社会成本。

（2）协调。在产业升级过程中发挥重要的协调作用。成功的产业结构升级需要个人选择、企业选择和社会选择之间相互协调。协调的失败必然增加产业升级的社会成本。国家的介入则可能会减少经济不平衡发生的概率，促使产业升级过程顺利进行。

（3）补偿。补偿那些因首先响应政府产业政策而失败的企业。国家的产业政策目标未必总是正确的，如果国家产业政策发生失误，首先响应国家产业政策的企业就可能发生一些损失。这一损失信息通常对后来企业的选择是有利的。因此，国家需要对发生损失的企业给予必要的补偿。

应该指出，在那些实行背离"比较优势经济发展战略"的国家，政府也可能会发挥这3个作用。所以，评价政府的作用关键还要看它所确定的经济发展战略的性质。

综合本章内容，企业要取得自生能力，必须选择"比较优势发展战略"。比较优势是获取竞争优势的条件，竞争优势是一种将潜在优势转化为现实优势的综合能力的作用结果，两者相互补充。在此基础上，根据中国企业发展现状，在比较优势战略的指导下，培育企业的自生能力和核心竞争力。

第三节　增强企业引进和创新技术的能力

技术创新能力是企业自生能力的核心要素。要使企业持久地保持竞争优势，就要持续地进行技术开发活动，建立真正的、独一无二的技术优势。但这种技术优势的含义是相对的，依据创新理论，在下一次生产活动当中，我所用的技术，比现在的技术新，比现在的技术好，就是创新，但不见得是最新。因为，根据"比较优势发展战略"理论，特定国家和地区企业的技术创新必须和时代大背景下的技术变迁相互协调发展，否则技术创新就可能达不到预想的效果。

技术变迁是一种技术与社会之间相互作用的复杂过程，是技术进步和社会选择综合作用的结果。物质环境、人口、文化、经济发展等因素都可能对技术变迁产生影响，而技术的变迁常常会导致社会发生深远的变革。

技术变迁是衡量一国生产力发展水平的最重要因素。衡量一国生产力发展水平的因素有 3 个：一是要素增加的可能性有多大。三大要素包括土地、劳动力、资本，其中最重要的是资本的增加，因为土地一般是不增加的，劳动力增加总是有限，增加比较快的是资本。二是生产结构。把这些要素从生产力水平低、附加价值低的产品、产业，配置到生产力水平高、附加价值高的产品、产业上，经济就会增长。三是技术。同样的要素、生产结构，但技术水平提高经济就能发展。在这 3 个因素中，最重要的是技术变迁的可能性，因为前两者都决定于技术变迁。从资本积累的角度看，如果技术不变迁，资本不断积累，就会碰到所谓投资报酬递减、资本回报越来越低的问题；除非保持快速的技术变迁，否则就不会有很高的资本积累。从结构变迁的角度看，如果没有新技术，就不会有新的、附加价值比较高的产品、产业。比如信息产业的附加价值高，因为它是新的信息技术的成果。任何新的附加价值高的产品和产业，都是技术变迁的结果。在这种情形下，结构变迁的可能性取决于技术变迁有多大的潜能。所以，要判断一个国家、社会的经济或生产力发展水平，其实只要看这个国家社会技术创新、技术变迁的可能性有多大。

技术变迁（Technological Innovation）在不同国家、不同发展阶段，其含义不同。在最发达的国家，Innovation 等于 Invention，创新等于发明，发明来自研发，必须花很多钱来开发、研究；对于发展中国家，Innovation 可以等于 Invention，而且除了 Invention 之外还有一种方式叫 Imitation，因为作为发展中国家，技术水平跟发达国家有差距，可以利用这个差距。对于发达国家技术变迁只有发明一种方式，对于发展中国家，既可以通过发明，又可以通过引进。到底选择哪一个，重要的是对成本的考虑。哪个成本比较低？在最尖端技术上面的发明、研发是非常贵的。现在的信息产业被认为是最热门产业，2000 财务年度，IBM 研发投资是 43.45 亿美元，Intel 是 38.97 亿美元，摩托罗拉研发投资是 44.37 亿美元。而且投资不见得都成功，就像买彩票一样有一定的中奖概率，且中奖概率很低。根据一些研究，平均起来在 100 项研究当中，大概只有 5 项是成功的。成功就可以把这个技术拿去申请专利，专利有 20 年的保护期，但能够申请专利的技术也不见得都是有价值的技术。因为有很多技术在申请专利以后，其生产出来的产品特性消费者不喜欢，没有人买就浪费了。或这个特性消费者喜欢，可价格太高，消费者买不起，也是浪费。根据研究，在 10 项申请专利的技术当中，到最后真正有商业价值的大概最多只有一两项。从这种角度来讲，如果在最尖端技术上面做发明，100 项当中，到最后有商业价值的可能只有 1 项。当然如果成功这 1 项技术的回报率会非常高，可能单单这 1 项技术就赚 10 亿元、20 亿元或更多。如果把 99% 的失败也算进来，在最尖端技术上面的发明研究，回报率并不高。另外，要像 IBM 那样，一年拿 50 亿美元投入研发，那么，恐怕连政府也无法承担，我们其实是付不起这个钱的。另外一种方式是引进技术，一般讲起来引进技术比发明技术便宜多了。因为一个技术的专利保护期是 20 年，超过 20 年，该技术可以免费使用，根本不用交钱。即便引进 20 年之内的技术，要付的钱其实也不多。研究表明，只要付原来发明这个技术的成本的 1/3 就可以很容易引进进来。而且引进的技术一定是那些已经成功的、有商业价值的技术。你不会去引进那 99% 的不成功或没有商业价值的技术。

所以，作为一个后发国家，中国依靠引进技术可以有比较快速的技术变迁。引进技术成本低，可以多、快、全面。发展中国家如果靠引进技术和消化吸收，技术变迁速度往往会比发达国家快，因而有可能以比发达国家快的速度来发展。很多人在分析日本、亚洲四小龙快速发展的原因时，认为其最主要的原因是它们利用了跟发达国家的差距，用引进技术的方式，来取得经济的快速增长。中国改革前后的经济发展有很大的差别。为什么改革之后我们经济发展的速度比改革之前快了很多？最大的差别是在改革之前，我们想在技术上面赶超，然后自力更生，花很多钱去搞最尖端的东西；改革之后大量依赖引进技术，所以经济发展快得多。

科学技术的日新月异使产业结构处在动态变化之中，中国的企业必须跟上科技的发展和市场需求的变化。在市场经济条件下，企业是技术引进和创新的主体。引进技术在企业技术开发初期是必须的，它会加快企业自身技术能力的形成。在引进的基础上要不断创新，从适应性改进逐步转向自主技术的创新，建立自己的技术优势。技术创新能力是企业的核心竞争力之一，也是若干核心竞争力中的"核心"所在。所以，企业要保持竞争优势，必须结合自身的要素禀赋结构持续地进行技术创新活动。企业技术创新有以下模式：

1. 产业组织模式

产业组织模式的特点是：企业的技术创新活动要围着市场转，即使企业没有进行技术创新的资源，也要设法获取资源。这些企业把技术创新的努力方向，建立在选择好的行业基础上，它们在企业战略选择上采用的是"市场机会带动"的增长方式。采用产业组织模式的企业有以下具体表现：①对新产品、新行业非常敏感，并且反应强烈。②注重应用开发，注重模仿。在竞争对手开发出新产品以后，他们会马上模仿，不放过任何市场机会。③注重引进，注重企业核心能力的培养。

2. 资源基础模式

资源基础模式的特点是：一个企业为获得高于平均水平的投资收益率进行技术创新在很大程度上取决于企业的内部特点，具有实力或者竞争优势比能够发现机会更加重要，因为最终能够把握机会并进行相应技术创新的企业还是有技术优势的企业。因此采用这种思维模式的企业不是把制定战略的重点放在外部环境分析和行业选择上，而是放在取得或者培养竞争对手所难以甚至不可能模仿的技术创新资源和创新能力上。采用这种模式，首先要有一定的技术创新资源和能力，特别是要有核心能力。因为只有这样才能在已有的竞争优势基础上通过技术创新不断获取新的竞争优势。

究竟采用何种技术创新模式，要依据企业的类型和企业要素禀赋结构来确定，不同的企业有不同的定位：

1. 科技型企业技术创新的模式定位

资源基础模式最常见的问题是可能错过一些机会或者显得比较保守。但是从长远来说，这种模式有利于企业技术创新能力的提高，有利于防止一些冒险行为的出现。这种模式适合于比较成熟或市场机会比较少的行业。产业组织模式不足之处是许多企业在发现机会的同时却忽视了企业内部的资源、能力和核心专长；选择新产品、新工艺、新技术等的同时，忽视了与此匹配的组织、人力资源、激励机制和企业文化的建设；在重视抓住机会的同时，忽视长期技术创新能力的培养和提高。这种技术创新的模式在行业发展的早期阶段是比较合适的，因为它可以使企业在竞争相对不激烈的情况下抓住市场机会。但是在行业发展和市场状况发生变化的时候，也会使企业在模式的选择上出现盲动和短期行为。

比较对两种基本模式的分析，可以得出这样的结论：产业组织模式更加适合市场机会多而各行业的竞争相对不激烈的市场。相反，资源基础模式更加适合市场机会少而各个行业竞争都十分激烈的市场。中国加入世界贸易组织后，市场竞争已日趋激烈，作为科技型企业应该考虑自身的核心竞争力问题。但是，即便是现在竞争激烈的市场也不断为企业提供着诱人的市场机会。国外最新的研究成果表明：在企业盈利能力中，大约20%是由行业因素决定的；大约36%来源于企业特点和战略行动；其余则是受外部宏观环境的影响。所以，科技型企业在技术创新过程中将上述两种思维模式有效地整合起来，不断建立起新的竞争优势。

整合产业、资源模式的特点，企业应从拥有的技术创新资源和能力尤其是核心能力出发，大胆寻求新的市场机会，选择有吸引力的行业和符合行业特点的技术进行创新活动。同时，必须密切关注宏观环境和行业特点的变化，及时调整或更新企业的技术创新资源和能力，对于市场机会所要求的资源不可能由企业现有的创新资源衍生的时候，企业应考虑是否放弃目前的机会或寻找新的市场机会。

2. 非科技型企业技术创新的模式定位

众多的企业属于非科技型企业，没有核心技术如何进行技术创新？由于社会生产力的不断发展，社会分工越来越细化，一个企业一般只能将自己定位在生产链的某个环节上，在这个产业链拥有核心技术的企业往往只是极少数的，而对于处在这条链上的所有企业来说，要认识到客户真正需要的并不完全是产品或技术本身，而更为关注的是所提供的解决方案是否适当有效。因此，企业拥有核心技术的知识产权固然很重要，但从一定意义上讲，更为重要的是如何能够以最有效的方式使这种核心技术成为自己的先进适用技术。

当一个企业没能拥有核心技术，或者很难在核心技术上进行有效的自主知识产权创新的情况下，其模式的定位应当是适应性创新，要争取在核心技术的下游或者产业链中的非核心技术领域实施创新。还要特别注意以市场为导向，大力进行非核心技术的创新，包括产品的规格、品种、功能、款式等个性化设计及新品的开发创新。同时，在强化企业的非核心技术创新的同时，还要特别提倡加强非技术方面的创新。美国管理学家德鲁克就曾说过："创新不一定是技术上的，甚至可以不是一个实实在在的东西。"其道理很深刻，即企业创新并不仅仅表现在技术、工艺等物质方面，还可以表现在诸如经营观念、营销手段、服务质量、管理模式等许多方面。

技术创新是企业生存发展的有力手段。企业要认识并分析企业环境，采取适合的技术创新模式，无论是产业组织模式还是资源基础模式都有其适应条件和局限性，科技型企业宜采用整合产业资源模式，非科技型企业要根据环境定位以及企业所处的不同阶段而选择不同的模式。

　　总之，在技术变迁的大背景下，根据中国的国情和发展阶段，增强企业引进和创新技术的能力是增强企业自生能力的核心内容。企业技术创新最根本的目的是要提高盈利水平，但它绝不仅限于提高销售额或者改进产品性能，更重要的是要增强企业核心竞争力，在市场中建立竞争优势，为企业未来的长期发展提供动力支持。

第四节　孕育中国本土化的企业文化

　　企业文化和技术创新是企业发展的两大驱动力量。企业文化对企业的发展有着举足轻重的作用，中国企业要引领世界首先必须把中国本土化的企业文化发扬光大。因为，越是民族的就越是世界的，中国是世界上人口最多的发展中国家，市场潜力巨大，本土做强是企业国际化的重要基础。企业文化是企业自生能力的重要内容之一，企业文化建设对企业保持自生能力有着重要的意义。

　　要谈中国企业文化建设，就必须先弄清什么是文化以及什么是企业文化，认识中国传统文化对经济的作用以及如何发展优秀的中国本土化企业文化。

　　什么是文化？不同学者有不同的定义，著名学者费孝通先生的定义极具代表性，他认为文化包含3个层次：一是生产、生活的工具，国家、社会用什么样的工具、器物来生产、生活。比如中国人吃饭用筷子、西方人用刀叉、印度人用手抓，所用的器物不一样。这当然包括国家打仗时用什么，用洋枪大炮、还是大刀长矛？这是器物层次。二是组织层次，按照费孝通先生的定义，这一层次包括一个社会怎样把个人组织起来，让单独的个人能够结合在一起，在一个社会里共同生活以及他们之间怎样互动。它包含很多内容，比如政治组织、宗教组织、生产组织、国家机器等。三是价值观念的层次，人怎么想，什么可以接受？什么不可以接受？什么好？什么不好？好坏之间，各个社会的价值观念、行为选择标准不一样。3个层次不可分割，是一个有机整体。

　　什么是企业文化？1981年7月美国哈佛大学教育研究院的教授泰伦斯·迪尔和麦肯锡咨询公司顾问艾伦·肯尼迪发表了《企业文化——企业生存的习俗和礼仪》一书，该书在出版后即成为最畅销的管理学著作，后又被评为20世纪80年代最有影响的10本管理学专著之一，成为论述企业文化的经典之作。该书用丰富的例证指出，杰出而成功的企业都有强有力的企业文化，为全体员工共同遵守，但往往都是自然约定俗成的而非书面的行为规范，并有各种各样用来宣传、强化这些价值观念的仪式和习俗。在两个其他条件都相差无几的企业中，由于文化的强弱不同，企业发展所产生的结果就完全不同。

文化和企业文化之间是一般与特殊的关系。在市场经济条件下，企业文化是整个社会文化的典型代表，其含义包含上述文化定义的 3 个层次。

一、中国传统文化和经济发展

中国不仅是四大文明古国之一，而且国内外很多学者都认同，在工业革命之前的近两千年间，中国文化、文明的发展取得了较高的成就。从经济史的角度进行东西方比较研究。一般认为，在公元元年的时候，西汉与罗马帝国不相上下。可是，罗马帝国崩溃以后，欧洲就进入长达一千多年的黑暗时代；反观中国，自汉朝以后不断地经过好几个盛世，汉、唐、宋、元、明以至清帝国早期。中国文化、经济发展的成就，不仅让西方非常羡慕、崇拜，而且对周边国家和地区也产生了深刻的影响。日本在明治维新之前最著名的是孝德维新，全面学习唐文化。中国文化还影响到韩国、泰国等周边地区和国家。

工业革命以前的一千多年的时间，中国文化确实是世界最发达的文化之一，全世界的人都到中央帝国来朝拜。在工业革命之前，欧洲文艺复兴运动有两个主要内容：一是恢复古典希腊传统，重读古希腊哲学，摆脱中世纪神学对思想的钳制；二是研究以人为本的儒家哲学。可见文艺复兴运动的内容，也包括学习中国文化。中国文化确实在很长一段时间让我们感到非常骄傲。

但工业革命以后，中国开始落后了，国力日渐式微，不复为世界中心。而且在西方列强的压迫下，尤其在鸦片战争之后，甚至有所谓亡国亡种的可能。在那种情况下很多人开始反省，从单个人来比较，中国人不傻不笨，为什么中国不如西方？在文化的冲击当中有很多深刻的反省认为，中国落后于西方是因为中国文化落后于西方文化。"五四"运动时期的主流思想认为，儒家文化是一种吃人的礼教，中国要复兴，必须打倒孔家店。它们认为中国文化落后从很多方面表现出来，比如中国人有很多行为劣根性，保守、乐天知命、圆滑、不求甚解、自私、特别容忍恶势力和社会不公正。中国人行为特性是中国文化的一部分，所以必须彻底地拿今日之我同昨日之我对抗，以今日之我来否定昨日之我。只有打倒孔家店、改变文化才有可能使中国强起来。它们把中国所有的落后、一切的困难都归罪于文化。时至今日，这种思想在很多人的头脑里根深蒂固。

最近的一个新思潮大力肯定中国文化。在东亚地区出现新兴工业化经济，首先是日本，然后是亚洲四小龙。全世界除了西欧、北美、澳大利亚、新西兰之外，就是这些东亚经济可以称为现代化国家。日本人均收入在 1988 年就赶上且超过美国，新加坡人均收入在 1996 年超过美国。这些国家、地区的复兴，得益于其第二次世界大战以来快速的经济增长。不仅增长快速而且超过了发达国家。为什么这些国家和地区在全世界 200 多个国家当中能脱颖而出，加入以西欧、北美白种人为主导的发达国家俱乐部？为什么它们经济有活力、发展这么快？一个共同的因素是这些国家和地区都受到中国儒家文化影响。因为儒家文化强调勤劳、节俭、刻苦、重视知识、重视长幼次序、重视朋友有信。这样，它们又把成功的这部分原因归因于儒家文化的这些优点。

如何认识中国的传统文化？中国的传统文化如何改进以促进现代经济的发展？

中国传统儒家文化以孔子为代表，孔子经常被认为保守，因为孔子讲自己述而不作，言必称三皇五帝。把三皇五帝时的那些事情、典章制度整理出来，好像没有新东西，非常复古。其实不然，孔子被称为圣人，圣之时者也。他是一个很能反映时代精神的圣人，虽然述而不作，但在述的时候是有选择的整理，并不是把远古的东西原原本本照搬过来，是根据时代的需要来整理过去的东西，而从对过去的整理中反映时代精神。所以孔子不保守，他实事求是地讲这个社会需要什么东西，然后根据社会的需要，来倡导他认为能促进社会发展和进步的社会组织与伦理思想。"夫仁者，己欲立而立人，己欲达而达人；己所不欲，勿施于人。"孔子哲学思想是以仁为代表，孟子哲学、伦理思想是以义为代表。这些大儒、大学者们，都不是抱着传统东西，食古不化的。宋明时代，儒学发展到理学，理学一方面受到佛家哲学的冲击，另一方面是社会进步的结果。朱熹讲的宋明理学主张格物致知。什么叫格物？按哲学的解释是分析事情，分析它背后的道理，然后你就得到了知识。理学后来又发展到王阳明的自良知，他认为一切知识都在内心里面，王阳明讲的自良知是说，格物把掩盖在良知上的东西驱除掉，那你就可以恢复良知了。

儒家哲学在两千多年的发展中并不是顽固不化的，每个时代的学者都不断地赋予它新的生命。从孔子开始，其内容都是充分反映时代需要。儒家哲学这套文化体系随着经济基础的变化而不断充实、吸收、扩大它的上层建筑，然后使上层建筑与经济基础统一起来。

在宏观层面上，文化作为上层建筑对经济的发展具有反作用。就一国文化而言，随着生产力水平的变化，上层建筑、社会组织以及价值观念也不断变化。在一个生产力水平比较高的文化与一个生产力水平比较低的文化接触后，生产力水平比较低的文化怎么发展反映出两个层面的问题：一是生产力怎么发展；二是上层建筑怎么发展。从历史发展来看，上层建筑决定于生产力基础，没落文化面对强盛文化挑战时要实现文化整体水平的提高，首先是要设法提高生产力水平。生产力水平提高以后，作为上层建筑的文化要随着生产力水平的提高而不断调整，需要不断赋予文化新生命、新内容。但作为上层建筑的文化必须与生产力相适应。根据马克思主义的观点，如果上层建筑不变动，它会反过来阻碍生产力发展。如果生产力发展了，需要关注的是我们的上层建筑、我们的文化传统，这一套以儒家哲学为基础的上层建筑，能不能跟着变？能不能促进中国经济的发展？

按照有些人的看法，中国必须全盘西化才能实现现代化，必须在价值观念上全盘接受西方的价值观念。但实际上我们不可能这样做，日本没有把所有小孩全部送到美国去读幼儿园，在那边长大然后再送到日本，中国台湾也没有这样，他们内心还保留很多传统上的价值观念。比如日本人到现在还是很重视权威，跟西方精神有很大差别。美国、欧洲的精神强调创新，并不强调这种等级观念。可是日本不是也实现了现代化？中国台湾、韩国不也现代化了吗？如果生产力发展的潜力非常大，上层建筑就必须随着生产力发展不断调试。我们要大力发展生产力，这是我们第一个优先选择，但我们也要相信，中国的文化、中国人的行为方式是会变的，会随着经济基础的变化而不断变化。在变迁中，我们会抛弃一些文化，但不会简单地照搬西方。到21世纪，当我们的经济变为全世界最大最强的时候，我们的文化也会跟着调试，而且同样会变成全世界最令人羡慕的文化，事实上是经济基础决定上层建筑，上层建筑又反过来促进经济基础的发展。今天我们老担心美国文化对我们的侵略？其实是因为美国经济强，在经济强人的过程中，文化不管在组织形态上，还是在价值取舍上都会有适应美国经济变强的需要。所以，只要让我们的经济发展，建立在中国传统文化的基础上，我们也有办法让中国文化从器物、组织、价值3个层次，在一个新的、更高的层面上得到统一。要赶上西方一定要在器物上赶上西方，然后在组织上分工，政治组织、社会组织、交易组织会越来越趋同，但到最后，中国人还是会保存让国外人一看就知道你是中国人的东西。就像法国人、德国人、意大利人、英国人仍然各自保持其文化特质一样，我们不需要全盘西化，中国文化还具有独特鲜明的本土特色。

简言之，经济基础决定文化发展，但一国的文化反过来会为经济发展服务，文化属于上层建筑的范畴，所以必须不断调试以适应经济发展的需要。但文化发展有其自身的规律，优秀的先进文化被不断赋予新的内容和形式，其和经济发展互相促进，形成良性循环，向上发展。

二、企业文化与老子思想

中国传统企业文化的典型代表是老子思想，当代西方的《第五项修炼》与中国老子的管理思想不谋而合，二者最根本的相同点就是它们都主张思考方式的全面革命，启迪人们用系统的思维来洞察世界，让人们在不断的自省和超越中实现突破。老子思想强调用系统的观点分析问题，解决问题，促成人们心灵的转变。这是一种管理哲学层面上的创新，它提供给人们的是一种新的思维方式，给人们指引了一条重新认识企业管理的道路，是审视企业自生能力的新的思维视角。

（一）思考方式的革命

老子思想智慧的最大的特点之一就是辩证地看待问题，老子在《道德经》的第五十八章中说："祸兮福之所倚；福兮祸之所伏。孰知其极？其无正也。正复为奇，善复为妖。人之迷，其日固久。"说的就是面对问题时要辩证地看待和解决，用在管理上同样如此，组织出现了问题，人们往往会心浮气躁地想赶紧找出解决的办法，却没有想到出现的问题或许对于组织来说是发出了一个信号，表明组织已经有不合理的因素并需要改进了。大多数管理者在匆忙之中寻求的解决办法或许解决了一时的问题，但很有可能会导致更为严重的其他问题。这种思考的方式在《第五项修炼》中也有深刻的论述。圣吉认为用"系统的观点"思考问题是第五项修炼的微妙法则。在其著作的开头他就说道："本章我们将介绍这些和许多常理相违背，但却和一些古老的智慧相契合的法则。"笔者认为，圣吉这里所说的古老的法则就有老子辩证思想的影子。因此，面对类似于"成长上限"问题的时候应该改变线性的思考方式，将问题置于更大的环境中从正反两面予以考察。

（二）以人为本的管理哲学

早在两千多年前，老子在《道德经》第二十五章就提出："故道大，天大，地大，人亦大。域中有四大，而人居其一焉。"在这里，老子将人放了与"道"、"天"、"地"同等重要的地位，阐明人是万物之灵，人在社会中具有重要意义，只有加强对人的管理才能让社会始终充满活力，强调了应该以人性为中心和对人给予尊重。老子还论述应该用"为道"和"积德"两种方式来培养人，"为道"说的是科学文化知识的学习，而"积德"则是指重视人的全面培养和发展，老子的人本思想在如何管理人、重视人以及培养人上做出了充分而有力的阐述。社会、组织都是人的集合体，如果缺少了人这个基础，组织也就成了无本之木、无源之水，所以管理者必须依靠组织成员，尽量满足员工的合理需求，这样才能使组织更好地发展。圣吉在《第五项修炼》的"自我超越"中提出"要以人为起点"，个人是组织生命的源泉，应注重人本管理。作为管理者不但要关心组织中人的基本生理需求，还要"提供员工自尊与自我实现这类较高层次的需求"，工作与家庭中的两难问题是不应该发生在学习型组织当中的。如果把人员的发展仅仅看成是组织达成目的的手段，那么会破坏个人与组织之间和谐一体的关系。应该将"持续强化个人的成长作为组织真正的理念"，这样，组织成员就能够在这种良性的循环中实现自我超越。同时，还谈到了组织要积极不断地进行学习，这里的学习强调的是思维方式和心智模式的转变，以破旧立新，摒弃陋习，而不局限于个体的学习和具体知识的学习，这是一种修炼，用深度会谈、减少习惯性防卫等方式，让大家在团队中有一种归宿感，找到自己的位子，视彼此为朋友。

（三）无为而治的管理思想

"无为而治"多被应用于管理的领导理论。在《道德经》的第五十七章，老子提出："我无为，而民自化；我好静，而民自正；我无事，而民自富；我无欲，而民自朴。"倡导以自然无为的方式来加强对人的管理。"无为而治"在老子那里是指凭借"顺其自然"、"顺道化民"的哲学，对百姓进行管理的一种方式。同时，老子在《道德经》的第五十八章中指出："其政闷闷，其民淳淳。其政察察，其民缺缺。"说的是一个政府越显得沉闷，就意味着民众越淳厚，一个政府越显得精明能干，就表明民众越不安分守己。阐明了要实现有为，就必须以无为处之，或者说，在做有为之事时，要以无为的态度来对待，这样做是符合自然规律的，是与自古形成的"道"完全匹配的最高境界。"无为而治"思想在管理上的应用，就是要求统治者充分调动部下的积极性、主动性和创造性。老子说："治大国若烹小鲜。"意思是说，煎小鱼时不要动不动就翻来翻去，这样只会把鱼煎碎。任何管理都意味着不要过多地干预，必须留有一定的余地，顺其自然。《第五项修炼》也强调无为而治，不过它提出的无为而治是有条件的：首先，必须通过学习来控制；其次，无为而治本身应该是愿景的一部分；再次，必须是在一个身心强健的组织中；最后，组织还要学会交叉运用各项修炼。圣吉认为，无为而治是为了实现以"地方为主"的扁平式组织，这种组织的决策权将会尽可能地下移到离"最高层"最远的地方，也就是说学习性组织应该给人们行动的自由去实现他们自己的构想。但是实际证明：有些"地方"虽然有让个人参与的决心，可是组织成员却没有这样的参与能力，因此如果一个组织不能解决由"地方为主"所带来的问题，它就会失控，而解决这个问题的最好办法就是不断地学习。同时，自治就意味着要放弃一些控制，所以只有当"地方为主"成为组织愿景一部分的时候才可能持久地推行，而组织也应该不断地适时调节，以便维持组织的健康成长和稳定发展。而"自我超越"、"心智模式"、"共同愿景"、"团队学习"、"系统思考"这五项修炼对于无为而治的实现同样有着重要的意义。因此组织在管理员工的时候，不要企图用一些人为设计的硬性制度或者强制性规则让员工受训，约束员工。而领导者也不要事无巨细，事必躬亲，过多地干涉组织成员的具体工作法，也就是老子智慧中的"有所为有所不为"。

(四) 以奉献社会为己任的精神

老子认为社会治安稳定的关键在于超越了"私"的利益，从而达到"公"、"私"合一的境界，这样，百姓也就进入"清静"无欲的状态，百姓"无欲"统治者也就可以"无为而治"，社会也就融入了"道"，顺应了自然。同时，我们还可以从老子的《道德经》中看出，他所谈到的一些"公"的价值往往是人类的基本价值，涉及个人对于社会的责任和对于自我的感悟，在思想中处于较高的层次。比如《道德经》第七章谈道："天长地久，天地所以能长且久者，以其不自生，故能长生。是以圣人后其身而身先，外其身而身存。非以其无私邪？故能成其私。"即强调了不为个人利益而甘愿奉献的"谦退无私精神"，退身而忘私利能使自己在众人中脱颖而出，将自己置之度外反而能保全自身生存，这些辩证思想背后所揭示的道理就是让人们用一种"公"的人生态度来思量自身，面对社会，不要只考虑自己，忽视全局，这样最后不但会使自己受损，还会影响到社会的和谐稳定。这样的例子在生活中比比皆是：一方面，工业社会，人类为了获取最大的利润，无视自然规律，过分利用资源，导致现在环境恶化，人类生存受到威胁；另一方面，中国构建和谐社会所提倡的民主法治、公平正义、诚信友爱、充满活力、安定有序、人与自然和谐相处，都是一些人类的基本价值，但也都是以社会的发展带动个人的发展为目标的。《第五项修炼》强调学习型组织应该建立共同愿景，愿景是一种发自内心的意愿，它具有无限的创造性，真正的共同愿景应该是"你愿中有我，我愿中有你"，将个人的利益和组织的利益结合起来，让个人的愿景在组织的共同愿景中得以实现。圣吉还认为："在建立共同愿景的过程中，承诺奉行某些人类的基本价值，有助于学习型组织的建立和发展。"当人类追求的愿景超出个人利益的时候，便会产生一股强大的力量，这种力量是远非追求狭隘目标所能及的。任何一个对社会有贡献的人或者组织，都一定会有一种强烈的责任感和使命感，有一股鞭策其向前的精神力量，"那是一种来自追求更远大的目标而唤醒内心深处真正的愿望所产生的力量"。正如《第五项修炼》谈到的："如果没有共同愿景，将无法想象 AT&T、福特、苹果电脑等是怎么建立起它们傲人的成就的。"圣吉还认为，现在发展良好的企业大多存在的目的不是为了自己，而是依照着社会、公众的期望来提供服务的。它们与社会、与公众的关系是贡献关系，而不是单纯的索取，它们满足社会需求，提高产品和服务的质量，以奉献社会为共同愿景。这样的企业，势必能得到社会的回报，完成学习型组织的塑造。

（五）领导要懂得宽恕和忘却

关于统治者的领导艺术老子在《道德经》第二十七章中指出："圣人常善救人，故无弃人。"是说圣人总是善于拯救人，所以没有被遗弃的人，这就是老子在领导艺术上的智慧。统治者治理百姓，首先要做到爱护百姓、珍视他们的生命、懂得宽容，这样百姓才会真正地拥护你、支持你，国家才能够长治久安。《第五项修炼》也谈到，由于学习型组织的建立，员工的自治权利扩大，在这个过程中难免会出现决策失误或者把事情办砸的情况，作为一个领导者，应该有接受风险的勇气和宽容待人的胸襟。当某人犯错了，领导者要学会宽恕，不要因此而撤其职，同时，还要抚慰犯错者的心灵，因为真正的宽容不仅需要宽恕还要抚慰。"只有这样才能治疗被错误伤及的组织关系，才能忘却那些被伤害了的关系。"在学习型组织中，需要学习的是宽容，因为犯错本身的惩罚对于当事人来说已经足够了，如果领导者还是抓住错误不放，不但解决不了问题，还会严重影响成员的士气，给塑造学习型组织带来诸多隐患。管理作为一门科学肩负着推动人类进步和社会发展的重任，从微观到宏观、从理论到实践、从科学到哲学，一直从未间断地改善着。《第五项修炼》一书，有别于一般的管理学著作，因为它揭示的不是一些定律和结论，而是在总结思考方式和我们的思维所存在的问题，谈论如何面对现实并改善心智模式，分析人生和我们在团体中存在的意义。而老子的管理智慧历经了千年检验，却也仍然闪烁着耀眼的光辉，它向我们阐述了如何在人生中面对自己的生活和工作，作为一种管理的大智慧、大哲学，它是一种面向人生的建议，是一种对生活的启示。从这个意义上讲，老子的管理思想和《第五项修炼》的管理思想在很多方面是相契合的，我们在两种思想中感悟了人生的哲学，看见了对生活的真知灼见。

三、孕育中国本土化的企业文化

中国是一个历史悠久的文明国家，中国传统文化内涵十分丰富，其中既有积极的一面，也有消极的一面。"人们自己创造自己的历史，但他们并不是随心所欲地创造，而是在直接碰到的从过去继承下来的条件下创造。"① 中国企业文化建设也是这样，它应该是在传统文化的基础上进行增值开发，否则企业文化就会失去存在的基础，也就没有生命力。增值开发就是对传统文化进行借鉴，弃其糟粕，取其精华。

企业文化的精髓是人才管理，用现代语言组织就是：以人为本，尊重人的

---

① 马克思、恩格斯：《马克思恩格斯选集》第 1 卷，人民出版社，2007 年。

感情和信仰，最大限度形成强大的凝聚力和向心力。中国有着深厚的文化底蕴，博大精深，源远流长，其中国学是我们的文化精髓。国学是指以儒学为主体的中华传统文化与学术，其涵盖范围很广，学科上分为诸多流派，但主要强调其经世致用性。现代国学更是在其原本基础之上，与现代思想理念以及西方先进的文化相结合形成了自己独有的风格。

国学的经世致用，从先秦诸子百家、汉唐道统、宋元理学、明清贤达，到毛泽东思想、邓小平理论和"三个代表"重要思想，乃至构建和谐社会的理想，都有所体现，所谓"半部论语治天下"并不是狂言。在企业建设中，应以中国先哲们睿智的思辨传统和深邃的人生哲理，思考和解决在事业、命运和企业管理实践当中遇到的诸多困惑和矛盾，提高哲学思维能力，倡导和谐管理，创新思维，理智、科学和勇敢地面对挑战。

一是和谐。和谐之于国学中的地位是举足轻重的。古代思想家的观点虽然见解各自不同，但基本都遵循这样一个论点：和谐。无论是儒家的仁义，还是道家的清静无为，抑或是庄子的自然而然或逍遥自由，都体现了和谐一词深刻的指导含义。在现代企业文化中，和谐对企业的管理、发展也起着非常重要的作用。在一个强大的企业中，各部门、各机构应该是统一协作的。很多企业借用或者参照其他比较成功的理论为己用，而忽视了大环境下需要立身本位的企业文化，不明白应该以何种成熟的文化主旨来引导企业发展。现代企业所用的多为浅显的理论和简单的形式主义，借用看来的或者是东拼西凑的各种理论来为企业安身立命。而当企业中发生问题时，单纯地引用简单的解决模式，并不能从根本上来解决问题，正所谓"治标不治本"。长此以往，问题只会越来越多，只有和谐理念才是企业健康发展的根本指导。

二是仁义。孔子最早提出了"仁"。孟子则进一步阐释了"义"，并认为"信"和"果"都必须以"义"为前提。中国古代传统文化把"仁义"作为儒家最高的道德标准之一。儒家把"仁"、"义"、"礼"、"智"、"信"合在一起，称为"五常"。其中的"仁义"成为封建道德的核心。《论语·里仁》："君子之于天下也，无适也，无莫也，义之与比。"又曰："君子喻于义，小人喻于利。"《孟子·离娄上》："大人者，言不必信，行不必果，惟义所在。"企业的和谐发展离不开"仁"和"义"。"仁"指的是安身立命之本，强调克己、修身、养性，在现代企业中应该强调企业发展要根据自身的资源禀赋要素结构而定。国学中至关重要的核心词"义"，即诚信，而历来思想家加倍推崇的也是诚信，在现代企业文化中，诚信的运用更为关键，企业在发展中若想获取持续性的领先地位，不仅需要在战略上整合市场，在战术上讲究策略，更要贯彻诚信原则。企业不仅要对产品质量做到精益求精，而且要对顾客保持高度的责任感，来赢得顾客的满意和忠诚，做到信誉、品牌、诚信三位合一，并将之贯彻实施到底，企业自然能在激烈的市场竞争中取得一席之地。

三是兼容并蓄。文化的本质是人类文明成果的积淀，文化的发展遵循各种思想潮流之间互相融合、互相取长补短的发展规律。国学中各种思想能够做到兼容并包、百花齐放，所以才能不断被赋予新的内容，不断焕发出新的生命力。各种文化及思想流派在自我完善、自我发展的同时，不免与其他文化产生矛盾甚至冲突，而国学的凝聚力则为各种文化及思想流派提供了一个软着陆场，使它们得以良性发展，不会因各自的不同而产生对立面。起源于西方的现代企业文化理论当然也有许多精华，著名的《第五项修炼》与中国古代老子的管理思想不谋而合，"东西融合、为我所用"的思想在现代企业文化建设中尤为重要。各种竞争在现代企业的发展过程中有着不可替代的作用，它在推动企业前进的同时，也使得企业内部的文化向着多元化的方向发展。但必须对"多元化"企业文化进行整合，形成具有自身特色的核心竞争力，如果不对其加以控制，可能会成为企业的掘墓者！国学中"求同存异"的思想为企业内部的多元思想提供了一个整合的平台。国学思想的包容性以及开放性注定会在商业领域大放异彩，而现代企业文化更需要具有强烈指导性的国学来加以优化！

此外，中国传统文化中的民本思想、平等思想、务实思想等都是值得增值开发的内容。中国民本思想自古以来就相当强烈，并在一定程度上制约着专制行为。社会主义企业中，劳动者是企业的主人，企业文化建设自然要以民本思想为重要的思想来源，并通过这一思想的开发利用，使职工群众产生强烈的主人翁意识，自觉地参与企业的民主管理。中华民族坚持人的平等性，认为"人皆为尧舜"，这正是过去中国革命的思想基础。这种思想的增值开发，并用于现代企业的文化建设，将为企业职工提供平等竞争的机会，有利于倡导按劳分配，同工同酬的运行机制。务实精神要求人们实事求是、谦虚谨慎、戒骄戒躁、刻苦努力、奋发向上。对此如能发扬光大，必将形成艰苦创业、勇于创新的企业精神。

四、企业文化与企业公民

文化的发展，只有融合才有进步。在构建中国本土化的企业文化时必须吸收和借鉴外国优秀的企业文化理论。当代西方兴起企业公民思潮，企业公民已成为企业文化建设的归宿。有意思的是，西方企业公民思想和中国古代老子"以奉献社会为己任"的精神在本质上也是不谋而合的。

清代名儒陈弘谋在搜集的《五种遗规》中提倡："兴教化，敦民俗，以身作则，正己正人。"此言对当今企业文化建设也颇有意义：企业对内主要致力于打造家庭、学校与平台的三位一体，让员工与企业共生共赢；企业对外则需要与股东、伙伴、政府及其他社会群体和谐相处，实现卓越企业的目标，而社会责任正是企业实现内外目标的前提。

从广义上说，企业社会责任是调整企业和其利益相关者关系的行为规范的总和。世界银行把企业社会责任定义为："企业与关键利益相关者的关系、价值观、遵纪守法以及尊重人、社区和环境有关的政策和实践的集合。它是企业为改善利益相关者的生活质量而贡献于可持续发展的一种承诺。"从狭义上而言，企业社会责任是"公司在资源的基础上把对社会和环境切整合到它们的经营运作以及它们与其利益相关者的互动中"。（欧盟的企业道德伦理定义）。在世界银行和欧盟的定义的基础上，Business for Social Responsibility 这样界定企业社会责任："通过尊崇伦理价值以及对人、社区和自然环境的尊重，实现商业的成功。"

企业的核心目标是创造经济财富进而满足人类物质生活的需要。但在追求经济效益的同时，企业还要兼顾消费者利益、员工利益、社会效益、环境效益、人的价值的统一。中国有句经典传世教谕：君子爱财，取之有道。但在现实生活中，那种对同行的倾轧，对消费者理性的蔑视，使得中国的企业界一直"潜规则"横行。因此，东西融合、兼容并蓄，培育具有中国本土化特色的企业文化，使中国企业勇扛企业公民的大旗，任重而道远。企业要承担社会责任，必须具备生态伦理意识，将自然当成劳动对象、资源对象，把企业的发展建立在利于子孙后代持续发展以及长远的价值追求基础上。我们甚至有必要将原来"征服自然、改造自然"的观念变为"敬畏自然、道法自然"，实现人与自然的和谐发展。从对业界秩序的遵从以及对诚信、法治的恪守再到保护生态环境，从把企业当成社会一员到积极践行社会责任，企业开始从自私人向社会人转变，企业从一成立就已经不单纯隶属于某一个人，而是具有了公共性。更何况，企业如果在市场中生存下来一定要通过交换获得价值认可，损人利己或者损人不利己的企业注定要在市场冲击中走向死亡。

经济学家吴敬琏先生曾经提出过一个很著名的观点，制度重于技术。不但制度重于技术，而且制度与秩序重于利益。无论是回首汉代唐朝还是过去的30年，我们取得的最大成就不是攒了多少银子，而是制度和秩序的构建。在现代社会中，自觉培育企业的道德感及对市场秩序的尊重，培养企业公民意识并肩负企业公民责任，已成为所有企业最基本的生存规则。

总之，一个企业在发展中一定会遇到很多问题。比如，在品牌意识、产品创新问题上，如果没有深厚的文化底蕴，只是以当前的企业文化、枯燥的管理概念为指导，用于企业发展中出现的各种庞杂问题，某一些问题可能很好解决，但是在解决新出现的和深层次的问题时就难以取得良好的效果。一旦遇到这种现象又没有更好的应对措施，而老是依赖精明的决策者来解决，没有更加合适的运用企业文化执行力，没有一个成规模、效率高的文化应对体制，没有更和谐、更明智的文化核心思想来指导方向和定位，那么企业的发展迟早会陷入"瓶颈"。每个企业本身生来就不是具有完美的执行力以及发展力，如果没有一种适合的文化体制来规范和引导企业发展的话，那么，企业就将沦为一个没有生机和活力的落后作坊。

本章小结

培养企业自生能力需要从企业家禀赋、企业发展战略、企业技术创新能力和企业文化等多方面入手。在企业家的禀赋要素中，最重要的是企业家创新的禀赋，培育企业家创新禀赋的途径主要在于：一方面，要为企业家提供一个良好的有利于创新的制度环境，包括提供良好的培育机制、激励机制和约束机制；另一方面，要提高企业家的创新素质，尤其是要提高企业家的创新意识和创新能力。企业的发展战略需要建立在各国不同的比较优势基础上才能使企业具有自生能力，由于每个国家的资源禀赋结构不同，形成了各具特色的比较优势，所以企业的发展战略需要结合各国自身的资源禀赋结构而建构。提高企业的技术创新能力是培育企业自生能力的核心所在，企业的技术创新必须与时代大背景下的技术变迁协调一致才能够实现，技术创新是采用产业组织模式或是资源基础模式，需要依据企业自身的禀赋结构要素而定，根本的目的是提高企业的核心竞争力。技术和文化因素是企业自生能力的两个核心动力源，建设具有中国本土特色的企业文化是企业自生能力建设的重要内容，中国传统的老子思想企业管理文化与现代西方的《第五项修炼》具有许多异曲同工之处，有许多值得增值开发的地方，塑造企业文化打造中国企业公民任重而道远。

下篇 企业社会责任

第七章　企业社会责任的国内外研究

　　企业是社会发展的细胞，是市场经济的重要参与者和推动者，社会的健康、快速发展与企业行为密切相关。随着经济的不断发展，企业履行社会责任已成为推动社会发展的重要条件。企业社会责任是一个跨学科的课题，国内外企业对社会责任的重视前所未有，而对企业社会责任的研究也发展到了借鉴多学科工具来深入分析的阶段。特别是在当今经济全球化的大背景下，跨国公司不断发展壮大，其作用发挥的途径、方式及其对世界经济和社会发展的影响非常复杂，对企业社会责任的分析通常要借助经济学、管理学、社会学、法学等领域的知识。经过半个多世纪的发展，国内外学者对企业社会责任的研究以及企业社会责任的实践极大丰富，企业社会责任理论得以不断完善和发展。

第一节　企业社会责任思想的产生

一、企业社会责任产生的背景

（一）旧有的道德与商业伦理孕育企业社会责任

　　企业社会责任思想是从早期的商业伦理思想基础上发展起来的，古代的商业活动和文化习俗中就存有对商业活动的基本要求，如"童叟无欺"、"买卖公平"等。在中国，以儒家思想为主的文化传统中，诸如"重义兼利"、"重义尚利"以及"义利统一"等价值观，体现了古代人对商业信用的重视。在西方，文艺复兴以后兴起的新教伦理思想提倡"更好地追求社会财富"，并重视诚信和信誉，认为"信用就是金钱"。① 在西方社会良好的商业伦理基础上，企业社会责任的相关研究也快速发展。在 20 世纪，许多企业就已经在实践中履行了企业

---

① 张红明、朱丽贤：《商业伦理的中西方比较研究》，《经济经纬》，2005 年第 6 期。

社会责任，尽管当时关于企业社会责任的研究还没有全面展开。当时的企业行为还仅是小企业的自发行为，是企业家人文素质和价值理念的体现。著名的石油大亨洛克菲勒（Rockfeller）一生中捐款总额约达 5.5 亿美元，他还设立了旨在提高全世界人民福利水平的洛克菲勒基金会。

（二）经济发展和社会进步催生企业社会责任

随着工业革命的展开，世界范围内，经济不断快速发展，企业数目增多，大型企业不断出现，企业除了赚取经济利润以外，其经济规模的壮大使其有能力追求经济利润以外的其他目标。而且，随着竞争的激烈，企业必须寻求单纯追求利润数字以外的其他目标，如员工培训、客户关系管理、社会事务处理等。相应的，随着企业规模的不断扩大，企业的行为对社会和经济发展的影响日益加大，企业行为带来的社会负面影响为人们所注意，诸如垄断、工伤、职业病、环境污染、产品质量安全问题等。特别是一些具有绝对垄断地位的企业利用自己的经济优势，片面追求经济利益而无视道德责任，这类现象遭到人们的唾弃。此外，经济发展和社会进步大大提高了人们的生活质量，教育水平和文明程度的不断提高，使人们的消费观念和价值观念发生了巨大变化，更加注重生活质量，更加关注社会事务和社会问题，如产品质量、企业形象、安全、环境、劳动者保护等。工业化进程在推动经济快速发展的同时带来资源的快速消耗，随之而来的环境问题受到各方的关注，而对企业应采取什么样的行动或应承担何种责任的思考从未停止。

（三）全球化发展加速了企业社会责任的推广

国际分工和贸易的进一步发展使世界经济进入全球化时代，作为全球化载体的跨国公司不断发展壮大，与之相伴的，跨国企业行为在世界范围内影响巨大。随着全球化的深入，国际投资规模快速增长，跨国公司的投资方式也不断增多，"以世界为工厂"，"以各国为车间"的全球理念传播着跨国公司的经营理念，同时也将发达国家关于企业社会责任的思想推广开来。在全球化背景下，企业的社会责任从国内拓展到国际，成熟企业的行为成为世界各国企业学习的榜样，也加速了落后国家企业的成长。除了劳工运动、消费者运动和环保运动方面的内容外，维护人权、消除贫困、遏制腐败、创造社会公平等思想得到传播。特别是在现代信息技术的帮助下，信息快速分享，媒体的影响力日益凸显，企业的不当行为都会暴露给公众，跨国公司在一国的行为常常带来全世界的反应。1998 年，国际劳工组织大会通过了《国际劳工组织关于工作中基本原则和权利宣言》，1999 年，经济合作与发展组织（OECD）推出《公司治理原则》。

（四）政府引导规范企业社会责任

随着企业社会责任理论的发展和完善，企业社会责任已成为公众和企业共同关注的主题，而对企业社会责任的制度化规范亦被提上了日程，客观上需要政府对企业社会责任运动给予支持。美国罗斯福总统首次将保护资源环境作为重要国策，肯尼迪和尼克松总统提出了消费者的五项基本权利。1973 年，英国贸易与产业部发表了《公司法改革白皮书》，要求公司经营者把社会责任作为公司决策过程中的重要内容予以考虑。在世界各国，政府愈加重视企业社会责任，除美国、德国、日本外，更多政府开始制定与企业社会责任相关的法律，限制企业单纯逐利、损害社会利益的行为。现今，政府在企业社会责任建设、企业行为管理和规范、消费者权益保护、环境和资源保护等方面发挥着越来越大的作用。在法律条文的规范下，各国企业逐渐建立了履行社会责任的理念，企业社会责任运动也更加趋于理性化、法制化和制度化。

二、企业社会责任的提出

对企业社会责任的论述最早可以追溯到 19 世纪末。1899 年，美国钢铁集团公司的创始人安德鲁·卡内基（Andrew Carnegie）在其出版的《财富福音》杂志中提出，"企业或企业家作为社会财富的受托人有义务运用其所掌握的资源为整个社会而不仅仅为股东谋取利益"。卡内基还对企业和企业家如何进行社会公益活动进行了初步研究。1905 年，美国人约翰·戴维斯（John Davis）在其著作《公司》中也提出了由社会创造的公司应该对社会负有责任的观点。1916 年，美国人克拉克（J. Maurice Clark）在《改变中的经济责任的基础》一文中，提出"社会责任中很大一部分是企业的责任"。1924 年，英国学者欧列弗·谢尔顿（Oliver Sheldon）在其著作《管理的哲学》中，把企业社会责任与企业经营满足人类需要的各种责任联系起来，提出企业社会责任是包括道德因素的责任。还提出公司应增进社会利益，这是要远比公司盈利能力更重要的衡量指标。

进入 20 世纪 30 年代，美国法学界爆发了著名的"伯尔——多德论战"，其争论的核心即企业是否应该承担社会责任。伯尔教授坚持职业经理是股东利益的代理人这一传统观点，这遭到多德等人的强烈反对，后者认为经理人的权力不仅来自于股东，还来自于外部利益相关者，这也就说明企业的行为不仅要为股东负责，还需要对利益相关者负责。多德的观点得到伯尔的肯定，但伯尔认为企业承担社会责任的制度条件还不成熟。到了 20 世纪四五十年代，两位教授的观点戏剧性地向对方转化，多德放弃了自己的激进观点，伯尔教授则认为自己是论战的失败者。

20 世纪中期，对企业社会责任（CSR）的研究进入全面发展阶段，专门从事企业社会责任研究的学者不断涌现，出现了众多探讨企业社会责任问题的专著。具有代表性的是霍华德·鲍文（Howard R. Bowen）在 1953 年出版的《商人的社会责任——20 年后》一书，该书提出了最初的企业社会责任的概念，支撑了 20 世纪 50 年代关于企业社会责任的讨论。在《商人的社会责任》一书中，霍华德·鲍文将企业社会责任定义为"商人按照社会的目标和价值，向有关政策靠拢，做出相应的决策，采取理想的具体行动和义务"。这一概念也成为最初对企业社会责任研究的核心问题之一。同期还有艾尔斯（Eells，1956）的《自由社会中的公司捐赠》、赫德（Heald，1957）的《管理者的社会责任》，以及塞利克曼（Selekman，1959）的《管理者的道德哲学》等。此外，许多重要的商业和管理类刊物上发表了多篇专门研究企业社会责任的文章，标志着企业社会责任问题得到了企业和社会各界的广泛关注。

第二节　国外学者对企业社会责任的研究

一、狭义企业社会责任概念的确立

1953 年，鲍文书中关于企业社会责任的定义是建立在两个理论前提上的：一是企业与社会之间存在契约关系，企业生存与否受社会认可的直接影响；二是企业在社会中的角色具有道德色彩，而非完全的经营机器。同时，鲍文的概念涵盖了 3 个基本点：①提出要承担社会责任的是能力较强的现代大企业；②将企业社会责任付诸实施的是企业的管理者；③企业所做的与履行社会责任有关的行为均为自愿。同时期的西奥多·莱维特（Theodore Levitt）认为，对企业行为的分析不能与其对利益的追求相分离，认为部分经营者以社会责任为目标并加以实践是危险的，企业承担社会责任甚至会阻止民主社会多元价值观的形成和发展而造成单元社会体系。[①]

凯思·戴维斯（Keith Davis）从管理学的角度分析，认为企业社会责任是指"商人的决策和行动至少有一部分不是出于企业直接的经济和技术利益"。他认为企业若不履行社会责任将会逐渐失去社会赋予的权利，企业必须在追求传统的经济目标的同时，考虑社会利益。他强调企业社会责任具有两重性：一是经济性，这是因为企业是社会经济组织，有责任为公共福利的经济发展做出贡献；二是非经济性，商人还具有培养和发展人类价值观的责任。因此，他提出企业社会责任代表着企业具有"企业——社会"和"企业——人类"两种责任。此

---

① Levitt T.. "The Danger of Social Responsibility". Harvard Business Review，1958.

外，约瑟夫·麦克格尔（Joseph McGuire，1963）在《企业与社会》一书中，认为"至于社会责任的想法，其含义是企业不仅有经济和法律的义务，也对社会负有超出这些义务之外的责任"。①

进入 20 世纪 70 年代后，戴维斯又提出了企业社会责任的 5 个定理：定理一，社会责任来自社会权利；定理二，企业应该作为一个双向开放的系统来经营，一方面接受来自社会的投入，另一方面向公众公开其经营成果；定理三，企业在进行有关活动、产品和服务的决策时应全面计算和考虑社会成本和社会收益；定理四，社会成本应计入活动、产品和服务的价格中；定理五，企业作为公民，除了承担社会成本，还有责任在社会需要的地方尽其所能参与其中。②

针对戴维斯提出的企业应承担社会责任的观点，自由主义阵营的领军人物哈耶克（Hayek，1960）进行了反驳，他指出，企业的首要目标是提高效率、赚取利润，并以最低廉的价格提供最大量的产品，这便是履行了社会责任。著名经济学家米尔顿·弗里德曼（Milton Friedman，1962）在其著作《资本主义与自由》中指出，企业有一个并且只有一个社会责任，即在法律许可范围内利用其资源从事旨在增加其利润的活动。1970 年，他进一步强调企业不应该承担社会责任的观点。他认为企业是虚拟的人，其责任也是虚拟的，只有自然人才承担责任，而社会责任与企业是相分离的，企业是股东通过商业运作赚取利润的盈利财产，其唯一的目的便是对股东负责，即赚取最大的利润，而不该承担所谓的道德或其他特殊的责任。

1971 年，美国经济发展委员会（Committer for Economic Development，CED）给企业社会责任下了定义，该定义包括 3 个层次："最内层次是实现经济有效运行而产生的清晰的、基本的责任——产品、工作和经济增长责任；中间层次的责任是企业以敏感地知晓变化的社会价值和期望的方式执行经济职能而产生的相关责任，如环境保护、善待员工等；最外层次的责任包括新出现的以及无形的责任，这些责任是为提高社会环境，企业应该更多参与的责任，如贫困问题等。"美国经济发展委员会的定义规定了企业社会责任的 3 个层次，最内层次是企业的基本职能，即有效执行经济职能；中间层次规定企业应承担配合社会价值变化而执行经济职能的责任；最外层次规定企业应承担积极投入改善社会环境的责任。③这三个层次的关系类似三个"同心圆"（见图 7-1），从内到外分别涉及企业的基本职能和外延职能。与美国经济发展委员会不同，G.A.施泰纳

---

① Joseph W. McGuire. "Business and Society". New York：McGraw-Hill，1963.
② 陈支武：《企业社会责任理论与实践》，湖南大学出版社，2008 年。
③ 段文、刘善仕：《国外企业社会责任研究述评》，《华南理工大学学报》，2007 年第 6 期。

（Steiner G. A.，1980）认为，企业社会责任可分为内部社会责任和外部社会责任，前者指合法和公正地选拔、培训、晋升和解雇员工以及提高员工的生产力，改善员工的工作环境等；后者包括激发少数团体的创业精神，培养或雇佣残障人员。①

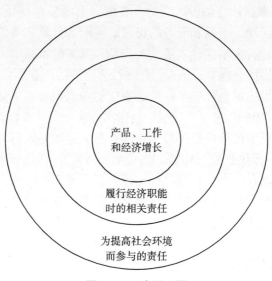

产品、工作
和经济增长

履行经济职能
时的相关责任

为提高社会环境
而参与的责任

图 7-1   三个同心圆

在上述企业社会责任概念的基础上，弗雷德里克（Frederick）将企业社会责任进行了分类，其中以道德哲学（Ethical-Philosophical）为基础的概念是 CSR1（Corporate Social Rectitude），以企业行动（Action-Oriented）为导向的社会责任回应是 CSR2，以道德和价值（Ethical and Values）为基础的社会责任概念是 CSR3，而以整个宇宙为参考点的社会事务管理和考虑科学与宗教影响的研究是 CSR4。

二、企业社会责任概念的不断拓展

（一）企业社会回应（Corporate Social Responsiveness）

20 世纪七八十年代，企业社会责任研究借助实证研究工具得到了进一步的发展，其研究内容集中在企业社会责任与企业表现之间的关系上。阿克曼和鲍尔（Ackerman & Bauer）最早提出了企业社会回应的思想。阿克曼认为，企业

---

① Steiner G. A., J. F. Sterner. "Business, Government and Society". New York: Random House, 1980.

对社会需求的回应过程包括三个阶段：第一阶段，是认识阶段。这一阶段是指企业高层领导者认识到企业社会需求的重要性，并开始组织讨论、参与和支持与回应社会需求相关的活动，进而实现企业政策的相应调整。第二阶段，为专人负责阶段。表明对社会需求的考虑不仅停留在企业高层人员当中，企业将任命专人来负责收集信息，评估社会需求并做足相应的准备和控制工作。第三阶段，为组织参与阶段。这一阶段是企业作为整个组织参与到回应社会需求的活动之中，包括问题的管理、资源的运用和程序的修正，最终提高企业对社会需求的回应水平。

阿克曼和鲍尔明确了企业社会回应与企业社会责任的区别，后者仅强调企业应该承担社会责任，还停留在"该做什么"的层次，而企业社会回应已经对企业"做什么"做出回答。虽然他们并没有明确界定企业社会回应，但提出企业社会回应同时包括五个要素：一是企业社会回应是一种企业战略，而企业社会政策应借助企业战略思想来引导，同时将社会需求与企业战略相结合；二是企业社会回应是一个管理过程，包括认识过程、应对过程和制度化过程；三是企业社会回应是一个创新性的业绩表现衡量方法；四是企业社会回应是应对不同时间公众预期变化的新技术和新管理技能；五是企业社会回应是一种制度化的决策方式。

在阿克曼和鲍尔之后，对企业社会回应的研究朝两个方向发展，以威廉·弗雷德里克（William Frederick）、爱泼斯坦（Epstein）和伍德（Wood）为代表。弗雷德里克在 1978 年将企业社会回应定义为企业回应社会压力的能力。[①] 他认为，企业社会回应解决的问题包括企业是否能对社会做出回应、是否将做出回应、如何做出回应以及这样的回应将产生何种效应等。弗雷德里克的企业社会回应概念实现了企业社会责任概念从理念和伦理概念向行为导向的管理概念的转变，他强调企业社会回应的管理性质，重视企业管理者与社会之间的关系。

与弗雷德里克不同，爱泼斯坦和伍德认为，企业社会回应并不能取代企业社会责任，二者各有侧重，同等重要。爱泼斯坦认为企业社会回应、企业伦理和企业社会责任可并列为企业社会表现的三大类概念。他认为，企业伦理强调的是企业管理者对个人和企业行动的道德意义及对社会相关利益者的后果的系统性反映，以价值为基础，以道德反映为核心内容；而企业社会责任与特定问题或困难有关，与企业为求利于相关利益者而做出的决策密切相关，其核心内容是对企业行为的规范；企业社会回应是一个过程导向的概念，伴随于企业决策的形成过程。伍德认为，企业社会回应是一个侧重于管理过程和管理技术的

---

① 王新新、杨德锋：《企业社会责任研究——CSR1、CSR2、CSR3》，《工业技术经济》，2007 年第 4 期。

概念，包括对外部环境的评估、对相关利益者的管理以及对现实问题的处理等内容。

　　在上述研究的基础上，阿奇·卡罗尔（Archie B. Carroll）提出，企业的社会回应并不一定就是负责任的行为，认为企业社会回应是对企业社会责任的拓展，而不能替代企业社会责任的概念。卡罗尔提出了对企业社会回应进行衡量的四个连续的级别，从反应（Reaction）、防守（Defense），到适应（Accommodation）和主动（Proaction），认为企业对社会的回应可以是即时性的也可以是过程性的，企业的过程性回应，体现的是企业政策引导企业作出回应，以响应某项社会事务。①他将引导企业处理社会事务的政策分作两个层次：一是社会事务在企业整体战略中的地位问题，二是涉及具体的社会事务活动目标等职能战略的制定。

（二）企业社会表现（Corporate Social Performance）

　　20 世纪 70 年代，在总结前人工作的基础上，阿奇·卡罗尔（Archie B. Carroll）在其论文《公司社会表现的三维概念模型》中，构建了企业社会表现的三维空间模型。他认为，企业社会责任、社会问题管理和企业社会回应等三个问题是三个完全不同的部分，共同构成企业社会表现的三维概念模型。第一个维度即企业的社会责任，他将企业社会责任定义为：社会在一定时期内对企业提出的经济、法律、道德和慈善期望。②卡罗尔认为，这四种责任构成金字塔结构（见图 7-2），其中经济责任占最大部分，是企业实现其他责任的基础，依次

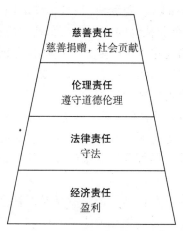

图 7-2　企业社会责任金字塔

　　① Archie B. Carroll, Frank Hoy. "Integration Corporate Social Policy into Strategic Mangement". Journal of Business Strategy, 1984, 4.

　　② 阿·B.卡罗尔、安·K.马克霍尔茨：《企业与社会：伦理与利益相关者管理》，黄煜平等译，机械工业出版社，2004 年。

往上是法律责任、伦理责任和慈善责任。卡罗尔提出的第二个维度为社会问题管理，他指出企业社会责任的概念框架不仅要明确企业社会责任的性质，还要确定这些责任相对应的社会问题领域。社会表现的第三个维度即企业社会回应，其核心是解释企业履行社会责任、处理社会问题所依据的理念、方法或战略。卡罗尔认为，企业社会回应只与社会问题的管理过程有关，而与道德、伦理等概念无关。在卡罗尔的三维模型中，企业社会表现要求衡量企业的社会责任，确认企业面临的社会问题，并选择社会回应的理念和方法。卡罗尔的工作将狭义的企业社会责任概念与企业社会回应和社会表现联系了起来，拓展了企业社会责任的范畴和内涵。

随后，斯蒂芬·瓦提克（Steven Wartick）和菲利浦·考克兰（Philip Cochran）提出了较有影响的企业社会表现概念，他们认为，企业社会表现是企业社会责任原则、社会回应和为处理社会事务而制定的政策三者之间的潜在相互作用。①这一定义将企业与社会领域的三大主导方向相融合，即与社会责任准则相关的理念导向、与社会回应过程相关的制度导向以及与社会问题管理政策相关的组织导向相融合。瓦提克和考克兰的定义继承了卡罗尔三维概念模型的传统，并将其置于动态的框架中加以界定，体现了企业社会表现的动态变化性。同时，该定义将企业社会表现与企业的微观条件和宏观环境相结合，明确了企业具有规定其权利和义务的社会契约以及企业是社会伦理的代理人。

唐纳·伍德（Donna Wood）认为瓦提克和考克兰的定义不够完备，提出应在这三个组成部分基础上增加体现企业行动和成果的成分，并提出企业社会回应应包括一系列的过程，而非单个程序。且企业社会表现具有二元性，即负责任的企业和不负责任的企业均有社会表现。伍德将企业社会表现定义为一个企业组织的社会责任原则、社会回应过程与政策和方案的构成，以及当它们与企业社会关系相联系时所产生的可以观察的结果。②伍德认为，要全面衡量企业社会表现，必须考察社会责任原则对企业采取行动的激励程度、企业利用社会回应过程的程度、企业管理社会关系和社会影响的方案和政策的本质以及以上方面相互之间的联系。

三、利益相关者理论的贡献

利益相关者理论产生于 20 世纪 60 年代，到 20 世纪 80 年代达到高潮，90

---

① Steven L. Wartick, Philip L. Cochran. "The Evolution of the Corporate Social Performance model". Academy of Management Review, 1985, 10（4）.

② Donna J. Wood. "Corporate Social Performance Revisited". Academy of Management Review, 1991, 16, 4.

年代开始与企业社会责任理论相结合。利益相关者理论是分析企业管理问题的有效工具，为企业社会责任的分析提供了理论依据，而企业社会责任的研究也为利益相关者理论提供了实证检验的方法。

最早定义利益相关者的是斯坦福研究所（Stanford Research Institute，1963），它把利益相关者界定为"那些如果没有他们的支持企业组织将不复存在的群体"。1984年，利益相关者理论的鼻祖弗里曼（Freeman）在其著作《战略管理——利益相关者方法》中，对利益相关者下了一个经典的定义，即"利益相关者是那些能够影响企业目标实现，或者会被企业实现目标的过程所影响的任何个人和群体"。[①] 具体是指在公司中存在利益或具有索取权的群体，包括供应商、客户、雇员、股东、当地社区以及管理者等。这一定义将利益相关者的范围从决定企业生存的群体扩大到影响企业目标或受企业行为影响的群体，因此也被称为广义的利益相关者定义。

与弗里曼不同，卡罗尔提出了狭义的利益相关者概念，他认为，利益相关者指那些企业与之互动并在企业里具有利益或权利的个人或群体，强调的是个人或群体在企业里的利益，特别是与企业核心经济利益相关的那一部分利益，这一定义与企业的现实行为较为接近，且易于计量分析，更有助于深入研究企业的行为对利益相关者的影响。卡罗尔认为，借用利益相关者理论可以为企业社会责任"指明方向"，针对每个主要的利益相关群体就可以界定企业社会责任的范围。[②] 20世纪90年代中期，美国经济学家布莱尔（Blair）对利益相关者进行了界定，他认为利益相关者是所有向企业贡献了专用性资产，并由此承担剩余风险的人或集团，他们作为专用性资产的投入者，有权在企业中享有相应的剩余索取权和剩余控制权。专用性资产的数量以及资产所承担风险的大小可以作为利益相关者团体参与所有权分配的依据。

利益相关者理论对企业社会责任研究的一大贡献就是给企业社会责任分析提供了良好的分析平台和理论依据。利益相关者理论认为，企业是由利益相关者构成的契约共同体，利益相关者不仅包括股东、债权人和雇员等与企业有直接联系的群体，还包括政府部门、当地居民、社区、媒体、环境保护主义者等影响企业目标及受企业行为影响的群体，而企业社会责任就可以明确地分为针对这些利益相关者的责任。基于利益相关者理论，卡罗尔将企业社会责任要素与利益相关者结合起来，提出利益相关者/社会责任矩阵，认为不同的利益相关

---

① Freeman R. E.. "Strategic Management: A Stakeholder Approach". Pitman Publishing Inc., 1984.

② Archie B. Caroll. "The Pyramid of Corporate Social Responsibility: Toward the Moral Management of Organizational Stakdholders". Business Horizons, 1991, 34 (4).

者具有不同的需求，而企业需要针对不同的社会需求履行相应的责任，如对股东履行的主要是经济责任，对顾客则要承担法律和伦理责任等。伍德和琼斯认为，企业的社会责任也就是企业对利益相关者的责任，这是因为：利益相关者是企业社会表现预期的源泉，他们承受企业社会行为的影响，并对企业行为进行评价，判断是否达到利益相关者的预期，并根据其利益、预期、承受程度和评价结果来采取行动。

利益相关者理论的另一贡献就是为企业社会责任的衡量提供了方法。根据利益相关者理论，企业社会责任可以通过考察企业满足利益相关者的需要来衡量。20世纪90年代后期，KLD公司（Kinder，Lydenberg and Domini Company）开发出了KLD指数，用来评价公司与利益相关者之间的关系。该指数从企业与利益相关者的8个方面关系来衡量企业的社会责任，主要包括社区关系、员工关系、自然环境关系、产品安全与责任关系以及妇女与少数民族关系，等等。

四、从企业社会责任到企业公民

近年来，在广义企业社会责任的基础上，诞生了企业公民（Corporate Citizenship，CC）概念。较早研究企业公民问题的学者是美国的爱泼斯坦。1996年华盛顿乔治敦大学召开"企业公民会议"，设立"企业公民总统奖"。同年，美国总统克林顿在"企业公民会议"上明确提出企业公民的五要素：一是工作场所应该更邻近家庭，有助于员工同时成为好雇员和好父母；二是应该为员工提供足够的健康和退休福利；三是工作场所必须确保员工安全；四是员工的教育和培训是提高生产能力的根本；五是在工作场所应鼓励员工参与，避免裁员。1999年，美国设立了"企业杰出奖"，旨在推动美国企业在全球范围内实践企业公民行为。

关于企业公民与企业社会责任的关系，学界存在三种不同的看法：一是认为企业公民是企业社会责任的一部分；二是认为企业公民与原来的企业社会责任概念是等同的；三是认为企业公民概念是对企业社会责任概念的延伸和拓展。爱泼斯坦认为，好的企业公民意味着与利益相关者之间的合作，而这些利益相关者并非那些与企业有着密切的、长期的经济利益联系的群体。企业公民行为涉及的是企业之外的、超越法律或商业关系的利益相关者的行为。这些行为包括为社区提供经济和非经济支持、工作培训，制定超出法定要求的环境标准，促进当地政治经济文化发展等。爱泼斯坦主张的企业公民行为是在企业的经济责任、法律责任和伦理责任之外的自愿责任。

卡罗尔认为，企业公民行为不仅包括企业与社区之间的关系，还应包括企业对其他重要的利益相关者的回应。他提出了企业公民"四面说"，这"四面"

即四种责任，每个企业公民均有经济面、法律面、伦理面和慈善面。对于不同的"面"而言，企业公民均应满足不同的要求。如经济面要求企业公民承担赚取利润的经济责任；法律面要求企业公民遵守法律；伦理面要求企业公民的行为要符合道德伦理标准；慈善面要求企业公民为公共目的做出贡献，包括自愿服务、自愿交往和自愿捐赠等。

进入 21 世纪以后，许多学者通过不断地研究发现了企业公民超越企业社会责任的特质。范·卢杰克（Van Lujik, 2001）解答了使用企业公民概念的缘由，他认为企业社会责任概念暗含了企业有可能出现的不负责任的情况而将企业看作是经常违反"道德"和"伦理"的群体，而企业公民概念更有利于正确认识企业在社会中的位置，标志着企业在承担社会责任的同时也像普通自然人公民一样拥有相应的权利。沃德尔（Waddell, 2000）亦表示，企业公民重在强调由企业所组织的社区中所有相互联系和相互依赖的成员的权利和义务。瓦洛（Valor, 2005）认为，企业公民是一个比企业社会责任更积极的概念，它提供了借鉴对自然人公民的分析来完善企业公民理论的途径。韦多克（Waddock）认为，企业公民体现在"企业与相关利益者和自然环境的关系以及企业对相关利益者和自然环境的做法"之中，强调企业行为的社会影响，并将企业表现与利益相关者和自然环境结合在一起，企业公民是企业社会责任思想与利益相关者理论的融合。

2004 年，世界经济论坛提出企业公民理念的具体标准，应包括四个方面内容：①好的公司治理和道德价值，主要包括遵守法律、现存规则以及国际标准等；②对人的责任，主要包括员工安全计划、就业机会均等、反对歧视、薪酬水平等；③对环境的责任，主要包括维护环境质量、使用清洁能源、共同应对气候变化和保护生物多样性等；④对社会发展的广义贡献，主要指对社会和经济福利的贡献，如传播国际标准、向贫困地区提供要素产品和服务，如水、能源、医疗、教育和信息技术等，这些贡献在某些行业可以成为企业核心战略的一部分，也可以成为企业投资、慈善或者社区服务行动的一部分。

关于企业公民的进一步研究涉及企业公民行为的衡量，在这方面做出贡献的主要有美国学者 S.韦多克（Sandra Waddock）和英国学者马斯登（Chris Marsden）。韦多克（2000）对企业公民行为的评价方式进了归纳，将其分为外部评价和内部评价。所谓外部评价包括各种社会投资对企业方面表现的评价，以及从不同利益相关者角度对公司进行的排名。内部评价是用责任审计或者社会审计的方式，来评价企业公民方面的表现。

在外部评价方式中，社会投资主要包括社会甄别、股东积极主义、社会项目投资和小企业创业投资 4 种行为。社会甄别通常指根据利益相关者或社会投资者的关注点，由专门的投资机构和研究机构制定的评价企业公民表现的指标，如 KLD 公司创设的纳斯达克上市公司社会表现指数。股东积极主义是指股东通过使用表决权或董事会决议等方式来纠正企业在企业公民方面的不当行为的做法。如美国加州公职人员退休系统（California Public Employees Retirement System，CPERS）制定的"公司治理核心原则和指南"包括 6 条有关公司价值观的全球标准，即责任、透明、公平、表决权、最佳行为规范和长期愿景。社会项目投资是指投资者将资金投向欠发达地区以为当地提供资源和就业机会，并愿为此承担较低的资金回报率。小企业创业投资是指为小企业，甚至一些微型企业，特别是欠发达地区和群体的企业提供创业资金，帮助其开展经营活动，建立企业经济基础。

在内部评价中，韦多克和马斯登均提倡"三重底线"评价法。1998 年，在英国沃卫克大学召开的研讨公司公民问题会议上，壳牌、英国电讯和英国石油三家公司提出了它们所采用的衡量企业公民行为的方法，即为"三重底线"法。所谓"三重底线"，就是指经济底线、环境底线和社会底线，即企业必须履行基本的经济责任、环境责任和社会责任。"三重底线"是包括了盈利能力、生态持续性和社会关注等在内的综合衡量方法，既实现了对企业业绩的全面、综合评价，又注重了企业长期的可持续发展。目前，"三重底线"方法已经为越来越多的企业所采用。

第三节　中国企业社会责任研究现状

从中华民族的发展历史来看，从古至今不乏强调商业伦理的思想和理念。"勤俭、敬业、诚信、礼仪"是中国古代商业伦理的基本规范。"天人合一"思想体现了将人类行为与自然环境相协调的理念。"君子爱财，取之有道"、"仁中取利真君子"、"财自义生"、"义以制利，义中取利"等思想，均体现了中国古代商业经营理念和经营原则，这些思想和理念对中国商人和商业的发展起到了重要作用，以晋商为代表的中国商人将古代商业伦理与道德作风延续至今。新中国成立以来，在一穷二白的基础上，我们开始了新中国的恢复和建设，经过不断的摸索和实践，付出了沉重的代价，走过不少弯路，终于确立了社会主义市场经济体制。中国企业经历了从"政企不分"到逐步建立现代企业制度的过程，与之相应，中国企业社会责任研究也在国内外理论和实践交流的过程中不断得到发展和完善，虽与发达国家差距很大，但仍保持着较快的发展势头。

一、中国企业社会责任的发展阶段

关于中国企业社会责任的发展阶段划分，学者们有不同意见，但相同之处在于均以改革开放为主要分割点，一般认为中国企业社会责任的实质性发展是在改革开放以后开始的。以下仅结合相关研究将中国企业社会责任的发展划分为3个阶段。

（一）新中国成立到改革开放

新中国成立以后，中国进入计划经济时期，国有经济占主导地位，企业的行为严格以政府指令和政策为准，企业的主要职能便是按照政府指令满足社会运转的基本需要。按照现代企业的标准来看，当时的国有企业并非以盈利为目标，没有形成清晰有效的管理制度，企业仍以行政管理方式运营，还不算是完全意义上的企业，这一时期也就不存在真正意义上的企业社会责任。然而，改革开放以前的国有企业是在没有发展成为现代企业的前提下承担了社会发展任务，是在没有履行经济责任的条件下，承担了社会责任。从这一角度来说，可以将改革开放以前的企业——社会状态当作现代企业履行社会责任的反例加以研究。

（二）改革开放到20世纪90年代初期

改革开放以后，市场经济不断发展起来，非公有制经济得到前所未有的发展，特别是国有企业纷纷加入股份制改革的队伍当中，逐渐建立了现代企业制度。通过一系列改革，国有企业逐渐成为相对独立的经济实体，自主经营、自负盈亏，实现了国家所有权与企业经营权的分离，扩大了企业经营自主权，大大提升了国有企业的活力。在市场经济条件下，合资企业、私营企业等企业不断发展壮大，与国有企业形成竞争，在竞争环境中，企业逐渐将盈利作为自己的最高目标，千方百计降低成本，提高企业效益。在这一阶段的发展中，企业将经济利润当作唯一目标，表现为只重眼前利益不重长远利益，偷工减料、产品质量问题层出；只重自身利益不重社会利益，对环境、资源造成损害，也不关心消费者、所在社区等利益相关者的利益；企业的社会责任表现为仅对股东负责、对管理层负责。这一时期，中国企业的社会责任意识还只停留在较低的层次，对环境、社会的责任并不关心。

（三）20世纪90年代初至今

进入20世纪90年代，中国社会主义市场经济体制逐渐健全，相关法律体系也不断完善，全球经济一体化的趋势不可逆转。随着国内企业的走出去，国外企业的引进来，中国企业在感受到巨大竞争压力的同时，也意识到自己与国外企业的差距，意识到单单以经济利润为目标的发展模式的不足，渐渐注意到渠道维护、客户关系管理以及社会事务处理等方面的重要性。特别是加入世界贸易组织以后，在全球化的快速发展和推进下，国内企业的国际交流频繁，单纯考虑经济利益的企业战略难以帮助国内企业在国外立足，而如何处理好与当地民众、非政府组织、消费者群体、媒体、环保主义群体等利益相关者的关系成了国内企业国际发展的首要难题，这些责任均推动了国内企业社会责任的实践和研究迈向新的台阶。

1994 年，《公司法》、《环境保护法》、《工会法》、《劳动法》、《消费者权益保护法》等法律相继出台，形成了企业履行社会责任的法律底线。1996 年中国企业联合会与国际组织联合举办了中国第一次以企业社会责任为主题的大型国际会议。2004 年，以劳工标准为核心内容的 SA8000 企业社会责任标准在中国广泛传播，引起各方参与和争论。特别是 2005 年以来，在科学发展观和和谐社会思想的指导下，中国企业社会责任研究得到了迅速的发展。2005 年，中国纺织工业协会制定了行业社会责任指南《纺织行业社会责任管理体系总则及细则(CSC9000T)》，成为中国第一个行业社会责任管理体系。2006 年，《中华人民共和国公司法》修订案颁布，明确规定"公司从事经营活动，必须遵守法律、行政法规，遵守社会公德、商业道德，诚实守信，接受政府和社会公众的监督，承担社会责任"。2006 年 3 月，国家电网公司向社会发布了第一份中央企业社会责任报告。2006 年 9 月，深圳证券交易所制定并发布实施《深圳证券交易所上市公司社会责任指引》。2007 年 5 月，深圳市委颁布实施《关于进一步推进企业履行社会责任的意见》。2008 年初，国务院国资委发布《关于推进中央企业履行社会责任的指导意见》。2008 年 10 月，中国中钢集团公司发布中国第一份社会责任国别报告《可持续发展非洲报告》。

二、中国企业社会责任研究现状

中国学者对企业社会责任的研究起步较晚。从 20 世纪末开始，在全球化不断推动下，跨国企业的社会责任实践逐渐引起国内企业和学者的关注。经过多年的发展，国内学者对企业社会责任的研究成果丰硕，总结起来主要有以下研究领域：

(一) 关于企业社会责任界定的研究

国内最早对企业社会责任开展研究的有袁家方 (1990) 主编的《企业社会责任》。他将企业社会责任定义为"企业在争取自身的生存与发展的同时，面对社会需要和各种社会问题，为维护国家、社会和人类的根本利益，必须承担的义务"。①刘俊海(1999)认为:"所谓公司社会责任,是指公司不能仅仅以最大限度地为股东们营利或赚钱作为自己的唯一存在目的,而应当最大限度地增进股东之外的其他所有社会利益。"②卢代富(2002)将企业社会责任的含义界定为:"所谓企业社会责任,乃指企业在谋求股东利润最大化之外所负有的维护和增进社会利益的义务。"企业社会责任是"创设于企业经济责任之外,独立于企业经济责任并与经济责任相对应的另一类企业责任",因而应是"企业在谋求股东利润最大化之外所应负有的维护和增进社会利益的义务"。③中国台湾学者刘连煜(2001)也认为:"公司社会责任者,乃指营利性的公司,于其决策机关确认某一事项为社会上多数人所希望者后,该营利性公司便应放弃营利之意图,以符合多数人对该公司之期望。"④周祖城(2005)认为:"企业社会责任是指企业应该承担的,以利益相关者为对象,包含经济责任、法律责任和道德责任在内的一种综合责任。"⑤黎友焕(2007)将企业社会责任定义为"在某特定社会发展时期,企业对其利益相关者应该承担的经济、法律、伦理、自愿性慈善以及其他相关的责任"。⑥金香兰、李宝奇(2005)认为,当前的法律制度和社会背景下,企业社会责任涵盖六个方面的内容:基本原则、商业责任、职工权益、工作环境、环境保护和社区责任。⑦

林军(2004)阐述了典型的企业综合社会契约理论,并运用社会契约理论解析企业社会责任的市场行为、责任行为、自愿行为三个基本要素;介绍了企业社会责任的经济责任观、慈善责任观、道德责任观和社会责任观四个理论流派;分析了经济全球化条件下的企业社会责任。认为企业社会责任的出现与发展体现了企业与社会之间不断变化的社会契约关系。社会经济发展不同阶段的特征决定了企业社会责任的社会契约具有不同的特征。⑧

邓健、任文举(2005)认为,可从三个层面定义企业社会责任:狭义的概念是指企业在经营过程中所负有的赚取利润的经济责任和遵守法律法规的法律责任;中观层面的概念是指企业除了负担经济和法律责任外,还应当考虑利益相关者的利益,承担对包括员工、消费者、社区、客户、政府等的社会责任。广义的社会责任包括上述责任,泛指企业在经营过程中对社会应当承担且能够

---

① 袁家方:《企业社会责任》,海洋出版社,1990年。
② 刘俊海:《公司的社会责任》,法律出版社,1999年。
③ 卢代富:《企业社会责任的经济学和法学分析》,法律出版社,2002年。
④ 刘连煜:《公司治理与公司社会责任》,中国政法大学出版社,2001年。
⑤ 周祖城:《企业伦理学》,清华大学出版社,2005年。
⑥ 黎友焕:《企业社会责任研究》,西北大学,2007年。
⑦ 金香兰、李宝奇:《构建和谐社会与企业社会责任的思考》,《东疆学刊》,2005年第10期。
⑧ 林军:《企业社会责任的社会契约理论解析》,《岭南学刊》,2004年第4期。

承担的一切责任以及合乎道德的行为。①

　　孙明华（2007）认为，企业社会责任是指企业和企业经营者在追求利润的同时要对受企业活动影响的利益相关者承担相应的法律责任和伦理责任。企业在追求利润的同时要履行防止公害、改善环境、提高社区居民福利、保护消费者利益及提高员工福利等义务。从形式上看它包括企业的法律责任、伦理责任和自由责任。②

　　刘诚（2006）认为，"广义企业社会责任指企业应该承担的社会谈判所形成的关于现代产品质量的社会协议义务，是企业基于自身形象考虑而对社会利益相关者的友好回应"。包括以下含义，"第一，企业社会责任是企业应该承担的社会谈判所形成的关于现代产品质量的社会协议义务；第二，企业社会责任是企业对社会利益相关者压力的友好回应；第三，企业形象是企业承担社会责任的内在动力；第四，企业社会责任既是产品质量的重要内容，也是企业形象的组成部分"。刘诚认为有必要分清中义和狭义的企业社会责任，他指出"中义企业社会责任指企业应该承担的社会谈判所形成的关于优质现代产品质量的社会协议义务，是企业基于自身良好形象考虑而对社会利益相关者的友好回应，是社会责任认证标准所规定的企业义务；狭义企业社会责任指企业应该承担的社会谈判所形成的关于合格现代产品质量的协议义务，是企业基于自身守法形象考虑而对社会利益相关者的友好回应，是企业应该承担的保证供应商遵守劳动法与环境法的义务"。③

（二）关于企业社会责任内容的研究

　　赵连荣（2005）认为，目前国内关于企业社会责任内涵的研究主要包括两个方面：一是从宏观上界定企业社会责任的范围，主张企业社会责任包括其对社会应承担的一切责任的总和。二是从微观上界定企业社会责任的范围，主张企业承担的社会责任主要指企业对外在的社会环境应负担的责任，如社会风气、慈善事业、环境卫生、公共服务等。④

　　刘俊海（1999）认为，"公司应当最大限度地增进股东利益之外的其他所有社会利益"，"包括雇员（职工）利益、消费者利益、中小竞争者利益、当地社区利益、环境利益、社会弱者利益及整个社会公共利益等内容，既包括自然人的人权尤其是《经济、社会和文化权利国际公约》中规定的社会、经济、文化权

---

① 邓健、任文举：《企业的社会责任的内涵辨析》，《商场现代化》，2005 年第 10 期。
② 孙明华：《论和谐社会的企业社会责任》，《环渤海经济瞭望》，2007 年第 2 期。
③ 刘诚：《企业社会责任概念的界定》，《上海师范大学学报》（哲学社会科学版），2006 年 9 月第 35 卷第 5 期。
④ 赵连荣：《我国企业社会责任的演变与趋势》，《企业改革与管理》，2005 年第 2 期。

利（可以简称为社会权），也包括自然人之外的法人和非法人组织的权利和利益。其中，与公司存在和运营密切相关的股东之外的利害关系人（尤其是自然人）是公司承担社会责任的主要对象"。① 毛羽（2003）认为，进入 21 世纪以后，企业的社会责任具体为以下伦理责任：一是企业在谋求经营利润的同时，必须重道德、讲诚信，不能损人利己；二是企业必须承担对与经营相关联的多重利益主体的责任，如消费者、供应商、竞争对手、合作者、银行、股民、员工、政府和社区等；三是企业必须承担环境保护与治理的责任；四是企业必须承担社会可持续发展的责任等。② 田丰（2004）认为："企业的社会责任要解决的首要问题是资本与公众的矛盾以及企业与消费者的矛盾。"③

杜中臣（2005）认为，企业社会责任可分为绝对社会责任和相对社会责任。前者指企业从事经营或管理活动所必须遵守的伦理底线，即最低的义务要求。主要包括对人的责任，具体表现为：禁止使用童工，不得对劳工进行强迫性劳动；遵守法律和行业标准中关于劳动时间的规定；采取适当措施降低生产作业中的风险；在雇佣、薪酬、培训、升迁等事务上，不存在任何歧视；还应承担环境保护的责任。后者是一种有条件（即不具有必然性要求）的责任，包括企业应充分尊重工人自由结社和集体谈判的权利，以及承担对社会和人类的责任。④ 纪德尚、郭秋娟（2006）认为，从普遍的社会学意义出发，可将企业社会责任概括为经济责任、法律责任和道德责任。企业的经济责任即追求效益价值最大化；企业的法律责任即企业应当遵守相应的法律法规；企业的道德责任指企业作为市场主体其行为应体现社会整体和人的发展的共同要求，应遵守企业的伦理规范、道德准则约束等高层次发展要求。⑤ 王加灿（2006）认为，企业社会责任即企业对其利益相关者应负担的责任，这就包括对投资者的社会责任，对消费者的社会责任，对企业职工的社会责任，对债权人的社会责任，对政府的社会责任和对社会的社会责任。⑥

（三）关于加强中国企业社会责任建设的研究

关于如何加强中国企业社会责任建设的研究主要集中在三个层面上：一是政府在企业履行社会责任方面要充当规范和引导角色，要制定相关的法律法规，

---

① 刘俊海：《公司的社会责任》，法律出版社，1999 年。

② 毛羽：《凸显"责任"的西方应用伦理学——西方责任伦理述评》，《哲学动态》，2003 年第 9 期。

③ 田丰：《广东企业社会责任与企业文化建设互动研究》，见：梁桂全、黎友焕：《2004 广东企业社会责任建设蓝皮书》，广东经济出版社，2004 年。

④ 杜中臣：《企业的社会责任及其实现方式》，《中国人民大学学报》，2005 年第 4 期。

⑤ 纪德尚、郭秋娟：《构建和谐社会与企业的社会责任》，《郑州大学学报》，2006 年第 9 期。

⑥ 王加灿：《基于生命周期理论的企业社会责任管理》，《企业经济》，2006 年第 5 期。

并制定企业社会责任标准体系以规范企业公民的行为；二是在社会层面上，要加强社会舆论对企业行为的监督作用，以社会压力推动企业社会责任的履行；三是从企业自身而言，要树立正确的社会责任观，要意识到履行社会责任的重要性和必要性，真正承担社会责任。

首先，政府要通过建立健全法律、法规和统一标准等方式规范企业行为。陈留彬（2006）认为，企业社会责任依赖于由法律强制、行政干预、经济调控、社会监督、责任认证、企业内部治理和企业自律等方面相结合所形成的多层次制度安排。① 朱锦程（2007）认为，政府作为公众的监护人和协调企业私利与社会公益的仲裁人，应从宏观的角度积极引导、规范企业社会责任的发展方向和层次，确保其沿着正确的轨道前进。通过立法和行使公共权力的形式，建立完善、规范的法律、法规体系，为企业社会责任的实现提供程序化和制度化的保证。② 常凯（2003）认为，中国应该提出适合中国的企业社会责任标准，既要考虑中国劳动法律、法规的规定，又要和国际劳工标准的原则相一致，还要得到跨国公司和国际社会的认同。③

其次，关于社会舆论与社会压力方面。刘藏岩（2008）主张，通过社会即非政府组织、行业协会、大众媒体、"责任消费"和"责任投资"以及高校和科研机构等来推进企业社会责任的完善。④ 杨春方、石永东、于本海（2007）认为，解决企业社会责任内在动力不足问题可采取多种措施，如确立企业社会责任规范，在全社会树立正确的社会责任观，政府在市场框架内推进企业社会责任运动，避免强制性社会责任审查。⑤ 陈湘舸、邝爱峰（2004）认为，企业社会责任运动的开展需要全社会的支持与关注，要充分发挥环保组织、基金组织、消费者协会和工会等社会团体的作用，发挥大众媒介和群众的舆论监督作用，形成多层次、多渠道、全方位的监督体系，以促成企业承担社会责任的社会环境。⑥

最后，关于企业自身发展方面。金香兰、李宝奇（2005）认为，企业真正承担社会责任要做到以下几个方面：一是真正依法履行其社会责任；二是在履行社会责任时重视道德和伦理要求；三是重视环保，促进企业与自然和谐发展。⑦

① 陈留彬：《企业社会责任理论研究综述》，《山东社会科学》，2006 年第 12 期。
② 朱锦程：《政府、企业与社会三者关系中的中国企业社会责任监管机制》，《社会科学战线》，2007 年第 1 期。
③ 常凯：《全球经济一体化与社会责任》，《工会理论与实践》，2003 年第 4 期。
④ 刘藏岩：《民营企业社会责任推进机制研究》，《经济经纬》，2008 年第 5 期。
⑤ 杨春方、石永东、于本海：《中国企业社会责任困境解析》，《科技与管理》，2007 年第 1 期。
⑥ 陈湘舸、邝爱峰：《企业社会责任运动理论与实践》，《求索》，2004 年第 6 期。
⑦ 金香兰、李宝奇：《构建和谐社会与企业社会责任的思考》，《东疆学刊》，2005 年第 10 期。

李炳毅、李东红（1998）认为，企业承担社会责任不应是被动的过程，需将社会责任纳入企业战略，根据实际情况选择社会责任战略，在战略管理过程中倡导企业的社会责任。[①] 王茂林（2005）认为，企业应树立正确的责任观，把履行社会责任放在突出位置，明确社会责任范围，规范自身行为，把履行社会责任作为提高企业核心竞争力的重要内容。[②]

（四）关于中国企业履行社会责任存在问题的研究

金香兰、李宝奇（2005）认为，当前中国企业在履行社会责任方面主要有以下问题：一是法律法规不健全，企业社会责任行为无法可依；二是道德约束缺乏，企业在履行社会责任时缺少明确的底线标准。如企业片面追求低成本，不顾劳工环境、雇用童工、薪酬不平等、产品质量低下、环保意识差等。[③] 李碧珍（2006）认为，中国企业社会责任缺失主要表现在：一是出现强资本、弱劳动的不和谐状态，劳动者的合法权益难以得到保护；二是企业信用水平较低，出现做假账、拖欠货款、不履行合同等现象；三是企业发展方式为粗放式增长，资源消耗过度，环境破坏严重；四是公共责任意识，慈善、捐赠等理念并未形成，缺少制度环境。[④] 席建国（2005）认为，中国企业社会责任缺失突出表现在：企业逃税、避税，不承担社会保障相关责任；较少考虑社会就业问题；不重视环保；唯利是图，产品、服务质量低，欺骗消费者；压榨职工福利；缺乏公共意识；缺乏公平意识；缺乏诚信等。[⑤]

李端（2006）认为，造成企业社会责任缺失的原因有三：一是地方政府监督滞后、失灵；二是企业没有树立以人为本的理念，忽视员工工作环境和保障；三是员工法律和维权意识差。[⑥] 盛顺喜（2005）认为，当前中国企业社会责任缺失的主要原因有：生存环境迫使企业以利益为最高目标，阻碍企业履行社会责任；法律法规不健全，使企业履行社会责任缺乏约束；经济增长方式的转变和企业只重视眼前利益、局部利益相冲突；员工主体地位沦丧，企业缺乏有效的内部监督机制；传统文化的影响以及企业履行社会责任的激励不足。[⑦] 杨春方、石永东、于本海（2007）从历史原因、企业市场行为与社会责任行为的不一致

---

① 李炳毅、李东红：《在战略管理过程中倡导企业的社会责任》，《经济问题》，1998 年第 8 期。
② 王茂林：《构建和谐社会必须强化企业的社会责任》，《求是》，2005 年第 23 期。
③ 金香兰、李宝奇：《构建和谐社会与企业社会责任的思考》，《东疆学刊》，2005 年第 10 期。
④ 李碧珍：《企业社会责任缺失：现状、根源、对策——以构建和谐社会为视角的解读》，《企业经济》，2006 年第 6 期。
⑤ 席建国：《论中国企业的社会责任》，《上海企业》，2005 年第 11 期。
⑥ 李端：《对企业社会责任的理性思考》，《集团经济研究》，2006 年第 8 期。
⑦ 盛顺喜：《企业社会责任缺失的原因及强化对策》，《上海企业》，2005 年第 11 期。

性、企业社会责任行为与企业社会责任形象的不一致性、企业的发展规模以及所在的行业状况等方面，分析了企业社会责任缺失的客观原因。认为中国企业社会责任缺失的原因还包括社会监督力量缺失、地方政府监管不到位等。①

（五）关于企业社会责任相关理论的研究

关于企业社会责任相关理论的研究集中在以下几个方面：一是运用社会契约理论来解释企业与社会之间的关系，进而考察企业社会责任的本质与内涵；二是运用利益相关者理论进一步考察企业社会责任的对象及内容等；三是从竞争力角度考察企业社会责任对企业竞争力的影响，将企业社会责任看作是企业的软性竞争力；四是将企业社会责任置于公司治理的分析框架之下，探讨企业社会责任的实践；五是结合科学发展与和谐社会思想考察企业社会责任的内涵与表现。

林军（2004）认为，企业社会责任的出现与发展是企业与社会之间不断变化的社会契约关系。企业社会责任从整个社会出发，考虑整个企业行为对社会的影响及社会对企业行为的期望与要求；社会契约理论从合约的角度出发，阐明了社会行为要符合社会道德要求。②黎友焕（2007）认为，应把社会契约和企业社会契约明确区分，企业与社会之间的契约叫企业社会契约，即约束企业及其利益相关者的行为模式的规则和假设。社会契约要求企业的行为必须符合社会的期望，要求企业有责任为社会和经济的改善尽自己的义务。③

杨瑞龙、周业安（2000）认为，公司的利益相关者模型突出了两个方面的特征：一是公司的最高权力由利益相关者，不仅仅是股东的代表组成；二是公司的目标不仅是盈利最大化，而且还要承担相应的社会责任。④郭文美、黎友焕（2007）也认为，有责任感的企业不仅以盈利为目的，应同时关注利益相关者的利益。⑤吴宣恭（2007）则指出，企业必须处理好同其他社会主体，特别是职工的关系。要树立企业的社会责任感，构建正常的市场关系。但社会主义公有制内部的利益关系大大超越了在资本主义土壤中产生的利益相关者理论所涉及的内容，以社会主义关系及其形成的思维去论证利益相关者理论，或者以这种理论去解释和处理社会主义公有制的内部关系，都是不可取的。⑥

---

① 杨春方、石永东、于本海：《中国企业社会责任困境解析》，《科技与管理》，2007 年第 1 期。
② 林军：《利益相关者与公司控制权安排》，《暨南学报》（人文科学与社会科学版），2004 年第 4 期。
③ 黎友焕：《企业社会责任在中国——广东企业社会责任建设前沿报告》，华南理工大学出版社，2007 年。
④ 杨瑞龙、周业安：《企业的利益相关者理论及其运用》，经济科学出版社，2000 年。
⑤ 郭文美、黎友焕：《食品企业履行社会责任刻不容缓》，《中国贸易报》，2007 年 12 月 13 日。
⑥ 吴宣恭：《正确认识利益相关论者的企业产权和社会责任观》，《经济学家》，2007 年第 6 期。

国内学者对企业社会责任与企业竞争力之间的关系进行了研究，较有代表性的观点有软竞争力和责任竞争力。软竞争力观点认为，在全球化背景下，跨国公司的竞争由传统的技术、产品等硬件竞争上升到公司责任理念和道德水准等软件条件的竞争。责任竞争力观点认为，企业竞争已由以产品为管理对象的质量竞争和以环境为对象的环境竞争发展到以利益相关者为管理对象的全面责任竞争阶段。殷格非（2006）认为，可从 3 个方面提高企业的责任竞争力：一是建立包括责任管理体系的全面管理体系，将公司的专业优势与中国和谐社会建设结合起来；二是积极参与供应链竞争，提高责任竞争能力，建立起符合公司实际的责任管理体系；三是寻求专业优势与社会问题解决的结合点，切实培植责任竞争力。[1]

国内学者关于企业社会责任与公司治理结构研究的基本点均是着眼于企业对社会责任的履行、对公司治理结构的依赖上，通过公司治理结构的优化和改进引导和推进企业对社会责任的履行。刘连煜（2001）认为，企业社会责任落实到企业或公司治理环节中，公司内部治理模式的设计必须以股东财产权为中心加以架构。在此基础上，以政府法规奖励负责任的公司行为，严惩不负责任的公司行为，以引导公司履行社会责任。[2]金建江（2007）认为，要将企业社会责任理念融入到企业的治理结构中去，在企业的决策机构和执行机构之间设立"利益相关者委员会"作为企业决策时的"智囊团"。[3]卢代富（2002）认为，企业社会责任意味着需要改革传统的以股东为本位的公司内部治理结构，让非股东利益相关者参与公司治理，而且要求营造与社会责任相适应的公司运作外部市场环境。[4]黎友焕（2008）从信息披露机制可以产生放大作用的机理出发，论述了企业社会责任与公司治理。即企业积极履行了社会责任，它从中得到的好处会变大；企业逃避社会责任、违法违规，其承受的成本也会被放大。良好的信息披露机制则来自于良好的公司治理结构。[5]还有学者从整合和协同深化的视角将组织能力、公司治理与社会责任融合在一起，构建了三者的整合模型和演化过程，认为组织能力、治理结构机制和社会责任三者相互影响并实现着协同。

科学发展观与和谐社会思想的提出为企业社会责任研究提供了新的理论依据与分析工具。构建和谐社会是全社会各类组织和人员共同的任务，企业作为

---

[1] 殷格非：《提高责任竞争力，应对全面责任竞争时代》，《上海企业》，2006 年第 1 期。
[2] 刘连煜：《公司治理与社会责任》，中国政法大学出版社，2001 年。
[3] 金建江：《从利益相关者视角解读企业社会责任》，《财经科学》，2007 年第 11 期。
[4] 卢代富：《企业社会责任的经济学和法学分析》，法律出版社，2002 年。
[5] 黎友焕：《企业社会责任在中国——广东企业社会责任建设前沿报告》，华南理工大学出版社，2008 年。

占有庞大社会资源的组织应该履行其社会责任。这就要求企业必须超越单纯以经济利润为目标的传统理念，重视人的价值，强调对消费者、环境和社会的贡献。一方面，企业要履行基本的经济责任和法律责任，这两部分内容属于企业必须履行的社会义务；另一方面，企业还要履行道德责任和慈善责任等社会责任。按照科学发展观的思想，企业对实现社会经济的全面、协调、可持续发展具有直接影响。企业社会责任是市场经济和社会发展的必然趋势，企业履行社会责任是以人为本的科学发展观的直接体现，是企业落实科学发展观的具体行动。企业重视和承担对员工、对消费、对环境、对子孙和对社会的责任，是科学发展观对企业行为的要求，也是中国企业实现向现代负责任企业迈进的必备条件。

本章小结

企业社会责任思想产生于早期的商业伦理思想，并随着经济发展和社会进步逐步催生了企业社会责任理念，经济全球化发展加速了企业社会责任思想的推广，并使其在政府的引导和规范下最终形成。19世纪末西方开始最早论述企业社会责任，20世纪中期，对企业社会责任（CSR）的研究进入全面发展阶段。进入20世纪中后期，国外学者对企业社会责任的研究不断深入，企业社会责任概念也不断得到拓展，从最初的狭义概念，发展到包括企业社会回应（Corporate Social Responsiveness）和企业社会表现（Corporate Social Performance）等在内的广义概念，进一步发展到企业公民概念。在利益相关者理论、法学、经济学、社会学等理论的帮助下，企业社会责任理论体系不断完善。

从现代企业社会责任的研究角度来看，中国企业社会责任的实践和研究是在市场经济确立之后开始的。中国企业社会责任的发展经历了从无到有的渐进过程，特别是近几年在科学发展观和和谐社会思想的引导下，关于企业社会责任的研究快速发展。一方面，大量借助国际先进的研究成果和经验；另一方面，根据中国的实际情况和企业基本现实而进行的社会责任探讨也逐渐成熟。中国的企业社会责任研究首先是界定企业社会责任的概念，从微观和宏观方面研究企业社会责任的内容。其次是从企业、政府和社会3方面加强中国企业社会责任建设的研究，不断关注中国企业履行社会责任存在的问题。最后是在吸收和借鉴国外研究成果的基础上，进一步深化企业社会责任的相关理论研究。

第八章 企业社会责任的界定、性质和内容

第一节 企业社会责任的界定

一、国内外对企业社会责任的界定及评价

从 19 世纪末企业社会责任思想萌芽到今天，企业社会责任的概念经历了从狭义到广义、从浅显到深入的发展过程，从传统的企业对股东的经济责任扩展到了企业公民的概念。学界对企业社会责任的界定有多种方法，各不相同。本书试图将这些观点做一一归纳，以更好地界定企业社会责任。

(一) 国内外对企业社会责任概念的界定

企业社会责任研究源于国外，国外学者结合企业实践不断探索对企业社会责任的描述方法。相比而言，国内企业社会责任的研究先于企业实践，国内学者给出的定义更多地借鉴国外学者的观点，并加以修正。企业社会责任有以下 5 种较成熟的定义：

1. 方面说

所谓方面说是将企业社会责任看作是企业必须承担的几方面责任，这是对企业社会责任的广义概括。此观点的代表人物是阿奇·卡罗尔 (Archie B. Carroll)。20 世纪 70 年代，卡罗尔在其论文《公司社会表现的三维概念模型》中，构建了企业社会表现的三维空间模型。其中第一个维度即企业的社会责任，即社会在一定时期内对企业提出的经济、法律、道德和慈善期望。[①] 包括经济责

[①] 阿·B.卡罗尔、安·K.马克霍尔茨：《企业与社会：伦理与利益相关者管理》，黄煜平等译，机械工业出版社，2004 年。

任、法律责任、伦理责任和慈善责任。其中，经济责任即企业负有生产、经营、盈利以满足消费者需求的责任，法律责任指企业必须保证其行为在法律允许的范围内，伦理责任指企业行为要符合社会伦理要求和道德标准，慈善责任是指企业要具有坚定的意志和慈爱的胸怀。卡罗尔还提出了企业公民"四面说"，这"四面"即四种责任，每个企业公民均有经济面、法律面、伦理面和慈善面。

国内学者黎友焕（2007）将企业社会责任定义为"在某特定社会发展时期，企业对其利益相关者应该承担的经济、法规、伦理、自愿性慈善以及其他相关的责任"。① 该定义也符合卡罗尔的"四面说"，只是在具体提法上有些区别。此外，金香兰、李宝奇（2005）认为，企业社会责任涵盖 6 个方面的内容：基本原则、商业责任、职工权益、工作环境、环境保护和社区责任。②

2. 层次说

层次说从企业应承担的社会责任内容出发，将其划分为依次递进的层次，最典型的定义即美国经济发展委员会（Committer for Economic Development, CED）给企业社会责任下的定义。该定义在第七章作了介绍，它将企业应承担的社会责任分为 3 个程度不同的层次，最内层次是企业的基本责任，更接近于企业的经济责任，是企业首要履行和必须履行的责任；中间层次和最外层次是企业在完成经济责任之外，应该着力履行的责任，包括法律责任、道德责任和慈善责任等。这种层次性的划分易让人认为 3 个层次之间的重要性不同，即企业应优先解决最内层次问题，再谋求中间和最外层次的社会责任。

3. 对象说

对象说是以利益相关者理念为基础的界定方式，以企业社会责任的对象为基准。卡罗尔认为，不同的利益相关者具有不同的需求，而企业需要针对不同的社会需求履行相应的责任，如对股东履行的主要是经济责任，对顾客则要承担法律和伦理责任等。从对象角度界定企业社会责任可使其更具有操作性和对应性，企业在承担社会责任时可以根据自己的实际情况来确定其责任对象，并采取有针对性的措施。

4. 抽象式

与国外学者不同，国内学者从对企业社会责任的本质的把握出发，界定企业社会责任，旨在从抽象上对其进行定义。袁家方（1990）将企业社会责任定义为"企业在争取自身的生存与发展的同时，面对社会需要和各种社会问题，

---

① 黎友焕：《企业社会责任研究》，西北大学博士论文，2007 年。
② 金香兰、李宝奇：《构建和谐社会与企业社会责任的思考》，《东疆学刊》，2005 年第 10 期。

为维护国家、社会和人类的根本利益，必须承担的义务"。① 卢代富（2002）将企业社会责任的含义界定为："企业在谋求股东利润最大化之外所负有的维护和增进社会利益的义务。"②

与前三类定义相比，抽象式的定义略显模糊，在企业实践中很难掌握社会责任的具体内容和范围，还需要进一步细化。

5. 综合式

除上述界定方式之外，有些学者还将某些定义方式综合起来，得出自己的定义。周祖城（2005）认为："企业社会责任是指企业应该承担的，以利益相关者为对象的，包含经济责任、法律责任和道德责任在内的一种综合责任。"③ 这一定义在强调企业需要承担经济、法律和道德等 3 方面责任的同时，提出企业社会责任需要以利益相关者为对象。

邓健、任文举（2005）认为，可从 3 个层面定义企业社会责任。狭义的概念是指企业在经营过程中所负有的赚取利润的经济责任和遵守法律法规的法律责任；中观层面的概念是指企业除了负担经济和法律责任外，还应当考虑利益相关者的利益，承担对员工、消费者、社区、客户、政府等利益相关者的社会责任；广义的社会责任，泛指企业在经营过程中对社会应当承担且能够承担的一切责任以及合乎道德的行为。④ 这一定义将层次说、方面说和对象说结合起来，其狭义定义与层次说中的最内层次相对应，其中，中观定义强调了利益相关者的重要性，而广义定义又强调了道德责任方面。

（二）对上述企业社会责任定义的评价

不同学者对企业社会责任的定义有不同的侧重，但总体上分为广义和狭义两种。广义概念包括企业的经济责任、法律责任和道德责任等，狭义概念则更强调道德和自愿责任层面。上述定义从不同角度对企业社会责任进行了界定，其涉及的内容基本一致。方面说提出的经济、法律、道德和慈善责任同样适用于层次说、对象说和抽象式定义。层次说将经济划为最内层，法律为中间层，道德和慈善责任是最外层。对象说中对股东、员工、供应商等与企业经营直接相关的利益相关者的责任属经济责任，而员工培训、工作环境改善等责任属于法律责任，其他如环保、社会救济等均属道德和慈善责任。而抽象式定义更是笼统地概括了企业社会责任的本质，若进一步细化也可归纳为经济、法律、道德和慈善等责任。

---

① 袁家方：《企业社会责任》，海洋出版社，1990 年。
② 卢代富：《企业社会责任的经济学和法学分析》，法律出版社，2002 年。
③ 周祖城：《企业伦理学》，清华大学出版社，2005 年。
④ 邓健、任文举：《企业的社会责任的内涵辨析》，《商场现代化》，2005 年第 10 期。

上述定义准确界定了企业社会责任的内容和本质，并对企业实践具有相当大的指导作用，同时也是企业社会责任思想发展和研究成果的集中体现。

二、本书对企业社会责任的界定

虽然对企业社会责任的研究日益成熟，但企业社会责任的定义仍没有完全统一，较认可的定义就是方面说提出的经济、法律、道德和慈善责任。为便于之后的分析，本书试图在前人基础上进一步明确企业社会责任的定义。

（一）企业社会责任构成要素

要界定企业社会责任，需明确其构成。顾名思义，企业社会责任以责任为中心，是企业与社会关系的体现，以企业为主体，是企业对社会应承担的责任。因此，必须明确两点：一是企业社会责任的责任导向性，二是企业社会责任需以企业为依托。

1. 责任导向

责任导向强调企业行为的社会责任感，要以履行社会责任为目标，用企业社会责任思想统领企业行为。与责任导向相对的是利益导向，这两种导向是两种不同的企业文化。责任导向文化，是以责任为主导引领企业发展。企业拥有社会责任感，可以激发其内在动力，责任感越强，责任越大，动力也越强。在责任导向下，企业的社会责任感内化于每个员工，使员工更加明确自己在企业中的地位和价值，个人责任的集合更增强了企业的社会责任感。

相反，利益导向为以利益为主导引领企业发展。诚然，利益是重要的，这是激励人们的最初动力。但利益不是万能的，随着企业的发展，利益对员工的激励作用越来越小，而过分强调利益的企业将无法形成真正的凝聚力和核心竞争力，片面强调局部利益和眼前利益，将会影响企业整体和长远的发展。

在企业社会责任实践中，要以责任导向为主导，以利益导向为补充。适当的利益激励是企业顺利履行社会责任的保证，但真正建立以责任导向为核心的企业文化是企业社会责任得以真正实现的根本。

2. 企业依托

企业是履行社会责任的主体，没有企业就谈不上企业社会责任。因此，必须重视企业自身的成长和长远发展。企业社会责任是不断变化的，刚刚成立的小企业是无法承担连续的大额社会捐款的。也就是说，企业只有拥有保障其实体存在的能力，才能有资格履行更高层次的社会责任。一般的，初创企业以经济责任和法律责任为主，即可以提供优质的产品和服务，能够按时足额发放工资等。而相对成熟的企业则有能力承担其他道德和慈善责任。

企业社会责任以企业实体为依托，其内容和范围也会随企业的实际经营情况而有所改变，即表现为根据企业的业绩和业务范围等因素进行相应的调整，并非一成不变。法律责任是企业行为的底线，无论企业经营好坏均不可侵犯利益相关者的权利，但经济、道德和慈善责任的履行均受企业业绩的影响。

（二）企业社会责任的概念

经过上述分析可知，界定企业社会责任需要注意 3 点：一是企业社会责任贯穿企业生命始终，责任导向是企业文化的核心；二是企业社会责任以企业实体的存在为基础，需重视企业自生能力；三是企业社会责任的内容在企业成长各个时期都会有所差别，呈现动态性特征。

为此，本书将企业社会责任定义为：企业以责任导向文化为指导来承担的，以企业自身能力为凭借的，在社会期望与企业经营实绩之间相权衡的，经济、法律、道德和慈善责任的总和。

第二节　企业社会责任的性质与特征

对企业社会责任的研究需要从根本上理解"责任"的内涵，一般意义上的责任与企业社会责任还存在差别。企业在社会经济生活中起重要作用，拉动经济增长，解决人们生活中的各种问题，提升整个社会的文明水平。企业履行社会责任也是其对社会的重要贡献之一，因此需要细致地探讨企业社会责任的性质和特征，以进一步推广企业社会责任理念，促进中国企业社会责任事业的发展。

一、企业社会责任的性质

（一）责任与社会责任

1. 责任的内涵及法理解释

一般认为，责任就是分内之事，即承担应当承担的义务，完成应当完成的使命，做好应当做好的工作。具体而言，对责任的理解有 3 个层次：一是指分内应做之事，如公安干警有打击违法犯罪的责任，子女有赡养父母的责任等，在这一语境里，责任与义务的含义相同。二是指因为没能做好分内之事而造成的过错或过失，即个体因没能完成任务或做好本职工作而造成损失，这一过错的后果该由个体负担，这里的责任有承担过错之意。此时的责任有程度的差别，如果过错不很严重，只涉及道德或舆论的谴责；若过错触犯了法律，则要面临法律的制裁。三是代指个体所要承担的职务和职责，是对个体应尽义务或应做工作的描述。总的说来，责任有两个基本要求：一是个体要做好分内之事，履行职责、尽到责任、完成任务；二是个体如果没有做好本职工作，就要承担相应的不利后果或强制性义务。责任伴随人类社会的出现而出现，其内容及要求也在不断变化。身处社会之中的个体必须遵守一定的规则和条文，包括强制性的法律和隐性的道德约束等。人类对自由的追求从未停止，但这种自由总是相对的，是在一定约束和规则范围内的自由。

《经济伦理学大辞典》对责任有如下解释。责任的归属以行为者、行为及双方之间的一些特性为前提，主要表现为：行为者的特性是行为者必须有责任能力，而此种能力以行为主体的意志自由为前提；行为的特性表现为遵循或违反道德规范都属于责任范围，而这种责任又包括 3 种情况，即消极的义务（要求行为不直接伤害他人）、严格的积极义务（要求履行已经承担的角色义务）和广义的积极义务（倡导行善）。[1] 其中，消极的义务是社会群体在社会生活中行为的底线，适用于个人和组织；严格的积极义务也是应当为所有个体所遵循的义务，子女要尽孝，学生要尊师，职工要尽责等均属此类；广义的积极义务则不具备严格的约束力。从行为约束角度来说，个体行为受法律和道德约束，某些行为可以用法律明文规定，其余很难界定的行为则需要道德约束来调节。事实上，法律与道德的界限并不明确，有时还相互交叉、并存、互为辅助。这样，消极的义务和严格的积极义务比较容易以法律的形式确认，而广义的积极义务则需要引入道德标准。在企业社会责任实践中，消极的义务和严格的积极义务已成为法律化的企业责任或法律化的道德责任，即在传统的责任范围外，还纳入了环保要求等道德责任。而广义的积极义务则包括尚未完全以法律形式确认的企业社会责任，即包括纯粹的道德义务。[2]

按照法学理论的解释，责任包含两方面的含义：一是关系责任，二是方式责任。前者指一方主体基于他方主体的某种关系而负有的责任，即义务；后者为负有关系责任（义务）的主体不履行其关系责任所应承担的否定性后果。[3] 所谓法律责任有广义和狭义之分，广义的法律责任包括了法律义务，狭义的法律责任仅仅指违反了法律义务的后果。

对责任的深入理解还必须分析承担或履行责任的主体，包括个人和组织。对于个人而言，需要具备承担违法或违规行为的责任的能力，即责任能力。通常所说的责任能力与法律相对应，不同法律规定的责任能力不同，如民法要求

① 周勇：《论责任、企业责任与企业社会责任》，《武汉科技大学学报》（社会科学版），2003 年第 4 期。
② 王玲：《经济法语境下的企业社会责任研究》，中国检察出版社，2008 年。
③ 张文显：《法理学》，法律出版社，1997 年。

民事主体具有独立承担民事责任的法律地位或资格，而刑法要求行为人能正确认识自己的行为性质、意义、作用和后果，并能依据这种认识而自觉选择和控制自己的行为，从而具有对自己所实施的刑法所禁止的危害社会的行为承担刑事责任的能力。应用到组织情形时，也必须考虑组织的责任能力。企业在不同的生命周期所能承担的责任范围不同，其行为的重心不同，社会对其要求也不同。企业公民概念的提出是企业社会责任思想发展的重要成果，同时也提出了以公民观看待企业行为的观点，这一概念的提出将企业自身发展与社会责任的履行结合起来，对企业社会责任的发展更具指导意义。

2. 社会责任的内涵

简单来说，社会责任即将责任的覆盖范围扩大到整个社会范畴，是指主体对社会应负的责任，主体包括个人和组织。对个人而言，其对社会的影响有限，机会主义行为常常主宰个体行为，个人的社会责任也很难被监督和约束，而个人的集合对社会造成的影响不可小视。对组织而言，其对社会、经济和政治等方面的影响均较大，社会对其的要求也较高，与组织相对应的社会责任也就成为社会关注的核心问题。

社会责任是社会中存在的个人与组织对社会所负有责任的总和。在社会生活中，个人的行为也总是内化于某个组织当中，通过组织来发挥其对社会的影响力的。因此，对个人社会责任的研究有一大部分是与组织社会责任相一致的。就个体而言，个人是构成社会关系的微型细胞，其知识、技能、经历、职业、性格等均决定其行为特征及其行为对社会可能造成的影响。组织是个体的集合，优秀的个人所构成的组织，其社会责任感会更强，履行社会责任更有计划性，效果更好。相反，机会主义强的个人所构成的组织，则对社会责任的履行抱有可有可无的态度。从这一角度而言，对组织社会责任的研究还要细化到人的因素，这也是强调企业社会责任中要重视对管理者和员工的社会责任的根本原因。

在组织之外，个人之间所构成的社会关系同样对社会造成不小的影响。亲情、友情、爱情、怜悯、无私等情感因素引导人的行为，由多数个体行为集合而成的群体性特征，是一个社会的关系基础。而社会责任是每个个人责任感的抽象和提升，同样是以个人行为为基础，但又不以某个人的行为而改变。

就组织而言，社会责任通常是指组织承担的高于组织自己目标的社会义务。一个企业不仅要承担法律上和经济上的义务，还要承担促进社会进步和长远发展的义务，即要履行社会责任。企业社会责任是经济、法律、道德和慈善责任等的总和。企业必须意识到，其经营活动对其所处的社会将产生很大影响，而社会发展同样也会影响公司追求企业成功的能力。为此，企业必须积极管理其经营活动在经济、社会、环境等方面的影响，从内到外实现自身与社会的同步发展。而且，企业还要认识到，其自身的行为对其他企业同样有外部影响，既要树立好榜样，又要学会与其他群体和组织相互合作，共同履行社会责任。

（二）企业社会责任的性质

1. 关于企业社会责任性质的不同观点

关于企业社会责任的性质，存在不同观点。有学者认为，企业社会责任是指公司及公司机关的成员在作出经营决策以及在经营活动中所负有的不威胁、不侵犯社会利益的义务，以及违反此种义务而应向社会公众承担的第二性义务，并以不利后果为表现。企业社会责任从内容上分两个层次：一是法律义务，即由法律所规定的企业对社会应做的事；二是企业因威胁、侵犯社会利益而应承担的第二性义务，包括补偿性义务和惩罚性义务，是责任主体的一种不利后果，这表明企业社会责任是对企业违法行为的纠错机制。①

另一种观点认为企业社会责任是不同于企业经济责任、法律责任和道德责任的一种企业责任。李立清、李燕凌（2005）认为，企业社会责任是除经济责任和法律责任之外的"第三种责任"，是由企业在社会领域内的自身行为而引起的必然结果，而非任何外力推促下的企业义务。企业的社会责任和经济责任、法律责任是同时存在的，是企业必须承担的责任。②

上述两种观点均从狭义角度认识企业社会责任，还有学者在更广义的范围内界定企业社会责任。认为在企业所应承担的经济责任、法律责任、道德责任和慈善责任中，前两种责任体现的是社会对企业的要求，道德责任体现的是社会对企业的期望，慈善责任体现的是社会对企业的向往。这种观点将企业社会责任的内涵分为两个层次，即基础层次和高级层次。基础层次包括经济责任和法律责任，体现的是企业社会责任的他律层次；高级层次包括企业的道德责任与慈善责任，体现的是企业社会责任的自律层次。③

2. 企业社会责任是一种社会义务

从内涵来看，企业社会责任有广义和狭义之分，而将企业社会责任划分为经济责任、法律责任、道德责任和慈善责任是其广义范畴。过度地强调企业社会责任的广义内涵会使社会责任比较宽泛而缺乏特殊意义，而狭隘地将企业社会责任看作是法律责任、道德责任和慈善责任其中的一种也不很全面。

企业社会责任归根到底是企业对社会的义务的体现。企业从社会中取得资源，为股东赚取了利润、为员工提供了收入来源、为管理者提供了实现个人价

① 李平龙：《超越道德教化：公司社会责任法律内涵解读》，《社会科学家》，2005 年第 1 期。
② 李立清、李燕凌：《企业社会责任研究》，人民出版社，2005 年。
③ 王玲：《经济法语境下的企业社会责任研究》，中国检察出版社，2008 年。

值的平台，那么企业就需要为社会提供有形和无形的回报，即产品、服务、经营理念、公益贡献等。从责任角度来看，企业所要承担的这些义务就构成了企业最基本的责任，即经济责任和法律责任。这部分责任通常是可监督和约束的，是可以通过法律进行规定的，如《产品质量法》《劳动法》《消费者权益保护法》等。道德责任和慈善责任是对企业的软性约束，并非每个企业都必须遵守，可以说这部分责任并不是企业需要严格承担的义务。但在激烈的竞争背景下，企业越来越重视这部分责任的履行，同时这也是衡量企业社会责任发展水平的重要内容。

企业的道德责任和慈善责任很难以法律的形式固定下来，但这些责任与人们心中的道德观念是相吻合的，那些注重商业道德的企业会自愿、主动地承担这些责任。同时，社会舆论压力也会迫使企业承担相应的道德责任。企业面临着来自法律和道德的双重约束，法律难以约束的行为将由道德来约束，道德的社会责任成了法定社会责任的必要补充，二者相互依存、相互促进，共同构成整个企业社会责任。[①]

二、企业社会责任的特征

(一) 动态性

企业社会责任的动态性是指企业社会责任的内涵、责任对象的范围、责任实现的形式、企业社会责任影响范围等均是不断变化的。一方面，随着企业的不断成长，其经营重心发生转移，由最初以追求利润、降低成本为主，转移到培养企业核心竞争力上来，从片面地追求货币收入来抓经营业绩，转化到从长期战略角度考虑企业社会行为上来。这样，在企业初创时期，其对社会的贡献以优质产品和服务为主，企业社会责任涉及的对象以消费者、员工、股东为主。在企业成长时期，企业与社会之间的互动关系更加密切，受企业行为影响的群体增多，企业需要采用多种方式迎合多方主体对企业的期望和要求。社会捐助、慈善活动、就业机会、社会培训等均是企业社会责任的新内容。

此外，企业社会责任的动态性不仅表现为其范围在长期内的扩大，还表现为一段时间内的不稳定。当企业经营遇到困难时，企业将调整社会责任战略，优先解决与企业经营有密切关系的利益相关者的问题，而减少对社会的付出。当企业因一时经营失误而造成不好的社会影响时，企业必须在较短时间内多做社会工作，以赢回良好的社会形象，逐渐恢复企业声望，表现为一段时间内的社会责任集中履行和超量履行。

---

① 刘素芝：《浅析强化公司社会责任的机理》，《湖南省政法管理干部学院学报》，2002 年第 6 期。

（二）对应性

企业社会责任的对应性是指其履行均有相应的对象，如对股东的责任、对员工的责任、对消费者的责任等。这是企业社会责任具有可操作性的基础，同时也是划分企业社会责任内容的主要方式。企业社会责任的对应性强调企业与其他主体之间的对应关系，如企业与上下游合作商之间的合作关系，与员工的契约关系，因产品与消费者结成的交易关系，与债权人、投资人结成的资金供求关系等。这些关系构成企业的关系网络，而企业社会责任就是对这些关系进行维护。这些关系存在程度上的差别，有些关系可为法律所约束，如与员工、股东、消费者和债权人等的关系，与这些对象对应的社会责任受法律规制；有些关系并不具备硬性约束，如企业与环保团体的关系，企业与弱势群体的关系等，这部分责任受道德标准约束，强制力相对较差。

（三）系统性

企业社会责任的系统性是指其履行需要完备的系统，指企业调动多方资源，经过严格论证，形成战略层面的实施规划与具体方案，并系统地实施。就中国情况而言，企业对履行社会责任的认识还停留在可有可无、临时抱佛脚、救命稻草的阶段，往往在企业出现失误时才想起履行社会责任。按照企业社会责任思想，企业社会责任应该是贯穿于企业生命周期始终的内容，企业初创时有初创时的社会责任，成长期有成长期的责任，只是内容、形式等各有不同。不同规模的企业需要承担不同的社会责任，但这种承担责任的思想应该自始就有、自小就有。除此之外，企业社会责任的履行必须有一整套行之有效的战略计划和具体安排，成为企业战略的组成部分，成为企业核心竞争力提升的主要源泉。企业社会责任系统建立在企业自身的社会责任感基础上，是企业经营理念的直接体现，需要企业员工、管理者、股东等直接相关主体的共同认可和努力才能实现。

第三节　企业社会责任的分类及内容

一、企业社会责任的分类

关于企业社会责任的分类，不同学者存在不同的划分标准，比较典型的有以下 3 种。一是根据不同的内容标准来划分企业社会责任，有 5 种不同的划分方法（刘俊海，1999）；① 二是运用两分法，可将企业社会责任划分为内部和外部、经济性责任与非经济性责任两类；三是根据利益相关者理论，将企业社会责任划分为相应的责任。

（一）按内容标准划分

根据不同的内容标准有 5 种不同的划分方法。

一是以企业社会责任的表现形式为准，可将其划分为程序意义上的社会责任和实质意义上的社会责任。前者与企业决策行为的程序和过程有关，即在企业做出相关行为的决策过程中，必须考虑和照顾社会利益。这种程序意义上的社会责任是将社会责任思想内化于企业决策行为，从内向外体现企业社会责任理念。如将劳动者吸收到企业决策机制中的职工代表制、客户关系管理系统等均属此类。后者是对企业决策行为所能产生的结果提出具体要求，指企业行为可以对社会利益产生正面影响，企业行为须对社会负责。实质意义上的企业社会责任强调的是企业行为对社会可能造成的结果，结果的好坏具有社会层面的衡量标准，而企业则需要在此标准的基础上做出调整，以体现企业自身的社会责任感。如企业比照国家环保标准制定更加严格的标准，并为此标准投入大量资源等。

二是以企业社会责任与企业经营活动之间的关系为准，可以将其划分为相关的社会责任和不相关的社会责任。前者是指与企业的生产经营活动有着直接关联的，与受企业经营活动直接影响的利害关系人（如雇员、消费者、供应商等）相对应的社会责任。企业对这些对象的投入旨在提高他们的福利水平，如采取措施限制企业对相关利害人的损害，协调相关利益者之间的冲突和利益，通过促销、售后服务等手段提高消费者福利水平等。这类社会责任与企业的经营活动直接相关，是企业社会责任"同心圆"的最内层，它与企业经营目标关系甚大。若企业仅以股东利益为目标，其行为便可能危害消费者，若企业考虑到雇员、供应商等多方利益相关者的利益，则企业社会责任的范围就会扩大，更能体现社会责任理念。后者是指企业为解决其经营范围之外的社会问题而投入资源来增进社会福利的行为，公益事业、社会救助、捐款等均属此类。从功能上看，这类行为并不能直接影响企业经营业绩，但是随着消费者意识的提升，企业对社会福利的影响便会直接影响其品牌价值，进而影响其业绩。事实上，在竞争激烈的现代商业社会中，成熟的管理思想与方法已经基本解决了与企业经营活动相关的责任问题，恰恰是超出经营范围的社会责任才真正影响企业的生存与发展。

---

① 刘俊海：《公司的社会责任》，法律出版社，1999 年。

三是以企业社会责任所受的激励与约束的行为规范为准，可将其划分为道德意义上的责任和法律意义上的责任。道德与法律是对社会中个体行为进行约束的两种不同标准，法律是对个体行为的强制约束，道德是对法律约束的补充，其强制力要明显弱于法律。道德约束下的企业社会责任强调企业的行为要符合道德伦理的要求，是社会利益和社会意识对企业行为的软约束。一方面，企业可以主动地承担符合道德要求的社会责任，自愿履行社会义务；另一方面，强大的社会舆论压力也可迫使企业从事有利于社会公共利益的行为。相比较而言，法律意义下的企业社会责任是通过法律的强制形式规定企业应该承担相应责任。道德约束和法律约束共同规定企业社会责任的范围，道德意义下的企业社会责任与法律意义下的企业社会责任相互依存、互相促进，共同构成企业社会责任的内容。中国目前的情况是企业的社会责任行为主要靠道德标准来约束，而企业社会责任的法制化进程相对较慢。

四是以企业行为导致的结果为准，可将其分为牺牲盈利的社会责任与促进盈利的社会责任。在企业的成长过程中，企业与社会之间不断互动，社会对企业提出越来越多的要求，大企业需要承担更多的社会责任，小企业的经营也要顾及社会利益。从经济人角度看，企业的盈利目标是其主要目标或者说是唯一目标，但企业的社会性决定了企业需要在完成经济目标的同时实现社会目标，即适当履行社会责任。在有限资源的约束下，企业从事社会活动的资源必然影响或推迟企业经济目标的实现。与此同时，较好地履行社会责任也会增加企业价值，提高长期盈利水平。一方面，企业社会责任的履行占用了企业资源，降低了企业当前的盈利水平；另一方面，企业履行社会责任增加了企业的品牌价值，降低了促销成本等，增加了企业的长期价值。

五是以企业行为背后的动机为准，可将企业社会责任分为价值主义态度的社会责任与工具主义态度的社会责任。价值主义与工具主义的区分取决于对企业利益与社会利益、企业短期利益与长期利益关系的确定。一般而言，企业从事的行为与社会利益相符合，但违背企业利益，则可将其视为价值主义态度的社会责任，这时企业已经将履行社会责任看作是其最高目标，企业的行为动机主要出于对社会利益的高度责任感。但是，企业利益仍有短期与长期之分。可能存在的情况是，企业违背其短期利益而实现社会权益，但从长期来看，这种行为可以增加企业的长远利益。因此，单纯按照某一标准很难准确评价企业的行为是否是出于对社会的责任感，或是依企业的长期经营战略而将社会责任的履行当成工具。事实上，企业社会责任理念的最终目的是要将责任思想推广到企业经营活动当中，无论企业是出于哪种理念，是出于责任感还是工具主义，其履行社会责任的结果均是增进企业和社会的整体利益。

（二）两分法

有些学者运用两分法将企业社会责任按是与非的理念进行划分，一类是将其划分为经济性责任和非经济性责任，另一类是将其划分成内部社会责任和外部社会责任。

经济性社会责任与非经济性社会责任的划分是以企业履行社会责任所采取的方式为依据的。经济性社会责任是指与企业的经济行为有直接关系的，可以用经济指标进行衡量的，并以货币、实物等物质要素为主要表现方式的社会责任。经济性社会责任与卡罗尔提出的经济责任基本一致，是企业作为社会经济细胞的基本功能的体现。衡量企业经济性社会责任的指标主要有销售收入指标、利润指标、企业股价、资产总额、工资水平、税收贡献、每股收益、市场占有率等。与经济性社会责任相对应的企业行为是企业得以生存和发展的基本活动，是企业需要首先解决的社会问题。非经济性社会责任是指除经济性责任之外的其他一切责任的总和，通常不能用经济指标来表示和衡量。比如，企业为提高员工工作环境质量、保护员工权益而做出的投资，企业参与的社区公益活动，帮助解决的就业，投身环保事业，关注弱势群体等。这些行为并非与企业正常运行直接相关的经济行为，但对企业的长期经营具有间接的促进和约束作用。

内部社会责任与外部社会责任是根据企业履行责任的不同范围进行的划分。内部社会责任是指在企业日常经营范围内的责任，是与和企业经营目标有直接关系的对象相对应的责任，是企业经营宗旨所界定的责任和义务。这类责任主要是对投资人、管理者、员工等的责任，包括实现股东利润目标，保障股东权益；确保管理层获得与其才能相一致的收益，体现管理者价值；为员工提供及时、足额的工资，改善员工工作环境，调动员工积极性等。内部社会责任强调企业核心竞争力的培养与保持，是企业内部各利益相关主体之间的互动，其中既包括经济性责任，又包括非经济性责任。所谓外部社会责任是指企业与外部社会、外部环境互动过程中所应承担的社会责任。外部环境是企业生存的土壤，没有好的大环境，企业的发展就缺乏基础。企业必须学会与社会大环境相融合，和谐共处，才能保证企业具有长期发展的潜力。在和谐社会思想的指导下，企业作为社会经济生活的重要组成部分和动力源，其战略必须与社会大环境相协调。企业决策需要考虑社会需求，需要与社会文化、政治、经济基础等条件相吻合。企业关注的利益相关者需要从企业内部扩大到消费者、供应商、社区、其他产品消费者、环保群体、政府等多元主体。

（三）按对象划分

对企业社会责任的划分可按其对象进行，即根据利益相关者理论将企业社会责任划分为针对股东的社会责任、针对雇员的社会责任等，这也是目前比较普遍的划分方法。目前，学界对于企业利益相关者的范围有不同认识，因此企业社会责任的内容也有所不同。

卢代富（2002）认为，企业社会责任主要包括对雇员、债权人、消费者、所在社区、环境和资源以及社会福利和公益事业的责任。[①] 邓冬梅（2005）认为，企业社会责任不仅包括上述内容，还应强调对企业管理者的责任。[②] 在现代企业制度背景下，企业的经营权与所有权以多种形式分离，出现了职业经理人阶层，这些人才是左右企业发展的关键性人才，决定着企业的日常经营活动。如何激励和监督企业高级管理人员是企业得以生存和发展的重要问题。因此，与企业管理层有关的责任问题也不容小视。随着竞争的日益激烈，重要人才是企业间竞争的根本，而企业较好地履行与管理层相关的社会责任是留住人才的前提。

范满泓、姜继英（1996）认为，企业在强调对非股东利益相关者的责任的同时，必须注重对股东的责任。一般认为，企业对股东的责任仅限于经济利润方面，而企业实现股东利益是其最基本的经济责任。事实上，随着企业股权的不断分化，企业的所有权越来越多地为社会所掌握。企业职工可以持有本企业的股票，同时可以在资本市场上购买其他公司的股票。这样，广大居民、职工群体逐渐成为企业的群体大股东，而企业对股东的社会责任范围也随之扩大，企业较好地履行对股东的社会责任便是较好地增进了广大居民和职工的福利。从这一角度来看，企业注重对股东的责任并非狭隘的以经济利润为目标，其追求利润的同时也增加了社会的整体福利。

还有学者认为，企业社会责任的对象还要包括上下游厂商，即供应商、销货商等。在企业经营过程中，上下游厂商与企业结成了利益联盟，他们相互协作、共同进退。在选择合作伙伴时，上下游厂商同样会考虑企业的社会影响力和声誉，这就对企业履行社会责任提出了要求。企业若要谋求稳定的合作关系就必须顾及上下游厂商的利益，履行针对性的责任，避免用产生冲突而造成更换合作伙伴等不必要的成本和损失。

此外，企业行为必须顾及对国家或政府的责任。政府政策对宏观经济形势影响深远，企业必须符合政策要求，完成政府规定的分内之事，如纳税义务等。在此基础上，企业行为必须体现对国家利益的考虑，要自觉地参与解决社会问题、减轻国家负担、提倡公益事业、提供公共产品。随着国际企业竞争的日益激烈，政府对企业的支持无处不在，许多大型跨国公司均有政府背景或得到了

[①] 卢代富：《企业社会责任的经济学与法学分析》，法律出版社，2002年。
[②] 邓冬梅：《我国企业的社会责任》，《集团经济研究》，2005年第2期。

政府的大力支持，政府与企业之间的关系异常密切。因此，企业的行为很难仅追求自身目标，还必须考虑政府和国家的利益。适当体现政府意图，与大政方针相一致，与国家利益相一致。

二、企业社会责任的内容

关于企业社会责任的内容，学界有不同看法，主要是根据利益相关者理论来划分企业社会责任的对象，进而确定相应的社会责任。一般而言，企业利益相关者对象的分类有"五对象"说、"七对象"说和"九对象"说。"五对象"说包括股东、员工、供应商、客户和社会公众，其中社会公众包括政府、社区居民和环境。"七对象"说将社会公众具体化，实质上等同于"五对象"说。"九对象"说在"七对象"说的基础上，增加了竞争者和其他社会团体等相关主体。本书认为，在"九对象"说的基础上，还必须强调企业对高层管理人才的责任，因为高级管理人才是企业提升竞争力、保持成长势头的关键因素。

（一）对股东的责任

企业应履行对股东的责任，即直接的经济责任，实现股东的利润目标，使股东的投资取得合理的回报。在传统理论中，股东与企业管理者之间存在委托—代理关系，企业行为更直接地受管理者的支配，而股东利益目标与管理者目标不相一致时，股东利益就会受损。因此，企业所应履行的首要经济责任便是为股东提供尽可能多的回报。要向股东的资产负责；向股东提供各项与经营活动有关的资料和信息；保证股东资产安全，促进资产增值。企业对股东的责任可以依据法律来约束，有违股东权益、提供虚假报表资料和信息等行为均会受到法律制裁。随着资本市场的发展，众多小股民也成为企业的股东，作为弱势群体，缺少专业知识和信息优势，其利益更加需要企业的重视。换言之，企业更要关注中小股民的利益，履行对他们的责任，包括定期提供企业真实信息、提供股利分红、通告重大事项等。

（二）对雇员的责任

企业的正常经营离不开雇员的努力，企业与员工之间存在一种契约关系。一方面是以劳动和薪酬支付为基础的经济关系，员工有义务为企业提供其劳动，企业则需要为员工支付工资，这种经济关系是受法律保护的，任何一方有违法行为都会受到惩罚；另一方面，企业在获得员工的劳动成果的同时，必须为劳动者提供安全健康的工作环境和平等的就业机会，并吸收员工参与企业管理。从内容上看，企业对雇员的责任既包括法律规定的应给予保护的就业择业权、劳动报酬获取权、休息休假权、劳动安全卫生保障权、职业技能培训权、社会保险和社会福利取得权等法律义务，还包括企业按照高于法律规定的标准对雇员担负的道德义务。①

在现代企业中，雇员作为人力资本的所有者，在企业中的地位越来越高。企业的竞争最终是人才竞争，除高级管理人才外的众多雇员也是企业的重要财富。雇员的知识和技能是企业竞争力的源泉之一，雇员掌握的带有专有性质的人力资本是企业顺利生产和经营的保证。因此，必须加强企业员工培训，为员工提供晋升的平台和机会，实现员工价值，调动员工积极性。企业要树立"以人为本"的经营理念，重视人才培养和发展，将员工个人利益与企业利益有效结合，提高员工忠诚度，形成促进企业成长的巨大合力。

（三）对高级管理人才的责任

优秀的企业离不开优秀的高级管理人才。在激烈的市场竞争中，出类拔萃的管理人才可以使企业脱颖而出，迅速成为业内龙头。当前，企业间竞争的深度和广度空前扩大，简单的以产品质量和服务为竞争手段的时代已成为历史。在现代技术的支撑下，实现较高质量和较好服务已不是难事。企业得以在竞争中求生存和发展的关键在于企业核心竞争力，包括企业文化、企业目标与使命、企业战略、企业管理理念等软性实力，出色的高级管理人才正是催生、提炼、融合这种核心竞争力的源泉。因此，企业必须重视对高级管理人才的责任。包括保护其物质利益和实现其精神追求，为其提供广阔的展示舞台，提高其行为的自由度，充分信任其能力并给予肯定，将管理者的利益与企业利益联系在一起。

（四）对消费者的责任

消费者是企业产品和服务的最终使用者，其消费体验和选择行为直接决定着企业的经营业绩。因此，企业必须为消费者提供高质量的产品和服务，这也是企业对消费者责任的基本要素。随着消费者意识的提升，企业对消费者的责任不仅仅局限于产品和服务层面，企业必须以优质的品牌和社会形象赢得消费者的心。而且，受企业行为影响的消费者群体也空前扩大，既包括企业产品的直接消费者，又包括其他相关产品和非相关产品的消费者。在信息技术不断发达的今天，企业的行为随时都会被公布于众，消费者群体的反应很容易影响到企业的品牌形象和价值，进而影响企业的销售活动和业绩。为此，企业在履行基本责任的基础上，还必须注重品牌经营，重视对消费者需求的预测和对消费者心理的引导，时刻关注消费者对企业提出的要求，并逐步完善。国际消费者联盟组织规定了消费者的"四项权利"，即有权获得正确资料、有权提出消费意

---

① 卢代富：《企业社会责任的经济学与法学分析》，法律出版社，2002 年。

见、有权获得安全保障、有权自由决定选择。①具体包括：保证产品质量的责任，提供安全有效的产品以满足消费者需求，避免粗制滥造、假冒伪劣、损害消费者利益；保障消费者在购买、使用和接受服务时的人身安全和财产安全；保障消费者对产品和服务的详细信息有知情权，禁打误导和欺骗消费者的虚假广告；保障消费者根据自己的偏好、需要和知识背景进行选择的权利；确保消费者了解到与产品特殊性和专业性有关的知识和信息，保证消费者能正确、科学、安全地消费；保障消费者的求偿权，即因购买、使用和接受服务而受到人身和财产伤害的，可依法获得赔偿。

（五）对债权人的责任

债权人是企业的重要利益相关者，债权人为企业提供资金，享有企业债权，企业对债权人负有偿债责任。作为受益者，企业有责任按时、按合同要求还本付息，这就要求企业必须保持稳定的盈利能力。企业要讲信用，避免出现偿债风险，维护债权人利益。对于经营不善难以偿债的企业，其债权人的利益很容易受损。因此，企业对债权人的首要责任便是确保按时还本付息，这就要求企业不断提升自身竞争力，保持稳定的偿债能力。同时，企业必须实时更新企业信息，让债权人了解企业经营情况，以采取适当措施。企业必须构建完备的债务预警体系，确保债务偿还或弥补，降低破产风险，防止出现大量死账、呆账，避免"三角债"和恶意骗贷等行为。

从企业整体来看，个别企业的不道德和违法行为会对其他企业产生负面影响，特别是同类企业。信用是企业生存之本，是市场经济得以蓬勃发展的前提。信用缺失会使企业失去宝贵的资金来源，提高企业融资成本，恶化企业社会形象，进而使市场规模缩小，借贷困难，企业将因缺乏资金而难以成长和维持。从这一角度讲，企业信用是市场信用环境的构成要素，每个企业均对其他企业负有确保信用的责任，这就需要企业本着相互协作、相互信任和对他人负责的意识，与债权人进行合作，谋求共同发展。

（六）对所在社区的责任

企业与社区的和谐共处是企业长远发展的保障。企业的存在必须以一定的小环境为依托，良好的社会环境和人文气息对企业的生产和经营活动有直接影响。企业作为经济体，其员工、顾客、供应商、销售商等均生活在同一社区环境中，与周围居民和其他团体一起结成完整的关系网络。企业的行为对社区居民和其他主体均有直接或间接的影响。因此，企业必须重视对社区的相关责任。一方面，企业要致力于创造社会财富，带动社区（小到村镇、大到市县）的经

---

① 王玲：《经济法语境下的企业社会责任研究》，中国检察出版社，2008 年。

济发展，提高居民收入水平；另一方面，企业有责任帮助弱势群体，投身公益活动，要为社区提供优质公共产品和服务，为社区人民生活提供便利。

(七) 对环境和资源的责任

企业的生产经营活动需要消耗一定的自然资源，包括矿产、土地、空气、水等。保护和合理利用环境和资源是企业社会责任的重要组成部分。随着世界经济的发展，全球化程度不断加深，企业可以利用全球资源从事生产经营活动，随之而来的是全球资源环境的压力日益增加。企业对资源和环境的过度消耗是典型的社会公共悲剧，企业付出的成本明显低于社会成本，环境的破坏和资源的滥用既影响了当代人的生活质量，又剥夺了后代人使用这些资源的权利。因此，企业对资源和环境的责任不仅体现在保护环境、有效利用资源、采用高科技和低污染生产方式等方面，还体现在传播和提倡环保理念上。通过企业的产品和服务向社会传达环保理念，让消费者使用低污染、低能耗的产品。调动一切社会资源改善环境，保护自然资源。

(八) 对社会公益事业的责任

企业对社会公益事业的责任是传统意义上的道德责任，是企业对社会负责的自愿行为的体现。企业通过慈善捐款、安排残疾人就业、关注弱势群体、提供便利服务、提供奖助学金、提供公益教育机会等方式履行其社会公益责任。在现代商业社会，企业间竞争相当激烈，履行社会公益责任可以有效提升企业品牌价值，拓宽企业产品宣传的渠道，降低产品销售成本，并为企业的不道德行为提前打下预防针。从某种程度上来讲，企业履行社会公益责任已非完全自愿的行为，为保持竞争优势，企业必须在社会公益责任方面也不输给竞争者，这样才能保持企业的竞争优势。

(九) 对政府的责任

政府决策对企业行为的影响巨大，且具有一定的强制力。企业若要取得良好业绩必须遵守大政方针，依法履行纳税义务，并适当参与政府负责的公益事业，提供公共物品等，以减轻政府负担。作为国家的管理机构，政府需要权衡多方利益，保护弱势群体，通过法律形式确定相关主体的权、责、利，并确保这些规章制度的执行。企业作为经济主体，既要做到守法经营、合理创收、足额纳税；又要保障员工权益，以迎合政府保护弱势群体利益的要求。当国家利益与企业利益相冲突时，企业需要适当做出让步，尽自己所能维护国家利益，保护国家主权、保护本国资源，避免重要技术外流、避免重要信息泄露等。

(十) 对其他相关利益者的责任

除上述利益相关者外，企业竞争者和供应商等也是企业社会责任的对象。在市场经济中，企业间竞争是常态的，但这种竞争是良性的、符合合理规则的竞争。因此，企业在竞争过程中必须维护基本的道德标准，避免恶性竞争。不采用不道德手段套取商业机密以及破坏竞争对手的品牌、名誉等，避免钩心斗角，要在社会认可的规则范围内进行竞争。在竞争的同时，要不断培养企业间的合作和盟友关系。适当的竞争可以促进企业的成长和创新，而良好的互助合作关系则可以实现企业间的共赢。

供应商是企业的合作伙伴之一，且经常与企业产生债权—债务关系。企业必须对供应商等伙伴企业履行相应的社会责任，如足额支付货款、避免利用买方优势欺诈和压榨中小供应商；不做有损供应商名誉的事等。供应商与企业结成了利益共同体，因而企业的经营业绩也会影响供应商的收益。因此，企业还应对供应商负有一定的经济责任，即通过良好经营创造价值，保持与供应商之间的长期合作和利益分享关系。

企业社会责任的对象并非一成不变，其内容也是动态的。在企业成长的不同阶段，其利益相关者不同，企业所应履行的社会责任也会不同。在具体的操作中，不同企业面对的利益相关者的范围有大有小，其履行责任的压力和要求也不一致，需要具体问题具体分析。

第四节　中国企业社会责任的发展与挑战

一、中国企业社会责任现状

(一) 中国企业履行社会责任的现状

改革开放以后，中国企业规模不断壮大，企业实力不断增强，随之而来的问题也不断增多。随着社会责任思想的引进，企业不断重视社会责任履行问题。中国政府为加强企业社会责任建设出台了许多转变经济增长方式、规范企业行为、加强市场监管的措施。但是，当前中国企业在履行社会责任方面仍处于初级阶段，其现状仍不尽如人意，诸如环境污染、劳工问题、社会纠纷等问题仍然存在。

首先，中国企业仍以经济利润为主要目标。在当前中国经济快速增长的大背景下，企业发展机会很多，但同时竞争压力也较大，片面追求 GDP 的增长模式和政绩考核机制，使政府在企业监管环节上更加重视企业的产值和税收。地方政府为达到理想的 GDP 规模，为自己赚取足够的晋升资本，大力发展经济，鼓励企业发展。一些企业对自然资源采取粗放式的挖掘和利用，造成大范围的资源浪费、环境污染，这些行为均没有得到有效控制。据预测，中国 45 种主要矿产 15 年后将只剩下 6 种，5 年以后 60%以上的石油将只能依赖进口。中国单位 GDP 的能耗是日本的 7 倍，美国的 6 倍，印度的 2.8 倍。[①]与世界水平相比，中国企业在能源利用方面的效率很低，这与地方政府对企业行为监管不力有直接关系。同时，中国经济发展人口压力较大，许多产业必须照顾就业水平，这也在一定程度上限制了产业的发展。为解决就业，大量人力物力投向低水平、劳动密集型产业。企业科技水平较低，能源利用效率自然不高，这也是中国科技发展的必经阶段。

其次，中国企业劳资纠纷问题不断发生。随着中国经济的不断发展，以劳动密集型产品出口来拉动经济增长的发展模式逐渐形成。虽然金融危机对中国外贸有很大影响，但以低端产品出口带动经济发展的基本模式在短期内不会改变。特别是在沿海地区，大批农民工从事低工资水平的职业，而发生在农民工与黑心老板之间的劳资纠纷时常发生。一方面，企业为保持产品在国际市场上的竞争力，大量压缩成本，人力成本是主要方面。工人工资较低，工作环境较差，且相关保障措施不完善，福利水平极低。企业老板作为强势一方，可以随意从劳动力市场上雇佣劳工，而不改善工作条件。另一方面，农民工群体属弱势群体，无法或没有途径为自己争取权益。农民工本身素质低，对法律等不熟悉，遇到纠纷也不知采取何种方式解决。而且，农民工人数众多，人人存有搭便车心理，"枪打出头鸟"，怕自己做了什么会遭到老板的报复反而拿不到工资。因此，在多方面因素的作用下，农民工的就业条件很差，相关企业在基本的经济责任方面就没有尽到责任，更不用说广义上的社会责任了。

最后，与企业社会责任相关的法律体系不健全，劳动者权益得不到保护。当前，中国企业大部分处于初期发展阶段，激烈的竞争使企业将大部分资源用在了市场竞争上，以利润为主要目标。社会责任履行得差与企业实力较弱有一定关系，但大型企业同样存在着社会责任不作为情况，如"毒奶粉"事件等。企业短期行为严重，压缩成本，压低工资，延长劳动时间，严重侵犯劳动者权益。而对企业社会责任进行要求和约束的法律体系还不健全，特别是法律执行环节存在问题。企业违规行为往往因其较大的经济贡献而得到"谅解"，要么是税收大户，要么是解决就业大户，企业没有履行社会责任的硬性约束。虽然企业在激烈的竞争环境中，需要大力支持才能发展到可以与国外企业相竞争的规模，但企业社会责任不容忽视。值得注意的是，国外企业对社会责任的重视已为其赢得了大量品牌资本，国外产品竞争力越来越强，对国内企业生存威胁越

---

① 任荣明、朱晓明：《企业社会责任多视角透视》，北京大学出版社，2009 年。

来越大。无论从社会进步还是从企业自身发展角度来看，中国企业社会责任建设亟待加强。

（二）中国企业社会责任法律环境

法律是社会规范中最正式、系统和具有强制力的规范。在中国企业社会责任建设中，法律体系虽不健全，但已建立了利于企业社会责任发展的基本体系。

首先，以《宪法》为核心的法律体系为劳动者权益、自然环境等提供了法律保障。在《宪法》中，对企业社会责任的规定主要是通过对人权的保护等条款体现的。《宪法》规定了国家要建立基本的、同经济水平相适应的社会保障制度，为广大人民群众提供福利。其中，要求企业必须履行缴纳义务，积极参与社会救济，完成对雇员的基本社会保障责任。除《宪法》以外，建立在国家层面的其他法律也从不同角度出发，对企业社会责任提出了要求。如《劳动法》对企业在劳动标准方面的社会责任进行了规定；《环境保护法》对企业的环保行为有所要求；《安全生产法》要求企业在安全方面要承担相应责任；《消费者权益保护法》规定了企业在消费者权益保护方面的社会责任等。此外，各相关法律还拥有配套法规进行细化和强化，如劳动标准领域的《职业卫生防治法》、《劳动合同法》，环保方面的《大气污染防治法》、《环境噪声污染防治法》、《环境影响评价法》等。在这些基本法体系之外，还存在涉及企业社会责任的其他法律规范，如《反不正当竞争法》对企业反商业贿赂责任的规定，《企业所得税法》对企业履行慈善捐赠社会责任的减免税规定等。

其次，行政性或地方性法规和规章也对企业社会责任有进一步的要求。在中国企业社会责任法律体系中，存在大量的对企业社会责任进行详细规定的法律层级较低、制定程序简便的行政法规、地方性法规。国务院通过的法律一般效力较强，规定全国性、普遍性的社会责任事务；行政法规和条例等对企业社会责任具有效力相对较差的约束；地方性法规是由地方政府在自己的立法权范围内所制定的，针对地方发展实际的，并在国家基本法的指导下得以实施的法律规范。这些法规更加适应各地区的特殊情况，对企业社会责任的要求也更加细化和具体。

再次，中国企业同样受国际通用的条约和协定的约束。加入世界贸易组织以后，中国企业国际活动不断增多，必须接受国际通行的国际公约等的约束。如《联合国气候变化框架公约》对各国环境保护方面的责任进行了规定，同样也影响企业的行为。在企业社会责任建设中，国际组织作用很大，特别是在推动以跨国公司为主的跨国企业的社会责任建设方面。国际公约对企业社会责任的普遍化、公平化起重要推动作用，其对企业社会责任的要求基于对全球、全人类公共利益的重视。如《联合国人权宪章》对人权保护的规定，反腐败方面的核心公约《联合国反腐败公约》等。

最后，中国地方行政性规范文件对企业社会责任也有相关规定。这些规范是政府在监管和指导企业行为时，颁布的具有行政强制力的行政规范性文件，具有临时性、灵活性和实效性的特点。这类规范并非是稳定的常规性规范，其执行效力难以保证，常常需要配套的、相应的法律条文才能收到较好效果。

二、中国企业社会责任发展的推动因素

中国企业社会责任理念的真正形成是在 20 世纪末期，为时不久。因此，中国企业社会责任还有待发展。随着国内企业与国际交往的日益深入，企业履行社会责任的积极性不断增加，政府、社会团体、消费者群体等对企业社会责任的推进均起到重要作用，使中国企业社会责任建设取得了不小的成绩。目前，国内企业大都认同企业社会责任理念，并且根据相关法律和公约要求投身到履行社会责任的活动中去。企业社会责任的领域不断扩大，逐渐参与公益、慈善、捐赠事业，关注股东、员工、消费者、社区、环境和商业伙伴等的利益。

（一）政府对企业社会责任的全面推动

政府在推动中国企业社会责任建设方面起重要作用。一方面，政府大力推进企业社会责任的法制化进程。2006 年，党的十六届六中全会通过的《中共中央关于构建社会主义和谐社会若干重大问题的决定》明确提出，"广泛开展和谐创建活动，形成人人促进和谐的局面。着眼于增强公民、企业、各种组织的社会责任"。如上所述，中国已建立了一整套与企业行为有关的法律体系，其中对企业社会责任均有不同程度的规定。如《公司法》规定：公司从事经营活动，必须遵守法律、行政法规，遵守社会公德、商业道德，诚实守信，接受政府和社会公众的监督，承担社会责任。[①]另一方面，国家领导和各部门均十分重视企业社会责任建设。随着企业社会责任理念在全球范围内的推进，再加上中国经济快速发展所带来的许多社会问题不断显现，国家领导人意识到企业履行社会责任的重要性，非常重视企业社会责任建设。在 2007 年中央经济工作会议上，胡锦涛总书记提出"引导企业树立现代经营理念，切实承担起社会责任"的要求。2007 年初，胡锦涛主席在纳米比亚出席中国驻非洲国家中资企业代表座谈会上强调，中国企业在对外经济合作领域需履行社会责任。此外，国家行政、立法等部门纷纷开展与企业社会责任相关的研讨活动，制定相关规章制度，从不同角度探索和加强企业社会责任。

---

① 商务部跨国经营管理人才培训教材编写组：《中外企业跨文化管理与企业社会责任比较》，中国商务出版社，2009 年。

（二）消费者群体

消费者是与企业生存和发展直接相关的利益群体，消费者的货币选票决定着企业的利润水平。随着消费者意识的提升，企业不得不开始注意对消费者权益的保护。目前，我国消费者的自我保护意识不断增强，消费者协会等组织为保护消费者权益积极作为。一方面，企业注重产品质量、售后服务、公共关系等环节，提高了消费者的消费感受；另一方面，消费者更加注重产品质量之外的体验和感觉，对企业服务提出更高的要求。消费者对自身权益的保护是推动企业愈发重视社会责任的主要力量，既要通过生产优质产品稳定顾客，又要积极主动地参加社会公益活动，参与捐赠和慈善活动，以增加自身的品牌价值。同时，企业违反道德的行为也将为消费者群体所排斥，也会造成企业无形资产的缩水，这对企业行为的约束也是直接而有效的。

（三）环境保护团体的推动

随着工业化进程的不断加快，中国自然资源环境遭到极大破坏，面临环境与资源双重危机。环境问题同样是全球关注的重要问题，环保组织、国际社会对企业行为均提出了要求，企业必须承担与环境相关的社会责任。在当前低碳经济背景下，不断恶劣的环境条件要求各国必须降低碳排放水平，其最终实现者就是企业。中国是经济发展最快的国家之一，对资源和能源的消耗很快，利用率相对较低，环境污染严重，更需加强环境保护方面的企业社会责任建设。近年来，国家加大环保力度，调整工业结构，关闭高能耗、低效率企业，淘汰落后产能。与此同时，环保组织加大宣传力度，鼓励消费绿色产品，发动消费者对企业施压，从而促使企业履行环境保护相关责任。

（四）员工群体的争取

在企业社会责任体系中，对员工的责任是其基本的经济责任，为员工提供工资、良好的工作环境和晋升机会均是必要的。我国劳资纠纷问题一直存在，劳动者作为弱势群体不断得到社会关注。随着经济的不断发展，劳动者对自身权益的保护意识不断提高，开始谋求运用法律途径争取权利，维权活动不断发生，而政府对企业不履行劳动合同的行为严加追究，这些均促使企业承担对员工的相关责任。根据国外发展的经验，员工可以通过参加工会组织保护自身权利，工会代表工人争取与企业的协商权，要求企业提供标准的工资、工作条件、培训机会、福利等，与企业签订集体性合同，保护工人权利。中国的工会组织与国外的工会组织存在本质区别，在工人权利保护方面作用不很明显。不过，地方政府对企业签订集体性合同纷纷做出规定。如《集体合同规定》和《工资集体协商试行办法》等的实施。

（五）媒体等外部监督力量

在中国企业社会责任发展过程中，新闻媒体一直以外部监督者的身份推进企业履行社会责任。一方面，媒体迅速曝光企业不履行社会责任的恶劣行为。近年来，众多企业因其违反商业道德的恶劣行为而走上荧屏，变得"家喻户晓"。红心鸭蛋、多宝鱼、苏丹红、"毒牛奶"在媒体的宣传下成为一时间的流行语。这些报道对企业行为的警示作用是不言而喻的，同时还向消费者传播了理性消费、留心劣质产品的消费理念，将隐性监督变成对企业发展的实质性约束。另一方面，新闻媒体大量宣传履行社会责任的优秀企业，提高了这些企业的知名度和品牌价值。这样正反对比，极大地提高了企业履行社会责任的积极性，使违背商业道德的行为无所遁形，迫使企业加入履行社会责任的行列。

（六）来自竞争者的压力

全球化的不断推进使中国企业面临国外先进企业的竞争，而国外企业经过多年的发展，在履行社会责任方面积累了丰富的经验，且拥有较好的品牌基础。在竞争压力面前，国内企业不得不被动地履行社会责任。与拥有较好公共关系管理体系的国外企业相比，临时性的、突击式的履行社会责任效果很差，使得国内企业必须在社会责任方面加强探索，强化社会责任意识。同时，企业的商业伙伴（包括供应商、采购商、战略合作伙伴等）同样对企业施加压力，要求履行社会责任。商业伙伴同样重视品牌效应，在选择合作对象时要求企业拥有较好的品牌基础，同时有能力履行社会责任。这些因素均促进企业社会责任建设，不断强化企业社会责任意识。

三、中国企业社会责任的挑战与展望

（一）中国企业社会责任面临的挑战

改革开放以来，中国企业社会责任有了长足的发展，但同时也暴露出许多问题，特别是在全球化的经济背景下，对国内企业的要求越来越高，企业社会责任发展面临着诸多挑战。

首先，中国企业社会责任意识有待加强。当前，国内企业对社会责任的认识还主要停留在浅层次上，认为企业进行慈善和公益事业只是一种作秀行为。实际上，企业履行社会责任应是内含于企业生存与发展中的重要事项。企业必须认识到，社会责任是包括经济责任、社会责任和环境责任等在内的广泛概念，企业社会责任理念必须贯穿于企业日常经营活动当中，实现二者的有机结合是企业可持续发展的前提。企业履行社会责任需要提升到战略高度，需要建立完善的社会责任管理体系，不能局限于某一领域，而要承担全面、系统、综合的社会责任。

其次，经济压力大延缓了企业社会责任的发展。人口多、人均资源少等实际约束使国内企业更加重视经济利润目标，在激烈的竞争面前，企业必须保持盈利，而常常忽视社会责任方面的投入。一方面，劳动力长期供大于求，就业压力大。企业既要保证提供尽可能多的就业岗位，满足人民劳动和基本生活的需要，又要缩减成本提高利润水平，这对企业履行社会责任提出了更高的要求。另一方面，地区之间经济发展不平衡，社会保障水平差距较大。在一些地区，政府是提供社会保障的主体，减轻了企业在相关领域的投入，而其他地区的企业则需要加大职工福利投资，增加了企业的成本。企业在履行社会责任时，不可避免地要解决经济目标与社会目标之间存在冲突的问题，这更加大了企业采取被动策略和"搭便车"行为的可能。因此，必须为企业履行社会责任提供良好的社会环境和基础，降低企业的其他支出，使企业可以逐渐增加在社会责任方面的投入，促进企业社会责任建设整体水平的提高。

最后，经济全球化为企业履行社会责任提出了更高的要求。国内企业若要更好地发展，需要走出国界、走向国际市场，这就要求企业必须接受国际社会对社会责任的更高要求。目前，国际组织、各国政府和非政府组织不断推动企业社会责任理念在全球范围内的发展，企业社会责任逐渐呈现出国际化发展的趋势。国内企业在国际化经营中将面临越来越多的社会责任要求，需要在与国际大型成熟企业的竞争中，不断增加自身实力，而企业社会责任建设将起到至关重要的作用。

（二）中国企业社会责任前景展望

中国企业社会责任建设虽处在初级阶段，仍存在许多问题，但经过进一步发展之后，企业社会责任意识将不断加强，企业履行社会责任的水平将不断提高。

以"德"为中心的企业文化建设为企业社会责任发展提供了良好的基础。我国是礼仪之邦，以"德"为中心的社会生活哲学是企业社会责任意识得以发展的优秀土壤。"穷则独善其身，达则兼济天下"，在实际经营中，"行善"成为企业家的重要理念和行动指南。越来越多的企业参与到慈善和公益事业中去。"德文化"在中国企业界逐渐得到发扬和传承。如陕西汽车集团以"德赢天下"，用"品质成就未来"，逐步构建自主品牌，提供优质产品。企业开始重视社会责任，重视以"德"治企。

科学发展观和构建和谐社会思想的提出成为强化企业社会责任的指导思想。在中国经济发展过程中，经济发展始终处于核心地位。随着社会的不断进步，科学发展与建设和谐社会成为新时期国家经济发展的重要指导思想。科学发展观促进经济增长方式的转变，要求企业提高资源利用效率，坚持以人为本，为员工提供良好的工作环境，保障员工福利，重视人力资本投资，同时保障消费者等群体的权益。和谐社会思想要求企业兼顾经济、社会、环境3个方面的协调发展，实现发展速度和质量效益的统一。将员工、社区、社会利益与企业利益目标有机结合在一起，通过承担和有效履行社会责任实现整个社会的和谐发展。

法治进程的不断推进为企业社会责任建设提供了法律保障。改革开放以来，我国民主法制建设不断取得可喜成果，依法治国的趋势逐渐形成。特别是关于企业和经济发展的立法进程发展较快，立法数量较多，立法质量不断提高，执法力度不断加强，法律对企业行为的约束力逐步显现。与此同时，人民大众法律素质逐渐提高，权益保护意识不断提升，逐渐掌握了运用法律工具维护自身权利的方法，这些均促使企业依法经营、依法纳税、履行社会责任。

企业履行社会责任是得到国际社会认可的普遍原则，而中国企业社会责任建设与国际水平还有一定差距，需要政府、企业和社会3方面共同努力才能推进企业社会责任的不断发展。

本章小结

从企业社会责任思想萌芽到今天，国内外企业社会责任概念主要包括以下5类：①方面说；②层次说；③对象说；④抽象式；⑤综合式。这些概念经历了从狭义到广义、从浅显到深入的发展。本书在前人基础上进一步明确企业社会责任的定义：企业以责任导向文化为指导来承担的，以企业自身能力为凭借的，在社会期望与企业经营实绩之间相权衡的，经济、法律、道德和慈善责任的总和。

责任就是分内之事，社会责任即将责任的覆盖范围扩大到整个社会范畴，主体包括个人和组织。对企业社会责任的性质，学者们有不同的观点：一是公司及公司机关的成员在作出经营决策以及在经营活动中所负有的不威胁、不侵犯社会利益的义务，以及违反此种义务而应向社会公众承担的第二性义务，并以不利后果为表现；二是与企业经济责任、法律责任和道德责任并立的一种企业责任。还有学者从更广范围界定企业社会责任。企业社会责任归根到底是企业对社会的一种义务的体现，是在道德和法律的双重约束下构成的。企业社会责任有动态性、对应性和系统性的特征。

企业社会责任按照不同的标准有不同的分类。对于企业社会责任的内容，学界有不同看法，主要是根据利益相关者理论来划分企业社会责任的对象，进而确定相应的社会责任。主要包括：①对股东的责任；②对雇员的责任；③对高级管理人才的责任；④对消费者的责任；⑤对债权人的责任；⑥对所在社区的责任；⑦对环境和资源的责任；⑧对社会公益事业的责任；⑨对政府的责任；⑩对其他相关利益者的责任等。

　　当前，中国企业在履行社会责任方面仍属初级阶段，法律体系虽不健全，但已建立了利于企业社会责任发展的基本体系。在社会各界的共同努力下，中国企业社会责任的领域不断扩大，逐渐参与公益、慈善、捐赠事业，关注股东、员工、消费者、社区、环境和商业伙伴等的利益。企业社会责任发展虽然面临诸多挑战，但发展前景值得期待。

第九章　企业社会责任的理论依据及多学科分析

第一节　企业社会责任的理论依据

一、企业社会责任是对企业滥行的规制

(一) 跨国企业在世界经济中占据重要位置

随着世界经济的不断发展，企业的经济规模不断扩大。从趋势上看，各国企业的经济力量越来越强，经济总量占世界经济的比例不断提高。企业将生产资料和劳动力结合起来以生产适销对路的产品，通过对资源的合理配置促进社会经济总量的增加，其直接结果就是企业可以控制和影响的经济资源的规模不断扩大。在许多重要行业，大型企业垄断行业发展，成为全球范围内的控制力量。从经济实力来看，一些大型跨国公司的经济总量甚至超过小型国家。在经济全球化不断深入的背景下，国家之间的经济联系日益紧密，跨国企业在全球范围内进行经营和管理，其行为日益复杂。企业的行为不仅决定企业的经营业绩，而且会影响到其他利益相关主体的境遇，如东道国的经济发展、当地就业、环境质量等。一方面，企业利用全球化经营之便配置资源、提升效率，形成垄断力量，难以为外界所规范；另一方面，企业为满足自身利益滥用经济权力，不顾资源与环境的恶化，无视劳工权益，造成恶劣影响。

(二) 企业的经济力量对世界经济和政治影响重大

企业的经济力量不断增大以至于形成垄断，决定着产品的种类、数量和质量，左右着行业发展的趋势和变化，控制着劳动者的就业前途和命运。不同企业之间为共同利益而结成联盟，更加可以影响一国的经济计划与发展，影响投资的方向和规模，使资金流向对自己有利的环节。当前跨国公司不断发展成为

全球公司，以全球为原料基地、生产工厂和销售市场，将各国整合在自己的经营战略当中，大大提升了其对世界经济的影响力。既通过资金流动影响国际投资分布，又通过掌握高端技术控制相关主体的经济行为。

经济与政治是密切相关的，企业的经济实力不可避免地要转化为政治力量。政府在经济生活当中的地位不可小视，无论是在发达国家还是在发展中国家，政府政策对经济发展均具有直接和重要的影响。对于大型企业和利益集团而言，掌握经济权力就必然要求相应的政治利益。一方面，企业通过直接向政府施压，影响政策的制定与执行，特别是对当地就业和经济发展有明显拉动作用的企业，对政策制定更有影响力；另一方面，通过改变企业经营战略和行为来间接地要挟政府出台有利于自己的政策，改变原料进口地、制定低水平的雇工计划、发布不利于行业稳定的信息等。各国政府为求经济发展和民众生活的稳定，不得不委曲求全，为大型企业提供补贴、默许其参与政策制定等。

企业滥用经济权力的行为引起了各方的注意，如何更好地约束企业行为成为学界的研究对象，企业社会责任应运而生。民间组织和团体呼吁企业履行社会责任，各国陆续颁布法律约束企业行为，消费者的环保意识和素质不断提高，当地居民的权利意识不断提升，企业滥行逐渐得到规制。

二、企业履行社会责任推动社会发展和进步

(一) 企业具有推动社会发展和进步的义务

企业存活于社会之中，通过利用社会上稀缺的资源达到实现自己利益的目的。企业雇用劳动者，便拥有了劳动者为其创造价值的权利；企业购买原材料，便拥有了决定如何使用和处理这些资源的权利；企业在生产过程中消耗自然资源，土地、空气、空间等，这些都是企业从社会中获取的、用来赚取私利的资源，对应的便是企业所拥有的社会权利。但是，企业对这些权利的拥有并非完全独立，与其他主体，特别是个人的权利存在着相关性，即企业权利存在外部性。企业行为对资源的消耗和破坏，影响其他主体的相应行为。劳动者在一个企业内部只能从事与本企业相关的工作，劳动者的时间和精力投入其中，无法选择同时做其他事情。企业所消耗的原材料不能再为其他企业所使用，企业对大气造成的污染是要全社会来承担的，而这种成本很难测量并与企业行为相对照，常常被企业忽略。从这个角度来讲，企业在运用社会资源赚取利益的同时，就应当承担相应的社会责任，这包括提供质量良好的产品、保护自然环境、创造良好的社区生活环境和社会气氛等。

(二) 企业社会责任是企业履行社会义务的直接体现

企业作为社会的公民之一，也应当承担改善社会条件、创造良好生活环境

的责任。从公民义务角度来看，国家内的任何公民都应鼓励善良、正义、符合道德标准的行为，排斥危害他人、社会和环境安全的行为。这是因为每个个体均是社会中的成员，个人的权利与社会状态直接或间接的相关。正如《世界人权宣言》第 29 条指出，"人人对社会负有义务，只有在社会中他的个性才可能得到自由和充分的发展"。相对于个体公民而言，企业公民具有更强大的经济实力和选择空间，其行为具有更大的影响力，相应的，其应当承担的社会义务就更加大。企业的决策、经营、生产、购买、销售等行为，均应视为对社会有一定影响的行为，这些行为应该时刻体现企业对社会的义务。如果将所有企业看成整体，与个体公民相对的话，那么企业整体对社会的义务正好对应于个体公民的社会权利。企业为履行社会义务而进行的活动，如公益事业、职工保险、社会捐助等，均增进个体公民的福利，从而推进整个社会的发展和进步。

三、利益相关者理论

利益相关者概念的出现虽然晚于企业社会责任，但其发展十分迅速，并日益完善，成为企业社会责任分析的主要理论依据。

(一) 利益相关者概念框架

斯坦福研究所 1963 年将利益相关者界定为"那些如果没有他们的支持企业组织将不复存在的群体"。[①] 雷曼（Rhenman，1968）将利益相关者看作那些"依存于公司以借此实现其个人目标，而同时公司又取决于其存在"的人。[②] 利益相关者的概念有广义和狭义之分。

1. 广义的利益相关者概念

利益相关者理论的鼻祖弗里曼将利益相关者定义为："一个组织里的相关利益者是可以影响到组织目标的实现或受其实现影响的群体或个人。"[③] 这一定义被普遍认为是利益相关者的广义概念，按照弗里曼的解释，这些群体主要指供应商、客户、雇员、股东、当地社区以及处于代理人角色的管理者等。

弗里曼对利益相关者的广义定义为以后学者理论研究提供了基础，大部分学者均在这一广义概念的基础上，对其进行适当调整，基本上均从定性的角度将利益相关者界定为与公司有直接或间接利害关系，并能影响公司行为的群体。这一概念虽然对于我们认识利益相关者有直接帮助，但是在进一步分析过程中，需要明确界定利益相关者的特征、目的、其与企业的关系和作用过程。这里广义概念就略显模糊，不便于进行定量分析。为此，弗里曼和克拉克森等人试图

①③Freeman R. E.. "Strategic Management: A Stakeholder Approach". Pitman Publishinig Inc., 1984.

② Näsi, Juha.. "Understanding Stakeholder Thinking". Helsinki, Finland: LSR Publication, 1995.

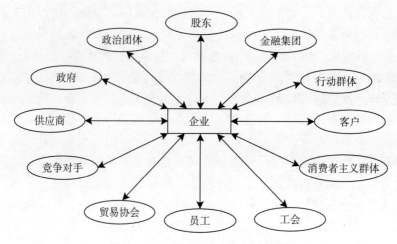

图 9–1　大型企业组织的利益相关者

资料来源：沈洪涛、沈艺峰：《公司社会责任思想起源与演变》，上海人民出版社，2007 年。

弥补这一缺陷，他们将利益相关者进行分层界定。第一层利益相关者指公司生存和持续经营不可或缺的人，包括股东、投资者、员工、客户、供应商、政府以及社区等。第二层指左右或影响公司，以及受公司左右或影响的人，包括媒体和其他与公司有特殊利益关系的群体。[1]

这种层次性划分将广义概念的利益相关者分为两个部分，但其间的界限是相当模糊的，某些群体在特定状态下对公司的影响可能是更加直接或重要的，这时它在层次划分中的位置就会发生改变。同时，如果单从概念上理解，第一层次的利益相关者似乎对公司的生存更加重要，容易使企业单纯注重该层次的利益相关者。实际上，随着大众素质与社会意识的提升，媒体等对企业行为的监督作用日益明显，在信息快速传播的背景下，各个利益相关者对企业行为的影响均具有不确定性，忽视哪一方均不是好的选择。

2. 狭义的利益相关者概念

斯坦福研究所对利益相关者的界定就属于狭义的范畴。卡罗尔将利益相关者定义为"那些企业与之互动并在企业里具有利益或权利的个人或群体"。[2] 这一概念是典型的狭义利益相关者概念，它强调的关键点即利益相关者是与公司的核心利益有着相关关系的主体，这种关系是要通过合法的途径进行确认的，

---

① 沈洪涛、沈艺峰：《公司社会责任思想起源与演变》，上海人民出版社，2007 年。

② Carroll A. B.. "Business and Society: Ethics and Stakeholder Management". Cincinnati: South-Western, 1993.

如签订契约和合同等。

狭义的利益相关者概念将这一群体的范围缩小到与企业核心利益有利害关系的群体，这大大减轻了企业识别该群体的成本，使利益相关者的特征更加明确，便于企业通过营销活动和管理行为增进利益相关者对企业的支持和信任。这种狭义的界定更接近于弗里曼提出的第一层次的利益相关者，往往是这些比较明确的对象能引起管理者的注意。然而，在企业社会责任的大背景下，企业的利益相关者范围相应扩大，不在同一地域的或不同产品的消费者也是有可能影响企业的经营业绩的。因此，将利益相关者概念应用于企业社会责任分析时需要做出相应调整。

（二）利益相关者理论的内容

利益相关者理论的核心内容是将企业看作是各种投入要素的组合，这些要素属于不同的所有者，由这些所有者构成企业的关系网络。股东、债权人、管理者、雇员、原材料供应商等，均是为企业提供相应资源的投资人，他们为企业的经营提供专用资产。因此，企业行为必须兼顾多方利益。

1. 从股东价值最大化到利益相关者理论

利益相关者理论的提出对企业社会责任研究贡献最大之处在于，动摇了经典企业理论中股东价值最大化的核心地位。就传统理论而言，股东作为剩余风险的承担者，在法律上拥有企业的所有权。股东作为委托人将公司经营权委托给其代理人——管理者，管理者就应当对股东负有法律上的信托责任，这种责任的直接体现就是实现股东价值的最大化。但是，这一"金科玉律"并非一成不变。在现代企业经营中，股权分散、企业间参股、战略合作、一体化发展等趋势使企业行为不仅要考虑直接控股的股东利益，还必须考虑对其他相关利益者的影响。比如，与企业签订劳动合同的雇员的流动，在一般性技术条件下是不存在成本的，但是如果雇员的技术具有专属性质，即该项技术只能在本企业或类似企业使用，并且企业要培养一个有该项技术的员工需要投入巨大成本。这时，企业必须考虑其行为对雇员的影响。在现代市场经济下，企业在本质上是一张"利益关系网"，其与各要素提供者之间或签订契约，或达成一致性同盟，其行为要受到其他经济利益主体的制约，不可能出现毫无限度的自由行为。企业的价值越来越依赖于人力资本、品牌、知识资本等非物质因素，这些资产具有高流动性和波动性，如何保证资产价值成为现代企业的经营核心。

2. 从股东所有到利益相关者共同所有

利益相关者理论的提出弱化了关于股东是企业的最终所有者的提法。从资产关系角度来看，股东应该是企业的所有者。但是，在实际的经营中，以非物质资本形式对企业投入资源的多方利益相关者与企业之间的关系也很难被忽略。

利益相关者否定了"公司是由持有该公司普通股的个人和机构'所有'"的传统概念，提出"倘若公司作为一个主体真实存在，那么如下定理就是现实存在的，而不仅仅是法律上的虚构，即公司的管理者对于公司主体的全部而不是个别的成员负有信托责任。换句话说，管理者是一个组织（具有多重构成成员）的受托人，而不只是股东的代言人"。[①] 在现代社会中，股东与企业之间的直接关系已日益松散，企业的实际经营行为更多地受管理者支配，而这些行为又必须顾及对利益相关者的影响。可以说，企业的核心权力已不完全掌握在股东手中，已由股东拥有转为由股东与其他利益相关主体共同拥有。

企业是一系列契约的集合体，这些契约便是企业与其他利益相关者的责任说明书，这种契约关系使利益相关者具有与股东同等的风险，也就决定了利益相关者对企业具有剩余索取权和剩余控制权。股东、经营者、员工、债权人、顾客、供应商、竞争者和政府等相关主体，均对企业的行为有一定影响，这也正是分析企业社会责任的基本依据。

四、企业公民理论

在现代法学中，公民是指具有或取得某国国籍，并根据该国法律规定享有权利和承担义务的人。[②] 从个人公民角度来看，每个公民均有义务拥护法律、遵守法律，应具有公共责任感，宣扬良好的道德标准与行为，保护自己生存的环境，不仅维护自己的工作权、居住权、政治权等，还要具有保护他人权利的意识，即约束自身行为以避免侵犯他人，并且为他人争取相应权利提供帮助。对于企业而言，其从社会获取的资源远远高于个人，其拥有的经济力量、抵抗风险的能力等均强于个人。作为同样生存在社会中的团体，企业也应承担相应的社会责任或义务，企业公民概念便由此而生。

美国波士顿学院对企业公民的权威定义为："企业公民是指一个公司将社会基本价值与日常商业实践、运作和政策相整合的行为方式。一个企业公民认为公司的成功与社会的健康和福利密切相关。因此，它会考虑公司对所有利益相关人的影响，包括雇员、客户、社区、供应商和自然环境。企业公民是关于企业、政府和社会的新的契约关系，它代替了以往有争议的企业社会责任。"[③]

---

① Orts, Eric W.. "Beyond Shareholders: Interpretiong Corporate Constituency Statues". George Washington Law Review, 1992, Vol, 17.

② 霍季春：《从"企业社会责任"到"企业公民"》，《理论与现代化》，2007年第1期。

③ 邵炜、王晶晶：《从"社会责任"到"企业公民"的演变》，《特区经济》，2009年3月。

第二节 企业社会责任的经济学分析

一、经济学对企业承担社会责任的解释

(一) 经济人行为

经济人假设是经济学的基本假设,其实质是决策主体通过利用所能支配的资源谋求个人效用最大化。在古典经济理论中,企业被假设具有完全信息,并且是完全理性的,其行为目标即实现企业的利润最大化。在古典经济学中,企业内部的运行机制并没有被考察,企业只被看作是购买原材料、资本和劳动力,以生产产品的黑匣子。企业的目的就是高效地使用企业的资源以生产和提供社会所需要的产品和服务。企业要向工人支付工资以维持劳动力的延续,企业的生产经营活动使一国经济不断增长,而劳动者的工资构成了居民收入的主要部分。在狭义的经济理性框架里,如果存在企业社会责任,那么这一责任也是附着在企业利润最大化这一目标上的。这种责任可以解释为提高企业效率和生产力,向员工支付足额工资,并生产高质量的产品,偿还债务利息等。从这一角度来看,经济理性假设认为企业所应承担的社会责任即利用社会资源创造利润,这是企业的唯一目标,通过利用市场这只"看不见的手"实现资源的合理配置,从而达到社会整体的发展与进步。这时的社会责任主要体现为经济责任,即为股东利益最大化而生产和经营,这一过程也会为其他人提供便利。

(二) 委托—代理理论

科斯的《企业的性质》揭开了经济理论对企业内部问题研究的序幕,由此产生了现代企业理论。企业理论将企业这一黑匣子打开,分析企业内部各主体之间的作用关系,最典型的就是委托—代理理论。企业代理理论认为,在现代企业当中,经营权与所有权相分离,企业管理者是受所有者委托而管理和经营企业的。管理者作为代理人必须维护企业所有者的利益,在所有者授权范围内行为。而企业所有者有权对企业代理人的不合理行为进行纠正,甚至解除契约关系。在这种委托—代理关系中,代理人具有信息优势,即管理者对企业的运行、所处的环境、企业所拥有的资源、价格条件、关系网络等信息掌握较多。更主要的,管理者清楚自己的努力水平(为实现股东利益而投入的个人资源)。相对而言,委托人(股东)对代理人的这些信息难以知晓,为防止代理人的机会主义行为,保护自身利益,便不得不投入大量资源用来监督和考察代理人

的行为。

按照经济人假设，企业的目标就是利润最大化，那么代理人与委托人之间就不存在目标不一致和机会主义行为了。但是，实际经营当中，代理人在运营企业的过程中，常常会掺入个人目的，而非完全甘为股东利益着想。换言之，企业的目标与股东的目标并不一致，这里假定企业是按管理者意图来运作的。在现代企业中，股东多元化，其利益追求也不尽相同，有些股东看重短期利益；有些则关注长期得益；有些顾忌社会影响。这就决定了企业目标与股东目标之间必然存在不一致性。运用到企业社会责任分析当中来，管理者作为代理人更能理解企业所处的环境以及如何才能提升企业价值，更加注重企业产品、品牌、服务及社会贡献对企业生存和发展的作用，在日常的经营过程当中，将更多地体现多元利益相关主体的目标，而非单一的股东目标。而股东若想完全控制管理者的行为需要投入的资源是难以估量的，换句话说，股东对管理者的行为进行监督和控制是不理性的。这样，在现代企业中，所体现的更多的是多元利益主体相混合的目标，不同于以往的单一的利润目标，其直接表现便是企业履行社会责任和义务，迎合利益相关者的诉求。

（三）外部性理论的解释

传统的经济理论分析个体行为均有一个隐含的假定，即单个消费者或生产者的经济行为对社会上其他人的福利没有影响，即不存在"外部性"。从个体角度来看，其个人所承担的个体成本和所获得的收益与社会所承担的成本和所获得的收益是相同的。[①]但是，在实际的社会经济生活中，个人的成本和收益往往不同于社会成本和社会收益，即存在外部性。外部性一般有两种情况，一种是外部经济，个体行为的个人收益小于社会收益，即其行为对社会有超过该个体收益的其他正收益；另一种是外部不经济，个体行为的成本小于社会的成本，即个体因其付出的成本取得一定的收益，同时给社会带来了更大的成本。在日常生活中，外部不经济的例子屡见不鲜，公地悲剧、公海悲剧均属此类。

企业的外部性是指与企业行为相关的对社会其他主体的正向和负向影响。一方面，企业的经营行为可能造福社会，如企业的研发投入对社会整体科技水平的推动，企业为降低运输成本修路搭桥，同时方便了附近的居民等；另一方面，企业的行为还可能给社会带来巨大的成本，如企业排放污水对居民用水条件的破坏，企业滥用自然资源、排放 CO_2 对自然生态环境造成不可逆转的负面影响等。应用到企业社会责任领域时，外部性理论主要集中于对企业行为给社会带来的负面影响的限制。正因为企业的行为具有如上的负外部性，政府必须

---

① 高鸿业：《西方经济学》（第三版），中国人民大学出版社，2005 年。

出台相应的规章约束企业行为，而各种非政府团体和环保人士均投入到环保活动当中。外部性理论为解决企业负外部性提供了工具，如排污许可证的发放、征收污染税、强制安装净化设备等。与这些硬性的规制措施相比，企业社会责任理论还强调对企业履行社会责任的宣传，倡导企业主动投入到环境保护、推动社会发展的事业当中去。

（四）交易成本与契约理论

科斯的《企业的性质》不仅提示了企业的本质特征，还提出了非常重要的概念，即交易成本。在交易成本基础上发展起交易成本经济等学科。科斯认为，企业是不同于市场的一种交易方式。在古典经济理论当中，个人被假设拥有完全信息，而市场上的交易行为是个人之间的自愿行为，这种交易是建立在双方均知晓各自的需求和得益的基础上的，一旦双方中有一方认为从交易中难以获得净收益，那么该交易便不会产生。按照古典经济理论，如果个体均是信息完备的，任何交易均可通过市场来实现，那么企业缘何存在就无从解释了。实际上，个人的信息是不完全的，换言之，无论是受个体生理、时间成本限制，还是受信息可得限制，个体均很难获得其交易所需要的足够信息，要想实现这一交易就需要投入相应的资源取得相互的信任，这些被投入的资源便构成了交易成本。而企业正是为了化解这一交易成本而产生的，通过与雇员、股东、管理者、材料供应商等相关主体签订长期的契约，来节省一次次考察和收集信息的成本，形成较固定的契约集合体，这便是企业。企业若想降低交易成本来提高利润，便要降低毁约的可能性，尽量保持契约的稳定，这就涉及企业内部各相关主体之间的关系维护，企业的经营行为必须考虑与企业核心利益直接相关的各主体，如雇员、客户、材料商等。

随着企业的发展壮大，交易成本的概念便从企业内部外化到企业外部。企业生产产品和服务的过程，相当于与社会各群体签订了无形的契约，其内容便是运用自然资源生产高质量的产品，同时不危害自然环境和居住环境的安全。这种契约的现实表现之一就是品牌，消费者认定了某个品牌，在购买时便不必投入大量的资源获取相关产品的信息。换言之，品牌降低了企业产品销售的交易成本，因此品牌也就成了企业的核心资产。越是大企业，其行为对社会的影响越大，同时对其品牌的影响也就越大。从这一角度来讲，如果企业要保持其品牌效应，即保持其拥有的低交易成本优势，就需要主动地、全面地履行社会责任，如慈善事业、环保事业、改善劳工环境等，这些均会增加其品牌价值。同时，必须避免损害品牌价值的行为出现，即防止不符合社会道德规范的行为出现，如产品造假、危害人们健康等。

(五）人力资本与资产专用性理论

20 世纪 50 年代，美国经济学家舒尔茨（Schults）[1]和贝克尔（Becker）[2]通过对社会经济增长的研究，提出了"人力资本"的概念。将其定义为，个人所具备的知识、才能、技能和资历等要素的总和，是一种"非物质资本"。人力资本概念的提出是对传统经济学理论中的劳动力要素的扩展和深化。按照传统经济理论，劳动力要素具有同质性，是相对于资本投入的企业要素投入。而人力资本强调了内化于个体内部的特殊资本形态，它是知识与人体相结合的产物。人力资本不同于知识，一个社会的知识存量与社会中相互异质的人力资本总和相当，但是人力资本总量是以人为个体相加总的数量，与人口规模直接相关。

随着企业的不断发展，人力资本对企业发展的作用逐渐体现，这就要求企业要对雇员负有更多的责任。可以说，企业对雇员的责任从以往的单纯提供基本生存条件、提供居住环境等层次，提高至为雇员提供深造、培训和专业技术学习等机会的层次。企业不仅要为雇员提供可以弥补生活成本的工资，还必须为其提供可以舒畅工作的环境，为其创造可以实现个人价值的平台。企业之所以要注重这方面的投入，与人力资本的资产专用性是密切相关的。在现代企业中，拥有企业家才能的人才常常决定着企业的命运，而这些人才往往掌握着独到的技术、专业的信息甚至企业的商业机密，这些人才的流失给企业带来的损害有可能是灾难性的。因此，企业必须重视这些关键性人才的利益和诉求。从社会责任角度来讲，企业对雇员的责任是基本的经济责任，而人力资本理论主张企业需要对员工承担更多的责任，即满足员工更加深入、全面和更高层次的需要。

二、企业社会责任的成本与收益

企业社会责任的经济学分析最根本的就是衡量企业承担社会责任这种行为的成本和收益，以确定企业的这种行为是否理性。企业承担社会责任其成本是直接的、即期的和有形的，企业若要承担责任就必须做出牺牲，耗费相当的资源和时间。而企业承担社会责任的收益一般是间接的、远期的和无形的，企业承担社会责任并不一定会立即对企业经营产生正面效果，但在长期看来，该收益是非常必要的，在比较成本与收益时，必须注意各自的特点，拉长视界。

(一）企业承担社会责任的长期收益大于成本

首先，企业承担社会责任将大大提高企业的综合竞争力。这是因为企业履

① 舒尔茨：《论人力资本投资》，吴珠华等译，北京经济学院出版社，1992 年。
② 贝克尔：《人力资本》，梁小民译，北京大学出版社，1987 年。

行社会责任的对象不仅包括企业的股东、雇员、供应商和客户等与企业核心经济利益有直接联系的主体，还包括社区居民、非政府组织、环保人士等社会团体。一方面，企业很好地履行社会责任，将使企业内部治理结构合理而有效。各主体均参与到企业的治理当中，相互间利益得到协调，均为企业的良好发展出谋划策，并主动承担相应的风险和成本，提高各主体参与企业日常监督、管理和经营的积极性，从而节省了企业为使经营行为顺利实施而支付的交易成本。另一方面，企业履行社会责任，换来了良好的声誉和品牌效应。外部环境好，产品销售顺畅，企业在宣传方面的成本降低，企业品牌价值实现增值，软实力提高。

其次，企业履行社会责任与股东利润目标相一致。从长期来看，企业履行社会责任不仅收效明显，而且十分必要。随着人们意识的提升、社会团体的蓬勃发展，企业行为日益为社会所关注，对企业承担社会责任的要求越来越高。企业履行社会责任将使其经营更加顺利，产品链各环节的成本下降，从而提高企业的利润。此外，企业治理结构的优化、各利益主体的协调互动，更避免了股东利益受损与中断，如减少了雇员罢工事件的出现等。

最后，企业承担社会责任降低了企业失德行为的成本。在市场经济下，企业的行为难免会出现短期性，以利润为目标而忽视产品和服务质量。如果企业在社会责任履行方面做过许多工作，那么其口碑会比以往就忽视社会责任的企业要好，从而增强社会各界对其失德行为的忍耐力。即便企业因某些意外因素而造成不好的社会影响，其履行社会责任的行为也会将企业的损失降到最低，企业品牌价值恢复的时间会大大缩短。

（二）企业承担社会责任是构建和谐社会的重要力量

企业承担社会责任可以直接促进和谐社会的建设。随着经济的不断发展，企业成为一国经济发展的主体，并且是社会经济和生产关系网络的核心。和谐的社会环境既可以为企业提供长期稳定发展的外部环境，降低企业发展的社会成本，又可以提升企业内部的治理效率，形成多方利益相关主体的协调一致，为企业快速发展提供前提条件。

企业履行社会责任的首要表现就是要履行对广大员工和人民群众的必要责任，包括保障员工的生产和工作安全；确保工资发放，为员工提供必要福利、提供培训机会；保护环境，减少对水和空气的污染等。其次，企业履行社会责任需要投身社会公益事业，为社会提供优质的公共产品和服务；提供资金和技术援助；提高整个社会的福利水平。最后，企业承担社会责任需要长期坚持，需要全部企业的共同参与，要通过机制设计，降低企业"搭便车"的行为倾向。

企业作为社会上经济实力较强、社会活动影响较广的主体，应该为社会发展承担更多的责任。一方面，企业要提升自身的竞争力，提高经营效率，创造更多的经济价值，推动整个社会经济水平的提高；另一方面，企业要合理利用自然和社会资源，保障相关主体的长远利益，积极履行社会责任。

第三节　企业社会责任的法学分析

企业是社会经济发展的主要推动力量，与此同时，巨型公司滥用经济权力给社会带来巨大成本，引起社会的广泛关注。规范企业行为的关键是找到有效、易行的规则，关于这一点，法学理论对企业与社会的关系有着不同的解释。不同类型的法律调节的社会关系不同，刑法主要是调节犯罪和惩罚，以及关乎国家和社会利益安全等问题的；民法是调节人与人之间的人身及财产关系问题的；经济法是用来调节与社会经济利益有直接或间接关系的相关问题的。就企业社会责任而言，更多的涉及与经济法有关的内容。企业社会责任就是要在增进股东利益的同时，关注其他所有相关主体的社会利益的，包括职工利益、消费者利益、债权人利益、竞争者利益、社区利益、环境利益、弱势群体利益等。

一、法学理论对企业社会责任思想的影响

(一) 传统企业法学对企业角色的重新定位

不同学科在研究企业行为时，对企业的角色定位取决于相应的理论范式，取决于分析者所采用的社会观、价值观。不同的社会观对企业的定位不同，对企业是否该承担社会责任、该承担什么样的社会责任、如何承担社会责任等问题的分析是有差别的。传统经济学认为企业存在的目的就是利润最大化，而对非股东利益相关者的分析并没有完全考虑到道德约束等社会层面的因素。相比而言，法律对道德规范的关注程度更深，这就意味着在企业角色定位上更能考虑企业行为对社会层面的各相关利益主体的影响。

在企业社会责任思想兴起之前，传统企业法对企业角色的定位主导着企业制度与企业司法实践，是企业法理论、企业立法和企业实务的正统。传统企业法的企业角色观有如下假设：第一，企业与政府（公领域）不同，属于私领域，其在社会上的功能与作用不应借承担社会责任之名，侵入公领域。[①] 第二，传统企业法认为对企业和股东有利的，必定对社会有利。[②] 企业努力增加股东利益，

---

① 罗伯特·C.克拉克：《公司法则》，胡平、林长远、徐庆恒、陈亮译，工商出版社，1999 年。

② 卢代富：《企业社会责任的经济学与法学分析》，法律出版社，2002 年。

必然会增进整个社会的福利。这种看法将社会总体福利看作是个体福利的简单加总，没有考虑社会分配不公等情形下的福利增进情形。第二，企业的利润最大化目标是企业唯一可操作的、合理的目标。传统企业法认为，与企业相关的其他群体的利益保护将由政府干预或法律形式实现，企业作为微观主体，只要有效提高经营效益、增加政府税收就可以了。此外，比起过多的考虑相关者的混合利益目标而言，股东利益最大化目标明显是更适合企业监控和操作的客观目标。

（二）社会法学对企业社会责任的影响

1. 社会利益与企业社会责任

19 世纪末，社会法学日益发展，对企业社会责任思想的兴起和发展起直接推动作用。社会法学派以社会学的观点和方法研究法的实行、功能和效果，注重法律与其他社会因素的相互作用，关心法律的社会目的和效果，强调法律对社会不同利益的整合作用。[①] 社会法学认为法是一种社会现象，认为法学不应仅强调个人权利和自由，而且应该强调社会利益和"法的社会化"。

德国法学家鲁道夫·冯·耶林（Rudolph von Jhering）将社会利益视为与个体利益相对应的利益。[②] 罗斯科·庞德（Roscoe Pound）认为，个人利益直接涉及个人并以个人生活名义提出主张、要求或愿望；社会利益涉及政治组织社会生活并以政治组织社会名义提出主张、要求或愿望。[③] 此外，社会利益还包括一般的安全利益、个人生活方面的利益、保护道德的利益、保护社会资源（自然资源和人力资源）的利益以及保护促进社会进步的经济、政治和文化的各种利益。[④] 社会法学认为，社会利益是经济法首要保护的目标，同时也是企业履行社会责任首要考虑的对象，包括社会公德和群体利益的保护、资源与环境的保护、公共设施的提供、保险与社会救济等事务。企业经济权力的扩张客观上要求其有责任更加重视社会利益的保护，为此各国纷纷立法约束企业行为，引导企业承担社会责任，而提倡将企业社会责任列为现代企业制度的重要组成部分。

2. 所有权社会化与企业社会责任

社会法学的另一核心概念便是所有权社会化，这一思想是对社会利益的进一步解释和深化。所有权社会化是指基于社会本位的权利思想而对所有权的享

---

① 沈宗灵：《现代西方法理学》，北京大学出版社，1997 年。
② 任荣明、朱晓明：《企业社会责任多视角透视》，北京大学出版社，2009 年。
③ 陈支武：《企业社会责任理论与实践》，湖南大学出版社，2008 年。
④ E. 博登海默：《法理学——法律哲学与法律方法》，邓正来译，中国政法大学出版社，1999 年。

有与行使施以约束和限制。其核心内容是所有权本身包含着对社会的义务，所有权负有义务的实质要求行使所有权应考虑到公共利益。[①]

法律保护私人产权，所有权神圣不可侵犯。但是，所有权的行使自由是在法律许可范围内的自由，而非无限制的自由。在自由主义和放任主义的支撑下，资本主义经历了经济发展的高潮，同时也承受了空前严重的经济危机。个人所有权思想逐渐被社会所有权思想替代。所有权社会化认为，所有权应由个人掌握和拥有，但所有权的行使必须合乎社会公共利益，要顾及社会公共利益的需要，避免个人肆意妄为、损害他人，强调所有权的行使与社会公共利益的结合。所有权社会化理念强调企业在作为"经济人"追求经济利益的同时，必须重视其"社会人"身份。企业可支配和获得的资源决定了其行为必须在符合自利性的同时，重视社会利益，否则将给社会带来巨大的成本和损害。所有权社会化思想的出现为企业社会责任思想的发展奠定了基础。

二、法学理念对企业承担社会责任的解释

（一）从"个人本位"到"社会本位"

法律是解决社会中利益冲突的一种手段。社会由个人、阶级、集团、组织等组成，各主体均有各自不同的利益诉求，而相互间的利益又难免会冲突，这种利益冲突就产生了本位主义。在利益的冲突与协调过程中，对个人利益与社会利益的倾斜程度决定了本位主义的性质。以个人利益为第一位的便是个人本位主义，而以社会利益为第一位的，则是社会本位主义。[②]

个人本位主义主张个人利益是社会利益的前提与基础，个体效益的最大化可促进社会效益的最大化。因此，法律必须保护私权，私权神圣不可侵犯。在这种理念支撑下，企业行为以股东利益为核心，企业拥有自主追求经济利益而不受外界干扰的权利，这时的企业并不承担社会责任。资本的逐利性将市场失灵的损害放大，最终造成影响深广的经济危机，本位主义思想随之发生了改变。强调个人利益的本位思想逐渐为强调社会利益的社会本位主义所取代，其主要贡献者便是社会法学派，前已述及。社会法学强调社会、社会连带、社会整体利益。社会法学认为，必须把法看成价值判断，即相互冲突的社会群体中的一方利益应当优先另一方利益，或者该冲突双方的利益应当服从第三方的利益或整个社会的利益。[③]这种本位主义理念的转化，既体现了法学理念由个人利益中

① 王玲：《经济法语境下的企业社会责任研究》，中国检察出版社，2008年。
② 谢燕秋、宋夏：《社会本位主义——合同法的现代精神》，《吉首大学学报》（社会科学版），1999年第1期。
③ 张文显：《二十世纪西方法哲学思潮研究》，法律出版社，1999年。

心向社会利益中心的转化，也为企业社会责任思想的产生和发展提供了生长土壤。

（二）企业社会责任的实质正义价值

法的价值包括秩序、民主、效益、权利、法治、安全、自由、平等、正义等。其中，公平是民法的价值核心；秩序、安全、自由是刑法的价值取向；而经济法的价值表现为实质正义、社会效益、经济自由与经济秩序的和谐统一。[①]

正义包括两个方面的内容，即形式正义与实质正义。形式正义表现为两个方面：一是法律规范本身的逻辑体系形式的追求；二是在具体法律的实施中，强调同等地对待所有情况相类似的人。[②]实质正义是经济法价值的主要体现，表现为实现社会范围内的实质性、社会性的正义和公平，追求最大多数社会成员的福利。经济法的实质正义不仅重视法律的普遍性，而且强调对个别情况的特殊调整，呈现出丰富和多样化的调整手段，体现了法律的灵活性和适应性。

企业社会责任理论在分析企业行为时，放弃了传统经济学单一的"经济人"假设，而考虑与企业相关的非股东主体的利益，将股东、非股东以及间接利益相关者看作是与企业具有平等契约关系的主体，企业是各利益相关者协调合作以实现物质利益的集合。实质正义在企业社会责任中的体现，正是这些主体相互间利益的平衡、平等与实现。与股东相比，雇员、债权人、供应商、消费者等处于相对弱势地位，企业在日常经营过程中必须全面考虑各方利益，并更多地体现对非股东主体利益的照顾，以实现企业多方利益的平衡。一方面，人力资本的重要性日益提升，以往重物质资本的思想得以改变，企业在经营过程中，必须平等对待人力资本与物质资本，甚至更加重视人力资本的存续；另一方面，企业社会责任思想督促企业纠正自身对社会产生的负外部影响，如对资源和环境的破坏等。通过宣传与倡导，企业得以主动投身于避免负外部性的行为当中，这些均体现了经济法中的实质正义价值。

（三）企业社会责任的社会效益价值

企业社会责任所体现的效益观与经济法中的社会效益价值是一致的。法的效益价值是指法能够使社会或人们用较少的投入获得较多的产出，以满足人们对效益的需要的意义。[③]法律效益包括个体效益和社会整体效益，而经济法的效益价值是社会整体效益的体现。表现为：促进经济效益的提高，保证充足的公共产品供应，保障人民生活，提高人民生活水平；促进物质文明的发展，实施可持续发展战略，改善人文自然环境，促进人类进步；实现国家经济运行的有

[①②] 史际春、邓峰：《经济法总论》，法律出版社，1998年。

[③] 卓泽渊：《法的价值论》，法律出版社，1999年。

效性与效益实现的最优搭配，增强国际竞争力，提升国际地位。[①]

　　企业的"社会人"性质决定了其与社会整体效益的密切关系，只有企业行为与社会经济发展相互协调，才能提升市场整体运行的效率，为企业自身提供良好的竞争和发展环境，从而为企业进一步快速发展提供平台和前提条件。企业社会责任思想正是体现了企业行为对社会整体效益的考虑，不仅仅是单纯地追求股东利润最大化目标，而是对所有利益相关者负责，合理分配各方参与者的权利和义务，实现股东与非股东主体之间的利益均衡。从本质来看，企业是不同主体之间结成的一系列契约的集合体。企业社会责任思想主张企业行为对多方主体的协调，从中汲取提升企业效益的源泉，实现企业与社会、企业内部的良好互动关系，调动各方参与企业经营与管理的积极性，以提高企业效益，进而增加社会整体效益。

　　此外，企业社会责任思想将企业置于整个社会的大背景之中，来评价企业的行为。企业追求的不只是个体企业的效益，而且还包括社会整体效益。这种以社会利益为标准的评价方法有利于企业树立更加合理和正确的效益观。在这种效益观的指导下，企业将会为员工提供更好的工作环境、工资待遇、培训和晋升机会，将会为消费者提供更优质的产品，将会更积极地投身到资源和环境保护等公益事业当中去。

（四）企业社会责任的经济自由与秩序价值

　　自由是传统市民社会的基本精神，其内涵表现在：一是行为自由，即民事主体可以支配自己的经济活动方式；二是意志自治，表现为任何主体在经济活动中都仅依自己的个人意志决定行为的内容，排除任何形式的意志强制。[②]在市场经济中，经济主体的自由选择与行为是十分必要的，特别是企业的自由行为有助于经济效益和利润目标的实现。经济法对企业行为的要求是从社会价值角度出发的，企业行为的自由应以社会整体效益和社会整体正义为基准。换言之，这种自由在经济法的意义中必须服从一种秩序，即实现经济自由与经济秩序的统一性和和谐性。

　　秩序是指在自然进程和社会进程中存在着某种程度的一致性、连续性和确定性。[③]人们对秩序的追求是自身生存和发展的目的之一，也是前提条件之一。企业作为现代法治社会的重要主体，其行为既要服从法治的规则与秩序，又要为法治秩序的形成与发展贡献力量。而在社会本位主义的思想指导下，企业的

　　① 张英：《论经济法的基本价值取向》，《法律科学》，2004年第4期。
　　② 何平：《论民法与经济价值定位的二元互补律》，《山东法学》，1999年第4期。
　　③ 博登海默：《法理学——法律哲学与法律方法》，邓正来译，中国政法大学出版社，2004年。

行为应更多地考虑社会利益，即企业与社会的和谐共同发展。

经济法强调的秩序价值以整体社会经济发展的和谐为目标，强调社会整体经济发展的空间和前景，也就是要促进整个社会公共利益的实现。一方面，经济自由要求企业的选择和行为权利得到保障；另一方面，这种自由要建立在良好的社会经济秩序基础上，实现自由与秩序的协调和统一。企业社会责任思想就是努力实现企业经济自由与社会经济秩序之间的平衡。企业既要在市场活动和日常经营中运用自由权，又要约束自己的行为，使其符合社会伦理和道德标准。既要保证经营的相对独立性，降低决策成本，避免延误商机，又要兼顾相关利益者的权利，实现企业内部经营效率与外部利益的协调和统一，并最终实现经济自由与秩序的统一。

三、企业社会责任的法制化

法制是市场经济下各种主体规范运作、健康发展的保障，是约束各市场主体行为的主要手段。企业社会责任是对企业滥行的一种约束，但其实现离不开法律、法规的强制力。随着社会的不断进步，对企业社会责任逐渐形成共识，更加需要以法律的形式强化和规范企业的行为。

首先，企业社会责任并非单纯的道德问题。在市场经济下，企业为了追求利润而无视员工权益，破坏资源，其行为直接或间接地对其他主体造成了伤害，提高了其他主体的生产和生活成本，侵犯了他人的权利，因此必须承担相应的后果。但是，在市场环境下，缺少对企业类似行为的约束和规范。因此，必须借助法律来强化企业社会责任行为。企业社会责任的法制化既是对企业不正当行为的约束和对他人利益的保护，又是社会发展与文明进步的基础。

其次，企业社会责任法制化就是要实现从法制伦理向商业伦理的渗透。法制伦理包括两个方面的内涵：一是指内含于法制之中的伦理要求，即法律中的道德；二是指将伦理要求、伦理原则具体化为明示的、社会成员所必须遵循的法律规范，即法律化的道德。企业社会责任法制化就要将商业道德法律化，特别是在出现利益冲突时，要强化平等、公正的制度基础。虽然我国企业刚刚经历过以利润为目标的飞速发展阶段，但是极度的资源消耗和社会问题并发，需要及时引入企业社会责任法制化问题。

最后，企业社会责任法制化，是一个与国际社会相接轨的过程。西方世界经过了几百年的发展，企业制度不断健全，与企业滥行有关的社会问题得以在长期的发展中逐渐解决。而中国不同，企业既需要快速发展，赶上发达国家水平，又需要解决发展中出现的诸多问题，特别是企业社会责任问题，更需要借鉴西方的先进思想与制度。要加强企业社会责任立法，填补法律空白。

第四节　企业社会责任的管理学分析

　　管理学的研究对象是如何有效配置企业资源以达成组织的目标。所谓管理，是指组织中的管理者，通过实施计划、组织、人员配备、领导、控制等职能来协调他人的活动，使他人同自己一起实现既定目标的活动过程。在现代企业管理中，企业社会责任是核心概念之一。随着管理理念的演进，企业逐渐由注重生产、产品与市场，发展为注重社会影响与品牌价值，而企业社会责任成为企业管理中不可缺少的部分。

一、企业社会责任与企业竞争优势

（一）企业社会责任与企业竞争优势

　　企业经营成功与否取决于企业是否拥有相对优势，这种优势既来源于企业内部，又来源于企业外部。从企业内部来看，企业获得市场优势的首要条件是优质的产品，产品是满足消费者需求的前提和基础。在产品适销对路的基础上，企业内部的管理能力、成本控制能力、人员协调能力、创新能力等均影响企业的竞争优势。从外部环境来看，企业竞争优势受社会经济环境的影响。企业行为既受政策环境的影响，又受制于一国社会经济的发展阶段。而且，企业的经营业绩与消费者的素质水平等相关。

　　企业社会责任思想引导企业从内到外建立竞争优势，通过"双赢"提高企业的社会价值，保证企业经济利益的实现，不断提升企业价值。一方面，通过协调与企业核心利益相关主体的利益冲突，形成企业发展的合力，提升企业内部优势，增强企业管理和成本控制能力；另一方面，企业通过对社会事业的关注，不断加大对公共事业的投入力度，既生产优质、绿色的产品，又保障自然资源环境的安全，从而树立良好的品牌形象，增强企业的软竞争力。企业履行社会责任有助于提高消费者的忠诚度和认同感，降低企业产品宣传和销售成本，保证消费者对产品的二次购买和多次购买，并形成良好的口碑，扩大消费者认同群体。良好的品牌还会吸引高级人才加盟，降低员工"搭便车"等机会主义行为倾向，降低监督成本，从而促进企业长远发展。

（二）企业社会责任与企业竞争力

　　一般而言，企业竞争力包括3个层面：第一层面是产品层，包括企业产品生产及质量控制能力、企业服务、成本控制、营销及研发能力；第二层面是制度层，包括各经营管理要素组成的结构平台、企业内外环境、资源关系、企业运行机制、企业规模、品牌、企业产权制度等；第三层面是核心层，包括以企业理念和企业价值观为核心的企业文化、企业形象、创新能力、企业特色等。[①]这三个层面共同构成企业的竞争力，而企业则需要从这三个层面来履行社会责任。

产品层的企业竞争力属于企业表层的竞争力，涉及的是与企业日常经营有直接关系的各相关主体之间的互动。企业社会责任在表层竞争力上的表现，即为企业管理层对企业资源的合理利用，通过有效计划、组织和控制，协调生产、经营、销售过程中多方的利益。开发绿色、环保、优质的产品，以社会需要为企业产品目标，满足消费者的多元需求。

在制度层面，强调的是要将企业社会责任意识以制度形式确立起来。在制度构建过程中，体现责任原则。在制定规则时，要以企业与社会的关系为核心，运用国际通行标准来规范企业行为。遵循行业、国家或国际通用的行为守则，充分体现制度规范对社会大众利益的考虑，体现对社会环境和资源的保护与合理利用。

企业的核心竞争力是企业得以长期发展、立于不败之地的根本。企业的生存与发展不仅需要资金、人才、设备等硬性条件，还需要经营理念、文化、企业使命及目标等软性条件。在现代市场经济条件下，企业的核心竞争力必须体现社会责任意识。通过建立具有责任意识的企业文化，将内部员工与管理层、内部人员与外部群体、产品链条相关主体紧密联系在一起，激发企业活力；通过确立体现责任感的企业使命和目标，提升企业社会形象，为企业长远发展奠定基础。

二、企业社会责任与企业战略

(一) 企业的使命

企业战略是企业长期经营的全局性纲领。随着企业社会责任思想的发展，客观上要求企业将履行社会责任纳入企业战略来考虑。企业战略的制定是紧紧围绕企业使命和企业目标展开的。因此，企业的使命必须体现企业社会责任意识。

企业使命是在企业远景的基础上，定义企业在全社会经济领域中经营范围和层次，是对企业自身和社会发展所作出的承诺，明确公司存在的理由和依据，对企业性质与企业在社会中所处的位置进行描述，体现的是企业的经营哲学和

---

① 任荣明、朱晓明编：《企业社会责任多视角透视》，北京大学出版社，2009 年。

宗旨。所谓经营哲学是指企业所努力确立的价值观、经营理念与行为准则，是企业明确自身定位并努力发挥应有作用的抽象反映。企业的经营宗旨是对企业现在以及将来要从事何种事务，以及应对社会起何种作用进行定位的阐述。在企业社会责任背景下，企业使命必须体现为具有责任感的价值观、经营理念与行为准则，将社会责任意识融入企业使命当中。

目前，众多国际大型公司均将其企业使命定位在全社会或全人类的共同进步与发展上。如迪斯尼公司的企业使命是"使人们过得快活"，索尼公司将企业使命界定为"体验发展技术造福大众的快乐"，而沃尔玛公司则以"给普通百姓提供机会，使他们能与富人一样买到同样的东西"为企业的经营理念。在现代市场经济条件下，企业已由单纯的经营性主体发展成为社会性主体，其承担的社会责任将更多地体现社会利益，企业的经营理念将更多地以社会目标为核心。

(二) 企业的目标

企业的目标是企业为实现使命而制定的短期或长期的目标，是对企业要实现的状态的描述，是企业使命的具体化。在日常经营中，高层管理者根据企业所处的环境与形势，制定企业经营活动所要达到的目标，并调动企业资源，激发员工积极性，明确各环节人员的职责范围，构建以企业目标为核心的目标体系，通过管理层、操作层与控制层的协调和共同努力，达到企业的目标。

企业的目标可以分为经济目标和社会目标。其中，经济目标是企业存在的基本目标，即企业必须具备获得利润的能力，这与企业社会责任中基本的经济责任是相一致的。利润的实现是企业得以存活的基础，企业首先要创造价值，维持企业的运转，为员工提供工资和福利待遇，为股东创造利润，为社会增加财富，这样才能更好地完成其他社会责任和义务。但是，利润目标并非企业所追求的唯一目标，它只是企业从事分内工作的结果之一，而非企业活动的宗旨。

企业的社会目标强调的是企业活动的道德价值，是企业作为社会性主体应尽的义务。一方面，企业的不断强大为社会的发展和进步创造条件，企业为社会提供就业、培训员工、提供员工医疗保障、生产优质产品、改善人民生活，还为政府提供税收来源，间接支持社会公益事业；另一方面，企业实力的增强，为其承担更多的社会责任提供前提条件。随着企业经营范围的扩大，受其行为影响的群体越来越多，客观上要求企业考虑利益相关者的利益，必须将社会责任纳入企业目标，体现企业与社会的互动关系。

(三) 企业社会责任的战略选择

不同企业在履行社会责任时采取不同的战略选择，其社会效果也不尽相同。一般而言，企业社会责任战略有 4 种不同的选择。

一是积极应对战略。其是指企业对社会责任的承担是积极主动的，企业不单纯追求利润目标，而是时刻将社会利益作为经营重心之一，企业承担社会责任的行为成为日常经营的重要组成部分。采用此种战略的企业，拥有一套完备的履行社会责任的目标体系和制度安排，所承担的社会责任不仅包括优质产品、员工待遇、股东价值等，还主动提供公益产品，处处体现出对社会群体的关爱，可以熟练、恰当地应对社会责任问题。实施此种战略，有效地提升了企业的软竞争力，增强了企业产品、企业品牌以及企业经营理念的社会影响力，降低了企业的运转成本。一旦出现意外事件有损于企业品牌，此种企业也会较快恢复社会对其产品和服务的信心，减少沉没成本。

二是适应性战略。采取这种战略的企业对社会责任的履行持一种尽力而为的态度，并没有建立以社会责任为核心的战略实施体系，而是尽力做好企业内部的事情，努力满足社会和消费者对企业的要求和期望。采取此种战略的企业，会得到其相关利益群体的认同，企业对社会责任的有效履行也会增加其品牌价值。

三是被动性战略。其是指企业并没有将承担社会责任看作是必要之事，仍是以利润目标实现为主要目标。当企业行为对社会造成不利影响时，多数企业采取的是"搭便车"策略，并不积极承担社会责任，而是在企业经营受到这些问题的影响时，或受政策规范及法律约束要求时，才被动承担社会责任。采取此种战略的企业并没有将社会责任思想融入到企业经营战略当中，一旦出现社会责任问题，即便亡羊补牢，企业的品牌价值也会遭到巨大打击。

四是消极逃避战略。其是指企业不愿意履行社会责任，并且尽量逃避本应自己承担的社会责任。如一些高污染企业排放污水或有害气体，对人们身心造成极大伤害，而这些企业却找到各种理由逃避应承担的责任，拒绝采取措施。这些企业不仅损害了社会利益，还对自身的生存与发展造成危害。对社会利益的损害将使企业受到法律的制裁或被处以高额的罚款，不履行社会责任使企业品牌大打折扣，即使出现微小的社会责任问题，也会遭到广大群众的唾弃，进而造成企业经营困难、利润目标难以实现。

三、企业社会责任与企业市场营销

(一) 市场营销理念的发展与社会责任意识

企业营销是创造、沟通和传送价值给消费者，通过管理客户关系使组织和相关利益者受益的组织活动，是个人和集体通过创造并同他人交换产品和价值以满足需求和欲望的一种管理过程。狭义的企业营销仅指企业销售环节涉及的经营销售活动，而广义的市场营销包括企业生产、销售、售后等全部经营环节的系统性理念。广义的企业营销活动不仅涉及流通环节，还包括企业的其他经营活动，如营销调研、产品开发、定价、分销广告、宣传报道、销售促进、人员推销、售后服务等。

从企业营销观念的演变来看，企业关注的重心逐渐由产品转向社会，经历了生产观念、产品观念、推销观念、市场营销观念、客户观念和社会市场营销观念等阶段。在生产观念阶段，社会产品并不丰富，产品销售不成问题，企业活动致力于提高生产效率和分销效率，扩大生产，降低成本以扩展市场；在产品观念阶段，企业关注的是如何生产高质的产品，开发多功能、样式新颖的产品以吸引消费者，致力于生产高值产品，并不断加以改进；在推销观念阶段，市场竞争进一步加剧，企业不得不在销售环节投入更多的资源，积极推销和大力促销，以刺激消费者大量购买本企业产品，运用多种销售方式实现产品的顺利出售；在市场营销观念阶段，企业必须将全部经营活动置于营销活动之中，以满足顾客需求为出发点，从产品开发到产品销售均服从于营销目标，尽快确定目标市场的需要和欲望，并有效传送目标市场所期望的物品或服务，满足目标市场的需要和欲望；在客户观念阶段，客户需求及其满意度逐渐成为营销战略成功的关键所在，企业在保证产品和服务质量的基础上，将客户关系管理作为经营的重心，注重收集客户以往的交易信息、人口统计信息、心理活动信息、媒体习惯信息以及分销偏好信息等，为每个客户提供各自不同的产品或服务，提高客户忠诚度，从而确保企业的利润增长；在社会市场营销观念阶段，企业逐渐以社会利益为关注点，以保护和提高消费者和社会福利为目标，在制定营销策略时兼顾企业利润、消费者需要和社会利益3个方面的要求。

从市场营销观念的发展历程可以看出，企业营销活动的目标逐渐由企业自身转向整个社会，而这正是企业社会责任思想的核心。特别是在当前社会问题多发、环境污染严重、资源消耗过快的背景下，更加要求企业在营销活动过程中体现社会责任原则。构建以企业社会责任为核心的营销理念，是企业建立良好声誉、取得长期利益的基础。为此，企业需要加大对社会公益事业的投入，加强慈善捐助，积极参加社会志愿活动，认真履行社会责任义务。

（二）企业社会责任与公共关系管理

所谓公共关系，是指活动主体与社会公众的关系。企业公共关系管理主要是指企业为改善与社会公众的关系，促进社会大众对企业的认识，树立良好企业形象，而建立企业与社会群体之间的良好关系。企业公共关系管理涉及对社会公众态度的把握，通过满足目标群体的需求，提高企业的知名度和声誉。

企业公共关系管理并非局部的、片面的管理，其对象不仅包含与企业经营活动直接相关的顾客、股东、政府相关主管人员等，还包括企业所在领域之外的社会大众和团体。通过公共关系管理，企业要确立与相关群体的和谐关系。这种关系是双向的，一方面，企业向社会大众传递企业信息、产品信息等，让顾客与社会团体对企业活动有一定的了解；另一方面，企业要接受社会对其的监督，吸取人情民意以改善其自身的经营，形成双向沟通。再者，企业公共关系无时不在，无处不在，贯穿于企业生存和发展的整个过程。企业不能把公共关系管理当作救急措施，而要制定和坚持长期的管理规划，这才是确保公共关系和谐发展的基础。

企业公共关系管理与企业社会责任思想是一致的，从市场营销的角度为企业履行社会责任提供了理论基础。二者均体现了企业对社会大众利益的考虑，均要求企业要系统、全面、长期地承担社会责任。所不同的是，企业公共关系管理在细节上阐述了企业所应从事的事务，如将具体公关工作分解，并由战略性部门实施日常公关措施等。

四、企业社会责任与企业生命周期

企业社会责任的履行与企业的发展阶段和经营状况有密切的关系。在企业发展的不同阶段，企业承担社会责任的内容和范围不同。作为经济体，企业有自己的生命周期，企业的成长要经历企业初建、成长、成熟和衰退 4 个阶段。在不同的阶段，社会对企业的要求不同，需要企业结合自身情况适当承担社会责任，既要保证企业的健康成长，又要保证社会责任得以顺利履行，如图 9-2 所示。

在企业初建阶段，企业刚刚从事生产经营活动，其经济实力较差，产品市场占有率较低、利润水平较低、生存压力较大。在这一时期，企业的首要任务是降低成本、提升盈利能力，提高企业生产效率和产品质量，努力建立自己在市场上的地位，形成稳定的收入流，构建企业的核心竞争力，以奠定长期发展的基础。

在企业成长阶段，企业的规模不断扩大，产品销售额不断提高，企业竞争优势不断巩固，逐渐形成企业竞争力。在这一阶段，企业活动的重心在于提高投资者的回报，保证产品质量，稳定消费者忠诚度，进而寻求进一步扩大企业生产规模的机会。与此同时，企业必须注意与企业经营直接相关的利益相关主体的利益，特别是高级人才、员工的利益。换言之，企业在这一阶段承担的社会责任是比较基层的与劳动者权益有关的责任。而且，企业在这一阶段，逐渐形成企业的核心文化，虽然不能全身心地投入到社会责任当中去，但在企业使命与文化上必须体现社会责任原则。

在企业成熟阶段，企业各方面指标均有很大提升，市场地位已然稳定，经济效益良好，形成了较顺畅、稳定的资金流、产品流和服务流。在这一阶段，企业对社会的影响力不断增大，社会对企业的期望也明显提升。因此企业必须

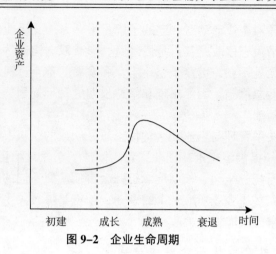

图 9-2　企业生命周期

主动投入到社会责任的履行当中去，将企业的目标由利润目标转为社会利益的实现与提高社会大众的福利。企业既要保证优质产品和服务的提供，又要更多地参加社会公益事业，保护环境，有效利用资源，做好公共关系管理，与社会各界结成长期且和谐的关系。

在企业衰退阶段，企业的盈利能力开始下降，在市场竞争中开始显示出劣势，面临后来者的竞争很可能被淘汰出局，企业的经营目标也会由社会导向回到利润目标上。在这一阶段，企业同样要解决好社会责任的承担问题。如果企业破产在所难免，那么必须保证员工工资的发放，做好人员再就业接续工作，确保企业债务的清偿。企业还可以培养新的竞争优势，做好转型工作，尽量减少因业务萎缩、企业破产等因素造成的不良社会影响。

企业生命周期理论为企业社会责任的履行提供了更具操作性的指导，将社会责任的承担与企业自身能力相结合，而非不顾企业现状一味地要求企业承担无法实现的义务。在现代市场经济中，竞争十分激烈，企业可能遇到多样的问题导致自身生存能力的下降，这时必须首先保证企业的存活，如果企业实体消失，那么社会责任的履行也就无从谈起。同时，企业群体要保持社会责任意识，在老企业的衰退与新企业的诞生过程中，延续社会责任思想，从而保证社会责任得以履行。

本章小结

随着全球经济一体化的发展，跨国企业在世界经济中所占据的位置越来越重要。企业利用全球经营之便配置资源、提升效率，形成垄断力量。为满足自身利益滥用经济权力，不顾资源与环境的恶化，无视劳工权益，造成恶劣影响。掌握经济权力的大型企业和利益集团甚至开始向政治利益渗透。为抑制企业滥用经济权力，各国陆续颁布法律约束企业行为，企业社会责任应运而生。企业履行社会责任推动了社会发展和进步。利益相关者理论是企业社会责任分析的主要理论依据。利益相关者理论的核心内容是将企业看作是各种投入要素的组合，这些要素属于不同的所有者，由这些所有者构成企业的关系网络。股东、债权人、管理者、雇员、原材料供应商等，均是为企业提供相应资源的投资人，他们为企业的经营提供专用资产。因此，企业行为必须兼顾多方利益。从传统经典企业理论的股东利益最大化原则过渡到利益相关者理论，从股东所有过渡到利益相关者共同所有。企业公民理论对企业社会责任研究的核心贡献在于将公民观引入到企业社会责任理论当中。企业公民理论提倡，企业不仅要被动地承担社会责任，还要主动地参与到社会环境改造、推动社会进步的工作当中去。企业在承担社会责任的同时，还必须拥有相应的法律保障，避免社会单方面地要求企业承担责任，而无视企业自身发展因承担社会责任而受到的影响。企业公民思想逐渐成为企业采取社会行动的理论指南和参考，从公民角度分析企业在社会中的地位与其应承担的责任和义务，以及该享有的权利，使企业更加理性地制定战略规划，以促进企业的长期健康发展。

　　企业社会责任的经济学分析是从经济学角度对企业承担社会责任进行解释。"经济人"假设是该视角的基础，认为企业所应承担的社会责任即有效率地配置社会资源，而创造财富是企业的唯一目标。这时的社会责任即主要体现为经济责任，即为股东利益最大化而生产和经营，同时也会为其他人提供便利。企业代理理论认为，在现代企业当中，经营权与所有权相分离，企业管理者（代理人）是受所有者委托而管理和经营企业的。委托人利益多元化所体现的更多的是多元利益主体相混合的目标，其直接表现便是企业履行社会责任并承担相应的义务，迎合利益相关者的诉求。企业的外部性是指与企业行为相关的对社会其他主体的正向和负向的影响。企业的经营行为既可能造福社会，又可能给社会带来巨大的成本。外部性理论主要集中于对企业行为给社会带来的负面影响的限制，政府采取措施倡导企业履行社会责任。无论是受个体生理、时间成本限制，还是受信息可得限制，个体均很难获得其交易所需要的足够信息，要想实现这一交易就需要投入相应的资源，即交易成本。通过与雇员、股东、管理者、材料供应商等相关主体签订长期的契约，来节省一次次考察和收集信息的成本，形成较固定的契约集合体，即企业。人力资本强调了内化于个体内部的特殊资本形态，它是知识与人体相结合的产物。现代企业中企业家群体决定着企业的命运。从社会责任角度来讲，企业对雇员的责任是基本的经济责任，而人力资本理论主张企业需要对员工承担更多的责任，即满足员工更加深入、全面和更高层次的需要。企业社会责任的经济学分析最根本的就是衡量企业承担社会责任这种行为的成本和收益，以确定企业的这种行为是否理性。从长期来看，企业承担社会责任的收益大于成本，同时企业承担社会责任是构建和谐社会的重要力量。

规范企业行为的关键是找到有效、易行的规则，法学理论对企业与社会的关系有着不同的解释。企业社会责任更多涉及经济法有关的内容，即在增进股东利益的同时，关注其他所有相关主体的社会利益，包括职工利益、消费者利益、债权人利益、竞争者利益、社区利益、环境利益、弱势群体利益等。法学理论对企业社会责任思想的影响涉及传统企业法学对企业角色的重新定位，而社会法学对企业社会责任产生了更为深刻的影响。所有权社会化理念强调企业在作为"经济人"追求利润的同时，必须重视其"社会人"身份。从法学角度解释企业社会责任经历了从"个人本位"到"社会本位"，体现了企业社会责任的实质正义价值和社会效益价值。经济法对企业行为的要求是从社会价值角度出发的，企业行为的自由应以社会整体效益和社会整体正义为基准。即实现了经济自由与经济秩序的统一性和和谐性。企业社会责任并非单纯的道德问题，需要法制化，要实现法制伦理向商业伦理的渗透，并逐步与世界接轨。

管理学的研究对象是如何有效配置企业资源以达成组织目标，从管理学角度解释企业社会责任涉及企业竞争优势、企业战略、企业市场营销、企业生命周期等相关内容。企业社会责任思想引导企业从内到外建立竞争优势，通过建立"双赢"的环境关系发展企业的社会价值，保证企业经济利润的实现，不断提升企业价值。在现代市场经济条件下，企业已由单纯的经营性主体发展成为社会性主体，其承担的社会责任将更多地体现社会利益，企业战略将更多地以社会目标为核心。企业市场营销活动的目标逐渐由企业自身转向整个社会，而这正是企业社会责任思想的核心，体现了企业对社会大众利益的考虑，要求企业要系统、全面、长期地承担社会责任。企业生命周期理论将社会责任的承担与企业自身能力相结合。企业社会责任的履行与企业的发展阶段和经营状况有密切的关系，在企业发展的不同阶段，企业承担社会责任的内容和范围不同。

第十章　国际企业社会责任的实践与经验借鉴

20 世纪 30 年代的美国经济"大萧条",致使美国大量企业倒闭,工人失业率急剧上升,社会问题空前严重,引发社会各界对企业社会责任问题的研讨。随后,伴着消费运动、环保运动和责任投资运动的兴起,尤其是在 20 世纪 90 年代以后,在各国政府、社会组织、企业的共同推动下,企业社会责任在世界各国迅速得到普及,并形成一种世界潮流和趋势。

第一节　美国企业社会责任的发展及其法律约束

美国是企业社会责任概念的发源地。美国将企业社会责任作为一门理论来研究大约起源于 20 世纪初,进入 20 世纪 70 年代后,美国对企业社会责任的问题更加重视,目前美国对企业社会责任的理论研究实践已进入到经济全球化的领域。

一、美国企业社会责任的理论和形成

对企业社会责任的观点,美国主要有两派:一是哈耶克,他认为企业唯一的目的是作为出资人的受托者赚取长期利润,如果将资金用于追求长期最大利润之外的用途,就会赋予企业危险的权力。他主张企业应只对股东尽义务,认为由经营者承担社会责任,除了破坏自由社会不会有别的好处。哈佛大学教授莱维特认为,企业承担社会责任是一种危险的行为。社会问题让企业解决,就必须赋予企业更大的权力,企业将逐渐演变为具有支配地位的政治、经济和社会权力中心,这是十分危险的。追求利润是企业的责任,解决社会问题是政府的责任。莱维特进一步指出,企业承担社会责任是企业参与政治的一种体现。企业参与政治会影响企业的成长性,因为企业注重政治,就会轻视产品质量,

影响企业的名誉及它在市场上的竞争力，使企业陷入严重的困境。① 到了 20 世纪 80 年代，关于企业社会责任的争论在美国再度掀起。这次争论主要集中在公司对于利益相关者（Stakeholders）承担责任的问题上。一派仍旧坚持股东本位主义，另一派则主张雇员、债权人、消费者、供应商和企业所在社区，都与企业有一种利害关系，他们有权利要求其利益在企业的经营决策中受到应有的考虑。可见，这实际上是伯尔与多德论战的延续。

二是米尔顿·弗里德曼认为，股东是企业的所有者，对企业的利润享有所有权；企业管理者是股东的代理人，对股东负有直接责任。企业管理者的主要任务就是按照股东利益行使公司控制权。企业参与社会责任的活动，是企业追求利润最大化的过程，其目的不仅在于公共利益，而更重要的在于企业的自我利益。主张社会责任观的斯蒂芬·P.罗宾斯认为，企业社会责任是企业追求有利于社会的长远目标的义务，而不是法律和经济所要求的义务。卡罗尔认为，一个真正对社会负责任的企业要追求利润、遵守法律、重视伦理、广施慈善。美国普金斯研究所高级研究员认为，企业管理者的任务在于使企业的决策和行为对企业所有利益相关者有正面影响。程序学派的柯门斯认为，为了社会的安定与进步，应该由集团作若干管理，或通过司法机构由政府管制，在这个前提下实现理性资本主义。他进而提出，技术进步导致生产费用下降，从而使利润增加，在增加利润的分配上，企业希望独占利润，工人希望增加工资，消费者则希望降低物价。因此，各利益集团之间难免对立，需要创立缓和冲突的管理机制协调各集团之间的利益分配，这就需要企业通过履行社会责任缓和各种矛盾。谢尔顿在《管理的哲学》一书中提出，工业的目标不单纯是生产商品，而是生产在一个社会中一部分人眼中有价值的商品。他把公司的社会责任与公司经营者满足产业内外人士需要的各种责任联系起来，并且认为公司的社会责任包含道德因素在内，主张公司经营要有助于增进社区利益，而社区利益作为一项衡量尺度，应该远远比公司的盈利重要。谢尔顿对公司社会责任的内涵作了深刻阐述，明确表达了对公司社会责任的认可。这些理论和争论说明，不管谁对谁错，起码企业社会责任对企业发展的重要性已经体现了出来。

二、美国企业社会责任的发展过程②

美国从 20 世纪 20 年代开始进入现代企业社会，从此企业社会责任就引起

① Tschhopp D. J.. "Corporate Social Responsibility: A Comparison Between the United States the European Union". Corporate Social-Responsibility and Environmental Management, 2005, 12 (1).
② 陈英等：《企业社会责任理论与实践》，经济管理出版社，2009 年。

了企业管理者的关注。综合来看，美国企业的社会责任发展大致分为以下 3 个阶段：

1. 第一阶段（20 世纪初至 60 年代）：企业社会责任产生阶段

19 世纪末 20 世纪初，随着工业革命的完成及其对各国经济的迅猛推进，资本主义各国先后进入垄断阶段，在美国也出现了企业合并、经济集中的情况。企业为了谋取高额垄断利润，对待工人残酷无情，引发了轰轰烈烈的社会进步运动，涉及劳工权益、控制铁路运价及服务、市政改革和新闻领域的"揭发黑幕"等。

20 世纪早期的美国企业普遍已经不再对其社会责任抱冷漠的态度，它们开始主动捐款，资助社区活动和红十字会事业，帮助当地政府完善义务教育和公共健康制度。20 世纪五六十年代，美国企业已经认识到：企业的慈善捐赠，从长远来看，有利于公司的运营，有利于改善公司的环境、提高公司的形象，有助于公司目标的实现。企业的捐赠行为也获得了法律上的认可。到 1960 年，美国已有 46 个州通过了《公司法》，允许企业从事慈善活动。

20 世纪中期以后，企业承担的社会项目的范围不断扩大，有的企业甚至开始采取大范围的社会行动，项目范围涉及教育、公共健康、就业福利、住房、城区改造、环境保护、资源保护、双职工家庭的婴儿护理中心等，同时涌现出了一批积极承担社会责任、主动关注利益相关方利益要求的令人尊敬的企业。

2. 第二阶段（20 世纪 60 年代至 80 年代）：企业社会责任发展阶段

在 20 世纪 60 年代，尽管美国社会对于企业应否履行社会责任问题还没有统一的看法，但在实践中企业履行社会责任的步伐仍在加快，范围也越来越广泛，涉及消费者权益保护、环境保护、关注利益相关方等内容。

（1）消费者运动。到了 20 世纪 60 年代，随着消费者自身维权意识的提高，消费者开始采取实质性的行动维护自身的权益，消费者运动的规模进一步扩大。在政府、消费者和市场等外部环境的压力下，美国公司的经营理念发生了很大改变，更加关注顾客的需求，在为顾客提供高质量的产品的同时，也注意提供更加优良的服务，在获取利润的同时也注重履行更多的社会责任。1989 年，美国成立了第一个全国性的消费者组织——美国消费者同盟。

（2）环保运动。20 世纪六七十年代发生于美国的环境保护运动，无论就其规模、大众参与程度还是政府干预的力度以及公众环境意识变化的程度等诸多方面都是空前的，它对美国环境保护发展的影响也是绝无仅有的。这场运动是美国历史上的自然（荒野）保护运动和资源保护运动的发展和继续，美国环保运动直接起因于人们对资源日趋匮乏的警觉和对环境污染日渐严重的恐惧。在民间环保运动的强大压力下，美国政府开始把环境保护作为政府工作的重心之一，并加大了环境立法和执法的力度。20 世纪六七十年代是美国环境立法最为集中的时期，该时期美国联邦政府和议会先后制定和通过了环境保护及相关法案数十部，这些法案构成了一个比较完整的环境保护法律体系，环保工作由此被纳入法制化轨道。

（3）关注利益相关方。随着经济的发展和企业规模的扩张，企业并购、破产等事件频繁出现，美国兴起了"敌意并购"的浪潮。这种敌意并购的短期获利行为与企业可持续发展的目标是相违背的，影响了企业的长期发展，并且带来很多社会问题，这使人们开始关注企业的利益相关方。1989 年，宾夕法尼亚州率先修改了《公司法》，明确规定经理不仅为股东服务，也要对利益相关方负责。随后，美国很多州制定了保护公司利益相关方权利的法律，到 20 世纪 90年代末已有 29 个州制定了相关的法律法规。同时，美国联邦政府也颁布了法律保障员工的培训权利，以提高员工的劳动能力和劳动质量。

3. 第三阶段（20 世纪 90 年代至今）：企业社会责任蓬勃发展阶段

20 世纪 90 年代初期，美国劳工及人权组织针对成衣业和制鞋业发动了"反血汗工厂运动"。在劳工人权组织及消费者的压力下，许多知名公司也都相继制定了自己的生产守则，逐步演变为"企业生产守则运动"，又称"企业行动规范运动"或"工厂守则运动"。企业生产守则运动的直接目的是促使企业履行社会责任，但这种跨国公司自己制定的生产守则有着明显的商业目的，而且其实施状况也无法得到社会的监督。在劳工组织、人权组织等的推动下，生产守则运动由跨国公司"自我约束"（Self Regulation）的"内部生产守则"逐步转变为"社会约束"（Social Regulation）的"外部生产守则"。

20 世纪 90 年代以来，这种"社会约束"进一步演变为第三方的社会监督和组织认证，即按照以国际劳工标准为依据制定的"准则"，对企业的劳动状况进行监督并予以认证的制度。21 世纪初，接连不断发生的企业丑闻引起了公众对企业社会责任的反思，这次企业社会责任运动的核心主要集中在"诚信"等方面。作为对安然、世通等公司财务欺诈事件的反应，2002 年美国国会参议院银行委员会通过了由参议院银行委员会主席萨班斯（Sarbanes）和众议院金融服务委员会主席奥克斯利（Oxley）联合提出的会计改革法案——《2002 年上市公司会计改革与投资者保护法案》。该法案体现了美国立法对商业活动中要秉持信任、独立、责任和正直精神的要求。近年来，美国社会监督机构加大了对企业社会责任的审计力度，旨在全面、广泛地了解和掌握企业履行社会责任的情况，保护企业各利益相关方的利益。

三、美国企业社会责任的法律实践

美国企业社会责任运动的重点，主要集中在为企业社会责任活动提供法律依据上。19 世纪，在古典经济学的影响下，美国公司法强调的是自由；美国联邦最高法院甚至认为，《美国宪法》第 14 条修正案所要保护的"人"，包括企业，意图把对企业这种自由的权利的保护上升到宪法的层面。但是到了 20 世纪，随着信息革命的到来，巨型跨国公司纷纷出现，他们对美国的政治、经济和市场已经有了相当的控制能力。因而市场规则和现存公司法律规制已经不能约束这些巨型企业了。这必然产生一系列的问题，美国提倡企业将利益最大化作为唯一目标，必然导致一系列社会问题的产生，比如环境污染问题、劳工问题等。

王玲在《经济法语境下的企业社会责任研究》一书中，对美国的法律实践作了系统综述，①书中认为，标志美国企业社会责任的两件大事：一件是 20 世纪 30 年代伯尔（Berle）与多德（Dodd）关于"公司管理者究竟是谁的受托人"的论战，在这场论战中，学术界首次提出企业社会责任理论；另一件是 20 世纪 80 年代初到 90 年代末的企业社会责任法律化浪潮，即以宾夕法尼亚为代表的 29 个州修改《公司法》，在《公司法》中添加"其他利益相关者条款"，要求公司经理为公司的利益相关者服务，而不仅为股东服务。

此后，其他许多州群起仿效，至 20 世纪 90 年代末，已有 29 个州订有类似法律，授权企业管理者对股东以外的其他利益相关者负责。这些条款被称为"其他利益相关者条款"。其大致可分为授权型、强制型、有效推定型。具体内容如下：一是授权型。目前，美国绝大多数州的立法属此类型。此类型立法是授权企业董事在考虑企业的最佳利益时，顾及企业所采取的行为对股东以外的其他利益相关者的影响。需要强调的是，此种立法仅是赋予董事一项权利，而未要求董事在决策时必须考虑非股东的利益，即未给董事创设此项义务。二是强制型。在美国有"其他利益相关者条款"的州企业立法中，仅有康涅狄格州采用此种立法，该州《普通公司法》要求董事会既要考虑企业及其股东的长期和近期利益，又要考虑企业员工、顾客、债权人、供应商及社区的利益。同时，其法律明确规定，企业董事会为有利于非股东之利益相关者的决策，董事对企业及其股东不负任何赔偿责任。三是有效推定型。印第安纳州、宾夕法尼亚州（1990）和依阿华州的立法均属此例。其主要特点在于：除非在经过合理的调查之后，能证实董事会的决定做出并非出于善意，否则董事会做出的考虑非股东

① 王玲：《经济法语境下的企业社会责任研究》，中国检察出版社，2008 年。

其他利益相关者的决定应被推定有效。①

美国法院历来把董事的义务理解为给公司赚钱，在早期的判例法中，一项未经企业组织章程授权实施的企业社会责任行动如欲获得法律的支持，必须证实该行动（以慈善捐赠为典型）在事实上不是基于利他主义的考虑，而是出于对企业产生直接经济利益的合理预期。最为经典的判例当推1919年的道齐诉福特汽车公司一案。在该案中，作为福特汽车大股东的亨利·福特运用其影响力，制止公司分发股利，以启动一家竞争性企业，并计划降低汽车价格，提高汽车质量。事后，作为公司小股东的道齐就此提起诉讼。亨利·福特辩称，公司需要资金扩大规模，而且他想为了社会及利他主义的原因而降低汽车价格。法院认为，他要追逐一种特定的慈善政策，就应当使用自己的钱，而不是别人的钱。判决指出："不能把福特先生认识到的他和股东们对社会公共利益所负的义务，和他及其同僚董事在法律上对异议的小股东们所负的义务混淆起来。商事公司主要是为了股东的盈利目的而组织和运营的。董事会的权力应当为达此目的而运用。董事会的自由裁量权应当被用于选择达此目的的手段，而不应及于目的本身之变更、盈利之削减或为了将盈利用于其他目的而不在股东间分配股利。"因此，法院判决福特继续分发股利。②

20世纪上半叶，美国法院在企业社会责任问题上仍大多采取一种实用主义的态度，有利于股东之外第三人利益的行为是否可以对抗股东的异议，要看该行为是否有利于维护股东的利益，特别是长远利益。公开明确要求董事会放弃仅以股东利益最大化作为唯一行为指南的判例也有出现，如1953年新泽西州法院史密斯公司诉巴楼一案（A. P. Smith Manufacturing Co. v. Barlow），可视为美国企业社会责任法运动史上一个具有里程碑意义的判例。在该案中，法院支持了一家新泽西公司向普林斯顿大学捐赠1500美元的行为，尽管公司组织章程的目的条款并未明确授予公司从事此类捐赠的权利。法院认为："现代形势要求公司作为其所在社区的一员，在承认和履行私人责任的同时，亦承认和履行社会责任。"③ 显然，这与法院一贯奉行的利益原则有所不同，利益已被赋予了新的含义。

1936年，国会修改《国内税收法典》，明确规定公司慈善、科学、教育等方面的捐赠可予扣减所得税，扣减数最高可达公司应税收入的5%，只要捐赠

---

① 刘俊海：《挑战股东利益最大化——美国近年非股东利益相关者立法研究》，《国际贸易》，2002年。
② 刘俊海：《公司的社会责任》，法律出版社，1999年。
③ A. P. Smith Manufacturing Co. v. Barlow，13N.J.145，98 A.2d 581，appeal dismissed 346 US. 86 (1953).

是为了实现公司有关的营业目标且向社会公共机构作出，或者是为了雇员的利益，或者系建立在一项对公司产生直接收益的合理预期之上。这就进一步为企业社会责任的落实给予了利益上的法律激励。①

20 世纪 80 年代以来，美国大多数州的《公司法》陆续经历了一次革命性的变迁，通过了保护非股东的其他利害关系人的立法，认为股东只不过是各类公司利害关系人中的一类，要求公司经营者不仅要为公司股东谋利益，还要顾及其他公司利害关系人的利益。这些立法首次在公司立法史上对一元化股东利益最大化的传统理念提出了挑战，公司社会责任的观念首次在美国历史上得到了大规模州级立法者的首肯。学说与立法相互影响，推动有关公司社会责任的争鸣跨上了一个新台阶，并持续到 20 世纪 90 年代末。

1996 年克林顿总统主持了"公司居民会议"，指出公司应该从 5 个方面约束自己的行为：一是通过灵活的工作时间表和儿童照料，做到对工人的家庭友好一些；二是提供更加优厚的健康与养老福利；三是提供更佳的教育与培训；四是为对付利润与生产能力的波动而与职工结成工作伙伴；五是确保工作场所的安全。② 这实际上就是全球化时代从社会责任的角度对公司提出的要求，企业社会责任运动由此进入了一个新的时期。

四、美国企业社会责任的制度体系建设

由于美国形成了比较完备的企业社会责任法律体系，所以，美国企业社会责任在制度建设、管理机构、道德教育、商机联动、监督监察、信用管理等方面，形成了一套制度体系。③

1. 将企业的社会责任制度化

虽然美国立法部门制定了许多有关企业社会责任的法律法规，但能直接指导企业行为的还是企业的规章制度。只有将社会责任明确地写进企业的规章制度，并严格执行，才能将社会责任融入到企业的日常管理和经营活动中去。美国强生公司早在 1943 年就制定了公司的信条，明确指出公司首先是对顾客负责，然后依次是对雇员、社区、股东负责。美国许多知名或不知名的企业都制定有详尽的企业行动宪章或类似的道德守则。

2. 设立专门的社会责任管理机构

美国的一些企业为了更好地对有关社会责任的问题进行管理，纷纷设置了

---

① 卢代富：《企业社会责任经济学与法学分析》，法律出版社，2002 年。
② 汤春来：《公司正义的制度认证与创新》，《法律科学》，2003 年第 3 期。
③ 袁华等：《美国社会责任实践研究》，《经济师》，2007 年第 2 期。

直属董事会领导的企业道德委员会等专门机构。道德委员会是企业定期召开的处理经营道德问题的专门会议，当企业准备进入新领域或做出重大决策时，由该会议制定出应当遵循的道德基准，对报告的道德问题进行研究并提出改善方案。委员会成员大多由高层人员构成，吸收人事、销售、财务、生产等部门的负责人参加。因此，道德委员会成为企业道德管理的最高决策机构。

3. 善待员工，为员工提供道德教育

美国很多企业已经充分认识到员工的重要性，企业社会责任的履行依赖于企业员工，成功的关键亦在于员工。而福利、薪水等都是员工重点考虑的问题，因此，美国企业采取很多有效措施提高员工待遇。除了改善员工待遇外，美国企业还认识到社会责任的履行需要依靠全体员工的共同努力。一方面，企业对员工经常进行法律知识的培训，提高员工的法律意识；另一方面，很多美国企业经常对员工进行经营道德教育。

4. 将社会责任转化为商机

这是很多美国企业特别是一些大型企业处理社会问题的重要手段。企业社会责任与企业利润之间并不矛盾，甚至可以增加企业的利润。目前，企业社会责任已成为企业形象诉求的重点，成为旨在塑造品牌形象的非价格竞争手段。《财富》杂志在对1000家公司的调查中发现，95%的被调查者坚信在今后的几年中，他们将必须采用更具有社会责任感的企业行为以维持他们的竞争优势。

5. 企业公开社会责任报告，建立对企业社会责任的监察和管理制度

在美国，社会责任监察的内容涉及企业各方面和各部门的业务活动，主要对照企业的社会责任行为规范和国家法律及社会道德规范，检查有无违反之处，出现了哪些问题、应当改善的地方在哪里等。另外，现在越来越多的美国企业自觉地对外公开自己的社会责任报告，接受全社会的监察。

6. 建立和加强对企业社会责任的审计制度

在美国，来自企业外部的社会责任审计机构主要是投资基金组织和环境保护协会、消费者权益保护协会等社会公益监督机构。前者审计的目的首先是为了确保资金流向那些有较高社会责任感的企业；其次是为了敦促接受投资的企业遵守投资者的要求。后者审计的目的是为了给消费者、投资者、政策制定者、雇员等企业的相关利益者更好地做出经济决定提供信息，同时也对公司起到监督作用。而美国企业内部也会对其自身的社会责任情况进行审计，其目的是为了了解自身履行社会责任的状况。

7. 建立和加强信用管理机制

美国可以说是世界上信用管理行业最发达的国家，也是世界上信用交易额最高的国家。美国的信用管理主要体现在以下几个方面：一是以完善的信用管

理相关法律体系为基础。美国基本信用管理的相关法律共有 17 项，其直接规范的目标都集中在规范授信、平等授信、保护个人隐私等方面。二是以信用中介服务机构为保障。美国有许多专门从事征信、信用评级、信用管理等业务的信用中介机构，他们每年要发布几亿份信用报告。三是企业、个人的信用意识强。美国企业普遍建立了信用管理制度，在较大的企业中都有专门的信用管理部门，企业一般不愿与没有资信记录的客户打交道。四是对信用行业的共同管理。美国政府部门和一些民间机构，如美国信用管理协会、信用报告协会、美国收账协会等共同对信用行业加以管理。

第二节　英国企业社会责任的形成与实践

企业社会责任最早产生于英国，但在实践方面却远远落后于美国。在立法、政策方面，整个英国社会对企业的社会责任要求从最初的仅限于参与慈善事业，到通过捐助创造就业、照顾更广泛意义的社会公众的利益和环境，再到提供优质安全和信得过的产品，以及为职工提供良好工作环境和关怀职工健康安全等，直至近几年英国政府一系列政策文件和法规要求企业经营与经济可持续发展挂钩，走过了一个逐渐发展完善的过程。①

一、英国政府在企业社会责任中的定位

在英国，政府奉行了比较强烈的国家干预政策。英国学者艾普斯坦（Epstein）认为，一方面，英国企业的主要任务是获取经济效益；另一方面，英国政府长期介入经济和社会生活，企业在履行社会责任方面缺乏用武之地。②

1. 英国"第三条道路"与政府、企业、责任

英国工党坚持的"第三条道路"理论主要包括：坚持"社会公正"的核心价值观，提出要建立既强调市场功能又强调政府作用的"新混合经济"，建立强大的公民社会以及建设投资型国家等。但在经济全球化时代，政府是为经济提供条件而不是指挥经济，要利用市场的力量服务于公共利益。安东尼·吉登斯在《第三条道路及其批评》一书中提出了"第三条道路"政治的 6 项基本原则，涉

---

① 刘桂山：《英国：政府鼓励　企业自律》，《参考消息特刊》，2004 年 7 月 29 日。

② Epstein. "The Social Role of Business Enterprise in Britain: An American Perspective". The Journal of Management Studies, 1977.

及超越左与右的传统、公平与效率、平等与多样性、责任与权利、国家与市场及公民社会间的有效平衡等。在谈到责任与权利关系时，提出"无责任即无权利"，指出那些从社会产品中受益的人应当负责任地利用社会产品，而且应当回报更广泛的社会群体。[①] 作为公民权利的一个方面，"无责任即无权利"的原则必须对政治家和公民、富人和穷人、企业机构和个人等同等适用。

2. 英国政府与企业社会责任（张丹，2008）

企业社会责任这一概念在英国具有很长的历史，英国政府发展了一套灵活有效的方法推动企业承担社会责任。首先，明确部门责任，注重工作细节。在英国政府中，贸易工业部和国际发展部主要负责推动企业承担社会责任。英国是全球最先推动经济合作发展组织（OECD）规则实施的国家。OECD 规则是经合组织制定的行为守则，体现了其成员关于企业责任行为的共同价值标准。其次，重视与非政府组织合作，发动多方力量。1997 年，英国国际发展部制定了新的革新战略——"主动道德贸易"，帮助改善全球劳工工作环境。这是一个由非政府组织、工会以及公司组成的联盟，致力于改善企业生产线上的劳工工作条件。成员们参观它们的供应商生产场地，辨识出那些不符合基本守则的生产条件，然后制定计划使其改善。这些类似的联盟还会通过发表报告影响政府，定期向社会公布未按要求提供社会责任报告的公司名单，影响市场及消费者的选择。再次，加强与投资公司的合作，建立全面的评价体系。在英国，"道德投资"或被称为"有社会责任心的投资"，基金达 50 多亿美元。2000 年，英国政府要求投资公司透露它们在投资决策过程中如何考虑社会、环境及道德因素，于是基金会就要求它们投资的企业提供更多的信息，从而使多数企业公开它们关于社会及环境政策执行的信息。

英国政府无论在国内还是在国外，都把推动企业社会责任放在优先考虑的位置上，建立了一系列激励措施，设计了专门的评估体系，从王子到首相再到部门负责人对此都十分重视。英国政府不断完善自身的工作，吸引各种组织加入到讨论、研究、推动企业社会责任的工作中来，以期在更深层次上推动企业社会责任运动。

二、英国企业社会责任意识的形成

20 世纪 70 年代，英国公司法的重点在于规范企业所有者和经营者的委托—代理关系。英国公司法除了承认股东的合法权益以外，其他利益相关者的

---

① 保罗·托马斯：《执行力Ⅱ——完全行动手册》，源泉译，北京国际文化出版公司，2004 年。

地位没有涉及。在 1973 年加入欧洲经济共同体之后，英国贸易与产业部于当年发表了题为《公司法改革》的白皮书，并指出企业经营者首先要确保企业成为良好的法人，并强调把社会责任视为企业决策过程中的一项重要内容。同年，英国产业联合会认为，企业作为社会的一个组成部分，应当遵纪守法，有义务成为社区中的良好公民。

进入 20 世纪 80 年代后，经济的不景气对英国的企业和地方政府都产生了重要影响，一些企业建议应当采取措施改善那些社会弱者的生活水平，要求强化企业社会责任的声音也是越来越高。一些实业界的实力派人物也纷纷主张企业社会责任。例如，原英国产业联合会总干事班汉姆爵士（Sir John Banham）在给一本书所作的序言中指出："企业经营者的首要责任是确保企业成为良好的法人市民。不仅要照料好那些与企业具有直接利益关系的股东、职工、客户和供应商，而且要照料好最广泛意义上的社会公众和环境。① 社会责任涵盖商事生活中的各个不同侧面。这意味着，要把客户放在首位，为他们提供优质、安全和可信赖的产品和服务。这还意味着，企业要争当一流雇主，要为职工提供公平的劳动报酬、良好的工作条件和体面的养老金。企业要真心关怀职工的健康与安全，鼓励职工的积极参与，并与职工进行有效的沟通。"②

进入 20 世纪 90 年代后，企业社会责任在英国商界和社会公众中的影响日渐增大。1995 年，10 多家英国大企业赞助了一个非常有影响力的研究项目：《明天的企业：企业在变化的世界中应当扮演的角色》。这一项目的研究报告指出"那些在将来处于优胜地位的企业具有以下特点：不仅仅把眼睛盯在为股东赚钱上，不仅仅用财务指标衡量企业业绩，而是在思考和讨论企业目的和表现时，综合考虑企业的所有利益相关者"。③ 1997 年英国国际事务发展部部长 Clare Short 发起"道德贸易新纪元"活动，道德责任标准的制定成为这一活动的核心。消费者选购商品时，企业的道德行为表现是消费者考虑的因素之一，所以活动要求企业声明并展示其运作过程中的道德行为。在社会和公众的不断努力下，企业应当承担社会责任已经成为评价企业的一个标准。

2003 年，英国政府在一份企业社会责任展望报告中说，政府将致力于促进企业从事在经济、社会和环境 3 个方面同步创造利益的行为；鼓励企业与社区团体、工会、消费者和其他利益相关者建立伙伴关系；鼓励在诸如健康和安

① Working With the Community-A Guide to Corporate Social Responsibility. In: D. Clutter buck and Snow, eds. (1990). 转引自刘俊海：《公司的社会责任》，法律出版社，1999 年。
② 刘俊海：《强化公司社会责任的法理思考与立法建议》，中国法制网，2007 年 4 月 5 日。
③ 刘俊海：《公司的社会责任》，法律出版社，1999 年。

全、环境与平等机会等方面的体面运作；创建使企业能从事负责任行为的政策框架。①通过实现这些目标，支持政府可持续发展战略。之后，随着英国政府对此项工作的重视，企业的社会责任意识逐步形成。

三、英国企业社会责任法律法规的实践

英国的企业社会责任实践从社会呼吁到政府的高度重视，进而发展到开始法律法规的制定和实践：在英国早期的司法实践中，企业社会责任实行的主要法律障碍是越权原则。按照越权原则，公司仅享有从事其组织章程所明定的行为的权力；超越公司组织章程目的条款的行为，即便经股东会批准，也不产生法律效力。越权原则的确立，是为了保护公司股东和债权人的利益。在法律界来看，公司的股东和债权人是在对公司的经营目的有了正确认识后才决定向公司投资或与公司进行交易的，他们不应承担公司越权所带来的投资或交易风险。如在涉及公司捐赠的 1883 年 Hutton v. West Cork Railway Co.案中，法院不仅适用了越权原则，而且还强调，即使是多数股东，也不得批准将公司资金用于那些不属于营业行为以及不是合理地附属于营业行为的目的。②然而随着时间的推移，越权原则不仅严重损害了效率，而且其本身所追求的公平也难以真正付诸实现，英国与世界上其他国家一样，对越权原则进行了不断改革。与此相应，公司的社会责任行动也随着越权原则的式微而得到很大程度的宽容，变化之一是经营判断（Business Judgment）法则日益受到重视。按照经营判断法则，只要董事代表公司作出的社会责任行动是基于诚信和出于董事心目中的公司利益，即可获得法院的支持。

在立法方面，③英国政府认为，政府的做法就是要通过合适的规则和财政奖励，来鼓励和倡导企业履行社会责任并报告其履行社会责任的情况。英国在立法中逐步确立了倾向于就业、工资、工作条件、环保等问题的企业社会责任。1968 年，英国出台的《城市收购与兼并守则》（City Code on Take-overs and Mergers，简称《城市法典》）规定，④在董事向股东提供建议时，董事应当考虑股东的整体利益、公司雇员以及债权人的利益。这些规定，为公司承担社会责任，尤其是对雇员的责任提供了最基本的依据。1980 年，英国修改公司法，规定董事必须考虑雇员的利益。1985 年英国公司法规定，董事会考虑的问题应包

① 刘桂山：《英国：政府鼓励 企业自律》，《参考消息特刊》，2004 年 7 月 29 日。
② 卢代富：《企业社会责任经济学与法学分析》，法律出版社，2002 年。
③ 王丹等：《英国政府推进企业社会责任的实践和启示》，《改革与战略》，2008 年第 12 期。
④ Jeremy Moon. "Government as a Driver of Corporate Social Responsibility". Research Paper Series of International Centre for Corporate Social Responsibility (ICCSR), 2004.

括公司全体职工的权益以及其他成员的权益。2000 年，英国在《开放式基金条例》中要求，基金公司应报告自己是如何将企业社会责任融入到募集资金当中的。2001 年 7 月正式生效的《英国养老金法修正案》要求，职业退休金保管人应阐明他们在选择和变现投资政策时，在何种程度上考虑到了对社会、环境等方面的影响。2001 年 11 月，环境、食品和农业事务部发布环境报告新的指导条例，要求公司报告其温室气体排放和废物废水的处理情况。同时，英国政府还通过《企业运作与财务审查法案》，要求企业提供社会责任财务报告。2002 年 2 月生效的英国《反恐怖主义、犯罪和安全法案》(The Anti-ter-rorism, Crime and Security Act) 规定，英国公司和国民为了公司利益在海外行贿视为犯罪。2004 年英国《企业（审计、调查及社区企业）法案》鼓励发展社会企业机构，使企业形成一种新型的公司，被称为"社会利益的公司"（其利润和资产用来造福社会）。2004 年政府规章草案中规定，所有上市公司置备"生产经营和财务审查"(The Operating and Financial Review, OFR)。OFR 是一种新形式的说明报告，包括未来战略、资源、风险和不确定因素。① 2005 年 3 月，英国政府发表一份公司法改革白皮书，要求企业进一步增加透明度和问责性，并确保所有股东有更多的机会以非正式方式参与公司经营。2006 年，英国公司法以法律的形式引入了"文明的股东价值"的概念，即董事的主要目标应该兼顾所有成员的利益，这才能称为公司的成功。并认为，如果公司能够更多地关注诸如环境和雇员等利益相关者，那么，公司将更有可能为股东带来更大的利益，同时也将会有益于公司的长期业绩，有助于提高公司整体竞争力、财富及福利。公司法还规定，大型公司必须把公司评论（Business Review）作为公司执行官年度报告内容的一部分。从 2007 年 10 月开始，上市公司还要披露公司在环境保护、公司雇员、社会和社区事务以及其他安排等方面的信息。之后，许多国家仿效了英国的做法。

第三节　欧盟企业社会责任理论和实践

与美国相比，欧洲对企业社会责任的关注较晚，直到 20 世纪 70 年代才明确提出这一问题。但自 20 世纪 90 年代以来，以欧盟国家为代表的欧洲企业社

① Stephen Timms."The Government has an ambitious vision for Corporate Social Responsibility". London: Department of Trade and Industry UK Government, 2004.

会责任运动发展迅速，逐渐成为世界企业社会责任运动的领先者。英国在本章第二节专门论述，在此不作介绍。本节主要介绍的是欧共体指令草案和德国、荷兰和瑞典的基本实践。

一、欧洲企业社会责任的发展和欧共体指令草案

1. 欧洲企业社会责任的发展[①]

欧盟自 20 世纪 90 年代中期以来就把推动企业社会责任作为一项重要工作。不管是在欧盟层面还是欧盟成员国层面，可持续发展和社会责任都被列在公共政策议事日程的前列。欧盟认为，企业社会责任关系到社会、经济的可持续发展，因此欧盟对其关注将是长期的。2000 年 3 月，欧盟明确了两个目标：一是加强企业社会责任宣传，推动各方对企业社会责任的认识；二是提高政府的透明度。欧盟强调，企业社会责任的要求来自市场和社会，其社会性超乎法律法规。为此，各国政府不需制定新的立法，只需执行好原有的各项法律法规。欧盟的作用是协调各国政府加强法律法规的实施，提高政府透明度，并在各国之间实行信息共享。2001 年，欧盟委员会向欧洲议会提交了《欧洲企业社会责任框架绿皮书》，并于 2002 年建立了由社会各阶层代表参加的"多方社会论坛"，就企业社会责任在欧洲范围内建立了对话和信息交流机制。到目前为止，欧盟所有国家都制定了企业社会责任战略，并得到了各国国内产业界、利益相关方、非政府组织等多方面的支持。

2006 年 3 月，欧盟通过企业社会责任政策声明，把企业社会责任列入经济增长和就业发展战略的核心，作为营造友好的欧洲商业环境的重要组成部分。声明指出，欧盟委员会将进一步关注企业社会责任领域，承诺与其他政府合作，密切关注和推进企业社会责任的国际指引，如联合国"全球契约"、OECD《跨国公司行为准则》、国际劳工组织《关于跨国公司和社会政策的三方原则宣言》等。欧盟还在布鲁塞尔发起"欧洲企业社会责任联盟"，把企业社会责任作为改善欧洲竞争力的"双赢商机"，有关草案已经出台。目前，欧洲议会正在就规范欧洲跨国公司在发展中国家业务活动的社会标准、实行企业环保和社会行为报告制度的可行性进行协商。

欧洲很多国家的政府都在积极推动企业社会责任的发展。瑞典政府将企业社会责任作为政府工作的一部分，推进企业社会责任、支撑和保障经济社会可持续发展，已成为瑞典的国家战略。英国政府在 1998 年支持成立了"道德贸易

---

① 陈英等：《企业社会责任理论与实践》，经济管理出版社，2009 年。

计划"，集合商界、劳工和非政府组织，共同讨论公司供应链中工作条件问题的标准和监控方法。德国的经济合作与发展部是负责开展企业社会责任建设的主要官方机构，政府提供推动社会责任活动的绝大部分经费。近年来，在推动企业社会责任方面开展了一系列活动，如组织社会各利益相关方讨论企业履行社会责任问题，推动行业协会和企业按照国际劳工标准、本国法律法规制定社会责任标准，并履行社会责任。法国政府有关部门制定有关政策，鼓励合作伙伴之间的互利互惠活动，并提供财政支持，鼓励企业进行可持续发展实践。欧洲其他一些国家，如意大利、丹麦、爱尔兰等也都采取许多措施，积极推动企业社会责任运动的开展。

欧洲企业社会责任组织，"欧洲雇主协会"和"法国信托投资局"致力于在欧洲实施企业社会责任战略，并整理了企业社会责任理念在欧洲发展的 10 年之路，从中我们可以全面地了解到欧洲企业和相关组织在 10 年中从事企业社会责任的经验和成果，如表 10-1 所示：

表 10-1　CSR 理念在欧洲的发展

年份	人物和组织	内　容
1995	欧盟委员会主席雅克·德洛尔（Jacques Delors）	欧洲的公司作为一种自愿性的贡献不断地制定和实施有关企业社会责任的一些政策
1996	前欧盟委员会主席雅克·德洛尔（Jacques Delors）	欧洲企业社会责任协会（CSR EUROPE）成立
2000	欧盟里斯本峰会	强烈呼吁欧盟各企业能够关注可持续发展，进一步创造更好的、更多的就业机会
2001	欧盟委员会	提出了绿皮书，正式引入了企业社会责任的概念，并提出如何促进和发扬企业社会责任
2002	欧盟委员会	提出一些切实的落实方案和措施。同时，欧洲企业社会责任协会进一步呼吁欧洲的企业联合起来，要求把企业社会责任的相关课程纳入到欧洲大学的教育体系中
2005	欧洲企业社会责任协会	发布"企业社会责任：欧洲发展路线图"

资料来源：崔征：《CSR：欧洲发展路线图——专访欧洲企业社会责任协会理事长 Franck Welvaert》，《WTO 经济导刊》，2005 年第 10 期。

2. 欧共体《第 5 号公司法指令草案》[①]

为了调和欧洲国家法律制度的差异，自 20 世纪 60 年代以来，欧共体一直在为趋同各成员国的公司法而不懈努力，先后发布了多项旨在消除成员国公司

---

① 王玲：《经济法语境下的企业社会责任研究》，中国检察出版社，2008 年。

立法上差异的公司法指令，要求成员国付诸实施。就企业社会责任主体而言，特别值得一提的是欧共体《第 5 号公司法指令草案》(The Draft Fifth Directive on Company Law)。

《第 5 号公司法指令草案》(以下简称《指令草案》) 最初发表于 1972 年，其后该指令草案又历经 1975 年、1983 年、1990 年、1991 年等多次修正。该指令草案的目的是确保以下指导思想的实现：即"股东利益不应再是企业家决策背后的唯一动因。相反，公司的经营决策应当体现出股份有限公司对其构成要素（包括资本和劳动）乃至全社会所负的责任"。①

《指令草案》提出了一套体现职工全面参与的双层制公司机关构造体系，但遭到了英国等英美法系国家的反对。因为，英国公司法的传统构架是：公司被视为独立的且由其机关控制的法律上的人；股东基于其自身利益的考虑在股东会上行使表决权；董事被置于公司的信义关系中，其行为必须是为了公司的利益，公司的利益等同于股东的利益，包括职工在内的其他相关者的利益尽管在商事领域得到认可，但不是公司利益的组成部分，因之不在公司法中加以体现。在英国，根本不存在职工参与，工人是一个对抗集团，工人应通过集体谈判的方式而非参与经营的方式来保护其权益。为了调和英国与其他欧共体成员国在公司法观念与制度上的冲突，经过修正后的《指令草案》为成员国提供了可供选择的两套不同的公司治理结构模式，即双层制和单层制，以及多种职工参与模式，实际上《指令草案》已经成了一个包容性很强的法律文件。②

《指令草案》的目的在于协调各成员国公司法有关公司治理结构的规定，以便为股东和其他利害关系人提供同等程度的保护。目前，该《指令草案》尚未获得各成员国的批准，一旦《指令草案》生效，凡超过 1000 人的欧盟公司，都要建立职工参加公司治理的制度，这对于促进各成员国的企业社会责任运动，无疑具有重大意义。③

二、德国的企业社会责任理论和法律实践

德国关于企业社会责任的理论资源尽管较为薄弱，却是公认的较早在立法中贯彻企业社会责任观念的国家。1919 年《魏玛宪法》第 153 条规定："所有权包含义务，于其行使，应同时顾及公共利益。"这是所有权限制（或所有权社会

① Catherine Barnard. "EC Employment Law". John Wiley and Sons, England, 1995. 见：刘俊海：《公司的社会责任》，法律出版社，1999 年。
② 卢代富：《企业社会责任经济学与法学分析》，法律出版社，2002 年。
③ 刘俊海：《公司的社会责任》，法律出版社，1999 年。

性) 的最早立法。《魏玛宪法》的这一规定，为德国的企业社会责任提供了法律上的根据。[①] 几乎是同一时期，1920 年，企业的社会责任开始被德国公司法学者提出。当时，随着一部分学者主张所谓"企业自体思想"的理论，开始对公司赋予了公共性。

"企业自体思想"的主要内容是：将企业从其法律根基的社员中分离出来，使其成为独立的存在。离开社员后，每个人从国民经济的立场上保护并维持公司，并承担相适应的责任。以《魏玛宪法》和"企业自体思想"的理论为基础，1937 年旧德意志《股份公司法》第 70 条第 1 款规定，董事有责任根据企业和职工的福利的要求和国家国民的共同利益的要求运营公司。此规定被一些学者视为开创了在公司法中规定企业社会责任的先河。但这一规定后来被指责为纳粹政权下的以全体国家的团体法思想为基础的指导者理念。随着第三帝国的灭亡以及《魏玛宪法》的废除，1965 年的《股份公司法》删除了这一规定。但是在德国，尊重雇员的利益和谋求公共福利，仍被视为是不言而喻的。[②] 德国企业社会责任运动影响最大，也是最成功的努力是职工参与制度的构建。由于德国工会的力量向来比较强大，加上德国对民族特性的立法取向和化解利益冲突的决心，使得德国乐意把利益相互冲突的劳资双方融入制度化的有机体，并在立法中详细规定各方当事人的职责、权利和义务。为了体现劳资双方的公平待遇，德国形成了市场经济国家唯一规定劳资双方等额或接近等额参与企业机关的立法体例，并以职工参与企业机关的全面性而著称于世。[③]

三、荷兰、瑞典企业社会责任理论和法律实践[④]

荷兰和瑞典作为欧盟的成员国，政府也很重视企业社会责任。在荷兰，作为企业社会责任运动的重要组成部分，职工参与的立法活动最早可以追溯到 1950 年颁布的《工厂委员会法》。依照该法，雇员在 100 人的企业可建立工人理事会。工人理事会由职工选举产生，代表企业职工参与企业决策和管理，维护职工合法权益。在此之前，企业中的职工参与是建立在雇佣双方达成的协议的基础上的。荷兰职工参与作为一种模式最终形成，则以 1971 年《结构法》的颁布为标志。按照规定，工人理事会有权推荐监事的候选人，有权否决监事的任命，有权在任命董事会成员之前被事先征求意见。当监事会出现空缺时，由监事会的其他成员在由股东、经营者和工人理事会分别提名的候选人名单中选

①③ 卢代富：《企业社会责任经济学与法学分析》，法律出版社，2002 年。
② 张利国：《论公司的社会责任》，《贵州财经学院学报》，2003 年第 2 期。
④ 王玲：《经济法语境下的企业社会责任研究》，中国检察出版社，2008 年。

任，任何一方认为被最终选定的人员不合格，都可以行使否决权，否决的效力如何，由企业法庭作出终局裁决。监事会成员无论是由哪一方推荐，都不单纯代表任何一方。①

作为世界上人均跨国公司最多的国家，瑞典之所以能够在经济高度发达的同时取得良好的环境效益，很大程度上要归功于企业对社会责任的不断追求。早在 30 年前，联合国环境大会第一次在瑞典首都斯德哥尔摩召开时，环境和社会的持续性发展就成为瑞典国内从政府到民间的核心任务。1999 年，瑞典议会通过了一项独特的环境法，详细地描述了瑞典今后在环境方面需要努力的 15 个领域的目标，从自然资源、水上利用、城建规划和人民健康诸多方面把环保问题具体化。当环保成为举国上下都重视的问题时，环境目标自然也就成了所有瑞典企业在生产和发展中必须考虑的因素。一个单纯有着"漂亮"经济报表的企业如果不能很好地遵守环境法规，在被媒体曝光后，会首先失去股民和投资商的信任，供应商和客户也会因此对未来的合作产生质疑。因此，一个不能承担社会责任的企业是很难在今后的竞争中立足的。今天，几乎所有的瑞典大中型企业都有一个专门的部门，负责企业社会责任的履行。2005 年 5 月，瑞典议会出台了一部新法律，要求所有瑞典企业在年终报表中除了做财政数据的呈报以外，还必须呈交一份企业持续性发展的报告。报告内容必须包括企业在环境保护、资源利用等方面所做的努力及其成果。② 将环保作为评估企业业绩的一个方面，是瑞典政府在引导企业保护环境方面做的新的努力。

第四节　日本企业社会责任的内容与拓展

中国的儒家思想对日本的影响巨大，日本将中国的仁、义等儒学思想与其神道精神相结合，逐步形成了现代日本企业文化。日本企业的现代化是从明治维新开始的，由于政府的大力倡导，日本的企业家也积极把宗教思想纳入到自己的经营哲学中去，慢慢地形成了日本"产业报国，以社会责任为己任"的文化。

---

① 中国网 http://www.china.org.cn。
② 王洁明：《瑞典企业的"社会责任"》，《绿叶》，2005 年第 6 期。

一、日本企业社会责任的背景

在亚洲，日本经济界 1956 年率先提出了企业社会责任问题。日本企业界长期以来深受传统东方儒家思想的影响，很早就将社会责任作为与现代企业生存密不可分的一个基本因素。企业社会责任在日本是广义的，只要对社会可持续发展有贡献都是企业社会责任的重要内容。如节能降耗、降污减排、资源和产品的再生利用、劳动环境、人才培训、社会福利、公益事业等。

日本政府把推进企业落实社会责任作为一项重要内容，由经济产业省具体负责推进和实施。日本企业在履行社会责任时突出强调 5 点：一是企业履行社会责任的最主要内容，就是切实实现股东和雇员（员工）的利益。二是企业履行社会责任的直接外在表现，就是为社会公众提供最好的商品和服务。三是在可能的条件下，最大限度地促进所在地区和国家的社会繁荣。四是遵守法律法规，做到及时向社会公布信息，保证经营活动的公开和透明。五是把企业发展同造福人类、保护环境、建立循环型社会统一起来。[①]

20 世纪 50 年代，日本开始讨论企业社会责任内容。相关研究显示，日本媒体每 10 年就会掀起对企业社会责任的报道高潮，每个阶段的报道热点有所不同，一般都与当时的重大社会环境问题密切相关（见表 10-2）。

表 10-2　日本企业社会责任运动历史

时间	背景	重大事件	社会责任内容
20 世纪 60 年代	重工业及化工领域出现工业污染及其他社会问题，反商情绪出现	日本氮肥公司排放污水引发熊本县"水俣病"；富山县神通川神冈矿山排放污水引致"痛痛病"；四日市炼油厂排放废气引发哮喘病；九州爱知县某食用油厂造成米糠油污染事件	环保
20 世纪 70 年代	社会投机活动猖獗，企业和公众对立严重；日本修正商业法	1974 年，日本修改《商业法修正案》	遵纪守法、风险管理
20 世纪 80 年代	房贷诈骗案层出不穷；"优秀企业公民"理念引入；公司慈善和捐助活动繁荣	1989 年，海外活动事业联合会成立；1990 年，日本经团联成立"1%俱乐部"	透明经营；关注各利益方的利益
20 世纪 90 年代	泡沫经济以后，公众对企业不信任，国际社会对日本企业也不信任；国际社会关注环境问题	经团联发布《优秀企业行为宪章》；环境管理体系 ISO14001 标准；社会责任投资引入日本	环境保护、商业伦理、遵纪守法以及社会贡献等

---

① 企业文明：日本企业文化建设的六大特点，吉林信息港 http://www.jl.cninfo.net.

续表

时间	背景	重大事件	社会责任内容
21 世纪初	全球对环境的关注；《京都议定书》的正式生效	丽泽大学经济研究中心 2000 年制定 ECS2000 标准；日本企业、政府以及协会组织 2003 年探讨制定 CSR 日本国内标准；2003 年，理光公司设立独立的社会责任部门	商业伦理；节能标准、环境保护；制定日本自己的标准，增强其在国际市场上的谈判地位

资料来源：钟宏武：《日本企业社会责任概况及启示》，《WTO 经济导刊》，2008 年第 4 期。

二、日本企业社会责任的法律约束①

目前，在大多数日本企业的经营哲学和价值理念中，"利润"一般不放在最重要的位置，它们更多地是强调企业的责任：企业对社会、国家乃至全人类所负的责任，这对日本公司法的制定和修改产生了很大的影响。② 日本企业社会责任的法律约束主要体现在：③ 日本公司法是由 1899 年《商法》的第二篇"企业"部分与 1938 年制定的《有限公司法》两部分组成的。日本商法制定时，以政治上三权分立的思想为基点，规定股份有限企业应有三大法定机关，即股东会、董事及监察人。企业采取"股东会中心主义"，股东大会居于最高地位，是对一切事务都拥有决定权的一个万能机关，在没有违反法律的情况下，股东会拥有决定一切事务的能力。但随着企业规模的不断扩大，特别是在一些大型股份企业，股东人数急剧增加，成千上万的股东分散于全世界，而且大部分股东感兴趣的只是分红，而对企业的经营活动并不关心，股东会渐渐成为有名无实的机构，而如何在保证股东利益的情况下有效运行企业成了立法者的一道难题。1950 年日本修正《商法》，引进了美国的董事会制度，改用"董事会中心主义"。

从 20 世纪 60 年代后半期开始，日本开始出现企业兼并的高潮。为了适应新的变化，日本的公司法领域也发生重大变化，并形成了一系列独具特色的企业制度。而在日本进入了低速增长时期之后，日本公司法先后于 1974 年和 1981 年作了两次修改以适应日本新的经济情况。1974 年，日本对公司法进行多方面修改，以充实股份企业的监察制度为主，以弥补监察人在监督检察方面的不足。1981 年，公司法修改主要是对企业的委托—代理关系和企业所有者持股结构方面进行了规范。在委托—代理关系上，企业存在着不规范的行为。比如，在股东大会上，一些经营者为了各种利益通过各种途径拉拢股东，这些不正常

---

① 郑石明：《企业社会责任构建——公共责任研究的新视野》，经济管理出版社，2009 年。
② 叶芃：《日本企业文化和宗教信仰》，中国营销传播网，2003 年 4 月 23 日。
③ 杨丽英：《日本公司立法的历史考察》，《现代法学》，1998 年第 5 期。

的现象使得许多股东都成为了受害人。日本在 1981 年修改《商法》时对此做了相应修改：一是"企业不得对任何人提供与股东行使权利有关的财产方面的利益"；二是企业无偿给予特定股东财产方面的好处时，将推定为与股东行使权利相关，企业有偿向特定股东提供财产方面的好处时，该企业获取的利益明显少于提供的利益时，亦如此。[1]

日本法律对法人相互持股的限制相对比较宽松，这直接导致了法人持股的盛行，尤其是到了 20 世纪 80 年代，法人持股达到鼎盛时期，法人股占股金总数的比例高达 70%以上。这也导致了一系列问题的发生，比如企业信息披露不够，市场机制很难发挥作用等。1981 年日本修改《商法》时开始对法人持股作了限定，如商法典第 241 条第 3 项规定，当甲企业拥有另一方乙企业发行股总数的 1/4 以上股份时，乙企业便不能就拥有的甲企业股份行使表决权。

1985 年日本经济开始再次出现繁荣景象，其重要特征是地产、房产以及股票等金融资产的膨胀，随之便出现了所谓"泡沫经济"的膨胀。然而，正当日本这个气泡越吹越大时，1990 年，东京股市出现了"崩盘"，随后日本经济于1991 年再次进入萧条。对此，日本政府采取了一系列措施，但收效甚微。泡沫经济的崩溃不仅给日本的经济带来了巨大损失，也暴露了日本的经济结构和金融秩序以及企业制度等方面存在的严重问题。为此，日本先后于 1990 年和1992 年两次对公司法进行了较大幅度的修改，并于 1993 年提出了关于修改公司法的最新法案。这一时期修改的主要内容是关于企业设定的要求，比如 1990年的修改法规定，1990 年修改法施行后设立的股份企业，最低资本金不得小于1000 万日元（《日本商法典》第 497 条第 1 项，第 314 页）。而在这以前建立的股份企业，从 1991 年 4 月 1 日起，必须在 5 年内，资金达到 1000 万日元，否则企业必须改变形态。该法还设定有限企业的最低资本金为 300 万日元（《日本有限公司法》第 9 条第 7 项，第 388 页）。此外，在设立企业要求的规定上，法律允许一个人设立企业。"一人企业又称独资企业，即指仅有一个股东出资设立的有限责任企业。按照传统观念，企业是社团法人，必须由一定数量的社员组成。第二次世界大战以后，西方主要国家的立法相继承认'事实上的一人企业'，并允许设立。1990 年日本修改公司法时，仿效西方国家的做法，允许一人企业的存在。同时规定，无论是股份企业还是有限企业，即使只有一名发起人也可以设立企业。一人企业的出现突破了企业是社团法人的传统观念，反映了现代企业制度发展的新趋势，同时也使日本公司法面临一系列有待进一步

①　杨丽英：《日本公司立法的历史考察》，《现代法学》，1998 年第 5 期。

探索的新问题。"①

进入 21 世纪以后，日本政府又把企业社会责任提到了重要的议事日程，于 2004 年 5 月修订通过了《日本经团联关于企业行动宪章》，提出了 10 条企业行动准则，使企业落实社会责任的工作进一步得到强化。正是由于长期以来一些杰出企业家的积极倡导和实践，形成了日本企业自觉履行社会责任的文化传统，这一传统引领着日本企业的发展方向，把企业使命与社会责任统一起来，成为日本企业文化发展的一个趋势。

三、日本 CSR 的推进模式②

CSR 是企业社会责任（Corporate Social Responsibility）的英文缩写。日本企业主要从理念、组织和实践 3 个方面来推进 CSR。在理念方面，核心目标是获得高层对 CSR 的认知和支持；在组织方面，是建立组织体系支持 CSR 的活动；在实践方面，关键点是员工对 CSR 的理解和实践（见图 10-1）。

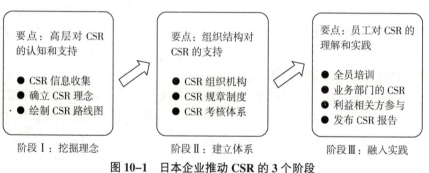

图 10-1   日本企业推动 CSR 的 3 个阶段

阶段Ⅰ：挖掘 CSR 理念

（1）CSR 信息收集。2003 年，大量与 CSR 相关的研讨活动以及会议不断涌现，各企业积极收集企业社会责任信息。其结果是，许多企业至少在企业社会责任负责人这个层面对于 CSR 的基本含义和发展趋势有了一定的认识和理解，并将企业社会责任负责人所获得的信息扩大渗透到经营管理层、业务部门、员工中去，然后付诸实践。目前，多数日本企业已经完成了信息收集工作，企业社会责任研讨活动主要是学习、讨论最新的社会责任动向。

① 杨丽英：《日本公司立法的历史考察》，《现代法学》，1998 年第 5 期。
② 陈英等：《企业社会责任理论与实践》，经济管理出版社，2009 年。

（2）形成企业特色的责任观。企业社会责任定义比较抽象和宽泛，为使员工更好地理解和贯彻企业社会责任，日本企业开始挖掘企业文化中的责任DNA，形成符合企业战略、业务和文化特色的社会责任观。

第一步就是回到原点。日本企业系统梳理了创始人及历代领导人的责任理念，结合最新的 CSR 动向来加以改进，形成具有企业特色的责任观。譬如，理光提出的"三爱"（爱国家、爱友邻、爱工作），NEC 的"自然、教育和社区"，三井物产的"良心仕事"。第二步是重构 MVV，即重新整理企业的使命（Mission）、愿景（Vision）和价值观（Value），强化社会责任内容。譬如，三井物产以"致力创造一个地球居民梦想的美好未来"为使命，以客户的全球商业伙伴为愿景，以光明正大、以人为本、挑战与创新为价值观。这些观点生动具体、简单明了、通俗易懂，便于传播和实施，与企业的文化、业务和发展方向相一致，容易引起利益相关方的共鸣，实现了概念落地的目标。

（3）绘制 CSR 发展路线图。多数企业都根据自己的实际情况，制定了本企业 CSR 的发展规划，并以此为基础，绘制企业 CSR 的发展路线图，指导每年 CSR 的具体实践，如图 10-2 所示：

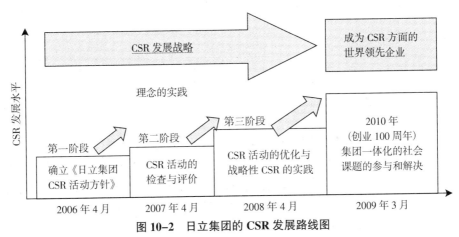

图 10-2　日立集团的 CSR 发展路线图

资料来源：《日立集团 CSR 报告书》（2006）。

阶段Ⅱ：建立 CSR 组织和保障体系

（1）建立 CSR 组织体系。理光公司 2003 年 1 月率先设置企业社会责任推动室，随后，索尼、Unicharm 等公司也相继设立了企业社会责任专署部门。日本企业的社会责任推进组织体系一般是"CSR 推进委员会 + CSR 推进部"的架构。CSR 推进委员会是一个社会责任的高层管理和协调机构，一般由总裁亲自负责，成员包括各副总和业务部长。CSR 推进部则是一个日常办事机构，典型的社会责任推进部的内部组织是：①业务规划室。②环境管理室。③社会贡献室。④责任沟通室。社会责任部的正式编制为 3~40 人，此外，还在各业务群组和辅助支持部门配备了社会责任兼职人员（社会责任担当者）。每个月社会责任部都要召开"CSR 推进担当者会议"，讨论企业社会责任如何与各种业务、各部门的具体工作相结合，如何有效地推广社会责任工作，如图 10-3 所示：

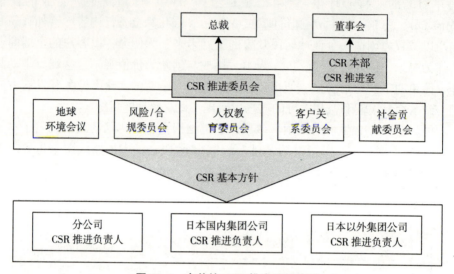

图 10-3　东芝的 CSR 推进组织体系

资料来源：《东芝集团 CSR 报告书》（2007）。

（2）建立 CSR 规章制度。有了理念还必须有制度，否则理念无法推广和落实。企业制定了"CSR 宪章"，以及与宪章相适应的"集团行动标准"。此外，日本企业还出台了很多具体的 CSR 政策，除了企业社会责任总体政策以外，还分别出台了社会贡献政策、环境政策、员工行为守则、供应链责任采购守则等，使 CSR 能切实与企业的日常经营相结合。

（3）探索建立 CSR 的考核体系。许多著名日本企业都没有建立完整的社会责任考核体系。原因主要是社会责任的内容过于宽泛，形式各异，体系设计、执行和审核都非常困难。日本专家普遍认为，社会责任不落实到定量考核层面，最后会虚化，但目前建立这样的体系还不成熟，即使建立也只能到部门层面，无法到个人层面。

阶段Ⅲ：融入实践

（1）全员社会责任培训。日本企业认为，CSR 的核心在于人的理念。因此，宣导、培训、提升雇员的社会责任理念是企业社会责任推进工作的重点。以三井物产为例，社会责任培训是一项全员参与的工作。

表 10-3　东京电力企业社会责任工作程序的主要内容

集团管理	内部审核控制程序	员工	工时管制及工作报酬工作程序
	内部沟通		文件与资料管理控制程序
	紧急事件应变程序		员工投诉控制程序
	机械设备维修与保养控制程序		无歧视工作程序
	纠正及预防措施控制程序		非强迫性工作程序
利益相关方	内外部沟通控制程序		培训控制程序
环境	降低 CO_2 排放强度的工作程序		结社自由及集体谈判工作程序
	资源的回收利用程序		安全管理控制程序
	清洁发展机制项目执行程序	儿童	环境教育工程程序
供应商	供应商管理控制程序	产品	废弃物回收和再利用程序

资料来源：《东京电力社会责任报告》（2003~2007）。

　　三井物产给每个员工都发了两本特殊的企业社会责任教材，一本名为《三井之魂》，系统梳理了创始人及历代领导人的责任理念；另一本名为《DPF 的警示》，记录了 DPF 事件的全过程，要求员工时刻谨记这个教训。① 此外，三井物产还在企业培训基地摆设了一台引发丑闻的柴油发动机，警醒每一位公司员工不能做不利于社会和消费者的事情。

　　为了使社会责任与日常工作紧密结合，2006 年，三井物产组织公司所有员工（6000 多人）参加名为"良心仕事——我们的过去，你们的未来"的讨论，每个人都要结合自己的工作来发言，以此普及知识、深化认识。此外，企业还有合规培训周、社会责任月度讲座、社会责任轮训等项目，各种高密度、互动性、创新性的责任培训实现了公司全员、全方位、全过程的覆盖。

　　（2）推动业务部门参与 CSR 实践。目前，一些先进企业不仅在集团战略上整合了社会责任的相应内容，还要求各部门和分支机构在制定各自的长远规划和年度计划时也要全面考虑 CSR 相应内容。在 CSR 部门的引导和配合下，日本企业的各个部门也开始更多地从社会责任角度思考改进本职工作。以三井物产为例，在 CSR 部门的推动下，采购部门在 2007 年 11 月出台了供应链责任采购标准，2008 年"饺子事件"以后，三井上下更加重视贯彻这个供应链责任采

----

① DPF 是汽车柴油尾气滤清器的缩写，三井物产在日本代理该设备，为了大量销售产品，员工虚报产品实验数据，夸大了产品的性能指标，事发以后社长在日本电视媒体上公开道歉。

购问题。而工会与人力资源部在公司总部大楼底层先后建立了超市和幼儿园，以方便员工，显著提升了员工士气，增强了企业凝聚力。

（3）尝试利益相关方参与机制。在 2005 年以后，日本开始引入了类似西方的社会责任对话机制，并邀请外部社会责任专家、大学教授、环境组织和社会团体代表与企业高管对话，就企业社会责任报告和社会责任工作提出意见和建议。但是，目前的利益相关方参与层次还很低，而且，主要目的是为了增强企业社会责任报告的可信度，企业高管层对利益相关方参与的必要性和重要性仍缺乏充分的认识，而且，日本企业有着独特的治理理念和治理结构，外部利益相关方全面深入地参与公司管理仍需时日。

（4）发布 CSR 报告。在 2003 年以前，日本大企业大多发布了环境报告，此后，纷纷更名为"社会·环境报告"、"可持续发展报告"、"CSR 报告"等，并将 CSR 会计思想纳入到 CSR 报告之中，系统计量企业经济活动对社会、环境所带来的影响。截至 2006 年末，参加经团联的大企业 80%发布了社会责任报告。此外，还有越来越多的企业开始以使用 CSR 网页、分发宣传册、举办恳谈会等形式，向企业内外积极公开诸如环境、法律遵守、公司治理、人权、社会捐赠等多方面的 CSR 活动。

第五节　发展中国家企业社会责任的实践

随着发达国家企业对社会责任的重视，中低收入国家伴随着经济的发展，在政策和法规的制定过程中越来越多地面临着企业社会责任（CSR）的问题。

一、发展中国家的企业社会责任的兴起

对于企业来说，企业社会责任不仅规范了其合理经营的行为准则，还最大化了其在输出产品过程中对社会所起到的积极作用。在实际过程中，大多数被冠以注重 CSR 的企业存在于发达国家，企业的投资者、员工、消费者以及社会舆论都将企业社会责任放在一个相当高的高度。然而，在中低收入的发展中国家，重视 CSR 的企业却屈指可数，其结果是发达国家与发展中国家的企业对 CSR 持有截然不同的态度。当发达国家的企业通过国际贸易、投资或国际援助等方式进入发展中国家经营的时候，它们所遇到的情况就与母国差异巨大。这个时候，作为政府，如何规范市场运作，如何宣传企业社会责任，如何就外资

企业对 CSR 的看法作出合理的回应，就成为一个严峻的问题。①

近年来，发展中国家的政府以及非政府组织在 CSR 的问题上取得了明显的进展，有关企业社会责任的呼声在中国、印度、南非、菲律宾和巴西等发展中国家开始出现。一些中低收入国家的政府甚至已经明确声明要正视企业发展过程中的社会责任问题。比较具有代表性的是南非的"赋予黑人经济权利"运动以及菲律宾政府鼓励上街解决社会贫困问题。这些例子也为其他发展中国家在发展 CSR 的时候提供了很好的借鉴。

然而，企业逐渐意识到一成不变的经营模式无法完全符合企业社会责任的要求，这样也就导致发展中国家的企业在应对 CSR 问题时需要考虑得更多——包括企业的可持续发展以及企业为帮助社会摆脱贫困所作的贡献，这对发展中国家政府提出了更高的要求。

二、发展中国家开展企业社会责任的重要性

社会责任运动对于任何国家来说都是一次机遇与挑战，特别是对于发展中国家。由于规则及标准的制定是在西方价值观和话语权下进行的，规则及标准更有利于西方发达国家的生产标准和环境指标，因此，一旦把规则及标准国际化、普遍化，就会给发展中国家的某些中小型劳动密集型出口企业带来巨大的生存压力：一方面，需在本已微薄的利润（跨国公司的价格挤压加上同业激烈竞争的结果）中拿出部分利润去改善劳工的工作条件和待遇；另一方面，需维持企业的正常运转并使其进一步发展。如何既保持其可持续发展，又进行企业的社会责任运动，是发展中国家企业面临的紧迫任务。从可持续发展的角度来看，社会责任运动对发展中国家来说，既是拯救环境也是提升企业竞争力的必由之路。

1. 全球气候的威胁

从大的方面讲，正如 2010 年 1 月 31 日闭幕的达沃斯论坛一样（见专栏10-1），在应对气候变化这个人类共同关注的社会责任的大问题上，除了美国、欧盟、日本等传统力量外，俄罗斯、中国、印度、巴西以及亚非拉第三世界国家都在积极谋求参与和发言权，各国在对待这个"共同而区别"的问题时，由于发展中国家对核心利益的关注和保护，不愿由于承担气候责任而影响发展，最后有关应对气候的共识基本上没有达成。这说明，尽管各国都关注社会责任，但要正确看待它对经济发展的影响程度。其实，全球气候系统是一个由大气圈、

---

① Simon Zadek. "Responsible Competitiveness: Reshaping Global Markets through Responsible Business Practices". Corporate Governance, Vol.6, Lss: 4.

水圈、岩土圈和生物圈组成的复杂系统,引起气候系统变化的原因概括起来可分成自然的气候波动与人类活动的影响。

工业化以后,人类活动显著地加剧了气候变化的进程。化石燃料的燃烧及森林砍伐,导致了大气中温室气体的增加。温室气体主要有 6 种,即二氧化碳(CO_2)、甲烷（CH_4）、氧化亚氮（N_2O）、氢氟碳化物（HFCS）、全氟化碳（PFCS）和六氟化硫（SF_6）,其中 CO_2 产生的增温效应占所有温室气体总增温效应的一半以上,因而最受关注。这些温室气体阻挡地表射向太空的辐射,减缓地表散热,使地表更为温暖。自 1750 年以来,受人类活动的影响,全球温室气体浓度显著增加,2005 年全球大气 CO_2 浓度为 379ppm,目前已经远远超出了根据冰芯记录得到的工业化前 65 万年以来的自然变化浓度范围,达到 65 万年以来最高。多种研究结果证实,过去 50 年观测到的全球平均温度的升高是人为温室气体浓度增加引起的。毋庸置疑,全球气候变化已成为人类面临的最大威胁。全球变暖已经导致了许多灾难性的后果,如冰川退缩、永久冻土层融化、海平面上升、飓风、洪水、暴风雪、土地干旱及森林火灾等。气候变化将使农业生产下降,无法满足全球人口仍然不断增长的粮食需求;饥荒和疾病会接踵而来,疟疾、霍乱、伤寒和脑炎将会在温带蔓延;生物多样性将受到巨大影响,多达 30% 的野生物种将很快面临灭绝。一个更危险而往往被人忽视的事实是,全球变暖可能进入恶性循环,如果我们跨越了自然界大规模碳排放的临界门槛,后果不堪设想。我们必须立刻采取有效行动,否则气候变化将更剧烈,更难以处理。我们必须找出全社会积极参与且行之有效的解决方案,确保给下一代留下一个可持续发展的世界。

专栏 10-1

达沃斯启动全球经济日程应对气候变化

达沃斯论坛 2010 年 1 月 31 日闭幕。与往年一样,达沃斯启动了 2010 年全球日程。在这个日程上,经济复苏、政策"退出"、加强金融监管、应对气候变化等字眼格外醒目,它们将是世界各国在 2010 年着手解决的难题。

"复苏"将是 2010 年全球经济日程的关键词,但复苏路上仍然布满荆棘。有人说,"我认为危机最困难的时期已经过去"。也有人说,"那些认为危机已经过去的人是在做黄粱美梦"。达沃斯告诉我们,经济复苏并不是2010 年的必然选项,这需要世界领袖们移除复苏路上的重重荆棘,比如债务危机、贸易保护主义、失业问题，等等。

在 2009 年"救市"的一年后，2010 年还是"退出"的一年。"金融大鳄"索罗斯称，现在各国政府采取"退出"措施还为时尚早；英国保守党领袖卡麦伦称，不论经济状况如何，英国都必须立即启动削减财政赤字计划；中国人民银行副行长朱民警告，如果美国不适宜的加息，可能会再度引发新兴国家危机。达沃斯给出了"退出路线图"的总原则，世界各国只有携手合作，才能从 70 年来最大规模的经济刺激政策中全身而退。

2010 年，世界各国将加强金融监管，但这场"监管之战"将在政治家和银行家之间激烈博弈。法国总统萨科齐在开幕致辞上高呼加强监管、限制高管薪酬，台下正是最不愿听到这些话的全球银行巨头；巨头们随后猛烈反击，英美银行家不惜以撤出纽约、伦敦为要挟。中国进出口银行董事长李若谷称，世界最终将在自由与监管之间找到平衡。这场"猫鼠之战"必然将从达沃斯山上延续到山下，延续到世界各地。

2010 年将继续载入全球气候谈判的历史，年底的墨西哥坎昆大会需要全球各国花费 1 年的时间筹备。《联合国气候变化框架公约》秘书处执行秘书德布尔说，年底能否在墨西哥达成最终协议现在还很难断言，哥本哈根的教训之一就是不要急于强行推动谈判。墨西哥总统卡尔德龙称"我们将尽全力而为"。在达沃斯，人们还形成了一点可贵的共识，绿色经济将是一个大蛋糕，"阴谋论"正在向"机遇论"转变，应对气候变化正在从"比谁最差"向"看谁更快"慢慢转化。

2010 年，还将是人们在后危机之后自我反省的一年，我们期待看到道德的力量。巴西外交部长阿莫林质问："我们还需要经历多少场危机，才能改变我们的观念？我们还要承受多少金融灾难，才能决定去做最明确、最正确的事情？"诺贝尔和平奖得主穆罕默德·尤努斯称："我们所有的危机都是源自一处，即我们在思维框架中对人类自身做了错误的诠释。"美国《旅居者》杂志总编吉姆·沃利斯称，但愿我们认识到经济危机背后存在价值观危机，经济复苏离不开道德升华。

除了经济复苏、金融监管、气候合作外，大家还认为，世界重心正在转移，新兴经济体在金融危机后的力量将被世界重新认知。在本届论坛上，除了美国、欧盟、日本等传统力量外，俄罗斯、中国、印度、巴西以及亚非拉第三世界国家都在积极谋求参与和发言权。论坛不仅设置了"美国经济展望"、"反思欧元区"、"日本转型之路"等议题，还有更多研讨会专门讨论不同发展中地区的复苏道路，如"重设中国增长的国际分量"、"印度能否满足世界期望"、"巴西走向何方"、"南非2010年之后"、"拉丁美洲改革"、"非洲发展战略"，等等，全面研讨新兴市场崛起之路。在世界领袖们走出达沃斯的时候，相信新兴国家在他们心目中的分量更重了。

中国同样是达沃斯论坛上耀眼的明星。中国国务院副总理李克强2010年1月28日的特别致辞座无虚席，数十位中国各界代表也被邀请参加达沃斯论坛，1月28日晚"天津之夜"为达沃斯带来一股中国风。世界领袖们日益深刻地认识到，如果没有中国的参与，许多全球治理问题都将是一句空话。

达沃斯论坛结束了，但解决问题之路才刚刚开始。

资料来源：http://info.coatings.hc360.com/2010/02/030911166705shtml。

2. 拉美五国在经济发展中的经历和教训[①]

拉美五国从20世纪30年代到80年代长期实行进口替代型发展战略，整个经济社会制度都按照这一发展模式组织起来，国家权力渗透到经济社会各个层面。由于经济增长是社会发展的主要目标和衡量尺度，社会发展、生态环境和资源保护都没有被纳入政府政策的视野，政府在这些领域少有作为。尽管在内向型发展模式下，拉美五国的经济增长取得了量的突破，却缺乏质的飞跃：经济结构不合理，企业缺乏竞争力，外债负担沉重，经济增长很大程度上是建立在对生态环境破坏和资源巨大消耗的基础上的。工业化造成的环境污染成为公害，威胁着人们的健康，资源的掠夺式开发使经济增长难以为继。由于政府忽视社会分配方面的职能，造成了贫富差距悬殊、社会分化严重。经济衰退、社会不公、环境污染三者相互强化，构成了社会发展的恶疾，也促成了政府的治理危机。

拉美地区的资源环境早在殖民主义统治时期就开始遭到破坏，西方工业国家大肆破坏和掠夺各种矿产资源。直到20世纪60年代中期，拉美许多国家对其矿业部门实行国有化，外资对拉美矿业部门的控制才开始减弱。但是，外资仍通过向拉美国家提供矿业生产的机械设备、资金和技术等牵制拉美地区资源流向。在20世纪50年代至70年代，由于拉美国家奉行发展主义，一味追求经济增长，资源环境保护根本未被纳入发展计划，加上政府大力推进工业化的经济政策，导致了无计划的矿藏开采、耕地开垦、道路建设以及病态的城市化。

---

① 任荣明：《企业社会责任多视角透视》，北京大学出版社，2009年。

到 20 世纪 80 年代中期，拉美地区高速发展的工业化时期基本结束，然而资源环境问题不仅没有得到缓解，反而不断恶化。一方面，经济的全球化给发展中国家带来了巨大的压力。为了追随经济全球化的脚步，资源丰富的发展中国家开始在更大范围内以不可持续的方式，开发和利用可再生和不可再生的自然资源。另一方面，拉美国家缺乏对自然资源的有效管理。

这种经济增长方式直接导致拉美地区自然资源耗费剧增，森林面积减少，污染加剧，大大超出了生态环境的承受力，加速并加剧了拉美地区资源环境状况的恶化。完全依赖于资源的经济增长是不可持续的，这种增长方式所累积起来的各种矛盾最终会爆发出来。到 20 世纪 90 年代初，这种过分依赖资源的经济已逐渐丧失了发展的潜力；自然资源锐减，城市环境恶化，居民卫生等实际生活条件出现下降的趋势；贫富差距进一步扩大，社会治安明显恶化。拉美五国的经济发展遭遇了环境问题的"瓶颈"制约。此时，发达国家则已经开始重视生态环境的保护，并纷纷确立了可持续发展的价值观。一些发达国家甚至在与发展中国家的贸易交往中提出了环境标准，设置"绿色壁垒"。拉美国家的环境破坏带来的全球环境问题，也受到了国际社会的关注和谴责。为了突破环境问题对社会经济发展的制约，增强在贸易等相关领域的谈判能力，拉美五国开始着手进行有关本国或本地区资源环境问题和可持续发展问题的研究，并制定可持续的发展战略。1991 年 6 月 13 日，时任墨西哥总统萨利纳斯在纪念世界环境日大会上宣称，保护环境已成为国家的首要任务之一。巴西政府从 30 多年历经沧桑的发展中意识到，社会经济的发展首先必须着眼于人的发展。1992 年世界环境保护发展大会之后，巴西政府立即制定了可持续发展战略，并把社会发展和自然资源供需平衡作为可持续发展的基石。1994 年，哥斯达黎加新政府宣布可持续发展将成为政策的主轴之一，认为环境可持续性、社会平等和经济竞争性应统一为一项政策。

由此可见，可持续发展是发展中国家提高自我实力的正确途径，而面对国际上越来越多的贸易壁垒，特别是"绿色壁垒"，发展中国家必须加强对内部企业的管理和约束。因此，引入企业社会责任（CSR）是大势所趋。

3. 企业社会责任的负面和正面影响

负面影响的一部分表现在国际贸易中的各种管理条例以及相关证明上。为了满足 CSR 的要求，一些管理条例严格规范了市场的运作机制，从而对市场的进入提出了诸多的限制条件。虽然这提高了企业的整体管理素质，但是当地一些中小企业，还无力承担过多的社会责任，这些限制条件无疑使它们失去了进入市场的机会，从而损害了它们的利益。在发展中国家，这类企业不在少数。同时，一些负面问题会出现在利益分配方面。沿着企业价值链来看，处于上游的生产者明显处于不利的地位。因为买者的砍价能力已经在交易中占据优先地位，买者和社会往往对产品的供应商提出更高的要求，从而导致在生产过程中上游企业明显比下游企业需要更多地考虑社会责任，同时也需要投入更多的成本以满足这一要求，因而在利益分配问题方面出现了不均衡的现象。对于发展中国家来说，有效地开放市场的确会引入更多的国外投资项目，但是所引入的外资到底是否真正起到了发展该国经济的作用，则需要打上问号。比如，跨国企业出于自身利益的考虑，并没有将拉动当地经济发展作为自己的首要目的。库页岛的社会团体就抱怨跨国企业在该地区主要的工作就是对西太平洋的灰鲸进行捕杀，而并没有为该地区的经济发展作出贡献。

当然，CSR 对于国家和企业来说并不是完全不利的，下面将会讨论企业和国家在引入 CSR 的过程中所产生的正面效应。① 相对积极的方面，主要是认为 CSR 在发展中国家的实施，会改善该国的社会、经济以及环境状况。

在一个国家的经济体制中，该国的出口能力很大程度上与该国的社会经济水平、环境因素都有关系（例如农业和纺织业）。如果一个国家规范了出口产品市场的准入规则，对该国的发展就会起到正面作用。同时，一些国外投资者还会传授给投资国先进的科学技术，许多大公司在政府支持的情况下在该国探索切实可行的发展机制，提高了该国地方企业的科技投入，雇用当地的工人并让他们参与到企业发展的计划之中。在这个过程中，先进的技术不仅能提高产品的核心竞争力，同时也给该国员工一个很好的学习机会，从而提高该国员工的整体素质。例如，跨国公司在尼日利亚设立鼓励投资奖金，或者一些公司直接通过专利技术的转让帮助该国的企业生产出符合 CSR 的环保型产品，同时也提高了该国的可持续发展能力。

总体来说，在引入社会责任的初期，由于发展中国家企业习惯了传统的经营方式，对于 CSR 这个新名词肯定会产生一定的不适应。但是，在全球经济的大背景下，在发展中国家提倡 CSR 对于提高该国企业的竞争力无疑是有利的。在推进 CSR 的过程中，企业逐步完善了自己的经营方式，不但提高了自己的核心竞争力，也使该国的技术以及经济都得到了发展。所以，从长期来看，发展 CSR 是发展中国家朝发达国家迈进的一个重要标志和过程。

① Bass, Steve, Roe, Dilys & Vorley, Bill. "Standards and Sustainable Trade: A Sectoral Analysis for the Proposed Sustainable Trade and Innovation Centre". IIED et al,.

第六节　国际企业社会责任规则体系

当前，国际上还没有形成通行的企业社会责任标准或者规范，但企业社会责任的基本概念在全球范围内已经被广泛接受，有关的国际机构、政府、行业组织和非营利组织在这些概念的基础上进行归纳、总结、系统化，形成了一系列企业社会责任规则体系。企业社会责任从较为抽象的一些基本价值观、原则，逐步发展成为具体的企业社会责任行为守则、指南乃至标准（见图10-4）。

价值观　原则　行为守则　规范　标准

图 10-4　企业责任连续变化过程

资料来源：国家电网公司课题组：《国家电网公司社会责任工作研究》报告。

根据2000年经合组织的统计，全球与企业社会责任相关的公约、原则、守则和标准达到246个，其中绝大部分是在20世纪90年代制定的，初步形成了全球的社会责任规则体系。

综合已有的标准，现有的企业社会责任规则体系可以划分为原则、企业生产守则、行业社会责任标准、一般社会责任标准4类。[①]

表 10-4　企业责任规则体系

社会责任规则	解释
原则	国际机构或非营利组织制定的行动公约、原则和倡议
一般社会责任标准	多利益相关方需要共同遵守的守则、由第二方和第三方监督执行
行业社会责任标准	行业协会、商贸协会制定的行业企业所共同遵守的守则和报告机制
企业生产守则	企业自行制定、解释、实施并监督其效果

资料来源：国家电网公司课题组：《国家电网公司社会责任工作研究》报告。

---

① 陈英等：《企业社会责任理论与实践》，经济管理出版社，2009年。

一、倡议与原则

1. 联合国"全球契约"

"全球契约"的 10 项原则源自《世界人权宣言》、《国际劳工组织关于工作的基本原则和权利宣言》、《联合国反腐败公约》等文件,在世界各国享有普遍的共识。安南的建议不仅得到发达国家和国际工会组织的坚决支持,而且取得了企业界和国际雇主组织的积极响应。一些大型跨国集团公司开始行动起来,倡导承担社会责任,与工会组织签订以实施基本劳工标准为核心内容的全面协议,开展社会责任认证活动。目前,加入联合国"全球契约"的组织或企业已经超过 6000 个,"全球契约"成为一个名副其实的全球企业社会责任组织。

"全球契约"计划是一个自愿的企业社会责任倡议,其目的在于使"全球契约"的各项原则成为企业战略和业务的组成部分;推动企业与主要利益相关方,如雇员、投资者、顾客、NGO 组织、商业伙伴和社区之间的合作,促进伙伴合作关系的建立;希望通过促使企业成为负责的和富有创造性的表率,建立一个推动可持续发展和提高社会效益的全球框架。

"全球契约"虽不具有法律约束力,但也绝不允许企业滥竽充数、无所作为。参加的企业在加入"全球契约"后要接受、支持并实施在人权、劳工标准、环境保护和反腐败方面的一套核心价值观和原则,并在其业务领域内积极倡导。这些核心价值观和原则就是著名的"全球契约"10 项原则(见图 10-5)。

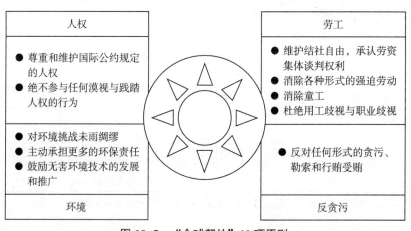

人权	劳工
● 尊重和维护国际公约规定的人权 ● 绝不参与任何漠视与践踏人权的行为	● 维护结社自由,承认劳资集体谈判权利 ● 消除各种形式的强迫劳动 ● 消除童工 ● 杜绝用工歧视与职业歧视
● 对环境挑战未雨绸缪 ● 主动承担更多的环保责任 ● 鼓励无害环境技术的发展和推广	● 反对任何形式的贪污、勒索和行贿受贿
环境	反贪污

图 10-5　"全球契约"10 项原则

企业团体和其他组织参加"全球契约"是自愿行为,一般程序要求如下:首先,企业团体的负责人应致函联合国全球契约办公室秘书长,说明支持"全球契约"及各项原则；其次，应着手对企业业务进行改革，使"全球契约"及其各项原则成为企业战略的重要组成部分，融汇于公司企业文化中，使之成为企业的经营理念和经营行为，在日常业务中努力履行社会责任；再次，应充分利用诸如新闻稿、演讲、企业产品发布会等交流手段公开宣传"全球契约"及其各项原则；最后，还应在其年度报告中公开说明企业如何支持"全球契约"的原则。

2. 气候公约

在此介绍一下国际社会在共同应对气候变化方面的主要措施和公约。[①] 1992年5月，联合国政府间谈判委员会就气候变化问题达成了《联合国气候变化框架公约》（以下简称《公约》）。《公约》是国际社会在应对全球气候变化问题上进行合作的一个基本框架，其目标是减少温室气体排放，减少人为活动对气候系统的危害，减缓气候变化，增强生态系统对气候变化的适应性，确保粮食生产和经济可持续发展。为实现上述目标，公约确立了5个基本原则：① "共同而有区别"的原则，要求发达国家应率先采取措施，应对气候变化；②要考虑发展中国家的具体需要和国情；③各缔约国应当采取必要措施，预测、减少引起气候变化的因素；④尊重各缔约方的可持续发展权；⑤加强国际合作，应对气候变化的措施不能成为国际贸易的壁垒。

1997年12月，《公约》第3次缔约方大会在日本京都召开。149个国家和地区的代表通过了《京都议定书》，它规定2008~2012年，主要工业发达国家（《京都议定书》附件中列明的38个国家）的温室气体排放量必须在1990年的基础上平均减少5.2%，其中欧盟将6种温室气体的排放量削减8%，美国削减7%，日本削减6%。而中国、印度、巴西等发展中国家虽然也签署了《京都议定书》，但《京都议定书》并没有向这些国家提出温室气体减排量的具体要求。另外，由于原来的排放量较低，《京都议定书》允许澳大利亚等国家在1990年排放量的基础上增加8%。《京都议定书》同时确立了3个实现减排的灵活机制，即"联合履约"、"排放贸易"和"清洁发展机制"。"清洁发展机制"是指由发达国家向发展中国家提供技术转让和资金，通过项目提高发展中国家能源利用率，减少排放，或通过造林增加CO_2吸收，排放的减少和增加的CO_2吸收计入发达国家的减排量。其目的是帮助发达国家实现减排，同时协助发展中国家实现可持续发展。它是《京都议定书》为发达国家提供的相对廉价的减排途径。2005年2月16日，《京都议定书》正式生效。截至2009年6月30日，已有187个国家和地区批准了该项协议。

---

① http://green.sohu.com/20090724/n265463229.shtml。

2007 年 12 月，第 13 次缔约方大会在印度尼西亚巴厘岛举行，会议着重讨论“后京都”问题，即 2012 年在《京都议定书》第一承诺期到期后如何进一步降低温室气体的排放。15 日，联合国气候变化大会通过了“巴厘岛路线图”，启动了加强《公约》和《京都议定书》全面实施的谈判进程，致力于在 2009 年年底前完成《京都议定书》第一承诺期 2012 年到期后全球应对气候变化新安排的谈判并签署有关协议。2012 年以后中国有可能将要承担量化减排义务。

2008 年 12 月，第 14 次缔约方大会在波兰波兹南市举行。2008 年 7 月 8 日，“八国集团”领导人在“八国集团”首脑会议上就温室气体长期减排目标达成一致。“八国集团”领导人在一份声明中说，八国寻求与《公约》其他缔约国共同实现到 2050 年将全球温室气体排放量减少至少一半的长期目标，并希望在公约相关谈判中与这些国家讨论并通过这一目标。

2009 年 12 月，《联合国气候变化框架公约》缔约方第 15 次会议召开，哥本哈根会议主要有 3 大成果（苏伟，2010）。第一，提高了人们对气候变化问题的了解和认识，这一点应该是非常明确的。哥本哈根会议在全球范围内完成了一次共同应对气候变化问题的空前的政治任务。第二，哥本哈根会议形成了控制温室气体排放的政治共识，明确了世界经济社会发展的低碳化方向，也预示着新一轮世界经济竞争和技术变更的开始。虽然关于气候变化的科学问题一直存在疑问，但是主流的看法是人为的活动，特别是在过去 200 年工业化发展的过程当中，发达国家大量无节制地排放温室气体，造成了现在气候变化的问题，所以哥本哈根会议一个重要的成果就是确认了这一共识，确认了各国都要根据共同但有区别的责任的原则采取积极的措施，控制温室气体的排放，为应对气候变化做出各自的贡献。第三，确立了国际合作应对气候变化的规则和体制，原则就是发达国家与发展中国家要承担“共同但有区别”的责任，在应对气候变化问题上要坚持公平的原则。所谓确认的体制是，确认了《联合国气候变化框架公约》和《京都议定书》是合作应对气候变化问题的渠道和最具有合法性的进程。哥本哈根会议除了确定了原则和体制外，也在全面、有效、持续推进《公约》和《议定书》的实施方面取得了重要的阶段性成果，在全球长期行动目标、发达国家量化减排指标、向发展中国家提供资金技术转让支持，以及关于发展中国家在可持续发展框架下采取适当的国内减缓行动方面，都达成了一些原则性的共识。

二、国际人权公约

1.《世界人权宣言》

《世界人权宣言》（以下简称《宣言》）是 1948 年 12 月 10 日第三届联合国

大会通过的、有组织的国际社会第一次就人权和基本自由作出的世界性宣言。《宣言》是国际人权宪章体系的第一个文件，它明确提出了联合国系统人权活动的基本原则。它第一次在国际范围内系统地提出了人权的基本内容和奋斗目标。《宣言》提出，人人生而自由，在尊严和权利上一律平等；人人都有资格享受本《宣言》所载的一切权利和自由，不论其种族、肤色、性别、语言、财产、宗教、政治或其他见解、国籍或其他出身、身份。《宣言》同时规定，每个人都对社会负有义务，个人在行使权利和自由时，应依法尊重他人的权利和自由，并服从道德、公共秩序和普遍福利的需要。

2.《经济、社会和文化权利国际公约》

经济、社会和文化权利是人权的十分重要的组成部分，联合国大会于1966年通过的《经济、社会和文化权利国际公约》（又称"A公约"），是最有影响力的国际人权文书之一。《公约》规定各缔约国应保障个人的下列权利：工作权，同工同酬权，以及享受公正、良好、安全卫生的工作条件的权利；组织和参加工会的权利；休息权，包括社会保险在内的社会保障权利；免于饥饿权；身心健康权，受教育权，参加文化生活权，妇女、儿童以及家庭、婚姻自由受保护权；获得相当生活水准的权利；等等。每个缔约国应尽最大能力采取一切适当的措施，尤其是立法的方法，逐渐地和无歧视地充分实现公约所承认的权利。

三、OECD 跨国公司治理原则

1998年4月27~28日，经济合作与发展组织（OECD）召开部长级会议，呼吁与各国政府、有关的国际组织及私人部门共同制定一套公司治理的标准和指导方针，为了实现这一目标，OECD成立了公司治理专门筹划小组，于1999年出台了《OECD公司治理原则》。全球公司治理运动最具有代表性的就是经济合作与发展组织于1999年推出的OECD公司治理原则。该原则主要是针对上市公司，包括5个方面的内容：

（1）保护股东的权利。

（2）对股东的平等待遇：包括小股东和外国股东，如果他们的权利受到损害应有机会得到有效补偿。

（3）利益相关方在公司治理结构中的作用：治理结构的框架应当确认利益相关方的合法权利，并且鼓励公司和利益相关方创造财富和工作机会以及为保持企业财务健全而积极地进行合作。

（4）信息披露和透明度：治理结构的框架应当保证及时准确地披露与公司有关的任何重大问题，包括财务状况、经营状况、所有权状况和公司治理状况的信息。

（5）董事会的责任：治理结构的框架应确保董事会对公司的战略性指导和对管理人员的有效监督并确保董事会对公司和股东负责。

四、《联合国里约环境与发展宣言》

1992 年 6 月 14 日在里约热内卢通过的《联合国里约环境与发展宣言》（以下简称《宣言》）又称《地球宪章》是一个包括 27 项指导环境政策的广泛原则的无约束力声明。《宣言》说，各国拥有按照本国的环境与发展政策开发本国自然资源的主权权利，并负有确保在其管辖范围内或在其控制下的活动不致损害其他国家或各国管辖范围以外地区的环境的责任。环境保护工作应是发展进程的一个整体构成部分，不能脱离这一进程予以孤立考虑。

《宣言》指出，所有国家和所有人民都应在根除贫穷这项基本任务上进行合作，发展中国家尤其是最不发达国家和在环境方面最易受伤害的发展中国家的特殊情况和需要应受到特别优先考虑。各国应本着全球伙伴精神，为保存、保护和恢复地球生态系统的健康和完整进行合作。鉴于导致全球环境退化的各种不同因素，各国负有共同的但是有差别的责任。为了更好地处理环境退化问题，各国应该合作建立一个起支持作用的、开放的国际经济制度。

五、《反行贿商业原则》

《反行贿商业原则》于 2002 年 12 月发布，通过众多利益相关方的对话制定，这些利益相关方包括许多国家的工会、公司、非政府机构和学术界。对话的召集者是透明国际（Transparency International）和社会责任国际（Social Accountability International，简称 SAI）。目前，该原则仍处于初级阶段，但承诺将是一个长远的过程。该原则适用于大中小各种规模的企业，要求企业遵守立法，建立"以信任为基础的，不容忍行贿的内部文化"。该原则为企业提供了一些参数、规定和制度，鼓励企业和高管人员一起为反行贿计划负起责任（见表10-5）。

表 10-5   企业社会责任的主要国际原则

国际原则	发起年份	发起主体	作用对象	关注重点
全球契约	1999 年	安南	企业	全面关注企业社会责任
世界人权宣言	1948 年	联合国	国家	人的基本权利
跨国公司治理原则	1998 年	经济合作与发展组织	公司	公司治理原则
经济、社会和文化权利国际公约	1966 年	联合国	国家	人权

国际原则	发起年份	发起主体	作用对象	关注重点
消除一切形式种族歧视国际公约	1963 年	联合国	国家	种族歧视
沙利文全球原则	1999 年	沙利文牧师	企业、工人	人权和劳工权益
里约热内卢宣言（地球宪章）	1992 年	联合国环境与发展大会	国家	环保
环境责任经济联盟原则	1989 年	环境责任经济联盟	总部设在美国的公司	环保
反行贿商业原则	2002 年	透明国际和社会责任国际	企业	商业行贿

资料来源：陈英：《企业社会责任理论与实践》，经济管理出版社，2009 年。

虽然上述原则大多是倡议，对企业均无强制执行力，但在全球范围内营造了一种企业履行社会责任的良好氛围，为企业提供了履行社会责任的基本方向和路线，为企业社会责任的行业标准、国际标准和企业行为守则的产生奠定了基础。

本章小结

20 世纪 90 年代后，在各国政府、社会组织、企业的共同推动下，企业社会责任迅速普及，形成一种世界潮流和趋势。

美国是"企业社会责任"的发源地，其发展过程经历了产生、发展和繁荣 3 个阶段。为企业社会责任活动提供法律依据是美国企业社会责任运动的重点。美国企业社会责任建设的过程中有两件里程碑性质的大事：一是 20 世纪 30 年代学术界首次提出企业社会责任理论；二是 20 世纪 80 年代初到 90 年代末的企业社会责任法律化浪潮，即以宾夕法尼亚为代表的 29 个州修改公司法，加入了"其他利益相关者条款"。如今，美国企业社会责任理论和实践已进入到经济全球化领域，在制度建设、管理机构、道德教育、商机联动、监督监察、信用管理等方面，形成了一套比较完备的法律和制度体系。

英国在企业社会责任实践方面远落后于美国。英国政府奉行国家干预政策，企业在履行社会责任方面缺乏用武之地。英国社会对企业社会责任的要求，从最初的仅限于参与慈善事业，到通过捐助创造就业、照顾更广泛意义的社会公众和环境，再到提供优质安全和信得过的产品，以及为职工提供良好的工作环境和关怀职工的健康安全等，企业社会责任意识逐步形成，企业经营与经济可持续发展挂钩，走过了一个逐渐发展完善的过程。

欧洲对企业社会责任的关注较晚，但 20 世纪 90 年代以来，欧盟国家的企业社会责任运动发展迅速，欧盟逐渐成为世界企业社会责任运动的领先者。不管是在欧盟层面还是欧盟成员国层面，可持续发展和社会责任都被列在公共政策议事日程的前列。为调和欧洲国家法律制度的差异，1972 年欧共体发表了《第 5 号公司法指令草案》，该指令草案历经 1975 年、1983 年、1990 年、1991 年等多次修正，修正后的指令草案为成员国提供了可供选择的两套不同的公司治理结构模式，即双层制和单层制，以及多种职工参与模式，目的是实现"股东利益不应再是企业家决策背后的唯一动因。相反，公司的经营决策应当体现出股份有限公司对其构成要素（包括资本和劳动）乃至全社会所负的责任"这样的指导思想。德国是较早在立法中贯彻企业社会责任观念的国家。荷兰和瑞典作为欧盟的成员国，政府也很重视企业社会责任。

日本将我国的"仁"、"义"等儒家思想与其神道精神相结合，企业家积极把宗教思想纳入到经营哲学中，逐步形成了"产业报国，以社会责任为己任"的现代日本企业文化。1956 年日本经济界在亚洲率先提出企业社会责任问题。日本政府把推进企业落实社会责任作为重要内容，由经济产业省具体负责推进和实施。日本的企业社会责任内容每个阶段一般都与当时的重大社会环境问题密切相关。目前，在大多数日本企业的经营哲学和价值理念中，"利润"一般都不是放在最重要的位置，它们更多地是强调责任：企业对社会、国家乃至全人类所负的责任。日本企业主要从理念、组织和实践三个方面来推进 CSR（企业社会责任）。在理念方面，核心目标是获得高层对 CSR 的认知和支持；在组织方面，是建立组织体系支持 CSR 的活动；在实践方面，关键点是员工对 CSR 的理解和实践。正是由于一些杰出企业家的积极倡导和长期实践，形成了日本企业自觉履行社会责任的文化传统，这一传统引领着日本企业把企业使命与社会责任统一起来。

近年来，随着全球经济一体化的发展，有关企业社会责任的呼声在中国、印度、南非、菲律宾和巴西等发展中国家开始出现。政府在应对 CSR 上需要考虑更多问题，包括企业的可持续发展以及企业为帮助社会摆脱贫困所做的贡献等。面对全球气候的威胁，吸取拉美国家在经济发展中的经验和教训。从可持续发展的角度来看，社会责任运动对发展中国家来说，既是拯救环境也是提升企业竞争力的必由之路。企业社会责任发展既有正面的影响也有负面的效应，这对发展中国家政府提出了更高的要求。

当前，国际上还没有形成通行的企业社会责任标准或者规范，也没有具有法律拘束力的通行的国际法规则，但有关国际机构、政府、行业组织和非营利组织，在企业社会责任概念的基础上进行归纳、总结、系统化，形成了一系列企业社会责任规则体系。综合现有的企业社会责任规则体系，可以划分为原则、企业生产守则、行业社会责任标准、一般社会责任标准四类。企业社会责任从较为抽象的一些基本价值观、原则，逐步发展成为具体的企业社会责任行为守则、指南乃至标准。

第十一章　中国企业社会责任发展对策

提高企业自生能力，打造中国企业公民，需要各方面的共同努力。本章包括以下几个方面的内容：①企业社会责任与可持续发展；②推进企业社会责任的关键举措；③实现企业社会责任的法制化；④企业社会责任与政府公共管理。

第一节　企业社会责任与可持续发展

企业要实现可持续发展的目标，就必须保持长期的竞争优势，与社会环境相适应，保持与环境、生态、资源的协调一致，也就必须承担相应的社会责任。曾获得"全球最绿色企业"排名首位的杜邦公司认为，社会责任是企业与利益相关人之间的关系，包括与世界各地的客户、供应商、员工、社会和股东之间的关系。企业的可持续发展是指在可稳定发展的框架内，用创造性的、有市场前景的方式，调动包括客户在内的所有利益相关者的参与，来满足人类的需求和解决人类所面临的问题。这里的关键词就是"可持续"。用"可持续"的方式发展，企业才能与社会和环境共生共荣，获得源源不断的竞争力和生命力。只有不回避责任的企业才能获得社会的信任，才能获得长期发展的社会许可和竞争力。从某种程度上可以说，企业的社会责任是企业可持续发展的起点。

一、企业社会责任与可持续发展的关系

企业社会责任这个概念最早于1924年由美国的谢尔顿提出。根据西方古典经济学理论，企业是以利润最大化和成本最小化为前提条件设立的，因此导致了资本的盲目逐利，从而引起了一系列的社会问题，对企业的利益相关者及社会环境的影响采取了漠视的态度。随着资本主义经济危机的出现，人们开始认识到企业的利益相关者的权益也应得到保障。因此，就有了1989年美国宾夕法尼亚州公司法的修正条款，要求公司的经营者为公司的利益相关者负责，而不

仅仅是对股东一方利益负责。目前，美国、日本、德国、英国、法国等都在《公司法》中加入了对公司利益相关者的保护，强调企业应有的社会责任。

所谓利益相关者，包括所有能影响企业活动的个人和组织，如股东、债权人、雇员、供应商、消费者、政府部门和其他社会组织等。当然，更具实质意义的还是狭义的利益相关者，如股东、雇员、债权人、重要客户和供应商等。"谁是企业的所有者，谁拥有企业的所有权"——股东天生拥有企业的所有权。股东是企业的所有者，企业的财产是由他们投入的实物资本形成的，他们承担了企业的剩余风险，理所当然成为企业剩余索取权与剩余控制权的享有者，这就是股东中心理论。但到 20 世纪 80 年代中期以后，有学者认为：企业应是利益相关者的企业，包括股东在内的所有利益相关者都对企业的生存与发展注入了一定的专用性投资，同时也分担了企业一定的经营性风险，或为企业的经营活动付出了代价，因而都应拥有企业的所有权，这就是"利益相关者理论"。

"利益相关者理论"的提出完善了企业社会责任的概念。企业社会责任现在已成为世界各国关注的一个热点问题，在美国，在欧盟，对企业进行绩效评价时已将社会责任作为一项重要指标。《财富》和《福布斯》杂志在企业排名时都加上了社会责任标准。近年来，一个新的国际贸易标准——SA8000 社会责任标准已经成为国际贸易中的一个附加条件。由此可见，企业的社会责任已经越来越受到重视。

中国国有企业在改革开放前因承担了过多的社会职能而包袱沉重。改革开放后，随着现代企业制度的建立、政企分开及民营企业的异军突起，国际资本大量涌入，资本的逐利本质及企业以利润最大化、成本最小化为经营目标理念的确立，导致众多企业忽视环境保护，忽视企业利益相关者权益，企业社会责任的缺失比较严重。近来，随着科学发展观的提出和构建和谐社会观念的确立，企业社会责任已成为企业可持续发展的现实需求，已经从外在压力转变为一种内在动力。

我们可以用 Mark S. Schwartz（2003）提出的企业社会责任驱动模型来加以分析。[①] Mark 于 2003 年提出可以用 3 个相交圆来描述企业承担社会责任的动因和机理，如图 11-1 所示。他认为企业承担社会责任的动力来自 3 个方面：经济、制度、道德，并根据 3 个动因交集不同将企业社会责任划分为 4 种不同类型，即经济因素主导型、制度因素主导型、道德因素主导型和平衡型。Mark 企业社会动力模型对企业社会责任的维度划分有四个交集。鞠芳辉（2005）认为，

① 邓曦东：《企业社会责任与可持续发展战略关系的经济分析》，《当代经济》，2008 年。

道德和经济动因往往难以区分，因为很多道德的动因可以被解释为长期经济利益。实际上从经济学的角度讲，经济、道德、制度的动力都可以被解释为企业可持续发展战略的需要。

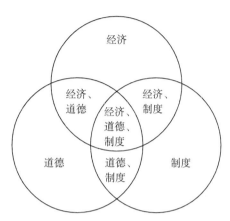

图 11-1　企业社会责任动力模型

从经济伦理学的角度来分析，效益与公平是企业可持续发展的要求，企业为了长期利益的考虑，在企业发展到一定规模后，必然会重视企业利益相关者的合理诉求，必然会将对环境、生态的保护转化为内在的行为。

从新制度经济学的角度来分析，企业在各种资源产权界定明晰的情况下，为了减少交易费用，必然会以合约的形式来承担资源占用或环境、生态、公众利益损失的补偿成本，从而为企业的生存和可持续发展创造条件。

从微观经济学的角度来分析，新古典经济学认为企业利益最大化或股东利益最大化是企业经营应承担的唯一责任。企业承担社会责任会带来社会责任成本，企业的成本就会提高，价格就会上升，企业就会失去竞争优势。因此，企业只应承担遵守基本社会规则的经济责任。事实上，这是传统经济学的一个误区。因为，强化社会责任将会提升企业的社会形象，改善企业与政府、公众及利益相关者的关系，短期的成本可能会有所增加，但从长期看则会促进企业的管理创新，提高员工的忠诚度和归属感，长期成本不仅不会增加，相反还会有所下降，长期的经济效益将会逐步得以显现。社会福利经济学就认为，企业不仅是经济人，而且也是社会人，不能仅仅以股东利益最大化为唯一目的，而应最大限度地增进包括股东利益在内的所有社会福利。这就包括企业利益相关者的社会利益，即员工利益、消费者、债权人、环境利益，等等。两者的差别在于前者关注的是短期利益，而后者关注的是长期利益，也就是企业的可持续发展。

二、企业社会责任对可持续发展的意义

企业社会责任是企业通向可持续发展的重要途径。在全球化进程中，经济、社会、环境问题之间存在着强烈的互动性，企业不仅是区域经济的基本组织，也是区域社会的基本组织，更是一个可以直接改善或破坏自己生存发展环境的重要角色。所以，企业不仅要追求自身的利润最大化，而且要为经济、社会和资源环境的改善作出努力和贡献。企业社会责任符合社会整体对企业的合理期望，不但不会分散企业的精力，而且还能提高企业的竞争力和声誉，对企业可持续发展具有十分重要的意义。

(1) 企业社会责任为企业带来新的发展机遇。越来越多的企业实践和众多的研究成果充分说明，企业承担社会责任与企业的经济绩效呈正相关的关系。而不是完全像传统经济学理论所认为的会加重企业负担，影响其利益，企业完全可以将社会责任转化为实实在在的竞争力。企业履行社会责任会给企业带来高销售量和忠诚的顾客群，从而提升其财务业绩。所以说，企业履行社会责任对其自身的发展是一种机会。众多的研究成果显示：企业越注重社会责任，其产品和服务就越有可能获得更大的市场份额，越有可能提高业绩，这就做到了企业可持续发展的第一步。

(2) 企业履行社会责任，有利于提高企业的市场开拓能力。企业社会责任建设为企业原本的功利性价值观注入了非功利性价值的内容，企业实现了从重利轻义的单一价值观向义利并举的价值观的升华。毋庸置疑，企业要生存就需要可持续的盈利能力。企业可持续的盈利能力主要来自于企业的市场开拓能力。企业的市场开拓能力，主要来自于3个方面：一是对先进科学技术的掌握和运用程度；二是企业经营管理水平的常创常新；三是职工的劳动积极性发挥水平。这3方面都说明企业可持续开拓能力的最终动力在于人。在企业面对新的义利并举的价值观念氛围下，形成企业管理者和劳动者之间的共识，是企业激励机制得以建立和运行的基础。企业社会责任作为一种激励机制，对企业管理来说，是一场新的革命，更是提高企业开拓能力的动力源泉。

(3) 企业履行社会责任，有利于树立企业形象，增强企业竞争力。企业承担一定的社会责任，虽在短期内会使经营成本有所增加，但无疑有利于企业自身良好形象的树立，形成企业的无形资产，进而形成企业的竞争优势，最终给企业带来长期的、潜在的利益。美国哈佛商学院教授佩尼 (Paine) 认为，"一套建立在合理的伦理准则基础上的组织价值体系也是一种资产，它可以带来多种收益。这些收益表现在3个方面：组织功效、市场关系和社会地位"。社会责任与竞争力相辅相成，相互影响，共生共存，没有社会责任感的企业不可能有

竞争力。企业在强化自身社会责任的过程中，可以不断提高自己的竞争力。同时，在这一过程中，企业通过拥有良好的文化机制和较高的创新水平，也能够提高应变能力，有助于建立科学的风险防范机制，提高风险管理水平。企业的经营形象和声誉也不断得到提高。企业承担多元社会责任，是提高劳动生产率和经济效益的有效途径，是企业在市场竞争中生存和发展的可靠保证。

（4）企业履行社会责任，能促进企业创新，实现经济增长方式的转变。在竞争的市场上，以牺牲产品质量、劳工利益和社区利益为代价，仅仅依靠廉价获取的产品竞争力是不能保证企业长期稳定的成长和持续发展的。而对社会责任的关注将促使企业转向对产品、设计、流程、管理和制度等环节进行创新，促进其盈利方式和增长方式的转变，而不是靠一味地压榨员工或用假冒伪劣欺骗消费者来获取利润和取得发展。实践证明，企业的持续发展最终仍然要依靠技术创新、管理创新和制度创新得以实现。企业通过自己的企业社会责任，不断努力提高生产效率，节约能源的消耗，改变生产方式，从粗放型积极向集约型转变。进一步拓宽创新领域，改善经营环境，减少资源的占用和浪费，节省生产成本，发展循环经济，提高环境保护的能力，以获得更大的利润。

（5）企业承担社会责任有利于推动优秀企业文化建设。企业文化是指企业在发展过程中形成的理想信念、价值体系与行为规范的总和。从价值属性来看，企业社会责任是一种企业文化的外在表现和重要内容，也是企业文化逻辑发展的必然趋势和要求。二者在发展趋势、基本依据、基本目的、基本内容、基本走向上是一致的。而且，二者又相互作用、相辅相成，既为企业文化注入了新的活力，又推进了企业社会责任的建设。企业社会责任，作为企业文化的新内容，重新塑造和创新了企业文化的价值观念，推进了企业文化的相关建设。而企业文化作为企业的一种价值体系，又将企业社会责任建设提升到新的理论高度和较高的文化层次。

（6）企业履行社会责任，可以为企业的可持续发展赢得良好的外部环境。企业主动承担社会责任可以使企业、政府、社会之间形成良性互动关系，从而为自身创造了更为广阔的生存空间。如为了保护环境、保障生活质量、维持社会稳定和各项事业的发展，政府部门、社会团体、普通公众等都向企业提出了种种行为限制，有时还附有严厉的惩罚性措施。企业若不能符合要求，便会受到指责或惩罚，企业正常的生产经营活动就会受到不同程度的干扰。相反，企业若能主动适应要求，就能在一定程度上解除企业发展过程中的一些限制条件，使决策和经营具有更大的灵活性和自主性。因此，社会责任是企业利益和社会利益的统一。企业承担社会责任的行为，是维护企业长远利益，符合社会发展要求的一种互利行为。这一行为对企业来说，不仅仅是付出，同时也是一种获取。表现在如下 3 方面：第一，有利于调整企业与社会、企业与企业之间的关系，为企业的生产经营活动创造一个良好的社会环境；第二，有利于调整企业与消费者的关系，使公众了解企业，提高企业的知名度，树立可信赖的企业形象；第三，有利于调整企业内部的人际关系，激发员工的生产积极性和创造性，提高劳动生产率和经济效益。

三、在可持续发展战略中促进企业社会责任管理

企业应将社会责任管理纳入企业战略管理目标的范畴，制定企业可持续发展战略。企业战略管理应考虑企业可持续发展的要素，考虑企业可持续发展能力与企业的可持续盈利能力，考虑企业的可持续发展与社会环境、生态影响因子及与区域经济的发展以及企业增长方式转变等因素。在企业可持续发展战略中，探寻促进企业社会责任管理的路径和方法。

（1）转变观念，正确认识社会责任管理对企业可持续发展的意义。强化社会责任管理可以极大地提升企业价值观念，可以帮助企业提升核心竞争能力。社会责任感强，可以提升企业员工的忠诚度、信任度；对企业员工利益的关注，可以提高生产效率；对社会责任的关注，特别是对消费者权益的保护，可以提高产品的附加值；对社会环境及生态的保护，可以赢得政府的支持，获得更多的发展机会；对节约资源、降低能耗的关注，可以促进企业的技术创新，发展绿色产品，改进工艺流程，创新管理制度，从而极大地提高企业的核心竞争力和企业可持续发展的能力。

（2）超前研究，制定企业社会责任管理目标体系。在当前构建和谐社会的大背景下，企业要实现可持续发展，必须从社会责任管理经济驱动走向可持续发展战略驱动。企业应制定切实可行、符合企业特质的企业社会责任管理目标体系，将这一目标体系纳入企业战略管理目标体系中去，并合理配置各种资源，进行认真的经济分析，使企业的社会责任管理目标与企业的长期收益相一致，与社会的可持续发展相一致，与企业的可持续发展相一致。

（3）分类管理，创新社会责任管理的战略措施。陈迅（2005）建立了企业社会责任分级模型，把企业社会责任的不同类型分为 3 个层级：一是"基本企业社会责任"，包括对股东负责、善待员工；二是"中级企业社会责任"，包括对消费者负责、服从政府领导、搞好与社区关系、保护环境；三是"高级企业社会责任"，包括积极慈善捐助、热心公益事业。他同时还指出，"基本企业社会责任"是企业必须首先做到的，"中级企业社会责任"是企业存在的保证，"高级企业社会责任"是企业的自愿性选择。

企业应对社会责任进行分类管理。对涉及经济成本的，企业应进行认真的

成本效益分析，特别是长期效益分析；对涉及道德伦理的，政府应通过法律法规来进行规范和调节，如保护消费者行为、保护员工合法权益、保护环境、保护生态等，应通过环境保护法等法律法规进行规范；对涉及制度的，应作出相应的制度安排，如通过税收制度来鼓励慈善捐助和公益事业；对涉及节能、降低能耗的，也可以通过税收制度、补贴制度来鼓励技术创新等。同时，创新社会责任管理，既是企业可持续发展的方向，又需要政府的支持与配合。

（4）理顺机制，构建社会责任管理与企业绩效评价挂钩的评价体系。强化企业的社会责任意识，形成企业内在驱动的社会责任需求，实现企业和社会的可持续发展，还必须改革对企业的评价方法，形成合理的评价机制。应将企业社会责任指标纳入企业绩效评价指标体系。

美国及欧盟的一些国家已将企业社会责任评价纳入到了企业绩效评价体系中。国外还形成了一种企业主动加强社会责任管理、主动履行社会责任义务的热潮。目前，中国对国民经济增长提出了绿色 GDP、幸福指数等指标体系，还没有制定关于企业社会责任的有关指标体系。因此，强化社会责任管理迫切需要建立企业绩效评价与社会责任管理相挂钩的评价机制与评价指标体系，以此促进企业社会责任规范化、制度化，实现企业的可持续发展。

第二节　推进企业社会责任的关键举措

推进企业社会责任发展，是中国构建和谐社会的条件。按照科学发展观的要求，转变经济结构和经济发展方式是中国经济发展的必然选择。中央经济工作会议强调，要从过去单一快速增长回归到协调可持续发展。在这种发展思路下，作为经济主体的企业，不仅要为经济发展做出贡献，更要积极承担社会责任，这对其自身的有序发展，以及推进和谐社会的构建至关重要。在中国转型时期，各方需因地制宜、统筹考虑，采取切实有效的措施，推动企业社会责任向前发展。

一、建立企业社会责任目标体系

社会责任目标体系是企业实现可持续发展的内在要求，是企业参与国际竞争与合作、提高软实力的必由之路，也是提升中国企业自生能力、实现企业公民目标的重要内容。企业社会责任目标体系的建立，能够统筹各方力量，推进企业在更高起点上更好地履行社会责任。

1. 指导思想和基本原则

指导思想：贯彻落实科学发展观和构建社会主义和谐社会战略思想，借鉴国际国内企业社会责任建设的有益经验，推进制度创新，建立有效机制，推动企业发展和履行社会责任良性循环，促进社会进步，提高社会文明，共建共享和谐社会。

基本原则：①以人为本。建立企业社会责任体系，核心是以人为本。员工是企业生存发展之本，企业首先要对其负责，保障员工的工资、福利及各方面利益。企业是社会的组成部分，企业要对消费者负责，对产业链上的供应商、销售商和零售商负责，对所在社区负责，通过落实以人为本的责任，共建共享，促进社会和谐。②政府引导。加大政府推进企业履行社会责任的力度，创新管理和协调机制，采取激励措施，促进企业主动履行社会责任。通过加强执法监督和法制建设规范企业行为，促使企业遵纪守法，依法经营，依法管理。③企业是主体。充分调动企业和企业家在建立企业社会责任体系中的积极性、主动性和自觉性，发挥企业的主体作用，从实现企业长远战略、提高企业竞争力出发，企业应切实履行社会责任，主动融入和谐社会建设。④社会参与。充分发挥行业协会、中介组织、社会团体、媒体、公众等各社会主体的积极作用，共商共议，确保推进工作的广度和深度，实现经济繁荣与社会和谐进步。⑤借鉴和创新。借鉴国际经验，创新企业社会责任推进机制和举措，打造良好的企业社会责任交流合作平台。加强区域合作和交流，分享和借鉴各部门、各地区企业社会责任体系建设的理念、信息和经验。①

2. 总体目标和目标体系

总体目标：政府、企业、中介、社会共同推进，初步建立完善的企业社会责任体系，推进企业履行社会责任，实现可持续发展。

目标体系：①树立企业社会责任理念。大力倡导和宣传企业履行社会责任，弘扬企业社会责任理念，用企业社会责任理念全面衡量和评价企业，培育和形成注重企业社会责任的浓厚氛围。②打造企业社会责任诚信体系。政府建立部门联动的联合诚信体系和信息发布平台，在信息采集、处理、披露等方面统一管理。通过整合劳保、环保、海关、检验检疫、外汇、工商、税务、财政等部门的征信资源，形成统一的诚信体系，促进企业全面履行社会责任。③构筑和谐劳动关系。加强企业的工会组建，争取基本做到工会组织的全覆盖。依托劳动关系三方协商机制，开展劳动保障诚信单位创建活动，坚持职代会制度，坚

---

① 《浦东新区推进建立企业社会责任体系三年行动纲要（2007~2009）》，2007年7月。

持工资平等协商，全面推进劳动合同与集体合同制度，建立企业正常的工资增长机制。重点做好企业内职工收入分配向一线生产人员倾斜工作，促进一线职工收入适度增长，引导企业提高劳动保障管理水平，推进劳动关系和谐。④提高企业环境友好程度。针对现有污染源企业，推进生产性企业的环保诚信体系建设，进行企业绿、蓝、橙、黑分类标色，推动企业开展清洁生产第三方审计，责成重点污染源企业完成编制环境责任公报工作，推进重点骨干企业开展环境行为评估。⑤强化企业产品质量安全责任。建立健全产品质量保证体系，鼓励企业增创名牌产品和免检产品，不断满足消费者需求，提高顾客满意度，强化食品药品安全诚信建设，加大 ISO9000 系列、HACCP 体系等非强制性规范的推广力度，倡导实施缺陷产品召回制度。⑥推动安全社区创建。在生产经营中增强安全意识，提高安全防范能力，推进企业积极参与安全社区的创建工作。

建立企业社会责任目标体系，应根据各地区资源禀赋结构要素，结合产业发展情况和企业社会责任敏感度，重点推进金融、房地产、汽车、化工、微电子、公交、旅游、商业及食品等行业及企业履行社会责任目标体系的建立。在区域推进上，东部先试行，突出重点，形成特色；中部跟进，不断完善；西部加强学习，发挥后发优势，逐步形成各具特色的企业社会责任目标体系。争取在重点行业、重点区域内，企业社会责任履行情况能够实现重点突破。

二、推进企业社会责任建设的主要措施

建立企业社会责任体系是一项综合性工程，为实现企业社会责任发展目标，需要从企业、政府和社会 3 个层面提出推进企业社会责任建设的措施。作为企业来说，应该提高社会责任理念、增强企业社会责任能力，将社会责任与企业自身的经营发展结合起来；作为政府，其职责主要是推进企业社会责任法制建设，加强对企业社会责任监督指导；非政府组织和新闻媒体等社会各方面也应该为企业履行社会责任提供便利，从而形成合力，共同推进我国的企业社会责任建设。企业要结合其自身的资源禀赋结构要素，不断进行技术创新，在不断发展壮大的各个阶段，都应将履行社会责任作为企业的经营目标之一，融入其发展战略系统，不断提升自生能力，塑造企业公民形象。

1. 企业应采取的主要措施

（1）企业文化建设应该牢固树立企业社会责任理念，建立与社会主流文化相适应的企业文化。首先，企业作为企业公民，应该为社会树立道德榜样，讲求企业道德。所谓企业道德是指调整本企业与其他企业之间、企业与顾客之间、企业内部职工之间关系的行为规范的总和。它是从伦理关系的角度，以善与恶、公与私、荣与辱、诚实与虚伪等道德范畴为标准来评价和规范企业的。企业道

德与法律规范和制度规范不同，不具有那样的强制性和约束力，但具有积极的示范效应和强烈的感染力，当被人们认可和接受后具有自我约束的力量。因此，它具有更广泛的适应性，是约束企业和职工行为的重要手段。中国老字号同仁堂药店之所以300多年长盛不衰，在于它把中华民族优秀的传统美德融于企业的生产经营过程之中，形成了具有行业特色的职业道德，即"济世养身、精益求精、童叟无欺、一视同仁"。其次，要建立正确的价值观。企业的发展不仅仅是为了获利，更是为了社会的发展，有一种超越物质利益的精神追求。我国老一代的民族企业家卢作孚（民生轮船公司的创始人）提倡"个人为事业服务，事业为社会服务，个人的服务是超报酬的，事业的服务是超经济的"，从而树立起"服务社会，便利人民，开发产业，富强国家"的价值观念，这一为民为国的价值观念促进了民生公司的发展。社会与企业的发展是互利的，企业主动承担社会责任，社会也就为企业的发展创造良好的环境，从而实现良性循环。最后，要树立良好的企业形象。从消费者的角度出发，企业社会责任对企业发展具有很大的促进作用。因为"顾客至上"的经营理念可以树立良好的企业形象。所谓企业形象，是企业通过外部特征和经营实力表现出来的，被消费者和公众所认同的企业总体印象。由外部特征表现出来的企业的形象称表层形象，如招牌、门面、徽标、广告、商标、服饰、营业环境等，这些都给人以直观的感觉，容易形成印象。通过经营实力表现出来的形象称深层形象，它是企业内部要素的集中体现，如人员、素质、生产经营能力、管理水平、资本实力、产品质量等。表层形象是以深层形象为基础，没有深层形象这个基础，表层形象就是虚假的，也不能长久地保持。可以说企业形象更具体深刻的体现还是在于对履行社会责任的态度和行动。消费者评价一个企业不但要看他们的产品质量，还要看他们的宣传广告，更重要的是看他们的行动，对社会负责的程度。可以说，履行社会责任对企业来说也是一个树立形象的过程。

（2）企业应逐步完善履行社会责任的内部管理机制，增强其履行社会责任的能力。企业要发挥其主体作用，将社会责任作为经营管理的重要内容，建立健全相关管理制度，保障员工、消费者的合法权益，维护生态环境发展，关爱和回馈社会。设立专门机构，明确专人定期审查企业政策、措施和执行结果，持续改进并提高企业履行社会责任能力。建立相应制度，就企业履行社会责任情况向利益相关者提供数据和资料，并通过采购合同条文，要求供货商和分包商执行相关社会责任标准。

（3）企业应定期发布社会责任报告，兑现社会责任承诺。履行社会责任应该是企业日常经营的重要内容，企业应该编制《企业社会责任年度报告》，形成企业社会责任总体评估的基础文件。在中国当前的社会情况下，企业发布社会责任年度报告，应该实行"示范带动，重点推进"的策略。一是发挥跨国公司的示范作用，重点推进国内的世界 500 强企业参照国际标准，履行社会责任并发布社会责任报告。二是发挥中央企业的示范带动作用，重点推进国有大型骨干企业发布企业社会责任报告。三是推进上市公司发布企业社会责任报告，提高上市公司治理水平。四是在社会责任敏感行业开展责任承诺活动，重点建立公交、网络、旅行社、大卖场等企业面向社会公众的责任承诺制度。

2. 政府应采取的主要措施

（1）借鉴国际、国内经验，推进企业达标工作。中央各部门或地方各级具有立法权的政府可探索制定适合本行业或地区的、具有示范引导作用的企业社会责任评价指标体系。该指标体系既要包含劳动保障、环境保护、产品质量、产品安全等约束性指标，又要包含企业文明、社会贡献、科技创新等倡导性指标。通过企业自愿申报、第三方评估、结果公示等程序，推进标准认证和实施。同时，鼓励企业参加国际和国家级同类标准认证。

（2）完善配套政策，形成奖惩机制。一是要完善财政鼓励、政府采购、资源配置、融资协调等方面的配套政策，引导企业积极履行社会责任。二是要建立完善评估表彰制度，设立"企业社会责任奖"，专项奖励优秀企业，激发企业和企业家的积极性。三是建立惩戒机制，采取建议警告、取消优惠措施和媒体曝光等措施驱动企业履行社会责任。

（3）建立企业履行社会责任信息披露机制和举报制度。政府建立企业社会责任专题网站，对企业履行社会责任情况进行公示。鼓励新闻媒体、社会团体、金融机构等单位和组织根据实际情况建立企业履行社会责任信息披露机制，并通过各类媒体发布企业履行社会责任情况，接受社会监督。建立企业社会责任举报制度，聘请企业社会责任监督员，畅通举报渠道，监督企业社会责任标准实施情况。

（4）加强宣传教育。充分发挥媒体宣传教育和舆论导向作用，利用报纸、广播电视、网络等媒体宣传履行社会责任的企业典型，刊登、播放一定数量的企业社会责任公益广告，并加强对企业履行社会责任的舆论监督，营造企业履行社会责任的氛围。

3. 社会应采取的主要措施

（1）发挥行业协会等中介组织促进企业履行社会责任的作用。鼓励企业加入中国可持续发展工商理事会、中国企业社会责任同盟等社会组织，支持社会组织依法自主开展各项推进企业履行社会责任的活动，发挥联合国可持续发展中心、金桥生态俱乐部等中介组织、民间组织的专业优势，推动支持行业协会等中介组织制定行业企业社会责任标准，提高企业履行社会责任的能力，规范企业社会责任行为。深入挖掘各个中介组织在促进企业履行社会责任方面的潜能，倡导它们积极发挥作用。

（2）发挥工会、共青团、妇联等社会团体的作用。加强工会、共青团、妇联等社会团体的基层组织建设，坚持职工（代表）大会制度，强化平等协商集体合同制度，逐步推广工资集体协商制度。支持社会团体依法开展维权和各项社会责任促进工作，通过参与企业民主决策、民主管理和监督，推动企业履行社会责任。

（3）借鉴和创新机制，加强各方面合作。借鉴企业社会责任理念先进国家和地区的成功做法和经验，加强与国际性企业社会责任组织的联动合作，提高企业社会责任建设的水平和层次。发挥专家、专业机构的作用，促进政府推进企业社会责任工作的科学决策、民主决策。

政府、企业、社会各方面通力合作，共同推进企业社会责任建设，构建政府引导、企业自愿、行业自律、社会监督"四位一体"的企业社会责任推进机制：一是发挥政府的引导和推动作用，形成新型的政企关系；二是发挥企业的主体作用，实现企业的内在需要，提升企业软实力；三是发挥行业协会、商会等组织的自律作用，制定公约、行规，规范企业行为；四是发动社会各方广泛参与，营造促进企业履行社会责任的氛围。

三、构建中国特色企业社会责任评价体系

随着经济全球化及我国国际地位的提升，中国企业全面履行社会责任的问题日益突出。借鉴 SA8000 社会责任国际标准，尽快建立起中国特色企业社会责任评价体系，不仅是中国企业参与国际市场竞争、减少贸易摩擦、提升国家形象的需要，也是促进经济科学发展与社会和谐稳定的需要。

经济、社会与环境 3 方面的协调发展是企业健康可持续成长的保证，中国特色社会责任评价体系指标需要涵盖这 3 大领域的突出问题。经济责任是企业的首要责任，是企业承担其他责任的基础，而社会责任与环保责任则是企业能够健康持续发展的重要保障。一般而言，企业对于其所担负的经济责任比较明确，而对于其需要承担的社会责任与环保责任则相对模糊。因为生产制造类企业的环境污染较非生产制造类企业严重，所以应将生产制造类企业评估标准与非生产制造类企业评估标准分类设置。对于经济责任、社会责任、环保责任 3 大类评估指标，应根据不同地区、不同行业的具体情况，分别设立不同的权重比例。

经济类指标分为财务绩效、公司治理结构和创新 3 类指标，财务指标是衡量企业经营好坏的直观指标，也是企业对股东负责的集中体现。而公司治理和

创新则是企业决策正确、执行到位、成长强劲的重要保证，所以应给予财务绩效较高权重。对于生产制造类企业而言，技术创新更为重要；对于非生产制造类企业来说，公司治理结构的合理性更为重要。所以公司治理结构和创新指标的权重，两类企业各有侧重。

社会类指标按照员工、客户、社区、合作伙伴、同业者和政府这 6 类利益相关者分类，企业对员工的关爱与尊重、对客户的重视以及对社区公益的支持是企业社会责任的集中体现，所以给予这 3 类指标较高权重。

环境类指标主要分为两大类：资源节约类指标和环境保护类指标。节约资源主要考查对能源与水资源的节约，而环境保护则主要考查企业"三废"排放是否达标，废弃物能否重复利用以及环保投入的大小。遵守国家相关环保法律与法规是企业践行环保责任的基本指标，而没有适当的环保投入，保护环境也就成了一个空洞的口号，所以应该给"三废"排放达标率和环保投入收入比这两个指标以较高权重。

中国企业社会责任发展尚处于起步阶段，法律体系不健全，所以构建中国特色企业社会责任评价体系，需要从中国国情出发，明确具体的原则和方法，根据不同地区、不同行业统筹规划。但在总体上，企业社会责任指标体系的建立应该和企业绩效考评指标体系挂钩，形成互相促进的联动指标体系。在评价内容确定上，需要在经济、社会、环境 3 大领域基础上，参照国际标准进行扩张，分为法定责任与道义责任两类，实行普遍约束、分类指导。在评价机制建设上，应采取"分两步走"的策略，分期解决评估机构与评估程序的问题。采取政府主导，政府、企业、社会"三管齐下"的推进策略，联手推动企业社会责任体系的构建。

下面以 2009 年 4 月 7 日中国银行业发布的《企业社会责任评价指标体系》为例，说明我国企业应如何参照 SA8000 社会责任国际标准和《CSR9001 企业社会责任公约》建立自己的指标评价体系。

一、中国银行业企业社会责任评价指标体系构建思路及方法

企业社会责任评价指标体系的构建，需要遵循一定的原则，在这个原则基础上构建框架模型，通过一定的方式确定评价指标，最后通过一定的方法对模型内指标进行权重赋值。

（一）中国银行业企业社会责任评价指标体系构建原则

指标体系的构建应该遵循一定的原则，全球报告倡议组织的《可持续发展报告指南》（2002）指出，在决定报告哪些内容时应遵循完整性、相关性和可持续发展性 3 项原则。李立清（2005）认为，测度指标的选择是量化企业社会责

任信度的前提，而测度指标应当具有代表性、独立性、可获得性和相对完整性，本章依据这 4 个原则来构建银行业企业社会责任评价指标体系。

（二）评价指标体系框架模型

企业社会责任评价指标体系的展开框架主要有 4 种典型的方式：①Carroll（1979）的企业社会责任四维度框架；②经济、社会和环境三维度框架；③以 KLD（2006）为代表的社会责任主体框架；④以 Clarkson（1995）为代表的利益相关者框架。与前三种框架模型相比，利益相关者框架模型具有比较明显的优势，也更加符合对企业社会责任的评价。Wood（1995）认为，利益相关者理论是评价企业社会责任的最为相关的理论框架，非常适合企业社会责任评价模型。首先，利益相关者理论和利益相关者为人们所熟悉，得到多方认可；其次，按利益相关者来展开的企业社会责任评价指标在结构上是相对清晰的，采用利益相关者框架的评价指标体系在应用于评价和披露过程时也具有一定的便利性；最后，利益相关者框架能全面地体现企业的社会责任主体框架。因此，本次银行业企业社会责任评价指标体系框架采用利益相关者模型进行构建。

（三）评价指标的选取

1. 一级指标选取

利益相关者是企业负责的具体对象，在企业有哪些关键的利益相关者这一话题上，不同的学者有不同的观点。McIntosh 等（1998）在研究中引用了 5 种关键的关系，它们是企业与股东、员工、顾客、供应商和广义的社区的关系。而 Freeman（1997）认为，企业的利益相关者主要是所有者、供应商、员工、顾客、当地社区和管理。另外，Clarkson（1995）认为，可以定义为企业利益相关者群体的一个系统，是具有不同权利、目标、期望和责任的利益群体的复杂的关系集合。他将利益相关者分为初级利益相关者和次级利益相关者，前者包括股东和投资者、员工、顾客、供应商以及政府和社区，后者包括媒体和一系列特殊利益群体。

本次研究通过对有关利益相关者关键因素的多个评价指标体系的归纳总结（见表 11-1），选取 8 个关键利益相关者作为候选，分别是：投资者、员工、顾客、供应商、政府、社区、环境和竞争者。将以上 8 个利益相关者与银行业的行业特殊性相结合，剔除供应商和环境这两个与银行业相关性较小的因素，最终确定银行业的利益相关者为员工、股东、顾客、竞争者、政府和社区这 6 个关键因素。

2. 二级指标确定

将以上研究最终确定的 6 个一级指标与银行业的特殊情况相结合，对每个一级指标进行细化，通过一定的研究方法细分出相应的二级指标。对一级指标

表 11-1　现有指标体系的利益相关者分析

	投资者	员工	顾客	供应商	社区	环境	政府	竞争者	其他
《可持续发展报告指南》(2002)	√	√	√	√	√	√	√	√	债权人
Caux 圆桌委员会商务原则	√	√	√	√	√	√	√		
KLD (2006)	√	√	√	√	√	√	√		
Clarkson (1995)	√	√	√	√	√	√	√		
Mercer (2003)	√	√	√	√	√	√	√	√	
中国企业公民行为评价体系 (2006)	√	√	√		√	√	√		
姜万军、杨东宁和周长辉 (2006)	√	√	√			√	√	√	
李立清 (2006)		√	√		√	√			债权人
最具责任感企业评选 (2005)		√	√		√	√			
金立印 (2006)	√				√	√			

资料来源：作者整理。

的二级细分，主要是通过文献总结、银行业实践归纳、专家访谈等方式来实现。通过一级关键指标的确定和相应的二级指标的确定，整个银行业企业社会责任评价指标的框架就确定了，只要将这些指标通过一定的方法进行权重设定，就可以完成整个框架模型的构建。

二、中国银行业企业社会责任评价指标体系及解释

1. 员工

在有关员工的企业社会责任评价方面，Clarkson（1995）有过较为深入的研究，而银行业在这方面和其他行业没有太大区别，对员工评价体系的有关研究观点也是比较一致的。主要的二级指标有雇佣、纪律与处罚、工作环境、工作时间、工作强度和压力、薪酬福利、职业发展、开发培训、终止劳动合同 9 个方面。这 9 个方面中，在银行业相对比较突出的是纪律与处罚以及开发培训这两方面。由于银行是一个涉及现金的特殊行业，对职务犯罪的处罚以及纪律要求就显得特别重要，对员工高标准的纪律和处罚，其实是对员工负责。同时，由于银行业的业务发展特别迅速，对员工的培训开发要求也会特别高。这两方面都做得好的银行在员工这一指标上的得分就会相对较高。

2. 股东

对股东而言，企业的社会责任主要体现在 4 个方面，分别是长期回报、分

红、信息披露和公司治理。这在 Mercer（2003）等人的研究中已经得到过深入的分析，而这些分析和指标同样适用于银行业。长期回报包含股价、企业形象、品牌建设等方面的内容，信息披露主要是从财务透明、运营透明等方面来分析，而公司治理则侧重于银行的治理结构体系。

3. 顾客

在顾客方面，银行业的企业社会责任和其他行业雷同，但是也有其特殊指标。一个负责任的银行不仅应该为客户提供好的理财产品、好的服务质量、好的网点环境并有良好的客户关系维护，还要尽量减少客户的等待时间，为客户提供负责的风险提示，如果能做到这些，这个银行对顾客而言就是一个有社会责任感的银行。

4. 政府

《可持续发展报告指南》（2002）里就企业对政府的社会责任作了分析，对于银行而言，对政府的企业社会责任主要体现在纳税、对央行金融和货币政策的完全执行、对国家公共事业的金融支持等方面。

5. 竞争者

Mercer（2003）指出，一个负责任的企业，应该与竞争者进行公平竞争，同时还要致力于整个行业的发展和建设。同样，作为一个负责任的银行，也应该对竞争者采取开放的公平竞争的态度，也要致力于整个行业的规范发展。

6. 社会

《可持续发展报告指南》（2002）中指出，企业对于社会、对于社区应该负起一定的社会责任，主要表现在公益事业、社区建设等方面。银行对社会的责任主要也体现在公益事业上，尤其是在捐赠、公共设施建设、教育文化投资、扶贫等方面。同时，积极参与社区活动也是银行具有社会责任的体现。

根据以上研究，结合银行业自身特点，制定银行业企业社会责任的评价指标框架如表 11-2 所示：

表 11-2　银行业企业社会责任评价指标表

	一级指标	二级指标
银行业企业社会责任	员　工	雇佣
		纪律与处罚
		工作环境
		工作时间
		工作强度与压力
		薪酬福利
		职业发展

续表

	一级指标	二级指标
银行业企业社会责任	员　工	开发培训
		终止劳动合同
	股　东	长期回报
		分红
		信息披露
		公司治理
	顾　客	产品
		服务
		环境
		工作效率
		客户关系维护
		风险提示
	政　府	纳税
		对金融和货币政策的执行
		对国家公共事业的金融支持
	竞争者	公平竞争
		对行业发展的促进
	社　会	公益事业
		社区活动

三、中国银行业企业社会责任评价指标体系权重确定方法

确定了中国银行业的企业社会责任评价指标，接下来需要做的就是确定每个二级指标和一级指标的权重。只要确定了每个指标的权重，整个评价体系也就构建完成了。

设定指标权重的方法有多种，比较普遍的是专家直接评分法和德尔菲法。这两种方法依靠了专家的专业知识，具有一定的权威性。但缺点是这种方法过度依赖部分专家的主观判断，缺乏定量分析的支撑。

在专家评分法的基础上，采用层次分析法进行数据处理，就可以做到既能充分依靠专家的权威性，又能够较好地消除个别专家的主观判断对结论的影响，本章对于权重指标体系的确定就是采用的层次分析法。

层次分析法由 Saaty 在 20 世纪 70 年代创立，是一种定性与定量分析相结合的多目标决策分析方法。在评价不同方案优劣的计算过程中，层次分析法会对评价指标的权重进行相应的设定。许多学者采用过这种方法，实践证明效果理想。

针对本次指标体系的权重设计，具体的层次分析法方法和步骤如下：

（1）层次分析法的第一步在于获取指标之间两两比较的判断矩阵。设某一层有 n 个指标因素，为了避免单个专家对评价指标赋权值的主观性，采用 Satty 提出的列表法，请 P 位专家采用 1~9 分制对该层各指标作两两之间的对比打分，从而形成 P 个判断矩阵。

（2）对 P 个判断矩阵 $A_k = [a_{ijk}]n \times n$, $k = (1, 2, \cdots, P)$ 求平均值，得出指标相互重要程度的平均值矩阵 $A = (a_{ij})n \times n$，其中：

$$a_{ij} = (\prod_{k=1}^{p} a_{ij}^{k})^{1/p} \tag{1}$$

（3）采用层次分析法的"和法"，根据矩阵 $A = (a_{ij})n \times 'n$ 确定 n 个评价指标的权值 $W = (w_1, w_2, \cdots, w_n)$，其中：

$$w_i = \frac{1}{n} \sum_{j=1}^{n} \frac{a_{ij}}{\sum_{k=1}^{n} a_{kj}} \quad i = 1, 2, \cdots, n; \tag{2}$$

（4）对 W 进行归一化，形成归一化权向量：

$$W' = (w'_1, w'_2, \cdots, w'_n) \tag{3}$$

（5）进行一致性检验。先计算最大特征值，$\lambda_{max} = \sum_{j-1}^{n} \frac{v_j}{nw_j}$，其中 $v = A'w^T$，而 $CI = \frac{1}{n-1}(\lambda_{max} - n)$，CI – 0，为完全一致，CI 值越大，判断矩阵的一致性越差，一般只要 CI ≤ 0.1，认为判断矩阵的一致性可以接受。

以上数据中，通过对专家调研得到的评价数据通过最终归一化处理后得到的向量 W' 就是整个评价体系中各指标的权重系数。

本章通过对企业社会责任及其评价体系的研究，结合中国银行业的特点，编制出了中国银行业企业社会责任评价指标体系框架，并且提出了用专家调研法获得调研数据，同时指出了为每个指标赋权的方法，建立了一个比较系统的评价指标体系，有助于更好地评估各个银行在履行企业社会责任过程中的综合效果，更好地指导银行业最大程度地履行企业社会责任。

本次研究的不足主要有两点：其一，在于没有能够对该评价体系中的二级指标进行进一步细化出相应的三级指标；其二，没能对这套指标体系进行一定范围的专家问卷调研，也没能将专家调研问卷的数据通过层次分析法来最终给每个指标设定一个权重。未来对于这个课题的研究可以针对以上两方面的不足进行深入分析，得出一个由三级指标组成的赋有指标最终权重的指标评价体系，这将更加有助于评价银行履行企业社会责任的情况，也有助于指导各家银行更好地履行企业社会责任。

第三节　实现企业社会责任的法制化

企业是否应当承担一定的社会责任？对此，诺贝尔经济学奖得主弗里德曼持反对意见。他认为，企业承担社会责任即在市场产品之外提供"社会产品"，股东、员工、消费者之一就必须为这种资产的再分配付出代价，从而削弱市场机制的基础。另一位诺贝尔经济学奖得主哈耶克也认为，对利润最大化目标的任何偏离都将危及公司生存，并使董事获得无休止追求社会目标的难以控制的权力。但当前更多的学者主张企业应当承担社会责任。

一、企业履行社会责任需要法律规制

社会契约论者认为，任何组织机构（企业或政府）的建立，都与社会之间达成了一份公正的协议或契约，以规范双方的权利、义务及应承担的责任。经济活动必须在一定的道德框架内进行才有助于提高经济交往的质量与效率，减少机会主义和逃避义务的现象。因此，社会个体和群体都受到社会契约所规定的有界限的道德合理性约束，那些低于最低道德限度的行为体最终将被驱逐出自由市场。利益相关论者也认为，企业的本质是各种利益相关者组成的耦合体。其决策不应仅考虑股东利益，其他资源所有者的利益也应予以同样的尊重，各种资源在配置和利用上必须充分考虑各种利益关系者的参与。

在现代社会背景下，随着企业规模、作用、影响力的日趋扩大，公众也期望企业承担更多的社会责任。

根据"社会契约"理论，企业的运营必须由社会大众同意，企业的基本目的是要满足社会需要，要令社会满意。一旦企业不能满足社会的需要，不能履行其服务社会的角色，社会就可能采取私人所有权以外的其他机构安排方式来满足它的需要。在以前，企业只要是以有效方法生产产品和劳务就算履行了社会契约，但现在不行了，因为社会大众的期望已经扩大了。美国经济委员会曾用3个同心圆来说明企业的社会责任：内圈包括——产品、工作和经济增长，这是企业最明确的基本责任，也是企业的历史角色；中圈企业指在履行其经济功能责任时应顾及改变中的社会价值和优先秩序，等于社会的代理人——政府加在企业身上的成本；外圈代表新兴而尚未定型的责任，企业应承担这些责任，以积极改善社会环境。企业只有提供对社会有价值的服务才能存在，在企业未能符合社会的预期时，社会可随时修改或撤销它给企业的特许权。因此，如果企业想要保留它现有的社会角色和社会权力，就必须对社会的需要有所反映，并把社会想要的事物提供给社会。

从相关利益者理论来看，企业的存在发展与股东利益、员工利益、顾客利益、社区利益、政府利益等密切相关，这些相关利益者在一定情况下需要企业承担更多的社会责任。随着企业规模的扩大和实力的增强，社区、政府等希望企业为本社区、本地区的经济发展、环境保护、社会捐赠等方面贡献更大的力量；消费者希望企业能够以更优惠的价格提供更高质量的产品和服务；员工也希望企业能给予自身更多的福利、薪金，以提高自身生活水平。而这些活动本身就是企业在承担社会责任。从企业本身来看，企业拥有承担社会责任的丰富资源和足够能力，在存在资源盈余和生产剩余的情况下，为了充分利用资源，股东也希望企业运用自身的资源承担起更多的社会责任，实现远期利润的最大化。

但是，公众的期望是企业不能承受之重。虽然股东在一定情况下也希望并赞成企业去承担社会责任，但这是有条件的。正如上文所说，只有在存在资源盈余和生产剩余，并且股东预期这种社会责任的承担远期会给企业带来更大利润时，股东才会乐意如此。除此之外，身为企业所有者的股东都不会愿意让企业去承担本应由政府来带领大众承担的社会责任。在股东看来，企业的唯一目标就是利润最大化。承担社会责任，一方面会增加成本从而减小利润；另一方面企业管理者从企业承担社会责任中所得到的要远远大于股东。随着企业管理者的声名鹊起，股东将支付更多的代理成本和监督成本。从整个社会角度来看，当企业承担社会责任是一种个别现象而不是普遍现象时，势必将增加个别企业的运营成本，在整个市场上造成不公平竞争，或者企业会将承担社会责任的成本通过隐性渠道转嫁给消费者，这些无疑都将带来效率的缺失。从政府角度来看，虽然一定程度上政府希望企业承担起更多的社会责任，但这种承担也是有一定上限的。当企业、企业家的影响力达到一定程度时，政府希望的不是企业承担社会责任而是对其进行打压，以防止其在一定程度、一定范围内对政府职能进行替代，从而维护政府的权威性。政府对企业承担社会责任的态度具有一定的矛盾性。

由此可见，虽然公众对企业承担社会责任存在诸多期望，但无论是从企业自身还是从企业外部来看，企业都无法真正承担起公众的期望。促使企业更好地承担社会责任的最佳途径，是将企业需要承担的社会责任法制化。因为，企业社会责任法制化可以有效调节公众期望企业承担更多社会责任和企业无法承担太多社会责任之间的矛盾。由此，公众期望企业承担更多社会责任的实现重任就由企业自身决定转化为了由政府裁决，而政府是整个社会的代言人，一般假定，政府决定是对整个社会大多数人最为有利的决定。因此，企业承担社会责任的范围和形式需要政府以法律形式予以规制。

二、企业履行社会责任的内容和方式

虽然大多数人认同企业应当承担社会责任，但对其承担责任的范围、程度有不同的表述。美国企业社会责任专家阿尔奇·卡罗尔将企业社会责任分为4个层次：一是经济责任，指企业以生产或提供社会需要的商品和服务为目标，并以公平的价格进行交易；二是法律责任，指企业要在法律的框架内开展活动；三是伦理责任，即要求企业行事合乎伦理，有责任做正义、公平的事，伦理责任经过变革往往会形成法律责任；四是慈善责任。在企业运作中，社会责任通常包括3个层面：传统的慈善活动等公益事业是其基础层面；应对可能损害环境和公司声誉的事故的风险管理是第二个层面；把握机会，将社会责任嵌入核心业务，使之成为能创造价值的企业竞争优势的一部分，是其战略层面。

无论是在道德层面上还是在法律层面上，企业都应当承担一定的社会责任。但是在确定企业承担社会责任的同时，应当界定企业社会责任与政府公益性社会责任之间的界限，即明确界定哪些社会责任应当由企业承担，哪些社会责任应当由政府承担，不应当在企业社会责任的幌子下让企业承担起本应由政府承担的责任。对于不同层面上的社会责任，其承担方式是不一样的：对道德层面上的社会责任，企业原则上应自发承担或自愿承担，但对于法律层面上的社会责任，企业就必须承担，其承担方式是强制性的。企业社会责任法制化的任务，就是要界定企业承担社会责任的范围和承担方式，使企业承担社会责任有明确的法律和制度规范，使企业社会责任发展走上法制化轨道。

（1）道义层面上的企业社会责任。主要指企业在追求商业贸易成功过程中应遵守的经济、环境、社会等领域的公共道德。企业性质不同，其道德层面上的社会责任也各有侧重。例如，产品对环境造成污染的企业应将社会责任重点放在如何保护环境、维护环境的可持续发展上；雇员的生命健康易受威胁的企业，应加强保障雇员人身健康的资金投入，将此资金纳入企业的法定公益金用途之中。作为社会的一员，在社会生活的各个领域，企业需要遵守基本的公共道德，这种道义上的社会责任在多数情况下对于企业的长远发展是有益的。

企业承担道义上的社会责任，其方式有两种：第一种是自发承担。比如，为社会提供就业岗位、保护生态环境等。企业作为整个社会的一个成员组织，许多社会责任是从其一产生就自发承担起来的。第二种是自愿承担。是指从公众期望的角度来看企业应该承担的社会责任，但是企业不承担也不会给社会带来坏处。比如，向社会捐赠物品金钱、接纳残疾人就业等，这部分社会责任在企业的整个社会责任部分中占有最大比重。对于道义上的社会责任，国家应成立企业社会责任基金会等非营利组织，各省设立基金会分会。加入省级企业社会责任基金分会的各企业，可以成为全国社会责任基金会成员。全国社会责任基金会每隔一段时间应召开一次全国大会，各会员派代表参加，交流经验，具体操作可仿效国际上众多的企业社会责任组织。国家企业社会责任基金会组织，是一个非营利性组织，由国家财政拨款。

（2）法律层面的企业社会责任。在当代，企业需要越来越多地承担法律层面上的社会责任。比如，为社会提供优质的产品或服务、向国家缴纳税赋、向员工支付工资报酬、达标排放废物，等等。法律层面上的企业社会责任基于法律的明确规定，如《公司法》、《劳动法》、《环境法》等，对于这些社会责任，企业必须无条件承担，这是法定的义务。即企业承担法律层面上的社会责任是强制性的，其内容由政府通过法律规定的形式确定。

法律层面的企业社会责任的内容具有广泛性。虽然学者对企业社会责任没有给出一个权威的定义，但至少有基本的共识。企业至少要向股东之外的以下几种"利益相关人"负责：雇员（职工）、消费者、债权人、供货商、中小竞争者、当地社区、社会弱者以及政府代表的整个社会公众。因此，企业社会责任的内容涉及债权债务关系、竞争关系、环境保护关系、雇佣关系、税收关系、社会救助关系等各个方面。另外，以《公司法》为代表的《企业法》本身具有《商事主体法》的性质。《商事法》中有的侧重调整商事主体，有的侧重调整商事活动，有的侧重调整商事关系的客体或对象，而《企业法》是其中的《商业组织法》或《商事主体法》。作为一种社团法人组织，企业是由多数人组成的团体，因而，对其实行法律调整的《企业法》具有《主体法》或《组织法》的性质。《组织法》的突出特点是对某种社会组织或团体的各种法律关系进行全面的调整，其中尤其重要的是调整此种组织的内部关系。因此，在法律层面上，根据企业社会责任内容的广泛性和《企业法》本身的《商事主体法》性质，可以将落实企业社会责任的目标作为一项公共政策贯穿于整个法律体系，通过综合调整的方式推动企业履行其社会责任。除了《企业法》之外，其他相关法律如《劳动法》、《环境法》等，都需要明确规定企业应该承担的社会责任法律义务。

需要特别说明的是，道义上的社会责任和法律上的社会责任不是截然分开的。有许多社会责任，如生态环境保护，既属于道义上的责任又属于法律上的责任。如果法律明确规定了污染物的排放标准，企业超标排放就违反了法律，但如果法律没有明确规定排污标准，企业也有道义上的责任去减少污染物排放以保护人类赖以生存的地球环境。由此，企业承担社会责任的方式也不是一成不变的，自发、自愿和强制承担的具体形式，随着企业社会责任性质的变化需要由不同的方式来承担。

三、企业社会责任法制化

法律层面上的社会责任是企业应该遵循的最低标准，但企业社会责任法制化的内容不仅仅是法律层面上的，还包括相应的制度安排。企业不仅仅要履行法律层面上的社会责任，还要履行道义层面上的社会责任。近年来，我国经济在快速发展的同时也带来了许多的社会问题，其中之一就是企业对社会责任的漠视。主要表现为垄断和限制竞争、失业日益严重、贫富差距加大、资源存量锐减、生态环境恶化、消费者维护合法权益的难度增加，以及企业内部的财务欺诈、贪污腐败、行贿受贿、欺行霸市、劳工歧视、偷税漏税等种类繁多的丑恶现象。在我国经济转型时期，企业如何履行社会责任日益成为人们关注的一个问题。

目前，我国企业履行社会责任存在 3 个方面的法律问题：

一是企业社会责任的法律主体地位缺失。依据法律主体的不同，我国规范企业行为的相关法律主要包括《全民所有制工业企业法》、《乡镇企业法》、《合伙企业法》、《个人独资企业法》、《公司法》。在这些相关法律中，没有一部法律对企业社会责任有专门规范，也没有在其他相关法律中设定规范企业社会责任的专门条款。其中，《公司法》规定公司应承担社会责任也是一种"软约束"，而不是具有明确责任的法律规范。因此，企业社会责任的法律主体地位并不明确。

二是企业社会责任的法律内容缺失。从法律的阶级本质看，法律调整的范围不能完整地体现多数人意志。在社会主义市场经济条件下，我们既需要"以经济建设为中心"，追求企业经济效益，又需要在"科学发展观"的指导下，实现人与社会经济协调发展，全面建设和谐社会。这两者的有机结合，才是我国统治阶级利益的本质表现。SA8000 正是对企业科学发展的具体要求，而法律对此没有明确规定。从法律调整的社会关系看，法律调整对象不完整。在企业社会责任法律主体地位缺失的前提下，我国调整企业社会责任行为的法律主要包括《劳动法》及若干配套法规。但农民工数量庞大，其劳动关系却不在《劳动法》调整范围之内。

三是企业社会责任的法律约束力缺失。我国企业在履行社会责任方面的法律约束，突出存在两个方面的问题，即法律效力问题和法律实施问题。当前我国企业实施 SA8000 标准的最大优势，在于一些标准在我国《劳动法》中都有相应规定。但在《劳动法》及相关配套法规的执行上，存在渎职枉法、执法不严等问题。最明显的例证，就是近年来我国各类安全事故和侵犯劳工权益的事件频繁发生。一些地方政府对事故和事件隐瞒不报，大案小报，或立案不查，违法不究，敷衍塞责。我国虽然有世界上最好的《劳动法》，但在法律主体缺乏维权意识的环境下，法律本身就失去了其刚性，往往出现政府有政府的法（律），企业与劳工有他们自己的（办）法的局面，劳工权益缺乏真正意义上的坚实的法律保护基础。

企业作为一个理性组织，在我国社会化建设的过程中，期望其通过自愿承担的途径承担起巨大的社会责任是不切实际的。要想让企业在整个经济发展、社会进步中发挥更加积极的巨大作用，最有效的方法只能是将企业社会责任法制化，即通过法律明文规定，告诉企业哪些是必须承担起的社会责任，哪些是可以不承担的，这样才能为企业创造一个公平公正的竞争环境，为经济发展、社会进步注入更多动力。企业社会责任法制化，一方面满足了政府、企业和社会公众各方面的需求；另一方面因为是对所有企业组织的共同要求，所以就消除了企业间不公平竞争的可能性，从而保证了企业的积极性。

企业社会责任法制化最大的任务就是完善立法和相应的制度安排。很多国家立法明确规定了企业的社会责任，将其作为企业所应当承担的一项法定义务。1937年德国《股份公司法》强调公司之董事"必须追求股东的利益、公司雇员的利益和公共利益"。第二次世界大战以后，企业社会责任在各国更加被广泛接受。在20世纪80年代，美国各州纷纷用立法规定了企业的社会责任，相继颁布了一系列强化公司社会责任的立法。例如，1983年宾夕法尼亚州的立法，它授权公司的董事在考虑公司的最佳利益时，应顾及股东之外的其他人的利益，包括地方经济、全国经济和社会性考虑在内的一般因素以及董事会认为适当的其他因素。我国的《公司法》虽然笼统地规定了企业应该承担相应的社会责任，但具体的法律条文需要进一步细化。我国的《劳动法》、《环境法》等都需要细化相应的法律条文。美国著名法学家罗斯科·庞德及德国法学家耶林认为，社会利益包括并高于个人利益，所有的法律都是为了社会利益的目的而产生的，制止纯粹利益取向的市场短期行为和机会主义已成为法律不可推卸的责任。因此，强调企业承担社会责任以维护社会利益应该是当代经济立法活动的核心内容，对社会整体利益的最大保护才是对个体利益的最好保护。从理性管理角度审视，政府应该将企业的社会责任定位于法律责任。通过完善法制，将有越来越多的对增加整个社会福利有利的社会责任转化为企业必须承担的法律责任。

企业社会责任法制化，是企业承担社会责任最有效的实现形式，但相应的制度安排也非常重要。因为，许多企业社会责任是无法法律化的，这部分社会责任的承担需要作出相应的制度安排，依靠企业自发和自愿承担。这与企业所有者、管理者的经营策略、自身人生观价值观等有密切关系，这部分社会责任超出了政府的调节范围，属于企业主观化选择，政府可以作出鼓励和激励的举措，但不能强制企业承担。通过完善立法和相应的制度安排，政府可以有效地促进企业社会责任的发展。

另外，中国应吸收和借鉴国外企业社会责任理念以及先进国家和地区的实践经验，采取有效措施，鼓励和激励更多的企业承担更多的社会责任。近年来，在一些非政府组织与大型跨国公司的共同努力下，逐步形成了一些有关企业社会责任的评价体系和认证制度。得到公认的有，国际标准化组织为保护环境而制定的 ISO14000 标准和社会责任国际组织（SAI）为维护劳动者利益而制定的 SA8000 标准等。SA8000 是全球第一个可用于第三方认证的社会责任国际标准。其主要内容包括童工、强迫劳动、安全卫生、歧视、惩罚性措施、工作时间、报酬及管理体系等要素，目的是使劳工多方面的权益获得保障。美国、欧盟的许多进口商已把该标准作为选择供应商的依据，SA8000 正逐渐得到国际社会的认可。我国政府应借鉴《CSR9001 企业社会责任公约》，协助企业完善各自的《CSR9001 企业社会责任管理体系》。企业应根据不同的管理模式、社会责任管理基础、企业文化等差异，在内部建立实施 CSR9001 管理体系的具体方法。根据《CSR9001 企业社会责任报告编写指南》，编制社会责任年度报告。聘请国际知名评估机构为企业提供 SA8000 国际标准认证。

第四节　企业社会责任与政府公共管理

20 世纪 90 年代后，企业社会责任运动开始进入中国。虽然时间不长，但随着经济的快速发展和国际地位的提升，中国开始成为全球企业社会责任运动关注的重点地区之一。中国属于劳动密集型资源禀赋结构，凭借劳动力资源丰富的优势，中国已经成为全球劳动密集型产品的主要生产基地。因为，劳动密集型产业历来是劳工权益保护的薄弱环节，所以也是企业社会责任运动关注的焦点。最近十几年来，特别是《劳动法》实施以来，我国的劳工权益保护状况有了一定的改善。但总体上说，我国的劳工权益保护状况依然存在许多问题。在这种情况下，有必要充分了解我国企业社会责任运动的发展状况，加强政府公共管理，促使企业更好地履行社会责任。

一、我国企业社会责任运动的发展现状

目前，我国企业社会责任运动尚处于起步阶段，许多企业认为企业社会责

任不适合我国国情，履行企业社会责任并不怎么紧急。在比较常见的企业履行社会责任内容中，知晓度较高的有"依法向政府纳税"、"设专项基金救助弱势群体"、"积极向慈善机构捐赠"等，对"发展科技和创自主知识产权"、"节约资源"等则知晓度较低。大多数企业对社会责任的内容和标准缺乏深入的了解和正确的认识。特别是广大中小企业，普遍处于了解较少的状况。很多企业的经营管理现状难以达到 SA8000 标准的要求，特别是劳动密集行业的中小企业沿袭的经营管理模式，普遍存在对工人劳动时间、工作环境缺乏重视等问题，经营理念和经营方式与 SA8000 标准的要求存在较大差距。从对企业社会责任各种做法的知晓情况和感知看，一些企业对实施 SA8000 标准、开展标准认证活动的重要意义缺乏真正的认识，对实施标准的目的不明确。国内认证机构很少，认证成本较高。

我国实施社会责任标准管理的企业正在逐渐增多，但总数偏少，广大中小企业适应能力较弱。SA8000 标准自 1997 年 8 月公开发布后，在国际社会尤其是西方发达国家得到了广泛支持，国际知名机构如 SGS、BVQX、DNV、ITS 等，积极开展了 SA8000 认证业务。SA8000 标准也受到了中国一些企业的重视和认可，申请认证的企业呈逐年增多的趋势。特别是 2004 年以后，SA8000 标准在我国得到较快发展，连续几年都以每年翻番的速度增加。一些行业协会和地方政府积极推动企业社会责任运动。例如，中国纺织工业协会于 2005 年 5 月，率先建立了一套本行业的社会责任标准——"中国纺织企业社会责任管理体系 CSC9000T"。有些地方政府也开始制定相关政策，推进企业社会责任建设。如深圳市委、市政府制定了《关于进一步推进企业履行社会责任的意见》，对推进企业履行社会责任的指导思想、基本原则、工作重点以及建立和完善推进企业社会责任的各项法规制度、工作制度等予以明确，并对企业如何履行社会责任和社会各方面如何促进企业履行社会责任提出具体要求。江苏省常州市也出台了《常州市企业社会责任》标准，其核心和宗旨是要求企业在赚取利润的同时，必须主动承担对社会和利益相关者的责任。该标准明确了企业对员工生活环境、健康安全、薪酬、培训等方面的基本要求。

但从总体上看，各级政府特别是中央政府对企业社会责任的系统研究和决策还没有提上重要议事日程，督导、支持也显乏力。中国虽然制定了一些与社会责任相关的法律法规，但不够系统完整，加之执行力度不够，致使企业对社会责任比较漠视，各种问题层出不穷。比如，《中华人民共和国劳动法》已经颁布了 12 年，然而在许多企业中，不签订劳动合同、不缴纳养老保险、超时劳动等有损劳工权益的现象屡见不鲜，这已成为我国社会责任的突出问题。我国虽然在新修订的《公司法》中写进了公司应"承担社会责任"的条款，但是无法对非公司类企业形成约束。中国还没有颁布国际上承认的社会责任标准，SA8000 标准也没有得到国家标准委员会的正式承认，《标准化法》中也没有关于企业社会责任标准的法律规范。所以，至今还没有统筹管理 SA8000 标准认证的机制，国家标准化管理机构也没有真正行使 SA8000 标准管理权，政府对 SA8000 标准的回应速度明显偏慢。在缺乏国家相关法律支持的情况下，如何管理登录中国的 SA8000 标准国际认证机构，如何使 SA8000 标准与我国相关劳动法律法规及人权保护法律等实现对接，建立 SA8000 标准中国"本土化"的相关法律规范等，尚未提到国家权力机关和政府的议事日程上来。在这种情况下，我国外贸出口企业不得不接受跨国公司要求的社会责任标准审核，不仅要缴纳高昂的审核费用并中断正常的生产经营活动，有时还要经受不同跨国公司的多轮社会责任审核。

此外，我国的企业社会责任监督体系也很不完善。环保组织、消费者协会、工会等非政府组织的作用发挥不够，未能形成多层次、多渠道、全方位的社会责任监督体系。

二、加强政府公共管理

加强政府公共管理，是推进企业履行社会责任的主要因素之一。企业盲目追求利润不可避免地会给社会带来诸如环境污染、生态破坏等外部成本，这种市场失灵的情况就需要政府管制。政府管制分为经济管制和社会管制。经济管制直接干预企业行为与市场运行，社会管制主要是维护健康、安全、环境保护等社会价值。政府对企业履行社会责任的公共管理，是以保障劳动者和消费者的安全、健康、卫生、环境保护为目的，对产品、服务质量和伴随他们而产生的各种活动制定一定标准，并禁止、限制特定行为的管制。企业违反社会责任进行经营活动，一方面政府机构就能够通过社会管制加以干涉，遵照有关法律法规及时采取纠正措施，以补救企业给社会造成的损失，并对其他同类企业起到威慑作用。另一方面政府对承担社会责任的企业实施扶持优惠措施，引导企业积极承担社会责任。因此，推动企业社会责任建设，需要加强政府的引导、规制与监督力度，形成有利于企业履行社会责任的政策环境和社会舆论环境。

推动企业履行社会责任，政府需要起到主导作用。在西方国家，企业社会责任运动除了企业家自身觉悟外，主要靠市民社会的基础和各种社会运动的推动发展起来的。目前，中国尚缺乏这样的社会环境。因此，政府需要在推动企业履行社会责任中起主导作用。中国政府的主导作用和西方相比不完全一样。西方的企业社会责任往往是企业内生的、自律的，政府最后给予评价。但在中国，政府起主导作用有四个方面的原因：第一，中国的政府历来是一个强势的政府。即使是在目前市场经济的背景下，中国仍是"大市场，强政府"，而不是"小政府，大市场"，这是由中国的国情决定的。由政府来主导社会责任也是体现这个特点的。第二，中国正处在经济转轨、社会转型的过程中，政府对这种改革和转变，应充当主导角色，而不是一种无领导、无政府状态的转变。否则，很可能会出现像苏联一样的状况。第三，中国的企业社会责任的范畴和西方不一样，中国更多的是强调企业的法定责任。如果只是像西方有些地方，只是关注捐款和慈善，那么政府的主导就不那么重要了。因为，中国企业的社会责任，其法定责任的履行是主要的，所以作为监管执法的政府，就承担了主导的作用。第四，在全球化的过程中，中国的企业也必须由政府来主导、组织和协调，形成一个统一的力量，使我们在国际社会的社会责任运作中，拥有发言权。政府推进企业社会责任的总体思路是：政府主导、企业自律、行会引导和社会监督。

推动企业履行社会责任，需要加强政府公共管理。加强政府公共管理需要做到以下几点：一要坚持依法行政，约束企业认真落实社会责任。坚持按照国家有关法律法规，推行"阳光政务"，监督企业严格落实依法纳税、安全生产、提供合格产品、反不正当竞争、保护环境等法定义务，促进经济的公平竞争、社会的公平正义。二要搭建公共平台，推动企业积极落实社会责任。烟台开发区积极运用政府的、行业的、社会的等手段，为企业承担社会责任搭建公共服务平台。如搭建支持"三农"的平台，引导企业在"工业反哺农业"方面落实好社会责任。2005 年 6 月以来，烟台开发区先后有首钢东星、万利达等 100 余家企业与农村结成共建单位，企业累计投入扶持资金 3 亿多元，帮助农村修建水库、建批发市场、盖蔬菜大棚、合作建厂等，取得了良好的经济效益和社会效益。三要强化政策支持，激励企业踊跃落实社会责任。通过大张旗鼓地表彰、设立社会风尚奖、推荐优秀"企业公民"等措施，对履行社会责任好的企业予以表扬。在法律允许的范围内，在税费、融资、厂区建设等方面给予社会责任好的企业以优惠。对拒不承担社会责任的企业采取相应的惩罚措施，在全社会形成"承担责任光荣，逃匿责任可耻"的浓厚氛围。

中国政府与企业一直存在某种特殊的关系。所以在我国，政府对企业的管制有着特殊的发展历史。在计划经济时代，中国国有企业承担了很多本该由政府承担的社会责任，造成了"企业办社会"的责大于权的局面，企业不堪重负，发展极其缓慢。改革开放以来，政府逐步放开了对企业的管制，国有企业改革使政府和企业的关系也慢慢走向正轨。目前，在企业社会责任呼声越来越高的大环境下，政府管制对企业社会责任的顺利开展非常重要，政府能够从约束和激励两方面着手来管制企业。一方面，中国政府应积极借鉴发达国家的立法，建立和完善我国企业社会责任立法；另一方面，政府对企业或行业的政策激励也会影响企业对社会责任的态度。比如对一些承担社会责任的企业实施税收优惠、政策倾斜等优惠政策，并且予以正面宣传。通过内在激励和外在管制，"双管齐下"，使企业变被动为主动，积极承担社会责任，做社会称职的"企业公民"，推动社会和谐发展，实现企业利益和社会利益的双赢。

三、引导和推行企业履行社会责任

引导和推行企业履行社会责任，政府的角色定位可归纳为三点：第一是倡导者。包括政府的认可、社会责任意识的普及和对榜样企业的遴选和推广。第二是推广者。包括舆论、政策、法律、行政、经济等手段的推动。第三是监督者。政府通过监管、执法，保证企业履行社会责任。

政府引导和推行企业履行社会责任主要有以下几个方面：

（1）完善相关法律法规。政府对企业的约束，主要体现在是否有健全的法律法规上。但是，目前中国关于企业社会责任的立法零散、不系统，而且缺乏可操作性。除了国际通用的 SA8000 国际标准外，其他相关立法主要分散在《公司法》、《劳动法》、《消费者权益保护法》、《环境保护法》、《全民所有制工业法》等法律法规中。这就需要政府以社会公众利益代表和社会公共管理者的身份，以国家立法和行使政府权力的形式，建立完善的企业社会责任法律法规体系。第一，应在《公司法》总则中突出强调企业必须承担基本的社会责任，从而把企业社会责任问题纳入法制化、规范化的管理体系之中。第二，要在《劳动法》等相关法律中强化企业的守法行为，使企业在生产经营过程中严格遵守《劳动保护法》、《生产安全法》和《环境保护法》等法律法规。第三，要建立对企业失信行为的惩处机制，加大对失信行为的惩处力度。

（2）推进建立企业社会责任评价体系。麦肯锡公司 2007 年调查的首席执行官中有 95% 的人认为，与 5 年前相比，社会现在对企业承担的社会义务有更高的期望。在中国，对企业的评价仍局限于经济指标，这样的评价指标已不能适应经济全球化的趋势和要求，应该从经济、社会和环境 3 个方面全面评价企业的行为，制定有中国特色的社会责任标准体系。

（3）引导企业加强文化建设。在经济全球化的大背景下，那种只讲规模、产值、经济效益而不讲社会责任的企业越来越丧失竞争力。未来具有国际竞争力的企业，应该是技术领先、管理领先并对社会负责任的企业，是把对社会、环境以及企业利益相关者的责任成功融入企业战略、组织结构和经营过程的企业。因此，政府需要引导企业加强文化建设，让企业自发、自愿地承担其应尽的社会责任。在当代，企业及其内部员工对社会责任有越来越高的认同，政府应顺应这一趋势，在企业社会责任方面形成共同的价值观和精神理念，在企业文化建设上形成积极履行社会责任的意识。

（4）强化外部监管机制，建立跨地区、跨部门的协调机构。企业社会责任的外部监管涉及工商、基建、环保、土地、公益慈善等部门。目前的状态是各自为政，这样就削弱和影响了企业社会责任建设的进程。因此，需要统一领导，并进行责任分工，建立跨地区、跨部门的协调机构以形成监管的合力。各级政府需要加强对本地区行业企业社会责任的监管力度，制定相应的地方和行业法规，建立地方政府及行业主管部门责任制，对那些不主动承担社会责任的企业采取必要的惩罚措施。同时强化对企业的社会监督，充分发挥新闻舆论、行业组织、国际组织的作用，形成多层次、多渠道的监管体系，以完善企业承担社会责任的社会环境。

（5）重视舆论宣传，提高社会公众的社会责任意识。政府应引导社会公众关注企业社会责任问题，积极参与到企业社会责任运动中来，营造推进企业社会责任发展的社会氛围。通过组织辩论、培训、论坛等形式展开大讨论，同时做到"五个纳入"——纳入全民普法、纳入精神文明建设、纳入企业改革发展规划、纳入政府非政府组织、纳入大学教育。

（6）建立激励机制，强化企业自律约束。政府引导企业履行社会责任应该运用政策杠杆。政府的推动是需要资源支持的，比方说政府的责任采购、责任投资以及相关优惠政策都可以和企业的社会责任挂钩。政府可抓好正反两方面的典型，采取相应的激励和惩罚措施：对于积极履行社会责任、效果好、影响大的企业，政府应该加大政策的支持力度，在税收、融资、信贷、土地供应等各个环节大力支持企业发展壮大；对于拒不履行社会责任、影响较坏的企业，如有严重污染环境、损害人身健康、欺诈消费者等行为的企业，政府要及时曝光，必要时可采取果断措施予以严厉的惩罚。自律约束是企业一种内在的、自觉的行为。强化企业自律约束，政府要做到两点：一是要提高企业道德标准，制定更高的产品质量检验标准、安全标准和环境保护标准；二是要实施企业道德规范制度化，将正确的道德判断基准作为规范员工行为的管理制度，使之形成良好的道德行为规范。

加强政府公共管理，引导和推进企业履行社会责任，各级政府和部门要加紧实施条块结合、各有侧重、试点推进的机制。职能部门要重点建立评价指标体系，对口行业细化制定标准，拟定配套政策和鼓励措施，把握宣传舆论导向，推荐树立行业标兵，加强指导和监管，及时发布企业履行社会责任情况。各地区要做好区域内重点行业、重点企业的宣传活动，推进企业社会责任标准认证，营造区域氛围，构建企业与社区和谐互动的平台，统筹协调推进。政府及社会各个方面要在内容、形式、方法上进行探索创新，形成各具特色的推进企业履行社会责任的工作体系。

本章小结

　　企业履行社会责任可以促进企业与企业、政府的良性互动。企业社会责任是企业可持续发展的起点，企业要在可持续发展战略中推进社会责任管理。推进企业社会责任发展是中国构建和谐社会的必要条件，中国政府以科学发展观统领经济社会发展的大局，推动经济社会发展真正转入"以人为本"、"全面协调可持续发展"的轨道。推进企业社会责任发展，首先，要建立企业社会责任目标体系；其次，在企业、政府和社会 3 个层面上采取相应的举措有序推进；最后，需要探索建立具有中国特色的企业社会责任评价体系。企业履行社会责任的最佳途径是将企业能够承担的社会责任法制化，企业在道义层面上和法律层面上履行社会责任的内容和方式有所差别，需要完善立法和相应的制度安排，应对企业履行社会责任的法律问题。加强政府公共管理，推进和引导企业履行社会责任，中国企业正在打造属于自己的企业文化，诚信经营，勇于承担社会责任。企业、政府、公民、媒体共同寻找"中国式"企业社会责任的精神之魂，再造"中国式"企业社会责任核心价值观。胡锦涛主席在第 64 届联合国大会上强调："用更全面的观点看待发展，促进共同繁荣；用更开放的态度开展合作，推动互利共赢；用更宽广的胸襟相互包容，实现和谐共处。"这正是企业社会责任的核心内涵，也是对和谐社会和科学发展观的实质诠释与体现。在中国经济崛起的今天，大批优秀中国企业将践行社会责任根植于中国大地，并将成功地走向世界。

第十二章 企业公民与企业社会责任案例分析

在企业公民和企业社会责任理念的指引下，中国企业在实践中勇于探索，认真总结经验教训，使企业公民和企业社会责任体系的建设颇有成效，受到社会的广泛关注。本章选取了5个案例，详细阐述企业公民和企业社会责任体系建设的经验和教训，并对2009年3个热点事件中的企业公民与企业社会责任行为进行了分析，总结其得与失。

案例一：国家电网公司企业社会责任状况与评价

国家电网公司作为首家发布企业社会责任报告的中央企业，在建立社会责任管理推进体系方面走在了央企的前列，建立了企业社会责任组织管理推进体系、利益相关方参与机制和社会责任指标体系。

一、构建企业社会责任组织管理推进体系[①]

1. 企业社会责任组织管理推进体系

国家电网公司成立社会责任工作委员会，由公司总经理担任主任，公司领导班子成员担任副主任，公司各部门主要负责人、各单位党政主要负责人担任委员。委员会下设社会责任工作办公室，办公室的日常工作由公司办公厅组织开展。

公司各部门和下属各单位相应成立社会责任工作领导小组，由单位主要负责人担任组长，并明确一名单位领导班子成员担任副组长，分管本单位社会责任工作。领导小组下设办公室，办公室的日常工作由单位办公室（总经理工作

[①] 陈佳贵等：《中国企业社会责任报告（2009年）》，社会科学文献出版社，2009年。

部）组织开展。制定实施《国家电网公司履行社会责任指南》，把履行社会责任的要求落实到各部门、各单位、各岗位，全面融入日常经营活动，在建设和运营电网的全过程贯彻落实安全、高效、绿色、和谐的要求，全面、全员、全过程、全方位履行社会责任。具体的企业社会责任推进组织体系如图 12-1 所示。

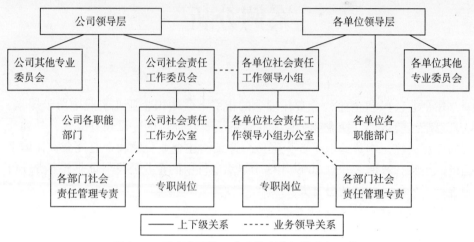

图 12-1　国家电网公司企业社会责任推进组织体系

资料来源：国家电网公司：《国家电网公司履行社会责任指南》，中国电力出版社，2007 年。

公司社会责任工作委员会负责制定公司社会责任工作使命和方针，审批公司社会责任战略和规划，聘任公司社会责任专家委员会委员，组织开展重大社会责任活动。各专业委员会协助社会责任工作委员会落实履行社会责任的有关要求。

公司社会责任工作办公室的主要职责如下：负责公司社会责任工作决策部署的具体落实；协调公司社会责任管理体系的建设与实施；组织编制公司社会责任工作规划和计划，提出公司社会责任工作预算和社会责任培训方案；组织公司社会责任重点课题研究；组织开发公司社会责任管理工具；组织编制公司社会责任报告；管理公司社会责任内部网站运行；参加社会责任国内外交流。

公司其他部门的社会责任工作职责如下：组织完成与部门相关的履行社会责任议题；开展与利益相关方的沟通与合作；完成公司部署的社会责任重大活动；组织本部门社会责任工作培训；拟订部门及岗位履行社会责任的职责、制度和工作程序；统计部门社会责任指标；制订部门履行社会责任计划；考核部门履行社会责任的业绩。

各部门社会责任管理专责的主要职责如下：配合社会责任工作办公室组织开展公司社会责任工作培训；汇总提交部门履行社会责任议题；协调拟订部门的利益相关方参与方案；协调落实公司社会责任工作部署；汇总提交部门履行

社会责任的信息。

2. 企业利益相关方参与机制

公司深刻地认识到，利益相关方的信赖与支持是支撑公司持续健康发展的动力与保障；公司应该坚持透明开放运营，建立健全利益相关方参与机制（见图 12-2），制定利益相关方参与的规则和实施方案，共同推进可持续发展。

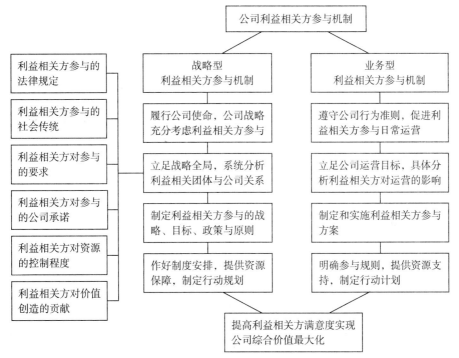

图 12-2　国家电网公司利益相关方参与机制

资料来源：国家电网公司：《2007 年企业社会责任报告》，2007 年。

国家电网公司利益相关方参与的类型主要包括信息告知、专题咨询、对话交流、共同行动 4 类（见图 12-3）。信息告知是指公司通过发布信息，促进利益相关方了解企业，同时初步了解利益相关方的期望。专题咨询是指公司通过专题研究了解和回应利益相关方的期望，提高回应期望的针对性与有效性。对话交流是指公司与利益相关方代表深入交流意见，共同商讨解决问题，并将利益相关方的建议融入公司决策。共同行动是指公司和利益相关方为了实现共同目标，相互合作、整合资源、优势互补、共担风险、共享利益、互利共赢。

从图 12-3 可以看出，利益相关方参与的程序分为 8 个环节，它们互为起点、相互衔接、循环改进。每个环节的内容如下：①梳理议题：收集、整理利益相关方参与的议题；②明确目标：对利益相关方参与的作用和结果作出明确预期；③了解期望：分析影响公司运营的利益相关方团体的期望和要求；④分析影响：分析利益相关方的力量和影响；⑤拟定方案：确定参与规则、资源保障和行动规划；⑥实施方案：实施利益相关方参与方案；⑦评价业绩：评价利益相关方参与的效果与效率；⑧总结改进：及时总结经验，完善利益相关方参与的制度和程序，持续改进。

图 12-3　国家电网公司利益相关方参与的类型与环节

资料来源：国家电网公司：《2007 年企业社会责任报告》，2007 年。

3. 社会责任指标体系

国家电网公司将企业的社会责任指标体系定义为：公司为反映和衡量企业整体、内部组织和员工个人管理企业运营对利益相关方和自然环境的影响的效果和效率而设置的标准体系，是公司加强社会责任管理和考核、强化社会责任沟通、提升履行社会责任业绩的重要工具。

公司对制定社会责任指标体系的要求有 3 点。

第一，循序渐进地推进公司社会责任指标体系建设，制定全面反映公司社会责任业绩的公司整体、部门、单位和员工个人的社会责任指标体系。

第二，公司及各单位按照国际交流和发布社会责任报告英文版的需要，借鉴国际惯例与经验，建立经济指标、社会指标和环境指标体系；按照不同的管理和沟通需要，在公司 12 个方面社会责任分类的基础上，分别建立社会责任管理指标、社会责任沟通指标和社会责任考核指标体系。

第三，公司社会责任指标体系的建设，与公司现有的统计、业绩考核等相关体系有机衔接，并充分利用信息化建设成果，将公司社会责任指标的收集、汇总与分析程序有机融入公司管理信息系统。国家电网公司社会责任指标体系如图 12-4 所示。

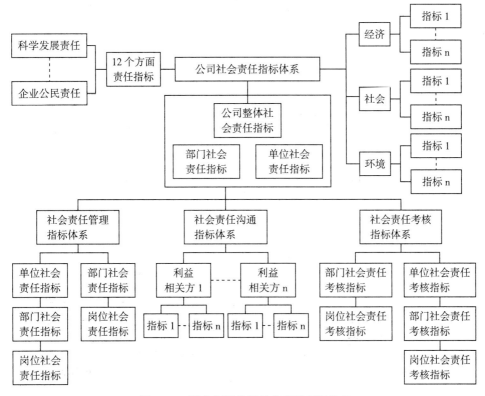

图 12-4　国家电网公司社会责任指标体系

资料来源：国家电网公司：《国家电网公司履行社会责任指南》，中国电力出版社，2007 年。

二、企业社会责任①

1. 国网公司价值观

国网公司坚持全面履行社会责任的价值理念，将履行社会责任、推进可持续发展的理念融入公司战略，如图 12-5 所示。

---

① 国家电网公司网站；http://www.sgcc.com.cn/sgcc_csr/.

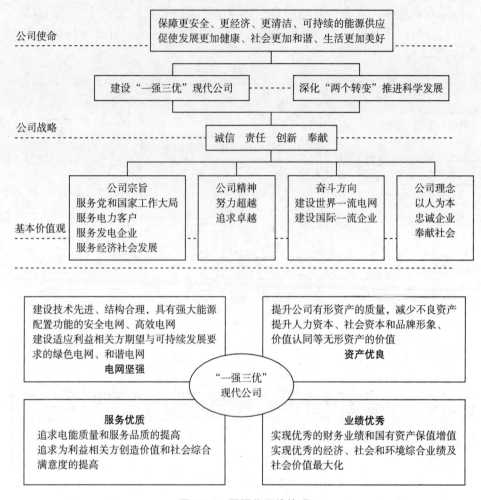

公司使命

保障更安全、更经济、更清洁、可持续的能源供应
促使发展更加健康、社会更加和谐、生活更加美好

建设"一强三优"现代公司 ----- 深化"两个转变"推进科学发展

公司战略

诚信 责任 创新 奉献

基本价值观

公司宗旨
服务党和国家工作大局
服务电力客户
服务发电企业
服务经济社会发展

公司精神
努力超越
追求卓越

奋斗方向
建设世界一流电网
建设国际一流企业

公司理念
以人为本
忠诚企业
奉献社会

建设技术先进、结构合理，具有强大能源
配置功能的安全电网、高效电网
建设适应利益相关方期望与可持续发展要
求的绿色电网、和谐电网
电网坚强

提升公司有形资产的质量，减少不良资产
提升人力资本、社会资本和品牌形象、
价值认同等无形资产的价值
资产优良

"一强三优"
现代公司

服务优质
追求电能质量和服务品质的提高
追求为利益相关方创造价值和社会综合
满意度的提高

业绩优秀
实现优秀的财务业绩和国有资产保值增值
实现优秀的经济、社会和环境综合业绩及
社会价值最大化

图 12-5　国网公司价值观

2. 国网公司社会责任观

国内外对企业社会责任概念的接受程度异乎寻常的广泛，但是，各方对社会责任内容理解的分歧程度也异乎寻常的巨大。推进科学的企业社会责任观，是当前深化企业社会责任管理实践的首要问题。

公司作为国内首个发布企业社会责任报告和企业履行社会责任指南的先行企业，积极探索科学的企业社会责任观，努力推动中国企业社会责任事业的持续深入健康发展。

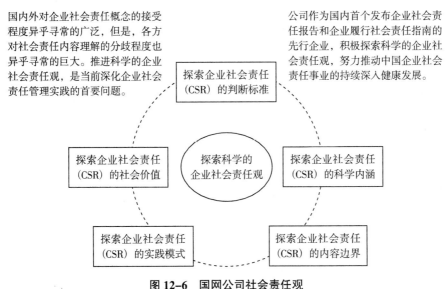

图 12-6　国网公司社会责任观

3. 国网公司的共同责任与特定责任

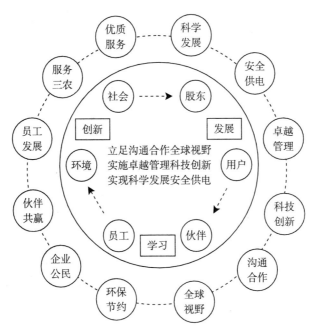

图 12-7　国网公司的共同责任与特定责任

4. 国网公司可持续发展战略

（1）国网公司可持续发展战略的内涵。

融合 3 种可持续发展的理解提出国网公司可持续发展战略的核心内涵，如图 12-8 所示。

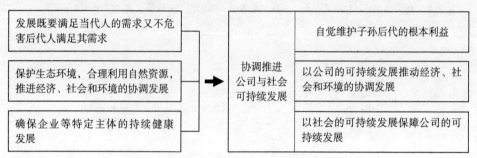

图 12-8　国网公司可持续发展战略的内涵

（2）国网公司可持续发展战略的构成，如图 12-9 所示。

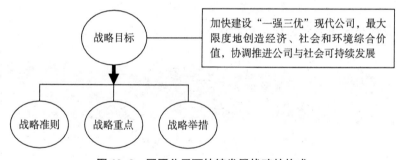

图 12-9　国网公司可持续发展战略的构成

其中，战略准则如图 12-10 所示。

战略重点如图 12-11 所示。

战略举措如图 12-12 所示。

三、国家电网公司的公益事业

1. 电网公益基金会简介

"电网公益基金会"（Grid Welfare Fundation）于 2009 年 3 月 12 日经国家民政部批准正式成立，是由国家电网公司发起设立的非公募基金会。基金会的原始基金数额为 1 亿元人民币。公司志愿者案例如下：

安徽公司继筹资 70 万元帮助利辛县刘集乡刘染村（艾滋病村）兴建一所小

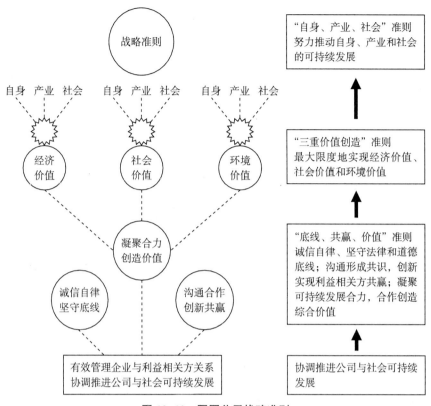

图 12-10 国网公司战略准则

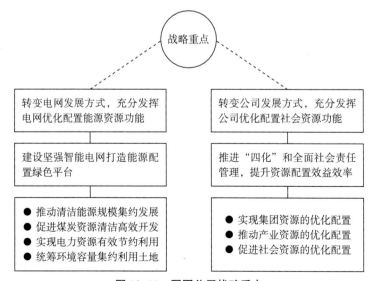

图 12-11 国网公司战略重点

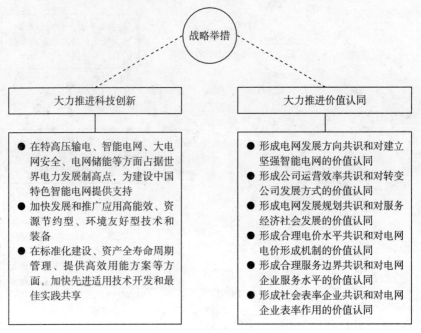

图12-12　国网公司战略举措

学解决 160 名艾滋病感染者的子女的入学问题后，选择该村作为帮扶点，帮助学校解决困难，并筹资 3 万元为学生们添置课桌、书包、文具。

福建公司连续多年开展"光明与希望同行"爱心助学活动，建立青年集体（青年）与贫困学生结对关系，实施爱心助学计划，并出台《爱心助学管理办法》，使爱心助学活动得以长效、有效地开展。

重庆公司开展"送电影进乡村"大型公益活动，组织 20 支放映队伍，将 3000 场红色电影送给广大村民，在播放红色经典影片之外，还播放农村实用技术科教片和安全用电宣传片。

辽宁沈阳郭家供电营业所长期开展助盲志愿服务，与盲人大院、干休所、社区建立帮扶关系，并成立爱心党小组、爱心基金，制作盲人服务卡，提供 24 小时服务。

宁夏公司积极向"希望工程"捐款 240 万元，实施"234"助学工程，援建 2 所国家电网宁夏公司爱心希望小学，资助家庭贫困的大学新生 300 名，高中生 400 名，被宁夏回族自治区授予"自治区十大公益企业"光荣称号。

新源天荒坪抽水蓄能公司设立畲族爱心基金，资助少数民族贫困学生和"黄浦江源"生态监护站，开展爱心速递、爱心接力、军营行等活动，丰富少数民族学生的生活。

华北承德公司延伸"爱心漂流"志愿服务活动的内涵，以"爱心帮扶贫困、奉献促进和谐"为主题开展三项爱心漂流捐助活动（捐一本书、10 元钱和一件衣物），并设立爱心基金，开展捐资助学、助困等一系列公益活动。

北京公司深入开展"爱心服务卡"传真情活动，以鳏寡病困的电力客户为主要服务对象，分地域、分层次递送"爱心服务卡"，不断拓展志愿服务理念和纵深服务。

天津城东公司积极开展志愿服务队与街道、队员与居委会及重要用户"结对子"的"双结双促"志愿服务活动，搜集建议解决实际用电困难，切实为民排忧解难。

山东济南公司组织开展"诚信彩虹、和谐全运"志愿者活动，建立全运会青年志愿者保电巡察站、保电宣传站、电力服务引导站，全程参与保电工作，圆满完成重要设备的巡视保障任务。

上海公司积极投身"三五"行动，全方位服务世博，开展"电力片警"进社区、心理互助、发放"便民卡"、"市民讲堂"反窃电等活动，累计志愿服务4786 人次、26064 小时，结对帮扶独居老人和残障家庭 130 余个。

江苏镇江公司"红马甲"青年志愿者服务队建立"志愿者活动月"机制，重点开展故障维护、用电宣传、捐资助学、骨髓捐献、爱心结对等活动，资助学童 627 人，捐献骨髓 210 人，结对帮扶 155 名老红军、军烈属、孤寡老人和伤残人以及近百个贫困农户。

2. 国家电网公司爱心基金

2006 年，国家电网公司分别与国家民政部、中国青少年发展基金会、中国残联（通过中国残疾人福利基金会对外公开募捐）签订三年捐赠协议，设立"国家电网爱心助老基金"、"国家电网爱心助学基金"和"国家电网爱心助残基金"，分 3 期共捐赠 6000 万元、12000 万元和 6000 万元，用于资助"三无老人"、建设国家电网爱心希望小学和资助残疾人。当年，首期分别捐助 2000 万元、4000 万元和 2000 万元，截至 2008 年年底 3 个项目均已完成。国家电网公司爱心基金管理流程如图 12-13 所示。

（1）爱心助老。爱心助老首批捐赠 2000 万元，由民政部社会福利和慈善事业促进司牵头组织，在 2007 年前，按每人不超过 2000 元的标准，完成对湖北、重庆、四川、甘肃、青海、宁夏 6 个省（自治区、直辖市）的 1 万多孤寡老人的资助。

（2）爱心助学。首批 100 所国家电网爱心希望小学分布在全国 29 个省（市、区），公司共捐赠 4000 万元，直接带动地方政府一次性基建投入5070.75万元。2008 年，公司与中国青基会于 11 月 8 日举行了"国家电网公司首批百

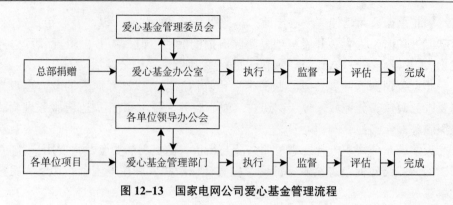

图 12-13　国家电网公司爱心基金管理流程

所爱心希望小学竣工暨第二批百所爱心希望小学启动仪式"。公司百所爱心希望小学的建设，被认为是希望小学建设史上立项最快、工程进展最快、工程质量最好的项目。

（3）爱心助残。通过"爱心永恒·助行行动"实施爱心助残项目，为 7000 名残疾人装配假肢，在与北京残奥会有关的 17 个民用机场配备无障碍设备（即助行轮椅）共计 2955 辆。2008 年 6 月 13 日，公司与中国残联共同举办了"国家电网公司捐赠中国残联机场无障碍设备启用仪式"。

计划：由管委会提出（管委会由青基金与公司共同设立），管委会审核后，由办公室将项目分配至各省青基会

竞标：各省青基会向各县招标，各县人民政府落实配套资金后向省青基会投标，省青基会形成评审小组评标后确定初步名单，最终由管委会办公室核准

立项：受助学校所在县政府落实配套资金、设计单位、施工单位、监理单位、检验单位、审计部门后，与管委会办公室签订协议

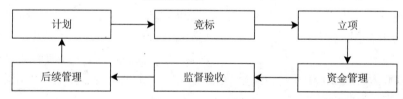

后续管理：建成后的希望小学纳入当地教育部门管理

监督验收：当地县团委填写进度月报向管委会报告；竣工后管委会组织当地省青基会进行复验

资金管理：以不高于一定限额实行报账制，由当地县政府向省青基会报账

图 12-14　"国家电网爱心希望工程基金"项目运作流程

3. 探索落实公益工作"八有"

探索落实公益工作"八有"原则如下：

（1）有战略。按照公司战略、公益支出性质和公益项目实施要求，确定公

司不同类别公益支出的规模和方式，确保公益支出创造最大的综合价值。

（2）有预算。依照公司公益战略和年度实际，提前测算公益支出年度总规模、大类规模和分项目规模，研究确定年度具体预算，核定预算支出审批权限。

（3）有研究。要求每个公益项目都要区别不同性质进行针对性不同的项目可行性研究，确定项目预期成效、管理要求、资金需求和配套措施。

（4）有程序。设立职能管理机构，配置专业管理人员，建立科学合理、机制顺畅的审批流程，确保所有的公益项目支出履行必要的审批程序。

（5）有管理。确保对公益支出项目实施全过程管理和重要节点监控，对照预算监测资金投向和使用状况，按照项目预期成效评估项目进展。

（6）有反馈。建立畅通的信息反馈和沟通协调机制，定期跟踪公益项目的进展质量、具体成效和存在的问题，协调项目的具体进展和适时调整。

（7）有监督。对公益项目实施建立公开、透明、规范的内外部监督机制，对内建立项目评价考核机制，对外接受利益相关方监督和社会公开监督。

（8）有改进。建立持续改进的公益事业推进机制，按照规范及时做好公益项目总结和经验研讨，加强公益事业社会交流，不断提升管理能力水平。

四、《国家电网公司 2009 社会责任报告》评价[①]

《国家电网公司 2009 社会责任报告》（以下简称《报告》）是 2010 年中国发布的第一份企业社会责任报告，国家电网公司也成为首个连续五年发布社会责任报告的中国企业。《报告》共 96 页，63000 余字，在回顾总结公司五年来社会责任理论研究和实践探索的基础上，提出了科学的企业社会责任观，完善了公司的可持续发展战略，系统披露了公司深入学习实践科学发展观、全面履行社会责任、推动科学发展的年度实践和具体绩效。

《报告》突出反映了公司学习实践科学发展观的成果和建设坚强智能电网的核心战略。报告在总经理致辞、公司可持续发展战略以及相关责任模块等多个部分，从不同视角全面阐述了"深化两个转变、推进科学发展"的公司学习实践科学发展观的重大成果，特别是充分展示了公司基于国情、能源禀赋和世界能源发展规律，开创性地提出建设坚强智能电网的社会意义、历史贡献和重大价值。

《报告》突出反映了国际上广泛关注的可持续发展战略问题。《报告》在上一年度报告的基础上，创新阐述了公司可持续发展战略的含义和准则，总结提出了"一强三优"现代公司战略目标、"两个转变"战略重点以及推进科技创新

---

① 英大网：http://www.indaa.com.cn/ 2010-01-27。

战略和价值认同战略的基本举措，立足国际国内形势初步分析了公司推进可持续发展战略面临的机遇和挑战。

《报告》突出反映了国资委和各中央企业高度关注的科学的企业社会责任观。《报告》创新阐述了公司对科学的企业社会责任观的理论认识和具体实践，包括企业社会责任的判断标准、科学内涵、内容边界、实践模式和社会价值。

《报告》突出反映了社会各界和公司各基层单位普遍关心的社会责任内容边界。《报告》进一步优化了公司社会责任模型，明确提出了公司履行社会责任的内容边界，提炼出企业确定社会责任内容边界的基本逻辑，即确保核心社会功能的实现和对各利益相关方履行底线责任（履行法律义务和坚守道德底线）和共赢责任（通过双赢和多赢的方式合作创造综合价值）。

《报告》突出反映了公司年度重大履责实践和公司对部分社会热点问题的回应。《报告》对公司履行每一方面社会责任的创新实践和突出成果进行了全面梳理，提炼了利益相关方关注的 18 个热点问题，并分别予以回应。此外，在共同责任部分增加了公司五年履责历程中的里程碑事件。 2009 年，国家电网社会责任方面的主要亮点如下：

亮点一：国家电网公司是第一个连续 5 年发布社会责任报告的中国企业。公司坚持对社会责任理论与实践的持续探索与不断创新，2009 年度社会责任报告又实现了新的突破。

亮点二：国家电网公司以自己的实践弘扬科学的企业社会责任观，率先完整提出科学的企业社会责任观。

亮点三：大力弘扬可持续发展战略。国家电网公司可持续发展战略的核心内涵是实现公司与社会可持续发展的协调推进，即立足维护子孙后代的根本利益，以公司的可持续发展推动经济、社会和环境的协调发展，以社会的可持续发展保障公司的可持续发展。

亮点四：国家电网公司大力推进全面社会责任管理，实现了从理论创新到实践突破，进而全面试点的成功探索。

亮点五：国家电网公司高度重视绿色发展，大力倡导全面绿色管理，系统完整地提出对环境履行环保节约责任。

亮点六：积极探索社会责任的内容边界，取得历史性突破。

亮点七：公司坚持利益相关方视角，积极回应利益相关方关注的重要问题，全面梳理利益相关方参与的类型、内容、方式和保障机制。

亮点八：公司对社会责任的探索与实践得到了政府和社会的广泛赞誉，五年来荣获社会责任奖项近 50 个。

亮点九：积极探索并创造性地提出落实公益工作"八有"原则。国家电网公司积极探索并创造性地提出落实公益工作"八有"原则，有战略，立足企业性质和公司发展战略制定公司公益战略；有预算，提前确定年度公益支出规模；有研究，对每一公益项目都要进行可行性研究；有程序，确保所有的公益项目支出履行必要的审批程序；有管理，对公益项目进行全过程管理；有反馈，及时了解公益项目的进展、成效和存在的问题；有监督，公益支出自觉接受内外部监督；有改进，及时做好公益项目总结。

案例二：丰田召回事件的企业社会责任分析

如果说 2009 年全球汽车业最令人震惊的新闻是百年老店通用汽车公司宣布破产，那么 2010 年伊始，全球汽车老大日本丰田汽车公司因大规模汽车召回遭遇滑铁卢，则再一次在业界掀起了巨澜。2010 年 2 月下旬，丰田总裁丰田章男在美国国会听证会上为丰田汽车安全问题道歉，并且承诺丰田将全面提升汽车安全以挽回消费者信任。

一、丰田召回事件的背景和信任危机[①]

2009 年 8 月，美国加利福尼亚州一辆丰田雷克萨斯汽车因突然加速发生事故导致 4 人死亡。之后，美国公路交通安全局公布数据说，共收到 100 多件相关投诉，其中有 17 件撞车事故导致 5 人死亡。丰田承认引发事故的原因是驾驶座脚垫卡住油门踏板无法复位，10 月 6 日决定召回 380 多万辆汽车进行自主修理。

2009 年 9 月末至今，全球最大的汽车巨头日本丰田汽车公司接连曝出油门踏板、驾驶座脚垫、刹车系统存在缺陷的问题，先后宣布在全球范围内召回多款车型，合计 850 万辆。在中国，自正式实施召回制度以来的 6 年间，日系车合资公司在华召回的车辆已超过 240 万辆，占召回总量的八成。如此频繁且大规模的召回，已经引发了消费者对丰田乃至整个日系车的信任危机。

自爆发"踏板门"事件以来，丰田股价跌幅达到 22%，市值蒸发 400 亿美元。国际信用评级机构正在考虑调低对丰田的评级。丰田遭受重创也使其他日本汽车制造商忧心忡忡。本田汽车副总裁绀户光一说："丰田是日本汽车的领跑者，我们担心对日本其他品牌产生影响。"有分析认为，丰田"召回门"事件将

① http://news.xinhuanet.com/politics/2010-03/16/content_13180503.htm。

严重影响日本的汽车出口。作为仅次于中国的世界第二大汽车生产国,由于国内市场狭小,日本汽车出口比例很高。丰田召回门事件导致日本汽车出口下降,对日本整体外贸出口复苏将带来不利影响。又有分析认为,丰田召回门事件对日本 GDP 增长也将产生不利影响,不利于日本经济从全球金融危机中尽快复苏。

其实,丰田召回门事件对日本最大的影响是使日本产品的信任度下降,也降低了整个"日本制造"的信誉度。要恢复这一信任,恐怕不是短时间内能够实现的。由于汽车在整个日本经济中占有支柱性地位,其影响波及汽车产业的上下游,为久陷经济泥潭的日本经济又蒙上了一层阴霾。日本丰田汽车公司正面临美国检方的刑事调查和美国证券交易委员会的调查,该事件所引发的潜在损失和影响或许刚刚开始。

二、丰田汽车召回蔓延中国和欧洲市场①

日本丰田汽车公司 2010 年 1 月 28 日继续发布召回消息,再从美国市场召回 109 万辆油门踏板和脚垫存在问题的车辆。欧洲市场方面,丰田正考虑具体召回数量与时间。分析人士估计,召回车辆可达 200 万辆。这样一来,丰田汽车召回总量将增至 800 万辆,超过它 2009 年全球销量。在北美新召回的 109 万辆汽车涉及 5 款车型,分别为 2008~2010 年款汉兰达、2009~2010 年款卡罗拉、2009~2010 年款 Venza、2009~2010 年款 Matrix 以及 2009~2010 年款 Pontiac Vibe。欧洲市场方面,部分丰田汽车同样采用了美国供应商 CTS 公司生产的问题零部件。丰田欧洲分公司发表声明说:"丰田正竭尽全力尽快帮助客户解决这一问题。"

在中国市场上,2009 年 8 月 24 日,丰田在华两家合资企业——广汽丰田、天津一汽丰田宣布,由于零部件出现缺陷,自 8 月 25 日开始,召回部分凯美瑞、雅力士、威驰及卡罗拉轿车,涉及车辆总计 688314 辆。这是我国 2004 年实施汽车召回制度以来,数量最大的一项召回。此次召回的车辆包括了丰田在中国市场的所有主力车型。丰田宣称,大规模召回的原因是同一供应商供应给两家企业的零部件出现缺陷,广汽丰田和天津一汽丰田承诺将对召回范围内的车辆免费更换电动车窗主控开关缺陷零部件,以消除安全隐患。

2004 年 7 月至 2009 年 8 月,丰田在中国共有 24 次召回,涉及车辆近 120 万辆。而同期丰田在中国市场售出的汽车也不过是 130 多万辆,也就是说,丰田在中国平均每卖出 10 辆汽车,就有 9 辆存在安全隐患需要召回。如此频繁地大批量召回,让丰田质量大打折扣。在一项"你是否还会购买丰田汽车"的网上调查中，共有 1 万多名网友参与，其中有 73% 的网友表示不会购买。丰田自己也承认质量有问题。丰田社长丰田章男近日提出"质量比数量更重要"，丰田宣布放弃夺取全球 15% 市场份额的目标，从而退出全球销量第一的争夺战。

丰田宣布从 2010 年 2 月 28 日开始在华召回天津一汽丰田生产的城市多功能车 RAV4，总数为 75552 辆，均为 2009 年 3 月 19 日至 2010 年 1 月 25 日期间生产。丰田中国透露，经查，卡罗拉、凯美瑞和汉兰达等其他三个车型均无须召回。天津一汽丰田在提交给质检总局的召回报告中披露，此次召回的原因与美国情况相同，车辆油门踏板的踏板臂和摩擦杆的滑动面经过长时间使用后，在低温的条件下使用暖风（A/C 除外）时，滑动面会发生结露，使摩擦增大，使用油门踏板时有阻滞，可能影响车辆的加减速。极端情况下，油门踏板松开时会发生卡滞，车辆不能及时减速，影响行车安全。

目前，一汽丰田已停止了对未消除缺陷的 RAV4 车辆的销售，并承诺将对召回范围内的车辆免费维修。在召回维修实施之前，为避免缺陷引致的危险，建议车主采取以下预防措施：在踩踏加速踏板有阻滞感或松开加速踏板回位缓慢时，刹车并将车辆停放在安全地带，然后联系一汽丰田销售店帮助。

三、丰田汽车召回事件的原因分析

经过第二次世界大战后几十年的努力，日本打造了精益求精、以质量为生命的"日本制造"。丰田汽车作为"日本制造"最闪亮的一颗明珠，2008 年取代通用汽车，成为全球最大的汽车制造商，创造了"丰田不败"的神话。但是，刚当上汽车老大不到 1 年，丰田就连续在设计和质量环节暴露出缺陷，病根到底在哪里？综合分析，主要有以下几个原因：

一是近年来丰田醉心于全球扩张、以数量换质量的做法，最终让其付出了代价。在一系列"召回门"事件之前，丰田高速扩张的危机就已经显现。有数据显示，2004~2008 年 5 年间，丰田在日本国内召回的数量比此前 5 年翻了一番。

二是为了提高竞争力，丰田过分注重成本削减，导致质量难以保证。在汽车生产全球化、部件电子化时代，为降低成本提高收益，丰田汽车的零部件大都委托海外相关厂商生产。丰田不断压缩零部件采购成本，简化零部件设计开发和实证试验程序，配件质量难以保证。被誉为"成本杀手"的丰田前 CEO 渡边捷昭 2001 年年底主持了一个 2002~2004 年降低成本 30% 的计划，涉及 80% 的零部件；为降成本丰田还使多款车型共用同一种零部件。现在丰田召回的车辆中最早的就是 2004 年生产的。日本三井住友财团旗下一家证券公司的分析师认为，金融危机也在一定程度上造成了丰田过度控制成本，"从干毛巾里拧出水"式的削减成本方式留下了隐患。

三是丰田应对危机能力差，导致事态不断恶化。召回事件发生后，丰田高层表态不及时也成为媒体抨击的重点。

除了丰田自身的问题外，美国和日本在汽车领域的竞争也是造成召回事件恶化的一个原因。多年来丰田汽车以工艺精良、安全可靠和低油耗征服了美国消费者，丰田旗下多款车型一直是美国车市最畅销车型，市场份额不断提高，目前已超过克莱斯勒和福特，成为美国第二大汽车制造商。

四、对丰田召回事件的企业社会责任评价

一是企业在提高自生能力的同时，更应尊重企业规模边界的经济规律。丰田公司作为社会责任主体公民，应该知道提高企业自生能力的重要性。企业太小，无法形成规模经济；企业太大，则会导致规模不经济，这是一个基本的经济学常识。但是，丰田公司在扩大规模的过程中往往忽视这一点。事实上，企业的规模边界不仅仅是传统意义上的最优产量的问题，也与企业管理体系完善程度和管理能力有关。当前，中国的很多企业开始走出国门，在全球布局，在这种空间距离遥远、文化差异巨大的情况下，企业规模迅速扩大，无疑增加了管理成本，也会有很多的管理盲区。很多企业"出去就死"的原因之一就是企业规模超出了自身的管理能力，建立一个与最优产量和自身管理能力相匹配的规模是值得企业思考的。

二是企业作为社会主体公民，应建立健全企业危机公关机制。在中国，召回产品一般会得到各界包括消费者的赞赏，而且中国消费者为了能够被召回还曾经奋斗过多时，三菱就倒在"不召回"上。这次丰田大规模的召回，成本是天文数字，又正逢丰田攀上全球产销第一的至尊地位却遭遇消化不良之时，对丰田的打击可谓雪上加霜。但丰田还是在"主动召回"、"指令召回"、"隐匿召回"和"拒不召回"的诸多选项中，果断选择了"主动召回"和"主动申报"。这看似令人费解，实则源自于法律制度的压力。企业要恪守一条准则：永远完美无缺陷的产品是不存在的，关键在于当产品出问题时，如何避免问题演化为危机。要尽快寻找并向公众澄清问题的原因，尽快制定解决方案，重塑公众对其产品的信心，与媒体沟通合作，引导社会舆论向有利于自身的方向发展。丰田公司故意隐瞒产品质量问题，不是去寻找解决问题的方法，是其危机出现并深化的根本原因。规模迅速扩大，甚至跨出国门的中国企业，尤其要尽快建立健全跨国、跨文化的危机公关机制。

三是企业要承担社会责任，建立健全汽车召回法规和制度体系。近两年来，丰田在全球进行了十几次大规模召回，这些召回无一例外地考验着全球消费者

对丰田品牌产品质量的信任程度。所以说，此次丰田召回不管是被动的还是主动的，从本质上讲，仍然是丰田公司为了取信于消费者，进一步履行社会责任的一个重要部分。

美国的汽车召回制度历史悠久，起始于20世纪60年代的《国家交通及机动车安全法》，美国甚至制定《大气清洁法》，把不符合环保条件的汽车也纳入召回范围。真正让美国召回制度运转起来的是基础法律制度，其中就有《产品侵权责任法》。美国曾有个著名判例，加州居民拉蒙·罗莫夫妇一家驾驶福特车出车祸导致3死3伤，后来查明事故主因是福特汽车产品质量问题，初审法庭查明福特早已知悉此类隐患而未召回，就痛下杀手，在作出500万美元伤亡赔偿的基础上，判令福特支付2.9亿美元的天价惩罚性赔偿。

依据"风险核算"法，如果投放于市场的有缺陷产品可能产生的产品责任的总量远小于召回成本，车企就会坐视消费者有可能车毁人亡的悲剧发生，会以"大不了赔点钱"的想法蒙混过关。所以，如果《产品侵权责任法》不配套，行政处罚以及刑事责任跟不上，召回就不能成为自愿之举。日本的召回制度中引入了刑事责任，对拒不召回或隐匿召回的，除对法人处以上亿日元的罚金外，还对个人课以刑期1年以下的监禁。我国于2004年才开始在小范围汽车种类上施行召回制度，到2009年才基本扩大到所有机动车上。由于《侵权责任法》以及惩罚性赔偿金制度的不完善，中国车企在"主动召回"的态度上还得向外国品牌学习。市场营销人士发现，召回并不会根本性摧毁品牌力量，在"所有产品都不可能是十全十美"的假定下，那种勇于自改、敢于向生命负责的行为反而会最终赢得市场支持。

四是企业要更好地履行公民责任，建立政府、企业、消费者和社会舆论多维质量保证体系是至关重要的。产品的质量就是企业生命线，产品质量已成为一个企业在市场中立足的根本和发展的保证。产品质量的优劣决定产品的生命，乃至企业的发展命运。没有质量保证体系就没有市场，没有质量就没有效益，没有质量就没有发展。企业在发现产品质量出现问题时，应主动召回并及时改正，积极完善质量保证体系。否则，损失的是企业公民的社会责任，带来的直接后果就是企业效益的下滑。丰田召回事件的曝光和深入，一方面与以媒体为首的社会舆论的监督有关；另一方面也与美国政府的产品质量监控部门的高度责任感密不可分。当接到社会投诉，并发现汽车突然加速造成死亡事件的时候，社会舆论和政府监管部门没有仅仅相信丰田所声称的汽车垫的问题，而是深入地调查，最终发现了问题的真相，保护了公众的生命和财产安全。由此可见，在快速迈入汽车社会的中国，需尽快建立一个完善的由消费者投诉渠道、政府监管问责制、社会舆论监督、企业自律的多维质量保证体系。

案例三：力拓"间谍门"的企业公民责任反思

自 2009 年 7 月 9 日上海市国家安全局证实力拓驻上海办事处首席代表胡士泰被捕至今，关于国内钢企的议论颇多。从该个案可以看出，国内钢企铁矿石的引进完全处于混乱状态，给国家造成重大经济损失，甚至带来安全隐患。因此，必须采取相应措施，使铁矿石的引进秩序趋于完善、健康，努力塑造国内外企业的社会责任形象。

一、力拓及"间谍门"背景情况[①]

力拓成立于 1873 年，是全球第三大多元化矿产资源公司，总部位于英国。目前，该公司是全球前三大铁矿石生产商之一，同时还涉及铜、铝、能源、钻石、黄金、工业矿物等业务。此次力拓"间谍门"涉及的主要犯罪嫌疑人胡士泰原籍中国天津，现为澳大利亚籍，系力拓公司上海办事处首席代表，另外 3 名犯罪嫌疑人刘才魁、葛民强、王勇为力拓公司中方雇员。侦查机关经过深入侦查，初步查明胡士泰等 4 人涉嫌以不正当手段获取我国钢铁企业商业秘密确属事实，触犯我国刑法第 219 条规定的侵犯商业秘密罪。同时，胡士泰等 4 人还涉嫌商业贿赂犯罪，遂提请检察机关批准逮捕。检察机关经审查认为，有证据证明胡士泰等 4 人涉嫌上述犯罪，依法对其作出批准逮捕的决定。2010 年 2 月，上海市人民检察院第一分院对澳大利亚力拓公司胡士泰、王勇、葛民强、刘才魁等 4 人涉嫌非国家工作人员受贿、侵犯商业秘密犯罪一案，向上海市第一中级人民法院提起公诉。检察机关指控胡士泰等 4 人利用职务上的便利，为他人谋取利益、多次索取或非法收受数家中国钢铁企业巨额贿赂；采取利诱及其他不正当手段，多次获取中国钢铁企业的商业秘密，给有关钢铁企业造成了特别严重的后果。但力拓否认员工有任何违法行为。

业内人士透露，胡士泰等人是力拓中国铁矿石业务部门最核心的团队，是"最得力的 4 名干将"。很多钢铁企业人士证实，胡士泰在中国钢铁行业"非常吃得开"，胡士泰本人是力拓铁矿石谈判组成员，和钢铁行业的很多重量级人物都有良好的私交，他有动机也有条件利用私交了解内情，以作为力拓与中钢协谈判的筹码。更令人震惊的是，力拓曝出"间谍门"后，国内多家大型钢厂与

---

① 杨育谋：《力拓"间谍案"的背后》，《社会与文化》，2009 年第 8 期。

贸易商均有高管因涉案被拘，负责铁矿石谈判的组织方中钢协也有多位人士受到有关部门"审查"。究其原因，涉案人士多是将其所在钢铁企业或业内重要的机密数据泄露给了力拓等谈判对手，从而引发了这场中国钢铁行业的"地震"，这是中国钢铁工业从未有之事。

二、利益链条与混乱现状①

2003 年以来，中国超过日本成为全球最大的铁矿石进口国。单 2009 年 1 季度中国已进口铁矿石 1.31 亿多吨，占全球铁矿石贸易量的八成，创历史最高。但中国虽然是全球最大的买主却无法掌握定价权。在每年的铁矿石谈判中，中方的底牌与策略往往被对方所洞悉，在谈判桌上极为被动，每次谈判都是铩羽而归，而对手则满载而还。这其中的原因，业内人士普遍认为是中国钢铁行业存在"内鬼"。据了解，力拓从全国各大钢厂和政府部门高薪"挖角"，涉及政府公关人员、中国钢铁专家、中国矿业专家等"人才"。此前，曾供职于五矿集团、莱钢集团等公司的一些人员目前就供职于三大矿山公司之中，这些人对中国钢铁企业非常了解，且与相关钢铁公司和政府部门人员非常熟稔。

资料显示，2009 年中国进口了约 4.4 亿吨铁矿石。中国国产的矿石含铁量不高，进口铁矿石是提高效率的办法之一。中钢协作为中国最大的钢铁企业联合体，代表国内大中型钢厂与海外矿山企业进行谈判，以期确定一个长期协议价。为了淘汰能耗高的中小民营钢厂，中国采取了矿石进口资质的限制政策。在中国国内，1200 家国内钢铁企业中只有 112 家拥有长协矿进口资质。这 112 家钢铁企业主要是国有大中型钢厂，它们纷纷成立矿石贸易公司，增加长协矿进口量倒卖给中小钢厂牟取暴利。

2009 年长协矿价格在每吨七八百元左右，但中小钢厂最终从贸易商手里买进的价格高达每吨 1400 元，几乎翻了一番。对于许多大型钢厂来说，倒卖铁矿石的利润，比生产钢材本身还要高。在此情形之下，泄露情报"于私，个人可能从中收取好处；于公，钢厂争取多拿到矿石，首先满足自己生产的需要，超量部分再抛到现货市场"。大型钢厂铁矿石贸易部门中的某些人为了拿到更多的长协矿以套利，拿国家机密与国际矿山企业私下进行非法交易也不无可能。

对于钢企来说，原料库存的周转天数、进口矿的平均成本、吨钢单位毛利、生铁的单位消耗等财务数据，属于钢铁企业机密信息，不得随便外传。此外，一个钢铁企业的生产安排、炼钢配比、采购计划等，也属于企业内部资料。如果力拓掌握大部分钢企的财务数据和生产安排进度，那么，它在铁矿石谈判中

---

① http://news.163.com/09/0720/14/5EM0P46C00011SM9.html。

将很轻易掌握中方的谈判底线。这几年，世界铁矿石成本每年的上涨幅度都非常惊人，有一年曾有95%的涨幅，中国钢铁企业为此损失惨重。为此，国内舆论要求惩办内奸、肃清卖国贼的呼声高涨。有关部门也开始调查，终于侦破了这个惊天大案。

三、政治因素与外交纷争①

"力拓窃密案"发生以后，澳大利亚国内反应强烈，包括总理陆克文在内的多个政要曾公开就此事发表看法，并与中方展开了多次交涉，力拓案在其发生后的很短时间内便由一个普通的刑事案件演变为一场政治与外交纷争。显示出在全球经济联系更加密切的今天，涉及跨国公司的案件已经呈现出政治化的特征，稍有不慎，便会引发外交争端。

澳大利亚外长史密斯指责中国，称中国宽泛的保密法把澳大利亚"搞糊涂了"，澳媒体和反对派也毫不客气地质疑中国政府"乱抓人"。澳大利亚外交外贸部的官员们还召见了中国驻澳大利亚大使，要求中国方面通报更多中国国家安全部门拘留力拓澳大利亚籍雇员胡士泰的细节。澳大利亚总理陆克文表示，将尽全力帮助"力拓间谍案"涉案人员——澳大利亚公民胡士泰获得释放。"不论在任何情况下，澳大利亚国家利益始终排在第一位，这意味着要优先保证澳大利亚公民的福祉，"澳大利亚总理陆克文是这样说的，也是这样做的。在力拓案发生后，澳总理给予了高度关注。起先陆克文对力拓案的表态较为温和，呼吁国内保持克制，尊重中国方面的调查，但他的温和立场遭到了澳大利亚国内政党的批评。显然"力拓间谍案"发生后，澳大利亚国内掀起了波浪，由于力拓在澳国内具有特殊地位，澳政坛的特殊反应给这个案件蒙上了政治色彩。

面对国内压力，澳总理陆克文在意大利八国峰会上与中国外交部副部长谈及此事，同时澳大利亚正通过外交途径积极与中国交涉。陆克文公开说，"如果中国政府认为有必要，我们将把此事提至最高级别"。无疑澳方的干预使案件冲突升级为外交纠纷。陆克文的言论事出有因，澳政坛对力拓案的激烈反应已经超出了正常范围，甚至澳政府内部人士提议以"暂停审批中国投资澳矿山来回应力拓案"，这一轮窃密风波已为中澳贸易蒙上阴影。

相比澳方的激烈反应，中国国内的反应相对平静。外交部发言人秦刚解释："至于中国和澳大利亚之间的经贸合作，包括两国企业之间的合作，我们一如既往地持积极的态度，因为这种合作不仅有利于中国，也有利于澳大利亚，是互利双赢的。不能把这样一起司法个案无限扩大，甚至政治化，这也不利于澳大

---

① http://www.wyzxsx.com/Article/Class4/200908/99606.html。

利亚。"中国外交部副部长何亚非称:"我向他介绍了案件有关情况,强调我们有充分证据表明,涉案个人通过非法手段获取了中国机密。"在代表中国政府在埃及沙姆沙伊赫出席不结盟运动峰会期间,何亚非会见了澳大利亚外长斯蒂芬·史密斯,就双边关系交换了意见,同时也提及了力拓案。力拓案本是一起普通的刑事案件,但由于牵涉巨大的经济利益,引起了澳大利亚政府的高度重视,引发了中澳双方的外交纷争。在经济高度发展的今天,经济利益已经成为一切外交纷争的出发点,我们需要密切关注"政治"对跨国经济案件造成的影响。

四、对力拓"间谍门"的反思

一是无论是国外企业还是国内企业,都要恪守企业公民的基本权利和义务,遵守相关法律法规,依法开展经营活动。尤其是跨国企业更要自觉遵守投资或经营所在国的法律法规,要在良好的政治和外交环境下,诚实守法经营,不断提高企业的自生能力,自觉履行企业的社会责任。

二是政府应加强商业情报和商业研究管理。力拓4名员工涉嫌窃取情报,要求中国政府必须在商业情报和商业研究的管理上加大力度,不仅要依法惩处力拓员工,还要对为外资企业提供情报的中国钢厂里的"内奸",采取更为严厉的查处。同时,要建章立制,积极构建反商业情报和反商业贿赂的法规体系,避免类似事件的发生。

三是从根本上来讲,力拓"间谍门"事件之所以发生,是因为中国钢铁业现状堪忧,一盘散沙的钢铁业给了对手以可乘之机。因此,借此时机,中国可从钢铁业入手,从各方面进行产业结构调整,这才是彻底杜绝类似事件再次发生的根本对策。要从提升某一行业、某一产业的竞争实力转移到从整体上实现产业结构的均衡协调发展上来。

四是在全球经济一体化的欢呼声中常常能听到的是共赢,而很少听到利益区隔的提醒,仿佛形式上的合作性足以替代竞争的对立性。但是,利益毕竟是有属性的,合作可以全球性,但利益没有。民族有民族的利益,企业有企业的利益。并不因为合作的存在就消失。缺乏这种认识很可能导致对外经济合作的盲目性和被动性。"力拓门"事件警示中国企业的是对外经济领域的战场性质,模糊了这个认识就会对经济安全造成巨大破坏(黄慧,2009)。

五是"力拓门"事件鲜活地证明了企业的腐败成本足以影响到整个行业的形象甚至整个行业的运转。腐败成本的累加就是中国经济发展的额外成本。因此,强化微观经济管理,不仅事关一个企业、一个行业,更关系中国经济的健康发展。

六是力拓收购案警示我们,现在跨国企业的一举一动都可能牵涉到当事国双方的民族情绪，会在当事国引起巨大的反响。如果不能及时协调双方的立场，做足这方面的准备，狭隘的民族情绪可能将正当的刑事案件极端化，或者煽动民众的反对浪潮并最后导致并购失败。现在中国企业正处于"走向海外"的时期，要时刻注意狭隘的民族情绪对企业带来的不利影响。

案例四：汶川大地震中企业社会责任行为分析[①]

2008年5月12日，中国四川汶川发生8.0级地震，造成四川、甘肃、陕西、重庆、云南、山西、贵州、湖北等8个省市不同程度受灾。据新华社报道：截至8月11日12时，四川汶川地震已确认69225人遇难，374640人受伤，失踪17939人。面对这次罕见的大灾难，中国企业纷纷慷慨解囊，做出了自己力所能及的善举，帮助灾区渡过难关，积极地履行了企业公民的责任，显示出当代企业应具备的社会责任感。

一、地震后中国企业行为分析

一是向灾区捐款捐物，提供救助人员。地震发生后，自台湾台塑集团在企业界首捐1亿元起，捐款过亿元的企业的数量不断增加（见图12-15）。除此以外，很多企业都在自身能力所能承受的范围内做出了募捐，并组织自己的救援队伍加入到灾区的救援工作中去。这些都充分体现了企业作为一个"社会人"应该履行的社会责任。

二是为灾区重建提供专业技术帮助。汶川大地震发生以后，不少企业利用自己的主营业务来帮助灾区，从而达到企业和灾区的双赢。例如，如果房地产企业承诺重建价格合理并且质量合格房屋，这比其捐钱捐物更有价值。还有很多企业也间接做出了"捐赠"。在一些重灾区，许多建筑屹立未倒，最大地减轻了人员的伤亡，这就是房地产商对社会最好的回报；在救灾过程中及时运送救援物资、医疗物资，最大限度地帮助灾民渡过难关、治疗伤痛，这就是物流企业对社会最好的回报；帐篷等一些急救物品的及时生产和提供就是制造企业对社会最好的回报；研发出先进的企业管理软件，为灾区重建做出自己应有的贡献，同样也是企业对社会最好的回报。

---

① 蒋正华、邹东涛：《中国企业公民报告（2009）》，社会科学文献出版社，2009年。

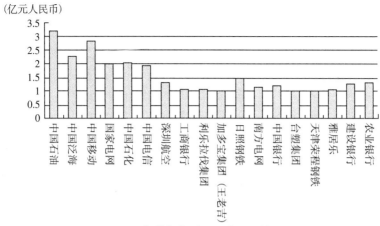

图12-15　捐款捐物过亿元人民币的企业

二、大地震中企业社会责任的启示

在灾难发生的时候，企业勇于承担社会责任是其作为一个"社会人"的基本道德要求。从长期来说，是一个双赢的行为，既能给企业本身带来好处，又能给政府减轻负担，造福社会。

一是企业承担社会责任能提高企业竞争力。企业承担社会责任的开支是必要的经营成本，虽然在短期内，它可能会给企业的财务运转带来一定的影响，但从长远来说，它给社会带来的影响必然是积极的。首先，企业履行社会责任有助于提高企业声誉，履行社会责任是一项无形资产的投资活动，将促进企业竞争力的增强和效益的提高。其次，企业履行社会责任有利于吸引高素质的劳动力和优秀人才。最后也是最重要的是，企业履行社会责任能为企业发展赢得良好的外部环境。

二是企业承担社会责任能减轻政府负担。公众对政府的期待有时会使政府行为陷入一种冲突之中，因为政府不可能无限地承担所有的社会责任，而且政府如果承担过多的社会责任则必然会造成一系列不良的效果，如税收负担过重等。但当大灾害发生时公众对政府的要求有时候却超出了政府所能承受的极限。企业主动地承担社会责任将会帮助政府摆脱困境，减轻政府来自于社会公众的压力，如减少失业、保障消费者权益、治理污染、投资于公共事业和慈善事业等，都是对政府社会责任不足的一种补充。国内很多企业在这个时候挺身而出为政府解决了很多问题，减轻了政府的负担。

三是企业履行社会责任有利于节约资源和发展循环经济。人口增长、经济发展、工业化进程加快和生产力的迅速增长，加快了资源消耗和对环境的破坏，资源和环境面临巨大压力。以能源短缺为代表的资源短缺局面经常出现，突发性事件频繁。世界经济的发展，引发了对全球资源的开发与利用，结果环境被破坏得相当严重。20世纪60年代美国经济学家鲍尔丁（Kenneth E. Boulding）提出"宇宙飞船理论"认为地球就像太空中飞行的宇宙飞船，靠消耗自身有限的资源生存，如果人们像过去那样不合理地开发资源和破坏环境，就会像宇宙飞船那样走向毁灭。[①]由于企业是资源消耗和环境污染的主体，所以国际社会、政府和环保组织通过各种方式向企业施压，要求企业重视资源节约和环境保护工作。

四是企业履行社会责任有助于企业"走出去"。随着中国对外贸易的发展，国际企业社会责任运动导入中国，尤其是SA8000在中国出口企业的广泛认证，使中国出口型企业受到了很大的冲击。中国出口企业将面对来自企业社会责任运动的重大压力，而这场运动对中国的对外贸易优势、出口成本、出口商品结构、出口产业结构甚至社会经济结构都将会产生较大的影响。在中国产品进入国际市场的同时，中国企业也必须遵守国际通行的准则和全球协定，并与国际市场接轨，这是我们无法回避的现实。对于当前的企业来说，企业积极履行社会责任可以获得国际市场的入场券，突破种种贸易壁垒，有利于扩大对外开放，实施"走出去"战略。

五是企业承担社会责任有助于构筑和谐社会。建设和谐社会是一个复杂而又长期的系统工程，企业作为经济社会的微观主体，对于构筑和谐社会具有不可替代的作用。一个履行企业社会责任的企业，在企业盈利的同时必然会回报社会，保证产品质量，支持公共事业，使自身与社会形成一种和谐的关系，这也是企业长期经营的前提。因此，很多企业在经营的同时也不忘对公益事业和慈善事业进行支持。在汶川大地震中，我们可以看到企业积极回报社会的表现，这些都是我们一直倡导构筑和谐社会的结果，同时，也正是这些企业履行社会责任的行为推动着和谐社会的发展。

三、从抗震救灾中看强化中国企业社会责任的思路

一是运用"第三只手"的力量。黎友焕把"伦理道德"看作是"第三只手"。他把伦理道德和企业社会责任放在与市场、法律并列的位置，认为"伦理道德、法律、市场机制是规范企业经营行为的三个必不可少的手段""即使在

---

① Kenneth E. Boulding. "The Economics of the Coming Spaceship Earth". In: H. Jarrett. ed: Environmental Quality in a Growing Economy. Baltimore, MD: "Resources for the Future"/ Johns Hopkins University Press, 1966.

市场经济中，在市场调节与政府调节都起作用的场合，在法律产生作用并被执行的场合，伦理道德调节不仅存在着，而且其作用是市场调节与政府调节所替代不了的，也是法律所替代不了的。有了伦理道德调节，市场调节与政府调节的效应就越明显，也越有效，而法律的作用也将发挥得更好。""社会对一个企业的评价往往基于对其道德行为的评价。企业道德是构成企业形象，树立企业信誉的重要条件。信誉形象是企业的无形资产，是汇集企业凝聚力和亲和力的财富。没有信誉形象或信誉形象较差的企业不可能得到长远发展。"①

二是企业要升级社会责任。市场的基本精神是尊重人的价值，市场的不断发育和竞争的加剧，必然要求管理者更关注人。第一，要求"以人为本"。现代企业社会责任的要求并不仅仅局限于企业中的人，而应包括企业所在社会中的全体利益相关者。第二，强化企业诚信建设。我国企业可以借鉴西方国家企业的做法，采用财务、环境、社会责任三者相结合的业绩管理模式，以透明的方式向社会定期公布年度报告。年度报告不仅应当真实地向社会汇报公司的财务状况，而且应当把资源利用、环境保护和公共福利等方面的进步与存在的问题包含其中，增强信息的透明度。第三，认清企业的使命。企业在自身获取利润时，作为社会的组成部分，还肩负着发展经济和促进社会进步的双重历史重任，并将企业履行社会责任作为公司发展的战略化目标，这样有利于企业履行社会责任的行动。

三是政府应积极推动企业社会责任建设。企业的社会责任最容易接受公共政策及政府机构的引导。首先，我国政府对企业应承担的社会责任已经有了较详细的法律指引，政府目前的工作是必须进一步加强对企业社会责任的法制化、规范化。其次，政府还应加强对企业经营管理者的社会责任意识培训，为企业实现社会责任提供便利的渠道。再次，政府可以与企业开展合作，形成战略合作伙伴关系，让公、私领域以及社会上的资源和能力实现互补，从而解决复杂的社会和环境问题。最后，加强对企业社会责任的监督和评估，确保企业社会责任能够落到实处，这样才能发挥好政府引导和推进企业社会责任建设的作用。

四是社会要形成激励企业履行社会责任的舆论环境。在西方发达国家，企业社会责任也是靠市民社会的基础和各种社会运动的推动发展起来的。但是在中国，目前既缺少市民社会的基础，又缺乏社会运动的推动。因此，更需要社会各界形成舆论环境。首先，新闻媒体应更多关注企业社会责任，要对企业承担社会责任的信息进行及时和真实的报道。对好的行为进行积极的报道，对损害社会利益的企业行为更要进行披露和谴责。让公众了解到真实的信息，并进

---

① 董婷婷、张玉华：《从汶川大地震看企业社会责任的重构》，《经济导刊》，2008 年第 7 期。

行监督，在全社会形成企业乐于承担社会责任的舆论氛围。其次，强化行业协会、消费者协会、工会、环保组织等社会群体组织的监督功能，同时民间也可以成立各种社会机构对企业承担社会责任的情况进行定期公布。让公众知道哪些企业承担了社会责任，从而将是否承担社会责任作为划分两类公司的标准。最后，公民应该重视企业社会责任的影响，每个公民都是企业的监督者，都有义务对企业的社会责任履行状况进行监督。

四、结论：责任是企业成长的支柱

作为社会中重要的社会组织和价值体系的主力，一个企业除实现其盈利目标的经济价值之外，还需要关注社会责任这一企业的基本支柱，尤其是对突发事件的社会责任。也就是说，企业除了要做好本职工作外，还要诚实守信、遵守法律法规、照章纳税、关爱员工、投身慈善。更重要的是在发生重大社会事件的时候，还要接受企业捐赠的积极参与程度、响应速度、捐赠规模等重要指标的考验。"对于社会突发事件（比如汶川地震）的关注和奉献，可以看出一个企业对于应急事件的敏感性和及时应对能力，也能展现出一个企业是否具备高度的社会责任感以及积极的价值取向"（肖明超，2008）。正如 2008 年 9 月 23日在纽约出席美国友好团体举行的盛大欢迎午宴时，温家宝总理指出的那样：
"一个企业家身上应流着道德的血液，不能只流淌着利润的血液。"

案例五：整治涉黄网站的电信企业企业社会责任剖析

手机网站涉黄之势，愈演愈烈，引起很多知名人士的关注和抨击，特别是众多市民和家长，指责之声不绝于耳，引起政府、三大电信运营商以及整个社会的高度关注。

一、背景介绍

据《京华时报》报道，2009 年 5 月 14 日，中国青少年研究中心公布了一项针对"青少年网络伤害问题研究"课题的网络调查的结果。该项网络调查由中央综合治理委员会预防青少年违法犯罪工作领导小组办公室联合中国青少年研究中心合作开展。本次网络调查在北京、上海、广州、西安、长沙五个城市展开，共计 2.4 万名网民参与了此次网络调查。

调查显示，48.28%的青少年接触过黄色网站；43.39%的青少年收到过含有暴力、色情、恐吓、教唆、引诱等内容的电子邮件或电子贺卡；14.49%的青少年因为相信了网上的虚假信息遭受过财物损失或身心伤害。色情信息和暴力信息是青少年遭受网络伤害的两大因素。

此外，青少年每天平均上网时长为5.3小时，平均每周上网时长为37.1小时，其中每天上网时长为8小时及以上的占37.0%。而全国的网民平均每周上网时长为16.2小时。青少年网民的平均上网时长约为全国平均水平的2.3倍。

调查中，69.4%的人认为上网或玩网络游戏是一种给生活减压或发泄情感的方式。专家介绍，人们在上网时缺少"他人在场"的压力，"快乐原则"支配着个体行为，日常生活中被压抑的情感在网络上得到宣泄，包括网上浏览不良信息、网络谩骂等行为。

近年来，手机色情问题愈发严重，成为我国社会的一大隐忧。一方面，年轻一代使用手机者越来越多，他们不满足于一般的聊天和上网，而是在浏览和传播色情内容方面寻求刺激；另一方面，色情媒体公司针对手机用户不易被监管而且使用隐蔽的特点，竞相发布新的色情内容。这一切，侵蚀了青少年的身心和健康，严重影响了新一代人的茁壮成长。

二、三大运营商联手重拳整治手机涉黄网站①

2009年12月7日，在中央媒体对行业内手机淫秽色情网站进行了连续报道之后，三大运营商随即都启动了专项行动，整治手机淫秽色情网站，一场"扫黄比拼"就此拉开序幕。

中国移动总裁王建宙2009年11月27日宣布，中国移动将追加1亿元投入专项资金进行技术攻关，进一步建立和完善WAP不良信息监测系统，坚定不移地打击手机WAP色情网站。中国移动已全员动员以铁腕应对"涉黄"的WAP手机网站。一是通过人工拨测、群众举报和媒体曝光等多种方式发现淫秽色情网站，一经查实，依法封堵。截至11月29日18时中国移动已封堵了626个手机色情网站。二是强化合作业务管理，对所有与中国移动WAP业务有收费协议的服务提供商和内容提供商暂停计费，清查并要求其保证决不利用广告联盟等第三方进行业务推广。三是为防止违规链接，在建立有效监控系统之前，中国移动停止通过互联网网站推销自有业务。

中国联通自2009年12月6日零时起，暂停所有尚未向社会作出公开承诺的企业的信息服务。中国联通将在这些企业对其提供的信息服务严格审查并向社会公开承诺后，逐步开放向其提供信息服务。中国联通采取了三项整治措施，

① http://www.wei2008.com/News/News/3645.html。

包括：要求 WAP 网站接入做到 100% 的干净；对 IDC 托管方资料重新逐一核实；对独立 WAP 网站收紧管理，发现一个"涉黄"就控制一个。

中国电信 2009 年 12 月 4 日表示，鉴于目前 WAP 业务管理，特别是对境外淫秽色情网站的封堵还存在一定的难度。它们通过不断变换 IP 地址，甚至采用不同时段、投放不同内容等卑劣手段逃避监管，使中国电信通过原有的手段和措施难以将其彻底根除。中国电信按照政府有关部门的规定，在清理关闭非法淫秽色情网站的基础上，对所有 WAP SP 服务全部屏蔽，进行清理整顿及黑白名单处理。2009 年 12 月，中国电信已经采取多种措施配合政府有关监管部门依法清理关闭未备案网站 13 万多家，整改 362 家，终止服务 226 家。中国电信已拨测移动增值业务 2665 个，清理整顿 ISP 141 个，清理关闭未备案 WAP 网站 49 个，清理关闭虽非黄色但有不健康内容的 WAP 网站 101 个。

三、利益诱惑与整治环节①

全国"扫黄打非"工作小组办公室公布的手机 WAP 网站传播淫秽色情调查报告显示，手机色情网站的获利模式之一就是把淫秽色情信息包装成电信增值服务，误导手机用户花钱购买，报告认为利益链难以切断是手机涉黄屡打不禁的重要原因。对此，中国移动表示，手机色情 WAP 网站上的色情图片、视频等内容，存放在国内外电信运营企业、网络接入服务商等企业的数据中心（IDC）托管服务器上，因此，目前屏蔽 IP 地址的手段只能是紧急措施，封堵手机色情 WAP 网站的根本措施是在 IDC 机房内彻底断开其服务器的连接，从物理上实现彻底切断。

随着手机的普及，手机广告业蕴藏着巨大市场。手机网站与传统网站的营利模式没有大的区别，仍以广告收入为主。通过传播淫秽色情信息来增加点击率，显然是吸引广告的一条非法捷径。为了提高广告的点击量和下载量，广告商专门寻找色情网站来投放广告，这就形成了一个利益链条。广告商将广告发到色情网站上吸引更多的人下载。手机用户通过色情网站购买彩铃、彩信等服务时，要被运营商扣掉相应的手机费，这笔手机费会由至少四个环节来共同分享——直接提供下载平台的手机色情网站、在色情网站投放广告的广告商、将业务交给广告商去推广的广告主、为广告主提供费用结算通道的运营商。

控制黄色网站，需要把握好四个环节：

第一环节：中国移动、中国联通、中国电信三大电信运营商。它们为手机网站提供接入服务，为增值服务商提供类似移动梦网的平台和代收费服务，并

---

① http://www.admin5.com/article/20091214/197904.shtml.

从增值服务中获取利益分成。

第二环节：服务提供商（SP）。服务提供商与各大电信运营商签订代收费协议，给用户提供包括短信、彩信、彩铃、游戏在内的数十种手机增值业务，同时，为推广这些业务，往往跟电信运营商一道，将广告交给广告联盟去推广。

第三环节：独立的 WAP 网站。目前在中国开办一个网站，1 元钱就可以注册一个域名，租用 3 个 G 容量的服务器空间，一年的费用也仅需 251 元，每天的收入却高达数百以至上千元，而一个色情网站从开办到被监管者发现，一般需要一个月左右的时间，这个周期足以使网站的开办者获得高额利润。一些来自于国外成人网站的淫秽色情图片和文字，经不法服务提供商和独立 WAP 网站收集后，放到手机 WAP 网站上进行传播。

第四环节：广告联盟。承揽手机增值业务广告是广告联盟最赚钱的业务之一，广告费也是独立 WAP 网站的主要收入来源，其广告投放方式极易诱导网站向淫秽色情网站转变。

手机色情网站投入小，收益大，使很多人铤而走险，闯红灯。用户在观看下载这些网站内容的时候，大大小小的网页就会自动弹出来，内容主要是五花八门的产品广告。原来这些手机网站的盈利主要依靠点击率赚取广告费，而为了提高点击率，网站不断从境外网站下载、更新淫秽图片。点击率越高，网站的人气越旺，就越能吸引更多的广告运营商投放更多的广告。手机色情网站有如此丰厚的利润，加上四大运营商监管环节出现了纰漏和受经济危机的影响，造成了手机色情网站的泛滥。这 4 个环节，是手机色情网站得以生存的重要原因。因此，整治手机色情网站要从根源开始。这四大环节，是黄色网站整治的首要目标。

四、打击手机淫秽色情已初见成效

2009 年 1 月，工业和信息化部发布《关于进一步深入整治手机淫秽色情专项行动工作方案》，全力彻查违规经营行为，发现、处置手机涉黄网站，现第一阶段工作已完成，手机网络涉黄信息传播得到一定遏制。

自专项行动开展以来，针对手机网站接入、服务器层层转租、手机代收费和涉黄网站域名变换等 4 个涉黄关键环节，工业和信息化部组织相关单位进行了重点排查和清理。三家基础电信企业共计暂停业务合作推广渠道 460 家，杜绝合作企业在涉黄网站上进行业务推广；对手机网站接入环节逐一清理，关闭或屏蔽手机涉黄网站 1.1 万余个；对服务器层层转租进行核查，清退违法接入商 126 家；通过加强业务拨测、清理合作协议等措施，加强对代收费行为的规范，停止违规手机代收费业务 1630 个；中国互联网络信息中心严格审核流程，暂停解析涉黄域名 1.2 万余个，打击涉黄网站通过变换域名逃避监管的行为。

在此基础上，工业和信息化部充分利用管理和技术手段，强化社会监督，扩大净化战果。会同公安、新闻办召开了手机搜索业务信息安全管理会议。目前，13 家搜索引擎企业累计设置过滤关键词 27 万条，屏蔽色情网站 4.3 万个，删除色情网址、帖文 130 万个，清理色情图片 85 万张；协调三家基础电信企业建立黑名单企业联动管理制度；制定出台了《WAP 网关内容过滤技术要求》和《宽带网络接入服务器内容过滤技术要求》，细化对手机 WAP 网加装有害信息发现和过滤手段的具体实施方案；制定并向社会公布了手机淫秽色情信息举报受理和奖励办法。12321 举报受理中心已受理淫秽色情和低俗举报信息 2.7 多万件次。此外，工业和信息化部积极配合相关部门查处非法网站。专项行动开始后，各地电信主管部门配合国务院新闻办关闭涉黄网站 55 个，配合公安部处理涉黄等违规网站187 个，配合广电总局关闭非法网站 155 个。

经过第一阶段的全面排查和重点整治，手机淫秽色情治理工作已初见成效。为进一步固化网络、净化成果，专项行动第二阶段工作现已全面启动。工业和信息化部将通过严格管理规定、强化技术手段等多项具体措施，与外宣、公安等相关部门密切配合，共同将打击手机淫秽色情工作推向深入。

五、黄色网站整治中政府、企业与社会公民的社会责任分析

一是网络是现代文明和社会进步的标志，三大电信运营商作为社会公民的主力军，要按照国家与社会的要求，塑造健康向上的手机网络文化；要疏堵结合，治理与建设并重；要充分发挥现代通信对传媒技术的推进作用。利用手机媒体传播中国传统文化和主流文化，优化升级和拓展主流价值观和传统文化的传播形式与领域。推进社会主义核心价值体系建设，力争建成长效的精神文明共享平台，压缩低俗文化的生存空间。

二是政府要立法禁止未成年人使用手机，一方面可以保护他们的身体健康，这在性质上与禁止未成年人吸烟和禁止向未成年人销售卷烟是相同的；另一方面不少国家已经立法禁止未成年人使用手机，实际上为我们提供了借鉴。当前，通过手机上网已经成为未成年人接受淫秽色情暴力内容的一个重要途径，立法禁止学生使用手机无疑有利于未成年人的身心健康。

三是要彻底封杀"掌上黄网"，就要建立联动机制、齐抓共管、综合治理：对于服务器托管在其他电信运营企业等处的，一方面电信运营企业及网络接入服务企业要认真落实政府部门制定的手机 WAP 网站实名备案制度，严格审查其内容；另一方面公安部门对已查实的淫秽色情网站服务器的所有者要迅速立案侦查。

　　四是切实落实手机网站内容接入责任。手机网站管理是互联网站管理的重要内容。手机网站接入责任要素包括：不得接入未备案网站；所有接入网站必须签订信息安全管理协议；接入商要按照有关部门要求对违规网站及时切断；接入商要定期检查接入网站内容，发现问题及时报告。

　　五是建立健全相应法规，推行手机实名制。所谓手机实名制是指手机号码的实名登记制度，是通过电信运营商对用户的有效身份进行登记，加强用户的实名制管理的一项制度。实行手机实名制，不能仅仅停留在部门要求上，运营商和代理商应考虑自身在这个问题上应承担的社会责任。因此，手机实名应上升到法律层面上，起码要制定行政法规对运营商和代理商行为以及违规惩罚进行明确规定，这样才能形成强大的约束力和威慑作用。在出台有关实名制政策时，必须有用户个人信息保密制度作保障，譬如中间渠道商的信息保密责任规定、用户资料查询的授权规定等，对相关企业泄露个人隐私进行法律约定，以充分保护用户的隐私。

附录一 中国 100 强企业社会责任发展指数

中国 100 强企业社会责任发展指数（2008 年）[①]

企业社会责任的外部评价是促进企业社会责任发展的重要因素。从企业内部来讲，需要一套有效的评价体系来衡量企业社会责任工作的成效，查漏补缺，以持续改进。从外部社会来看，用一套逻辑一致的指标体系对不同企业的社会责任发展状况进行评价，有助于外部利益相关方更清晰地辨识不同企业社会责任发展水平的差距，推动企业社会责任更快更好地发展。

基于上述目的，中国社会科学院经济学部企业社会责任研究中心根据经典社会责任理论和国外典型评价体系，结合中国实际，构建了一套覆盖全面、结构一致、可行可比的企业社会责任发展指数——中国 100 强企业社会责任发展指数（2008 年），从责任管理、市场责任、社会责任、环境责任等多方面评价中国 100 强企业 2008 年的社会责任管理现状和责任信息披露水平，辨析中国企业社会责任发展进程的阶段性特征，为中国企业社会责任的深入研究提供基准性参考。

一、研究方法与技术路线

中国 100 强企业社会责任发展指数是对中国企业联合会、中国企业家协会发布的"2008 年中国企业 500 强"中位于前 100 位的企业社会责任管理体系建设现状和责任信息披露水平进行评价的综合指数。其研究路径如下：首先根据"三重底线"（Triple Bottom Line）和利益相关方理论（Stakeholders Theory）等

[①] 陈佳贵等：《中国企业社会责任研究报告（2009）》，社会科学文献出版社，2009 年。

经典的社会责任理论构建出一个责任管理、市场责任、社会责任、环境责任"四位一体"的理论模型；其次通过对标分析国际企业社会责任倡议和指标体系、国内企业社会责任倡议文件和世界 500 强企业社会责任报告构建出分行业的社会责任评价指标体系；再次从企业社会责任报告、企业年报、企业官方网站①收集中国 100 强企业 2008 年度的社会责任信息；② 最后对企业的社会责任信息进行内容分析和定量评价，得出 100 强企业社会责任发展指数初始得分，并通过责任奖项、责任缺失和创新责任管理等项目对初始得分进行调整，得到企业社会责任发展指数最终得分与 100 强排名。中国 100 强企业社会责任发展指数研究路径具体如图 1 所示。

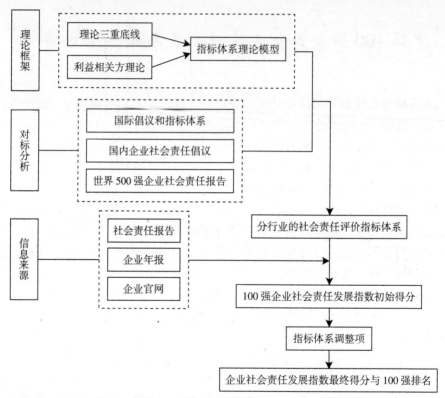

图 1　中国 100 强企业社会责任发展指数研究路径

① 企业负面信息的来源包括人民网、新华网等权威媒体和相关政府网站。
② 本报告收集信息的时间区间是 2008 年 1 月 1 日至 2009 年 6 月 30 日。

二、理 论 模 型

中国 100 强企业社会责任发展指数指标体系的理论基础是三重底线观和利益相关方理论。三重底线观认为，企业行为要满足经济底线、社会底线与环境底线，企业不仅要对股东负责，追求利润目标，而且要对社会、环境负责。[①] 社会责任研究与实践的另一个重要理论基础是利益相关方理论。利益相关方理论认为，利益相关方是"能够影响企业目标的实现或受企业目标实现影响的团体或个人"，[②] 企业社会责任的实质是企业对股东、客户、员工、供应商、社区等利益相关方和环境的责任。

基于上述理论，本报告构建了一个新的社会责任理论模型（见图 2）。居中的是责任管理，这是每个企业社会责任实践的原点，企业责任管理包括责任治理机制、责任推进工作、责任沟通机制和守法合规体系。市场责任居于模型的下方，企业是经济性组织，为市场高效率、低成本地提供有价值的产品/服务，取得较好的财务绩效是企业可持续发展的基础。市场责任包括客户责任、股东责任和合作伙伴责任等与企业业务活动和市场责任密切相关的责任。社会责任居于模型的左上方，包括政府责任、员工责任和社区参与。环境责任居于模型的右上方，包括环境管理、节约资源能源、降污减排等内容。整个模型围绕责任管理这一核心，以市场责任为基石，社会责任、环境责任为两翼，形成一个稳定的闭环三角结构。

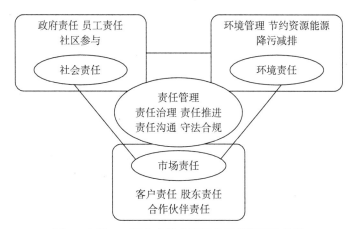

图 2　中国 100 强企业社会责任发展指数理论模型

---

① John Elkington. "Cannibals With Forks: The Triple Bottom Line of 21st Century Business". Oxford: Capstone, 1997.

② Freeman, R. Edward. "Strategic Management: A Stakeholder Approach". Boston: Pitman, 1984.

三、对标分析

为了使中国 100 强企业社会责任发展指数指标体系既能遵从国际规范又符合中国实际，本报告参考了国际企业社会责任倡议和指标体系、国内企业社会责任倡议以及世界 500 强企业的社会责任报告。

参考的国际企业社会责任倡议和指标体系包括全球报告倡议组织（GRI）可持续发展报告指南（G3）、《财富》100 强责任排名指数、道琼斯可持续发展指数、富时可持续性投资指数（FTSE4Good）、约翰内斯堡股票交易所责任投资指数、英国企业商会（BiTC）企业责任指数等（见表 1）；参考的国内企业社会责任倡议包括《中央企业履行社会责任的指导意见》、《中国工业企业及工业协会社会责任指南》、《中国企业社会责任推荐标准和实施范例》、《深圳证券交易所上市公司社会责任指引》、《中国纺织企业社会责任管理体系》等（见表2）；参考的世界 500 强企业的社会责任报告主要是中国 100 强企业所涉及的行业的社会责任报告，以借鉴其中的行业关键指标。

表 1　国际企业社会责任指数

指数名称	发布时间	发布方	对象	分类原则
全球报告倡议组织可持续发展报告指南	2006 年	全球报告倡议组织	全球企业	战略及概况、管理方针以及绩效指标
《财富》100 强责任排名指数	2004 年	英国受托责任（Account Ability）研究所和企业社会责任网络（CSR Network）咨询公司	《财富》全球 500 强前 100 名企业	利益相关方、治理、战略、绩效管理、公开披露以及是否聘用外部独立审验六个方面
道琼斯可持续发展指数	1999 年	道琼斯公司（Dow Jones）与可持续资产管理公司	道琼斯指数 DJSI 所覆盖的 24 个国家 58 个工业组织中前 10%的在可持续发展领域领先的公司	经济、社会、环境
富时可持续性投资指数	2001 年	伦敦证交所与英国伦敦《金融时报》	涵盖英国、欧洲大陆以及美国等地的 100 家公司	环境、社会和利益相关方、人权、供应链中的劳工和反腐败等标准
约翰内斯堡责任投资指数	2004 年	富时集团与约翰内斯堡股票交易所	约翰内斯堡指数的前 40 家公司和上一年度责任投资指数所包含的公司	经济、社会、环境、公司治理
英国企业商会企业责任指数	2002 年	英国企业商会	FTSE100 和 FTSE250 中的公司，道琼斯可持续发展指数中各行业中的领先公司，英国企业商会中的大公司	环境、社会

说明：1992 年首先设立了环境指数。

表 2　国内企业社会责任倡导文件

名称	发布时间	发布方	对象	分类原则
《中央企业履行社会责任的指导意见》	2008 年 1 月	国资委	中央企业	经济、社会、环境
《中国工业企业及工业协会社会责任指南》	2008 年 4 月	中国工业经济联合会等 11 家工业协会	国内工业企业	经济、社会、环境、产品
《中国企业社会责任推荐标准和实施范例》	2007 年 11 月	中国企业联合会可持续发展理事会	国内企业	员工、产品、环境、社会
《深圳证券交易所上市公司社会责任指引》	2007 年 4 月	深圳证券交易所	深圳证券交易所上市公司	利益相关方
《中国纺织企业社会责任管理体系》	2005 年	中国纺织工业协会	国内纺织企业	管理体系、员工

（一）构建分行业评价指标体系

虽然所有企业都需要推进责任管理，履行经济、社会、环境责任。但不同行业的责任内容和责任重要性有很大差别。譬如，电力、石化等行业在经营中消耗大量的能源、资源，同时排出大量的废水、废渣、废气，环境责任尤为重大。环境责任在这类企业的社会责任指数中的权重应当较高，环境指标也更为复杂。反之，金融企业在经营中消耗资源较少、排污也较少，其主要的环境责任是绿色信贷、环境保险、绿色办公等，因此，环境责任在金融企业的社会责任指数中的权重就相对较低，环境指标也较为简单。

基于以上原因，本报告依据不同行业的社会责任特性，构建了分行业的企业社会责任指标体系。行业分类以国家统计局的"国民经济行业分类"为基础，根据承担的企业社会责任内容的相近程度，进行合并和拆分，确保指标体系构建的科学性和指标的实质性，最后形成 19 个行业（见表 3）。

表 3　中国 100 强企业社会责任发展指数行业分类

单位：个，%

中国 100 强行业分类	对应的国民经济行业分类	企业数量	占比
第一产业	农、林、牧、渔业	1	1.1
采矿业	采矿业	5	5.3
食品业	农副食品加工业和食品制造业	2	2.1
纺织业	纺织业	1	1.1
石油石化业	石油加工、炼焦及核燃料加工业；化学原料及化学制品制造业	6	6.4
金属制造业	黑色金属冶炼及压延加工业；有色金属冶炼及压延加工业；金属制品业	16	17.0
通用设备制造业	通用设备制造业	2	2.1

续表

中国100强行业分类	对应的国民经济行业分类	企业数量	占比
电气机械及器材制造业	电气机械及器材制造业	3	3.2
通信设备制造业	通信设备、计算机及其他电子设备制造业	7	7.4
交通运输设备制造业	交通运输设备制造业	7	7.4
电力	电力生产业	4	4.3
电网	电力供应业	2	2.1
建筑业	建筑业	6	6.4
交通运输、仓储、邮政业	交通运输、仓储、邮政业	10	10.6
电信业	电信业	3	3.2
零售业	零售业	5	5.3
银行业	银行业	6	6.4
保险业	保险业	4	4.3
贸易业	批发业	4	4.3
合计		94	100.0

说明：在中国100强企业中，珠海振戎公司、中国兵器工业集团公司、中国兵器装备集团公司、中国航天科工集团公司、中国航空工业第一集团公司等5家企业属于军工企业，考虑到其行业的特殊性，不予评价；原100强的中国对外贸易运输（集团）总公司在2009年3月与中国长江航运（集团）总公司进行重组，已成立新的公司——中国外运长航集团有限公司，故在评价时也剔除。以下所有分析均以这94家企业为对象。

中国100强企业社会责任指标体系由三个层级构成，各行业的一级指标与二级指标均相同，三级指标有所区别。一级指标包括责任管理、市场责任、社会责任和环境责任。其中，责任管理包括四个二级指标，分别是责任治理、责任推进、责任沟通和守法合规；市场责任包括三个二级指标，即股东责任、客户责任、合作伙伴责任；社会责任包括政府责任、员工责任和社区责任三个二级指标；环境责任由环境管理、节约资源能源、降污减排构成。13个二级指标分解为100多个三级指标，根据行业特性，客户责任、员工责任和整个环境责任板块下的三级指标在各行业之间有所差别。比如，各类制造业企业的员工责任下含有多个与安全生产相关的三级指标，而银行、保险等行业的企业员工责任则不包含安全生产指标；再如，工业企业的环境责任所包含的三级指标数量远多于服务业企业，根据各行业的运营特点，具体的节能减排相关指标又有所区别。中国企业100强社会责任发展指数构成如图3所示。

（二）指标赋权与评分

中国100强企业社会责任发展指数的赋值与评分分为五个步骤。

（1）根据各行业指标体系中各项企业社会责任内容的相对重要性，运用层次分析法确定责任管理、市场责任、社会责任、环境责任等四大类责任板块的

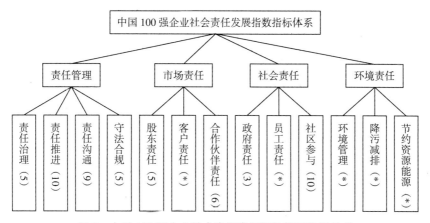

图 3　中国 100 强企业社会责任发展指数指标体系构成

说明：* 代表该类指标具有分行业特征。

权重。①

（2）根据指标的实质性和重要性，为每大类责任板块下的具体指标赋权。

（3）根据企业社会责任管理现状和信息披露的情况，给出各项社会责任内容下的每一个指标的得分，指标得分之和就是该项责任板块的得分。②

（4）根据权重和各项责任板块的得分，计算企业社会责任发展指数的初始得分。计算公式为：

$$企业社会责任指数初始得分 = \sum_{j=1..k} W_j \times A_j$$

其中，A_j 为企业某社会责任板块得分，W_j 为该项责任板块的权重。

（5）初始得分加上调整项得分就是企业社会责任发展指数最终得分。③

---

① 本报告采用层次分析法确定了 19 个行业的企业社会责任评价指标的权重，课题组参考专家的意见构造出各指标的比较判断矩阵，课题组向组内所有成员（5 人）和外部专家（3 人）发放了比较判断矩阵表格。表格回收后，有 3 份不能通过逻辑一致性检验，故退回，要求重新调整。我们对最终合格的 8 份表格进行统计，得到 17 个行业的四大板块的指标重要性排序结果。

② 评分标准是：如果属于管理类指标，按照（0，1）方式给分，从企业披露的信息中能够说明企业已经建立了相关体系，就给分，否则该项指标不得分；如果是绩效类指标，按照定量指标定性化方式（0，1）给分，如果从企业披露的信息中能找到相关的绩效数据，则认为企业该方面责任实践的信息披露良好，该项指标就给分，否则该项指标不得分。

③ 调整项得分包括企业社会责任相关奖项的奖励分（如责任管理奖项、优秀业绩奖项、公益慈善奖项、环境保护奖项、诚信经营奖项、优秀雇主奖项等，每类奖项奖励 1 分），企业社会责任缺失的惩罚分（每类缺失扣 2 分），以及对企业社会责任管理的创新实践的特别加分（加 5 分）。

附录二 2009 年中国企业公民十大新闻

2009 年中国企业公民十大新闻[①]

新闻一：社会科学文献出版社出版《中国企业公民报告（2009）》和《中国企业社会责任研究报告（2009）》两本蓝皮书

事件回顾

2009 年 7 月 12 日，社会科学文献出版社、中央财经大学、中国发展和改革研究院等单位在北京共同举行了"企业公民理论与实践研讨会暨《中国企业公民报告（2009）》蓝皮书首发式"。10 月 18 日，中国社会科学院经济学部、社会科学文献出版社联合主办"《中国企业社会责任研究报告（2009）》暨中国100 强企业社会责任发展指数发布会"。这两本蓝皮书是社会科学文献出版社首次出版的关于企业公民研究的年度报告。

两本年度报告对企业公民理论的历史渊源和最新进展进行了系统的梳理，同时对中国企业公民建设实践领域的现状也进行了系统的描述、分析和评论。其内容被众多主要媒体转载和报道，引起了社会各界对于企业公民理念的广泛关注。

社会影响

中国正处于经济高速发展、各类社会矛盾集中体现的关键阶段。企业作为公民社会的一分子，其行为与其他群体的利益息息相关。企业该享受哪些权利，

---

① http://zoudongtao.blog.sohu.com/143393495.html。

承担哪些责任，以推动整个社会和谐稳定地发展，正是企业公民理论研究的目的。两本年度报告不仅关注国内外企业公民理论建设的进展和前沿，也关注近年企业公民实践中的具体表现，为中国企业公民理念的推广和企业公民实践的促进做出了贡献。

入选理由

社会科学文献出版社 2009 年力推两本企业公民理论研究方面的年度报告，既反映了企业公民理论在中国学术界已受到了较大关注，也反映了其在现实实践中已取得了一定进展，标志着中国企业公民理论研究进入一个长期稳步推进的阶段。

新闻二：上证所和中证指数公司发布上证社会责任指数

事件回顾

2009 年 7 月 21 日，上海证券交易所与中证指数有限公司发布了上证社会责任指数（SRI，Social Responsibility Index）编制方案，并开始运行。上证社会责任指数是从已披露社会责任报告的上证公司治理板块样本股中挑选 100 只每股社会贡献值最高（即在社会责任履行方面表现较好）的沪市公司股票组成样本股。基日为 2009 年 6 月 30 日，基点为 1000 点，指数代码为 000048，指数简称为责任指数（Responsibility Index）。该指数反映上证公司治理板块中在社会责任履行方面表现良好的公司股票的走势。

社会影响

上证社会指数属于社会责任股价指数，是一个服务于投资标的的投资性指数，主要以上证公司治理板块为基础，是上证公司治理指数的延伸，其样本挑选参照上证公司治理指数的样本筛选方法和流程，同时重点评估反映公司社会责任的核心指标——每股社会贡献值。上证社会责任指数的推出主要是为了鼓励和促进上市公司积极履行社会责任，同时也为投资者提供新的投资标的，推广社会责任投资理念，以促进社会责任投资的发展。

入选理由

在中国国内市场，社会责任投资仍处于一个起步阶段，还需进一步完善。而上证社会责任指数的推出，一方面将促进企业更加关注和履行其所应该承担的社会责任；另一方面也将通过该指数的产品化促进社会责任投资在中国的进一步发展，最终促进上市公司更加积极地履行企业公民的社会责任。

新闻三：力拓驻华办事处工作人员涉经济秘密间谍案

事件回顾

2009 年 7 月 5 日，力拓公司驻上海办事处铁矿石销售团队中的四名成员因为涉嫌为境外刺探和窃取中国经济秘密被国家安全局拘捕。2009 年以来，在中外进出口铁矿石谈判期间，澳大利亚力拓公司驻上海办事处首席代表胡士泰及该办事处人员刘才魁、葛民强和王勇四人，采取拉拢收买中国钢铁生产单位内部人员的手段，窃取了中国经济秘密，对中国国家经济安全和利益造成重大损害。国家安全机关依法对胡士泰等人进行刑事调查。首钢国际贸易工程公司矿业进出口公司总经理谭以新也于 7 月 7 日被北京警方拘留，理由是涉嫌商业犯罪。随着力拓"间谍门"事件的调查进展，该事件的情报交易链条也浮出水面。在此次间谍案中，涉案人员涉嫌将有关所在钢铁企业或业内的机密数据，泄露给了力拓等谈判对手，由此就使力拓很容易推算出中国钢铁行业的平均毛利和市场容量，这就等于了解了中国钢铁行业的成本承受能力，最终在谈判中处于优势地位。

社会影响

此次澳大利亚力拓公司"间谍门"事件，是一起内外勾结、集体出卖国家利益的严重犯罪案件。力拓间谍案是一起普通的刑事案件，但由于牵涉巨大的经济利益，引发了中澳双方的外交纷争。在经济高度发展的今天，经济利益已经成为外交纷争的出发点，我们需要密切关注政治对跨国经济案件造成的影响，这直接关系到国家战略规划和经济发展方式转变；同时，这也引发了对涉案企业社会责任的拷问。

入选理由

力拓公司工作人员通过贿赂收买、高薪挖角钢企高管，窃取我国钢铁业机密固然可恨，但更可恨的是国企部分高管以出卖国家利益赚取个人利润。个别国企甚至为了一个企业的利益，集体出卖国家民族的利益。而铁矿石谈判"潜规则"的实质，就是"行业利益个别企业化，企业利益个人化"。在此，人们不由得要诘问：企业的社会责任到底哪里去了？

新闻四：农夫山泉诉《公益时报》及中国社工协会侵权官司

事件回顾

2009 年 8 月 11 日，《公益时报》发表文章质疑农夫山泉"一分钱"系列公益广告。文章称：按农夫山泉广告"喝一瓶水捐一分钱"，如果农夫山泉每年销售规模为 15 亿~20 亿瓶，2001~2008 年，农夫山泉每年至少应拿出 1500 万元人民币注入助学基金，但实际上能查到的公开现金捐赠只有 500 万元。同时中国社会工作协会企业公民委员会宣布，由于农夫山泉在"一分钱公益"事件中有欺诈行为，因此被排除在 2009 年第五届优秀企业公民活动评选范围之外。农夫山泉一方也快速做出反应，针对《公益时报》和中国社会工作协会的报道和表态，先后在报纸和网络媒体上发表了两份声明，在声明中对有关事实进行了澄清，即表示"每一瓶"仅指的是"每一瓶带有'饮水思源'活动标志"的水，因此公司捐出 500 万元，从而广告并不存在欺骗行为。随后，农夫山泉在浙江杭州对二者提起名誉权诉讼。

社会影响

尽管农夫山泉对《公益时报》的质疑进行了澄清并且表示要用法律手段洗刷"造假"嫌疑，但是农夫山泉已经和"假捐"连在了一起，全国几乎所有主流媒体都对此事件进行了转载或跟进报道，在公众中产生了巨大的社会影响。主要表现在两个方面：首先，此次事件引起公众对于企业所作的公益广告真实性的关注，进而延伸到对事后监督等问题的关注。其次，中国社工协会指出农夫山泉在"一分钱公益"事件中有欺诈行为从而取消了该企业 2009 年第五届优秀企业公民活动的评选资格，扩大了"假捐"事件的影响。这就引发了企业和第三方评级机构的争论，即第三方评级机构是否有资格和权力来评价一个企业的社会责任、第三方评级机构对企业的评价结果是否承担法律责任。

入选理由

在全社会范围内既引起了对企业公益营销内容真实性的关注，同时也引发了对第三方评级机构评选资质和评选结论后果的思考。

新闻五：蒙牛生态草原基金宣告成立

事件回顾

2009年9月16日，中国第一个致力于草原建设和保护的基金——蒙牛生态草原基金宣告成立，蒙牛集团注资600万元作为该项目启动资金。这是在"生态中国体验行"公益活动中公布的，此活动由全国绿化委员会、国家林业局和中国绿化基金会共同主办。蒙牛生态草原基金是设立在中国绿化基金会下的专项基金，属于全国性公募基金。该基金的建立，主要用于生态草原建设及生态文明建设，同时也为企业、团体和个人志愿参加生态草原的保护活动搭建了一个平台。

社会影响

蒙牛生态草原基金的成立，为更多企业和个人加入到"生态中国"的行列建立了一个开放式的平台，也为中国草地资源的保护和建设建立了一个长效保障机制。中国草地资源日渐萎缩的局面或许由此而得到彻底扭转。正因为如此，蒙牛率先行动起来，在中国成立了第一个"生态草原基金"，让生态草原的理念能在更大范围内产生的响应，能有更广泛的平台得以实施。一直秉承"源于自然、分享自然、回馈自然"理念的蒙牛，在绿色经济的道路上走得更远、更深了。

入选理由

作为一家生于草原、长于草原的企业，蒙牛在为消费者提供源于生态草原牧场的自然纯牛奶的同时，一直在探索和实践与自然和谐共生的可持续发展之路；作为一个乳品行业的企业，蒙牛第一个成立了"生态草原基金"，在国内乳业市场上为乳品行业的其他企业起到了表率作用，进而在很大程度上鼓励和促使乳品行业的其他企业加强企业公民的建设。

新闻六：国务院国资委召开2009年中央企业社会责任工作会议

事件回顾

2009年11月3日，国务院国资委召开2009年中央企业社会责任工作会议。会议对中央企业在过去的一年中在履行社会责任方面取得的成绩进行了总结，公布了 2009 年"中央企业优秀社会责任实践"征集活动结果，并研究和部署了中央企业下一步的社会责任工作。会议还围绕"国庆阅兵与中央企业保障服务"、"低碳经济与节能减排"和"金融危机中的就业和职工权益保护"三个主题进行了经验交流。国务院副总理张德江对这次会议做出了重要批示，肯定了中央企业在履行社会责任方面已取得的成绩，并对中央企业今后在企业社会责任方面提出了更高的要求。国资委主任李荣融也对本次会议做出了批示，国资委副主任黄淑和出席会议并讲话。

社 会 影 响

会议总结并盘点了中央企业在企业建设领域做出的成绩，在过去两年中，中国经历了雪灾、地震、奥运盛会、金融危机和新中国成立 60 周年等一系列自然灾害和重大事件，这其中处处都能看到中央企业奉献社会的身影；在跨国经营活动中，中央企业的视野越来越宽阔，以更积极的姿态融入东道国社会；在企业社会责任管理体系的建设和企业公民报告的发布上，中央企业也已取得了一定的成绩，受到了企业公民相关机构的好评。

入 选 理 由

此次会议是国资委在 2008 年下发《关于中央企业履行社会责任的指导意见》文件和 2008 年中央企业社会责任工作经验交流会后的又一次会议。国资委作为代表国家行使国有资产出资人权利的重要机构定期召开中央企业社会责任会议，反映了中国中央政府对中央企业建设优秀企业公民的重视，也肯定了中国中央企业在推动企业公民建设中取得的令人瞩目的成绩，这也预示着中央企业公民建设工作将会迈上一个新的台阶。

新闻七：三大移动通信运营商治理手机黄色网站

事 件 回 顾

2009 年 11 月 14 日起，中央电视台"焦点访谈"推出了题为"聚焦手机网络色情"的系列报道，指出全国 5000 多万中小学生手机用户正面临着汹涌而至的淫秽色情等不良信息的严重威胁，同时揭示了手机色情网站背后的利益链条：从色情网站到广告联盟，到 SP（服务提供商），再到运营商，都在通过手机色情网站层层获利。11 月 25 日工信部公布了治理手机涉黄的 5 项措施。随之，三大运营商启动专项行动，整治手机淫秽色情网站。中国移动首先表态，将追加 1 亿元投资用于技术攻关，以建立和完善 WAP（无线应用协议）不良信息监测系统，并将从业务名称、业务内容、推广渠道等多个方面对 SP 展开全面清查，以期斩断淫秽色情网站收费链条。中国电信表示，对 WAP 服务提供商的服务全部屏蔽，逐项审核，合格后再开放。而中国联通则从 12 月 6 日零时起，暂停向除 15 家已经向社会公开承诺并经过严格审查的合作伙伴外的其他企业开放信息服务，待这些企业对其提供的信息服务严格审查并向社会公开承诺后，联通才会逐步放开，向其提供信息服务。对审查不合格的信息服务商，将其业务作下线处理；对本月已向此类企业收取的信息服务费作退费处理。

社 会 影 响

一时间，全国舆论对手机网络涉黄事件口诛笔伐。尽管本次事件中三大运营商以此为契机在全国范围内展开了手机网站的"扫黄"风暴，但是由于事先管理不到位，这次手机涉黄事件导致上千网站关闭。更为重要的是，淫秽色情手机网站的存在给社会带来了巨大的负面影响，尤其是青少年接触到这些不良信息后势必会对其身心成长产生不利影响。同时，公众对手机色情网站生长如此迅速、影响如此广泛的原因提出了质疑，认为运营商是出于自身利益的考虑在某种程度上对此类网站采取了听之任之的态度，从而对内容提供商没有进行有效的监管。

入 选 理 由

引发了全社会对企业在经济利益和社会责任之间如何权衡，进而承担起与其社会影响力相匹配的企业社会责任的思考。这样的思考有利于社会各界形成共识，共创企业公民建设的良好氛围。

新闻八：七民间组织联合发布《2009 中国公民社会应对气候变化立场》

事 件 回 顾

2009 年 11 月 17 日，由自然之友、北京地球村、绿家园志愿者、公众环境研究中心、绿色和平、乐施会、行动援助等七家民间组织牵头组成的"中国公民社会应对气候变化小组"在北京联合发布了《2009 中国公民社会应对气候变化立场》，旨在向哥本哈根会议表达中国民间组织的期望。

"中国公民社会应对气候变化小组"成立于 2007 年。在 2007 年巴厘岛会议期间，就曾对气候变化发布《2007 中国公民社会应对气候变化立场》。本次发布的《2009 中国公民社会应对气候变化立场》获得公众更多的反馈，许多非环境组织的非政府组织也都从不同的角度提出了意见和建议。

社会影响

非政府组织是推动企业公民建设的重要力量之一。从某种程度上讲，企业公民建设主要是理清各利益相关者之间的关系，建立适宜的治理机制。如消费者、社区居民等企业的外部相关者，由于一直以来不存在严密的组织，分散的个体缺少维护自身利益的激励和适当渠道，其利益诉求一直难以得到有效的传达，因而难以得到企业的足够重视。各类非政府组织关注于社会发展的不同方面，恰恰反映了人们对于社会发展的各方面诉求，可以代表外部相关者的利益，向企业发出它们的声音。

入选理由

此次七民间组织共同发布环境立场。说明了在中国非政府组织正在走向成熟，更积极地融入到各项关系社会发展的重大事件之中，对平衡社会利益、推动企业公民建设发挥着越来越重要的作用。更重要的是，非政府组织的成熟反映了中国公民意识开始普及，责任意识和权利意识逐渐深入人心，这为在中国推进企业公民的理念夯实了群众思想基础。

新闻九：金光集团 APP（中国）产品被曝检出热带硬木浆成分

事件回顾

金光集团 APP（中国）是拥有 20 余家全资和控股公司的浆纸企业，产品从工业用纸、文化用纸、办公用纸、生活用纸到木浆一应俱全。近年来，作为制浆行业的龙头企业，APP（中国）在全国范围内进行着林浆纸一体化的实践，试图寻求一条绿色循环、和谐发展的道路。然而，在 2009 年 12 月中旬，有媒体报道，在金光集团 APP（中国）的 5 个纸张品牌的样本中，有 3 个品牌的样本被检测出含有来自印度尼西亚热带雨林的硬木成分。在一份名为《见证金光集团APP毁林三十年》的最新调查报告中，国际环保组织"绿色和平"委托独立检测机构（Integrated Paper Services，Inc. IPS）对金光集团 APP（中国）5 个纸张品牌的样本进行了纤维分析。检测结果显示，有 3 个品牌的样本中含有印度尼西亚混合热带硬木浆成分，该成分来自于热带雨林，而不是金光集团 APP

（中国）所声称的浆纸人工林。同时，该报告指出，金光集团 APP（中国）进入造纸行业 30 年来，导致了大量热带雨林的毁灭。

社 会 影 响

这次在 APP（中国）的纸张产品中检测到了热带雨林的硬木浆成分，引起了公众的广泛关注。APP（中国）并不是第一次因此类事件进入公众视野的，2004 年 APP（中国）就曾因在云南圈地毁林事件受到社会各界的强烈谴责。在此之后，金光集团 APP（中国）公开承诺永不采购来自于原始森林的木材，并且于 2008 年发布了《"立足中国绿色承诺"可持续发展宣言》。同时，由于 APP（中国）在林浆纸一体化的过程中将造林、营林、采伐、制浆、造纸与销售结合起来，用现代科学技术对传统的造纸业进行了成功的改造，在很大程度上重新赢得了消费者的信任。然而这次新闻事件表明，企业在承担社会责任、保护环境的过程中，会经历一个反复曲折的过程，在经济利益和社会责任之间、在企业的经营发展和社会的可持续发展之间如何进行选择，不仅仅是 APP（中国）所面临的问题，同样也是中国企业在履行企业社会责任过程中所共同面对的问题。

入 选 理 由

企业在争做优秀企业公民、履行社会责任的过程中的反复性及长期性，引发了对如何平衡企业发展和社会发展的关系问题的再次探讨。

新闻十：李宁公司：名人企业的公民化之路

事 件 回 顾

2009 年 3 月 19 日 李宁公司正式发布 2008 年度《企业社会责任报告》，在这份主题为"宁视：平凡英雄"的极具中国传统风格的企业社会责任报告中，李宁公司表达了其对于社会责任的持续关注与积极参与。报告中，李宁公司向社会作出了致力于体育产业、回报社会大众的承诺。同时，李宁公司发言人、政府及对外公共事务总监张小岩也表示，"李宁公司一贯将回报社会作为企业社会责任工作的基础，未来发展也将基于这一核心价值观，做优秀的企业公民"。此次李宁公司发布的报告是国内体育用品行业的第一份企业社会责任报告。

在过去几年中，李宁公司在企业社会责任方面进行了长期不懈的努力，从公益活动、奥运成就、价值链关系等多方面展示了李宁公司企业公民的建设成就，彰显了李宁公司重视各个利益相关者的价值理念。

社 会 影 响

值得注意的是此次报告是在全球金融危机爆发的背景下发布的，这显示出李宁公司"逆势而上"的决心和实力，也显示出中国民营企业在企业公民建设中的力量。李宁公司是中国体育用品行业中第一家发布社会责任报告的企业，它作为全国最为知名的名人企业发挥了良好的行业示范效应。实质上，李宁公司引领整个行业在企业公民建设方面的实践活动，可以有力地推动中国民营企业的企业公民建设。同时，作为名人企业，李宁公司的此次活动在社会公众范围内也引起了广泛反响，推广了企业公民的价值理念。

入 选 理 由

李宁公司此次企业社会责任报告的发布开创了中国体育用品企业企业社会责任实践的先例，同时彰显出名人企业的品牌价值理念。这在目前许多名人变"罪人"的环境下，显得尤为可贵，值得我们效仿和学习。

附录三　企业公民与企业社会责任的相关契约与指引

一、"全球契约"的内容及日内瓦宣言[①]

在 1995 年召开的世界社会发展首脑会议上，时任联合国秘书长科菲·安南提出"社会规则"、"全球契约"（Global Compact）的设想。1999 年 1 月在达沃斯召开的世界经济论坛年会上，联合国秘书长科菲·安南提出"全球契约"计划，并于 2000 年 7 月在联合国总部正式启动该计划。"全球契约"计划号召各公司遵守关于人权、劳工标准、环境及反贪污的十项基本原则。安南向全世界企业的领导呼吁，遵守有共同价值的标准，制定一整套必要的社会规则，即"全球契约"。"协议"使得各企业与联合国各机构、国际劳工组织、非政府组织以及其他有关各方结成合作伙伴关系，建立一个更加广泛和平等的世界市场。"协议"的目的是动员全世界的跨国公司直接参与到减小全球化负面影响的行动中去，推进全球化朝积极的方向发展。

安南的建议不仅得到发达国家和国际工会组织的坚决支持，而且取得了企业界和国际雇主组织的积极响应。一些大型跨国集团公司开始行动起来，倡导承担社会责任，与工会组织签订并实施以基本劳工标准为核心内容的全面协议，开展社会认证活动。2000 年 7 月，世界 50 家大公司的代表会见安南，表示他们支持"全球契约"，国际雇主组织也承诺会举办区域研讨会推行"全球契约"。安南在"全球契约"高级会议上对与会代表说："我们应该保证全球市场处于反映全球社会需求的共同价值和实际之中……我建议全球协议作为向这一目标的第一步。"

（一）"全球契约"的内容

"全球契约"要求各企业在各自的影响范围内遵守、支持以及实施关于人权、劳工标准、环境及反贪污的十项基本原则。这些基本原则来自于《世界人

[①] http://www.cec-ceda.org.cn/ldgx/quanqiu.php。

权宣言》、国际劳工组织的《关于工作中的基本原则和权利宣言》以及关于环境和发展的《里约原则》，涉及四个方面，分别是：

1. 人权方面

(1) 企业应该尊重和维护国际公认的各项人权。

(2) 企业应绝不参与任何漠视与践踏人权的行为。

2. 劳工标准方面

(1) 企业应该维护结社自由，承认劳资集体谈判的权利。

(2) 彻底消除各种形式的强制性劳动。

(3) 消除童工。

(4) 杜绝任何在用工与行业方面的歧视行为。

3. 环境方面

(1) 企业应对环境挑战未雨绸缪。

(2) 主动增加对环保所承担的责任。

(3) 鼓励无害环境技术的发展与推广。

4. 反贪污

企业应反对各种形式的贪污，包括敲诈、勒索和行贿受贿。

(二) 联合国全球契约领导人峰会日内瓦宣言①

日内瓦宣言
联合国全球契约领导人峰会

2007 年 7 月 5 日至 6 日

序　言

国际社会的目标和全球企业界的目标如此一致，这在历史上是史无前例的。建立可持续市场、反腐败、保护人权和保护环境等方面的共同目标使企业、民间社会、工会、政府、联合国和其他利益相关者之间形成了新层面的伙伴关系和更加坦诚的态度。

这种新的合作精神基于这样的信念，即：全球化在普遍性原则的引领下，有能力从根本上改善我们的世界给人民、社区和市场带来经济和社会效益。我

---

① http://www.cbcsd.org.cn/cbcsdact/seminar/5244.shtml。

们有必要立即采取行动。贫困、收入不平等、保护主义和体面劳动机会的缺失给世界和平和市场带来重大威胁。

企业，作为全球化的主要载体，可以成为创造福祉的巨大力量。通过对企业公民和联合国全球契约原则的承诺，企业可以继续在更加广阔的范围内创造和传递价值观。通过这种方式，全球化可以成为传播普遍性原则的加速器，创造一个以价值为导向的"争做最好"的竞争氛围。

在此特殊时刻，我们参加日内瓦全球契约领导人峰会的代表，作出以下声明和承诺：

企业在社会中的作用

（1）全球化正在重新定义企业在社会中的作用。随着市场、社区和人之间互相依赖性的加深，企业正面临着不断增多的环境、社会和管理方面的问题。

（2）企业通过全球契约原则或者其他类似的企业责任倡议主动地履行企业公民责任，就更加能够确保企业经营和经营所依赖的市场与社区的可持续性。

（3）负责任的企业行为有利于促进经济和社会的发展，有助于加强国际合作、和平、发展以及对人权的保护——这些是联合国的基本目标。

（4）企业有必要就实施全球契约原则的情况进行公开和准确的通报，这将有助于衡量其表现并便于利益相关者进行评估。

（5）与利益相关者的合作和伙伴关系——包括政府、民间社会和工人——十分关键，因为在全球和区域层面出现的两难境地、挑战和机遇有时候太复杂，任何一个组织都无法独立应对。

（6）投资者和金融机构越来越重视企业如何应对环境、社会和管理问题，并且正在把这方面的考虑整合到投资决策和价值考虑中去。"负责任的投资原则"为投资机构提供了这样的框架。只有运用标准化的方法和指标，如全球报告倡议等，才能确保投资决策是基于可比性数据而做出的。

（7）若遇到政府的管理能力较弱或者在那些时局紧张和存在纷争的地区，投资者（以及他们所投资的企业）若采用参与进去的方法，而不是撤资，就更能发挥作用。当然投资机构的参与行为要与全球契约原则相一致。企业可以运用利益相关者群体开发的各种各样的工具和指南，来确保它们的投资在那些情况下可以帮助改善情况。

（8）投资者也可以鼓励他们所投资的企业更加透明化，并且确保他们的经营行为是负责任的，同时敦促这些国家的政府负责任地采取行动并遵守有关法律和国际准则，这样，投资有助于改善以上情况。

（9）负责贷款的机构要确保贷出款项的使用符合国际标准。赤道原则是促进实施共同原则的平台。

全球契约参与方的行动

（1）我们，全球契约领导人峰会的代表，承诺继续加强实施全球契约和它在人权、劳工条件、环境和反腐败方面的十项原则。我们将努力在我们的战略、经营和文化中赋予这些原则具体的实际意义。

（2）我们将积极参与并负责任地宣传全球挑战，包括气候变化和千年发展目标。我们将与其他利益相关者共同合作，找到解决共同问题的实际解决方案。

（3）我们将确保我们对企业公民责任的承诺及各项政策在我们组织中全面贯彻，包括有关的管理机构和子公司。我们将通过"年度进展通讯"的形式上报我们的活动情况。

（4）我们将努力促使我们在全世界的各分公司和单位都参与到全球契约地区网络中来，确保十项原则被贯彻到各种文化和语言环境中去。

（5）我们将鼓励供应链上的合作伙伴和其他跟我们合作的组织，共同承诺遵守全球契约十项原则。

（6）我们承诺将推广最佳实践并与其他企业结成联盟，包括外国企业和本地企业之间的合作，以及各行业之间的合作。

（7）我们将会努力通过支持如"负责任的管理教育原则"之类的倡议，将企业公民的宗旨灌输给未来的企业领导人。

政府行动

（1）我们，参加全球契约领导人峰会的代表，正把普遍原则贯彻到企业行动中去，采取措施使全球经济更加健康和广阔。但是，只有在一个有利的环境中，负责任的企业行为才能给社会带来福祉。我们呼吁政府营造有利的环境，设立有效的经济机构和制定支持性的政策，保证这个环境的长期稳定，增强透明化和促进创业。

（2）我们敦促政府批准并有效地实施有关的公约和宣言，包括国际劳工组织核心劳工公约和联合国反腐败公约。

（3）我们呼吁政府通过公共宣传和教育支持，对企业在国家和国际层面上负责任，提供支持。

（4）我们呼吁政府支持开放的国际贸易体系，抵制保护主义和闭关自守。

（5）我们承认全球契约是一个全新的公共—私营合作体系。为满足其参与者的多样性及其在全球企业界推广联合国价值观的任务，全球契约已设立了自己的管理、支持和基金机构。我们鼓励联合国会员国和秘书长继续支持这项倡议并在联合国系统当中贯彻全球契约。

最后，我们作为全球契约领导人峰会的参会者，相信，通过负责任的企业行为，我们一定可以实现一个更加可持续的和更具包容性的全球经济。

二、责任投资原则①

作为机构投资者，我们有责任使投资受益人获得最好的长期收益。在履行受托人职责时，我们相信环境、社会和公司治理（ESG）因素会影响投资组合的回报（影响程度因公司、行业、地区和资产等级以及时期的不同而不同）。我们也认识到，这些原则的应用能够将投资者与更广泛的社会发展目标联系起来。因而，在受托人的职责范围内，我们做出如下承诺：

1. 我们将把 ESG 因素引入到投资分析和决策过程中

可能的做法包括：

● 把 ESG 纳入投资政策声明中

● 支持开发与 ESG 相关的工具，度量和分析方法

● 评估内部投资管理者整合 ESG 的能力

● 评估外部投资管理者整合 ESG 的能力

● 要求投资服务业者（例如金融分析师、咨询顾问、经纪人、研究公司或评级公司等）把 ESG 因素纳入到不断发展的研究和分析中

● 鼓励这一议题的学术和其他研究

● 提倡对从业人员进行 ESG 培训

2. 我们将做一名积极的所有者，将 ESG 因素整合到我们的所有权政策和实践中

可能的做法包括：

● 制定和公布与本原则相一致的积极的所有权政策

● 使用投票权，或者监督投票权的使用（如果委托他人投票）

● 提高参与的能力（直接参与或者通过委托人参与）

● 参与政策、规范和标准的制定（例如推动和保护股东权益）

● 提交着眼长远 ESG 利益的股东决议

● 和那些在 ESG 方面表现优异的公司合作

● 参与有关合作行动计划

● 让投资经理承担并且报告与 ESG 相关的事务

---

① 资料来源：http://www.syntao.com/Page_Show.asp。

3. 我们会敦促我们所投资的机构适当披露 ESG 信息

可能的做法包括：

● 要求制定标准化的 ESG 报告（使用类似 GRI 可持续发展报告这样的工具）

● 要求在年度财务报告中加入 ESG 内容

● 要求公司披露关于公司采纳和参与有关规范、标准、行为准则和国际行动（如联合国全球契约）的情况

● 支持促进 ESG 信息披露的股东行动和决议

4. 我们将促进本原则在投资领域中的认同和应用

可能的做法包括：

● 将与本原则有关的要求作为竞标书的必要内容

● 与相应的投资指令、监控程序、业绩指标和激励体系相结合（例如，确保投资管理程序在合适的情况下反映长远发展的需求）

● 向投资服务提供商提出有关 ESG 的期望和要求

● 若投资服务提供商未能达到 ESG 的要求，则需重新考虑与服务提供商的关系

● 支持开发综合衡量 ESG 因素的工具

● 支持促进本原则执行的有关法规或政策

5. 我们将共同努力提高本原则的有效性

可能的做法包括：

● 支持和参与有关网络和信息平台以共享工具和股票池信息，以及使用投资者报告作为学习的途径之一

● 集体解决新出现的有关问题

● 建立或支持适当的合作行动

6. 我们将各自报告履行本原则采取的行动和有关进展报告

可能的做法包括：

● 说明如何将 ESG 因素与投资实践结合在一起

● 说明积极的所有权行动（投票，参与决策，和/或开展政策对话）

● 说明对服务提供商提出的有关本原则的要求

● 就 ESG 因素以及本原则与受益人进行沟通

● 使用"遵守或解释"的方法报告与本原则有关的进展和/或成果

● 积极评估本原则的影响力

● 通过发布报告提高广大利益相关者的意识

"遵守或解释"方法要求签署本原则的机构报告他们如何执行本原则，或者

解释为什么他们未能按照原则执行。

责任投资原则由多家国际性的机构投资者共同拟定，反映了环境、社会和公司治理因素与投资行为的日益密切的关系。本原则的起草是在联合国秘书长的召集下完成的。

签署本原则意味着作为投资者的我们公开承诺：在履行受托人责任的基础上，采纳和实施本原则。我们同时还承诺不断评估本原则的有效性并改进原则内容。我们深信，这会提高我们为受益人服务的能力，并使我们的投资行为与更广泛的社会利益结合在一起。我们鼓励其他投资者采用本原则。

三、SA8000 标准要求[①]

I．目的与范围

本标准规定公司应该遵守的社会责任，以帮助公司：

a）发展、维持和加强公司的政策和程序，在公司可以控制或影响的范围内，管理有关社会责任的议题。

b）向利益团体证明公司政策、程序和措施符合本标准的规定。

本标准之规定具有普遍适用性，不受地域、产业类别和公司规模的限制。

II．规范与诠释

公司应该遵守国家和其他适用的法律、公司签署的其他规章和本标准。当国家和其他适用的法律、公司签署的规章和本标准所规范的议题相同时，应该采用其中最严格的条款。

公司也应该尊重下列国际协议的原则：

——国际劳工组织公约第 29 和 105 条（强迫性和奴役性劳动）

——国际劳工组织公约第 87 条（组织工会的自由）

——国际劳工组织公约第 98 条（集体谈判的权利）

——国际劳工组织公约第 100 和 111 条（男女同工同酬；歧视）

——国际劳工组织公约第 135 条（工人代表公约）

——国际劳工组织公约第 138 条和建议款第 146 条（最低年龄和建议）

——国际劳工组织公约第 155 条和建议条款第 164 条（职业安全和健康）

——国际劳工组织公约第 159 条（职业训练与雇用伤残人士）

——国际劳工组织公约第 177 条（家庭工作）

---

① http://www.cnqcq.com/DownloadFiles/200498101841.pdf。

——国际劳工组织公约第 182 条（最恶劣儿童）

——世界人权宣言

——联合国儿童权利公约

——联合国消除一切形式歧视妇女行为公约

Ⅲ. 定义

1. 公司的定义

任何负责实施本标准中各项规定组织或企业的整体，包括公司所有的员工（即董事、决策阶层、经理、监督和非管理人员，不论是直接雇佣、合约性质或以其他方式代表公司的人）。

2. 供货商/分包商的定义

提供货物或服务给公司的实体，它所提供的货物或服务构成公司生产的货物或服务的一部分，或被利用来生产公司的货物或服务。

3. 下级供货商的定义

在供应链中直接或间接向供货商提供货物或服务的实体，它所提供的货物或服务构成供货商或公司生产的货物或服务的一部分，或被利用生产来生产供货商或公司的货物或服务。

4. 补救行动的定义

给 SA8000 所涵盖权益受侵害的工人或前雇员的补救行动。

5. 纠正行动的定义

为确保给不符合提供及时、持续补救而实施的系统化改进或解决措施。

6. 利益团体的定义

关心公司的社会表现或受到公司社会表现所影响的个人或团体。

7. 儿童的定义

任何 15 岁以下的人，若当地法律规定最低工作年龄或义务教育年龄高于 15 岁，则以较高年龄为准；若当地法律规定最低工作年龄是 14 岁，符合国际劳工组织公约第 138 条有关发展中国家的例外规定，则以较低年龄为准。

8. 青少年工人的定义

任何超过上述定义的儿童年龄，但不满 18 岁的工人。

9. 童工的定义

任何属于上述定义的儿童年龄的人所从事的劳动，除非符合国际劳工组织建议条款第 146 条。

10. 强迫性劳动的定义

任何人在任何受惩罚威胁下被榨取的非志愿性工作或服务或作为偿债方法

的工作或服务。

11. 拯救儿童的定义

为了保障曾经担任童工并遭遣散的儿童的安全、健康、教育和发展，而采取的所有必要的支持和行动。

12. 居家工人的定义

在直接或间接合同下，不在公司场地内为公司做工的人。不论由谁提供设备、原料或其他物料，只要提供了雇主界定的产品或服务并为报酬而做工的人。

IV. 社会责任之规定

1. 童工

1.1　公司不可雇佣童工或支持雇佣童工的行为。

1.2　若发现有童工，公司应该建立、记录、保留旨在拯救童工的政策和程序，和有效地传达这些政策和程序给员工和其他利益团体，并且应该提供足够的支持来促使童工接受学校教育，直到他们超过儿童年龄为止。

1.3　公司应该建立、记录、维持国际劳工组织建议条款第 146 条所涉及的旨在推广儿童教育和青少年工人教育的政策和措施，并将其向员工及利益团体有效传达。政策和措施还应包括一些具体措施来保证在上课时间内不雇佣童工或青少年工人，而且童工和青少年工人的每日交通（来回工作地点和学校）、上学和工作时间加起来不得超过十小时。

1.4　无论在工作地点内外，公司不可置儿童或青少年工人于危险、不安全或不健康的环境中。

2. 强迫性劳动

公司不可雇佣或支持雇佣强制性劳工的行为，也不可要求员工在受雇之时交纳（押金）或存放身份证于公司。

3. 健康与安全

3.1　公司应该考虑到产业中普遍认知的危险和任何特定的危险，而提供一个健康与安全的工作环境，并应采取适当的措施，在可能条件下最大限度地降低工作环境中的危害隐患，以避免在工作中或由于工作发生或与工作有关的事故对健康的危害。

3.2　公司应该指定一个高级管理代表，来负责所有员工的健康与安全，并且负责实施本标准中有关健康与安全的规定。

3.3　公司应该保证所有的员工都接受定期和有记录的健康与安全训练，并为新进的和调职的员工重新进行培训。

3.4　公司应该建立系统来侦查、防范或反映可能危害员工健康与安全的潜在威胁。

3.5 公司应该提供所有员工干净的厕所、可饮用的水，在适当的情形下，并提供员工储藏食物的卫生设备。

3.6 如果公司提供员工宿舍的话，应该保证宿舍设备干净、安全，并能满足员工的基本需求。

4. 组织工会的自由与集体谈判的权利

4.1 公司应该尊重所有员工自由成立和参加工会，以及集体谈判的权利。

4.2 当自由组织工会和集体谈判的权利受到法律限制的时候，公司应该协助员工采用类似的方法来达到独立和自由结社和谈判的权利。

4.3 公司应该保证工会代表不受歧视，并且在工作环境中能够接触工会的会员。

5. 歧视

5.1 公司在雇佣、薪酬、训练机会、升迁、解雇或退休等事务上，不可从事或支持任何基于种族、社会阶级、国籍、宗教、残疾、性别、性别取向、工会会员资格或政治关系的歧视行为。

5.2 公司不可干涉员工尊奉信仰和风俗的权利，和满足涉及种族、社会阶级、国籍、宗教、残疾、性别、性别取向和工会的信条、政治需要的权利。

5.3 公司不可允许带有强迫性、威胁性、凌辱性或剥削性的性行为，包括姿势、语言和身体的接触。

6. 惩戒性措施

公司不可从事或支持肉体上的惩罚、精神或肉体胁迫以及言语凌辱。

7. 工作时间

7.1 公司应该遵守适用法律及行业标准有关工作时间的规定；在任何情况下，不可经常要求员工一个星期的工作时间超过48小时，并且员工在每个七天之内至少有一天的休息时间。所有超时工作应付额外报酬。在任何情况下每个员工每周加班不得超过12个小时。

7.2 除非符合7.3条（见下款），所有加班必须是自愿性质。

7.3 若公司与代表众多所属员工的工人组织（依据国际劳工组织定义）通过自由谈判达成集体协商协议，公司可以根据协议要求工人加班以满足短期业务需要。任何此类协议应符合7.1条有关规定（见上面规定）。

8. 薪酬

8.1 公司应该保证它所给付的标准工作周的工资至少能够达到法律或行业规定的最低工资标准，而且满足员工的基本需求，和提供一些可随意支配的收入。

8.2　公司应该保证不会为了惩戒的目的而扣减工资，并且保证定期向员工清楚地列明工资、福利的构成；公司还应该保证工资、福利完全合乎所有适用的法律，而且薪酬给付的形式，无论是现金或支票，都必须合乎方便工人的原则。

8.3　公司不可采用纯劳务性质的合约安排或虚假的见习期（学徒工制度）办法，来逃避劳动法和社会安全法规中明定的公司对员工应尽的义务。

9. 管理系统

政策

9.1　高层应该制定有关社会责任和劳动条件的公司政策，以保证这个政策：

a）包含对符合本标准内所有规定的承诺；

b）包含对遵守国家和其他适用的法律、公司签署的其他规章以及尊重国际协议和其解释（如第Ⅱ部分所列）的承诺；

c）包含对不断改善的承诺；

d）有效地记录、实施、维持和传达这个政策，并且以明白易懂的形式供所有员工随时取阅，所有员工在此所指的是包括董事、决策阶层、经理、监督和非管理人员，不论是直接雇佣、合同制聘用或用其他方式代表公司的人；

e）对公众公开。

管理审核

9.2　高层管理人员应依据本标准和公司签署的其他规章要求定期审查公司的政策、措施及其执行结果，决定其是否充分、适用和持续有效。在必要的时候，应该做系统的修正和改进。

公司代表

9.3　公司应该指定一个高层管理代表，不论他在公司是否担负其他职务，来负责保证公司达到本标准中的规定。

9.4　公司应该协助非管理人员选出自己的代表，以便跟高层管理层就本标准规定的事项进行沟通。

计划与实施

9.5　公司应保证公司上下皆能了解和实施本标准的规定；包括但不限于下列各项：

a）明确的定义角色、责任和职权；

b）在雇佣之际，训练新进的和临时的员工；

c）为既有员工提供定期训练和宣传；

d）持续监督相关的活动和成效，来证明系统是否有效地达到公司政策和本标准的规定。

对供货商的控制

9.6　公司应该建立和维持适当的程序，在评估和挑选供货商/分包商（若情况允许，下级供货商）时应考虑其满足本标准要求的能力。

9.7　公司应该保留适当的记录记载供货商/分包商（若情况允许，下级供货商）对社会责任的承诺，包括但不限于下列书面的承诺：

a）符合本标准的所有规定（包括本条规定）；

b）在公司的要求下参与公司的监督活动；

c）及时补救违反本标准规定的任何不符合事项；

d）及时、完整地向公司通报所有与之有商业关系的其他供货商和分包商及下级供货商。

9.8　公司应该维持合理的证据，证明供货商和分包商能够达到本标准中的各项规定。

9.9　除上述 9.6 及 9.7 款规定外，如果公司接收、处理或经营任何出自居家工人的供货商和分包商及下级供货商的产品和/或服务，公司应采取特别措施保证这些居家工人享有以本标准规定向直接雇员提供的相似程度的保护。这些特别措施包括但不限于：

a）订立具有法律效力的书面购买合同载明最低要求（应与本标准相符）；

b）确保居家工人及所有与该书面购买合同有关人员理解并能贯彻合同要求；

c）在公司内保留详细记载有关居家工人身份、所提供的产品/服务以及工作时数的全面资料；

d）频繁进行事先通知或未通知的审查活动以确保该书面购买合同得以贯彻实施。

处理疑虑和采取纠正行动

9.10　当员工和其他利益团体质疑公司是否符合或不符合公司政策或本标准规定的事项时，公司应该调查、处理并做出反应；员工如果提供关于公司是否遵守本标准的资料，公司不可对其采取惩罚、解雇或歧视的行为。

9.11　如果发现任何违反公司政策和/或本标准规定事项，公司应该根据其性质和严重性，调配相应的资源予以适当的补救和纠正行动。

对外沟通

9.12　公司应该建立和维持适当的程序，就公司在执行本标准各项要求上的表现，向所有利益团体定期提供相关的数据和资料，所提供的资料应该包括但不限于管理审核和监督活动的结果。

核实渠道

9.13　如果合同有此要求，公司应该给有关方面提供合理的信息和取得信息的渠道，以供其核实公司是否符合本标准规定；　如果合同中有进一步的要求，公司应该透过采购合同的条文，要求供货商和分包商提供相似的信息和取得信息的渠道。

记录

9.14　公司应该保留适当的记录，来证明公司符合本标准中的各项规定。

四、国资委关于中央企业履行社会责任的指导意见

关于印发《关于中央企业履行社会责任的指导意见》的通知

各中央企业：

为了全面贯彻党的十七大精神，深入落实科学发展观，推动中央企业在建设中国特色社会主义事业中，认真履行好社会责任，实现企业与社会、环境的全面协调可持续发展，我们研究制定了《关于中央企业履行社会责任的指导意见》，现印发给你们。请结合本企业的实际参照执行，并将企业履行社会责任工作中的经验、做法和问题及时反馈我委。

国务院国有资产监督管理委员会
二〇〇七年十二月二十九日

关于中央企业履行社会责任的指导意见

为了全面贯彻党的十七大精神，深入落实科学发展观，推动中央企业在建设中国特色社会主义事业中，认真履行好社会责任，实现企业与社会、环境的全面协调可持续发展，提出以下指导意见。

一、充分认识中央企业履行社会责任的重要意义

（一）履行社会责任是中央企业深入贯彻落实科学发展观的实际行动。履行社会责任要求中央企业必须坚持以人为本、科学发展，在追求经济效益的同时，对利益相关者和环境负责，实现企业发展与社会、环境的协调统一。这既是促进社会主义和谐社会建设的重要举措，也是中央企业深入贯彻落实科学发展观

的实际行动。

（二）履行社会责任是全社会对中央企业的广泛要求。中央企业是国有经济的骨干力量，大多集中在关系国家安全和国民经济命脉的重要行业和关键领域，其生产经营活动涉及整个社会经济活动和人民生活的各个方面。积极履行社会责任，不仅是中央企业的使命和责任，也是全社会对中央企业的殷切期望和广泛要求。

（三）履行社会责任是实现中央企业可持续发展的必然选择。积极履行社会责任，把社会责任理念和要求全面融入企业发展战略、企业生产经营和企业文化，有利于创新发展理念、转变发展方式，有利于激发创造活力、提升品牌形象，有利于提高职工素质、增强企业凝聚力，是中央企业发展质量和水平的重大提升。

（四）履行社会责任是中央企业参与国际经济交流合作的客观需要。在经济全球化日益深入的新形势下，国际社会高度关注企业社会责任，履行社会责任已成为国际社会对企业评价的重要内容。中央企业履行社会责任，有利于树立负责任的企业形象，提升中国企业的国际影响，也对树立中国负责任的发展中大国形象具有重要作用。

二、中央企业履行社会责任的指导思想、总体要求和基本原则

（五）指导思想。以邓小平理论和"三个代表"重要思想为指导，深入贯彻落实科学发展观，坚持以人为本，坚持可持续发展，牢记责任，强化意识，统筹兼顾，积极实践，发挥中央企业履行社会责任的表率作用，促进社会主义和谐社会建设，为实现全面建设小康社会宏伟目标作出更大贡献。

（六）总体要求。中央企业要增强社会责任意识，积极履行社会责任，成为依法经营、诚实守信的表率，节约资源、保护环境的表率，以人为本、构建和谐企业的表率，努力成为国家经济的栋梁和全社会企业的榜样。

（七）基本原则。坚持履行社会责任与促进企业改革发展相结合，把履行社会责任作为建立现代企业制度和提高综合竞争力的重要内容，深化企业改革，优化布局结构，转变发展方式，实现又好又快发展。坚持履行社会责任与企业实际相适应，立足基本国情，立足企业实际，突出重点，分步推进，切实取得企业履行社会责任的成效。坚持履行社会责任与创建和谐企业相统一，把保障企业安全生产，维护职工合法权益，帮助职工解决实际问题放在重要位置，营造和谐劳动关系，促进职工全面发展，实现企业与职工、企业与社会的和谐发展。

三、中央企业履行社会责任的主要内容

（八）坚持依法经营诚实守信。模范遵守法律法规和社会公德、商业道德以及行业规则，及时足额纳税，维护投资者和债权人权益，保护知识产权，忠实履行合同，恪守商业信用，反对不正当竞争，杜绝商业活动中的腐败行为。

（九）不断提高持续盈利能力。完善公司治理，科学民主决策。优化发展战略，突出做强主业，缩短管理链条，合理配置资源。强化企业管理，提高管控能力，降低经营成本，加强风险防范，提高投入产出水平，增强市场竞争能力。

（十）切实提高产品质量和服务水平。保证产品和服务的安全性，改善产品性能，完善服务体系，努力为社会提供优质安全健康的产品和服务，最大限度地满足消费者的需求。保护消费者权益，妥善处理消费者提出的投诉和建议，努力为消费者创造更大的价值，取得广大消费者的信赖与认同。

（十一）加强资源节约和环境保护。认真落实节能减排责任，带头完成节能减排任务。发展节能产业，开发节能产品，发展循环经济，提高资源综合利用效率。增加环保投入，改进工艺流程，降低污染物排放，实施清洁生产，坚持走低投入、低消耗、低排放和高效率的发展道路。

（十二）推进自主创新和技术进步。建立和完善技术创新机制，加大研究开发投入，提高自主创新能力。加快高新技术开发和传统产业改造，着力突破产业和行业关键技术，增加技术创新储备。强化知识产权意识，实施知识产权战略，实现技术创新与知识产权的良性互动，形成一批拥有自主知识产权的核心技术和知名品牌，发挥对产业升级、结构优化的带动作用。

（十三）保障生产安全。严格落实安全生产责任制，加大安全生产投入，严防重、特大安全事故发生。建立健全应急管理体系，不断提高应急管理水平和应对突发事件能力。为职工提供安全、健康、卫生的工作条件和生活环境，保障职工的职业健康，预防和减少职业病和其他疾病对职工的危害。

（十四）维护职工合法权益。依法与职工签订并履行劳动合同，坚持按劳分配、同工同酬，建立工资正常增长机制，按时足额缴纳社会保险。尊重职工人格，公平对待职工，杜绝性别、民族、宗教、年龄等各种歧视。加强职业教育培训，创造平等发展机会。加强职代会的制度建设，深化厂务公开，推进民主管理。关心职工生活，切实为职工排忧解难。

（十五）参与社会公益事业。积极参与社区建设，鼓励职工志愿服务社会。热心参与慈善、捐助等社会公益事业，关心支持教育、文化、卫生等公共福利事业。在发生重大自然灾害和突发事件的情况下，积极提供财力、物力和人力等方面的支持和援助。

四、中央企业履行社会责任的主要措施

（十六）树立和深化社会责任意识。深刻理解履行社会责任的重要意义，牢固树立社会责任意识，高度重视社会责任工作，把履行社会责任提上企业重要议事日程，经常研究和部署社会责任工作，加强社会责任全员培训和普及教育，不断创新管理理念和工作方式，努力形成履行社会责任的企业价值观和企业文化。

（十七）建立和完善履行社会责任的体制机制。把履行社会责任纳入公司治理，融入企业发展战略，落实到生产经营各个环节。明确归口管理部门，建立健全工作体系，逐步建立和完善企业社会责任指标统计和考核体系，有条件的企业要建立履行社会责任的评价机制。

（十八）建立社会责任报告制度。有条件的企业要定期发布社会责任报告或可持续发展报告，公布企业履行社会责任的现状、规划和措施，完善社会责任的沟通方式和对话机制，及时了解和回应利益相关者的意见建议，主动接受利益相关者和社会的监督。

（十九）加强企业间的交流与国际合作。研究学习国内外企业履行社会责任的先进理念和成功经验，开展与履行社会责任先进企业的对标，总结经验，找出差距，改进工作。加强与有关国际组织的对话与交流，积极参与社会责任国际标准的制定。

（二十）加强党组织对企业社会责任工作的领导。充分发挥企业党组织的政治核心作用，广泛动员和引导广大党员带头履行社会责任，支持工会、共青团、妇女组织在履行社会责任中发挥积极作用，努力营造有利于企业履行社会责任的良好氛围。

五、CSC9000T：中国纺织企业社会责任管理体系总则及细则①

中国纺织企业社会责任管理体系总则及细则

前　言

为具体贯彻"以人为本，全面协调可持续的科学发展观"，"建设和谐社会"

---

① http://www.gold-ways.com/html/746.html。

的精神，中国纺织工业协会在引导全国纺织行业发展中，十分重视加强行业自律行为，并且把加强企业社会责任建设作为其中的一项重要工作。

企业社会责任的建设工作旨在使中国纺织工业能更好地融入国际产业链和供应链，规范市场秩序，以适应经济全球化的需要。企业社会责任的执行有利于增强企业的核心竞争力，促进企业健康持续发展，切实保障所有员工的合法利益，激励员工的主人翁精神。

CSC9000T（China Social Compliance 9000 for Textile & Apparel Industry）是基于相关中国法律法规和有关国际惯例上的、符合中国国情的中国纺织企业社会责任管理体系。

CSC9000T 中国纺织企业社会责任管理体系旨在为企业规定有效的社会责任管理体系要素，既包括社会责任的具体要求，又涵盖建立企业社会责任管理体系的模式。这些要素可与其他管理要求相结合，帮助企业实现其社会责任目标与经济目标，满足预防风险和持续改进的要求。如同其他管理体系一样，CSC9000T 不增加或改变企业的法律责任。

CSC9000T 总则是中国纺织企业公共的社会责任行为准则，它提出了对企业社会责任管理体系的总要求，指导企业建立自己的社会责任目标和指标。CSC9000T 细则是对总则的具体描述，帮助企业在细则的基础上建立社会责任管理体系，实现对行为准则的承诺，达到改善社会责任管理、切实保障所有员工的利益、激励员工发展的目的，从而增强企业人力资源的竞争力。

考虑到国内企业安全生产的现状，本 CSC9000T 管理体系特别加强了职业健康与安全的管理规范，以帮助企业切实改进管理，在为员工健康与安全着想的同时，降低企业的运行风险。

本 CSC9000T 管理体系基于策划—实施—检查—改进（PDCA）的运行模式。

CSC9000T 管理体系的成功实施有赖于企业中各个层次与职能的承诺，特别是高层管理者的承诺。

企业社会责任的建设工作得到了中华全国总工会中国财贸轻纺烟草工会的大力支持。

I 适用范围

1. CSC9000T 中国纺织企业社会责任管理体系提出了企业在承担社会责任及建立相应的管理体系的要求时，使企业能够根据中国法律、法规和其他应遵守的国际公约的要求，制定和实施企业社会责任管理体系。

2. 环境保护是社会责任的重要组成部分，ISO 14000 环境管理保证体系对此已作出详细规定，本 CSC9000T 管理体系不再重复其内容。

3. 本 CSC9000T 管理体系以纺织服装企业为适用对象。

4. 使用者必须对本 CSC9000T 的正确应用负责。

5. 遵从本 CSC9000T 管理体系并不能免于国家法律、法规的约束。

6. 本 CSC9000T 适用于任何有下列愿望的企业：

1）制定、实施、保持并改进企业社会责任管理体系。

2）使自己确信能符合所声明的企业社会责任行为准则。

3）通过下列方式向利益相关者展示对 CSC9000T 的符合：

a）进行自我评价和自我声明；

b）请感兴趣的一方（如顾客）予以确认；

c）寻求外部对企业的自我声明予以确认。

II 参照的法律法规、国际条约及标准体系

1. 本 CSC9000T 管理体系的制定以中华人民共和国相关法律的要求为基础，并充分参考了我国政府已批准的涉及社会责任的国际公约，同时参照了其他标准体系。

2. 本 CSC9000T 遵照的中华人民共和国法律法规包括，但不限于：

《中华人民共和国宪法》及历次宪法修正案

《中华人民共和国劳动法》

《中华人民共和国工会法》

《中华人民共和国妇女权益保障法》

《中华人民共和国未成年人保护法》

《中华人民共和国安全生产法》

《中华人民共和国职业病防治法》

《中华人民共和国残疾人保障法》

《中华人民共和国清洁生产促进法》

《集体合同规定》

《禁止使用童工规定》

《未成年工特殊保护规定》

《女职工劳动保护规定》

《工伤保险条例》

《最低工资规定》

《关于企业实行不定时工作制和综合计算工时工作制的审批方法》

国务院关于修改《国务院关于职工工作时间的规定》的决定

3. 本 CSC9000T 参照的国际公约和标准体系包括，但不限于：

《世界人权宣言》

《联合国儿童权利公约》

《公民和政治权利公约》

《经济、社会和文化权利国际公约》

《消除对妇女一切形式歧视公约》

国际劳工组织公约第 14 号（〈工业〉每周休息公约）

国际劳工组织公约第 19 号（〈事故赔偿〉同等待遇公约）

国际劳工组织公约第 26 号（确定最低工资办法公约）

国际劳工组织公约第 59 号（〈工业〉最低年龄公约〈修正〉）

国际劳工组织公约第 100 号（同酬公约）

国际劳工组织公约第 122 号（就业政策公约）

国际劳工组织公约第 138 号（准予就业最低年龄公约）

国际劳工组织公约第 144 号（〈国际劳工标准〉三方协商公约）

国际劳工组织公约第 150 号（劳动行政管理公约）

国际劳工组织公约第 159 号（〈残疾人〉职业康复和就业公约）

国际劳工组织公约第 170 号（化学品公约）

国际劳工组织公约第 182 号（最恶劣形式的童工劳动公约）

ISO 14000 环境管理保证体系

OHSAS 18000 职业健康与安全管理体系

BSCI 管理手册（2004 年）

Ⅲ 定义与术语

以下定义与术语适用于本 CSC9000T 管理体系。

1. **企业社会责任**

指企业除了为股东追求利润外，还应该承担对其他利益相关者的责任。其中，员工是企业社会责任中最主要的利益相关者。

2. **利益相关者**

任何可能受到企业决策与活动的影响，同时又可以影响企业决策与活动的各利益群体，包括员工、客户、供应商、社会团体、各下属与分支机构、合资伙伴、投资人、竞争者以及环境因素等。

3. **可持续发展**

既满足当代人的需求又不危害后代人满足其需求的发展方式，是一个涉及经济、社会、文化、技术和自然环境的综合的动态的概念。

4. 企业

任何以盈利为目的而生产产品或提供服务的组织。企业的范围包括，但不局限于：国有企业、合资企业、外资企业、合伙企业、集体企业、个人独资企业等。

5. 童工

任何未满 16 周岁，受雇于某企业，为获得报酬而从事劳动或提供服务的人。

6. 未成年工人

任何年满 16 周岁但未满 18 周岁，受雇于某企业，为获得报酬而从事劳动或提供服务的人。

7. 强迫或强制劳动

以任何惩罚相威胁，强迫任何人从事的非本人自愿的一切劳动或服务，但不应包括：

1）根据义务兵役制为纯军事性质的工作从事劳动或服务；

2）作为国家公民应尽的正常义务；

3）在发生战争、火灾、水灾、饥荒、地震、恶性流行病等灾害，可能危及居民生存或安宁的情况下，强制付出的劳动或服务。

8. 个人特性

在本 CSC9000T 中包括年龄、性别、体型、身体状况等客观因素。

9. 工会组织

员工依照国家现行法律自愿结合成的群众组织。中华全国总工会及其各级工会组织代表会员和员工的利益，依法维护员工的合法权益。

10. PDCA

即策划—实施—检查—改进的运行模式：

策划（Plan）——建立所需的目标和程序，以实现企业的社会责任行为准则所期望的结果。

实施（Do）——对程序予以实施。

检查（Check）——根据企业的社会责任行为准则、目标、指标以及法律法规和其他要求，对程序进行监测和测量，并报告其结果。

改进（Act）——采取措施，以持续改进社会责任管理体系的表现。

Ⅳ 总则（企业社会责任行为准则）

CSC9000T 总则是中国纺织企业公共的社会责任行为准则。企业应该在显著的位置将此张贴出来，并确保传达到所有的员工。

1. 管理体系

企业应当在相关的中国法律法规和国际公约的基础上，按照本 CSC9000T 的要求，制定、实施、保持并改进企业社会责任管理体系，提出具体的企业社会责任目标和指标，形成必要的文件，确定将如何实现这些目标和指标，并审核实施结果，达到持续改进的目的。

2. 劳动合同

企业招用员工时应当订立书面劳动合同。

3. 童工

严格禁止招用童工。

4. 强迫或强制劳动

严格禁止企业使用或支持使用强迫或强制劳动。

5. 工作时间

企业应当遵守国家法律、法规有关工作时间的要求。

6. 薪酬与福利

企业应当保证向员工支付的工资、福利待遇不低于法律、法规的要求，并且以货币形式支付。

7. 工会组织和集体谈判权

企业应当承认并尊重员工组织和参加工会，以及进行集体谈判的权利。

8. 歧视

严格禁止企业因民族、种族、宗教信仰、残疾、个人特性等原因使员工受到歧视。

9. 骚扰与虐待

企业应当保障每位员工的身体与精神健康，禁止骚扰、虐待与体罚。

10. 职业健康与安全

企业应基于 PDCA 的运行模式，建立、实施、保持并改进职业健康与安全管理体系，为所有员工提供一个健康和安全的工作环境。

V 管理体系要求（总则和细则）

1. 管理体系

总则：

企业应当在相关的中国法律法规和国际公约的基础上，按照本 CSC9000T 的要求，制定、实施、保持并改进企业社会责任管理体系，提出具体的企业社会责任目标和指标，形成必要的文件，确定将如何实现这些目标和指标，并审核实施结果，达到持续改进的目的。

细则:

1.1　企业社会责任行为准则

CSC9000T 总则是中国纺织企业公共的社会责任行为准则,企业的高层管理者应确保将之:

1)形成文件,付诸实施,并予以保持;

2)传达到所有为企业工作或代表企业工作的人员;

3)可为利益相关者所获取。

1.2　规划

1)法律法规:企业应建立、实施并保持一个或多个程序,用来识别适用的法律、法规要求和其他要求,并建立获取这些要求的渠道。

2)目标、指标和方案:企业应对其内部各个有关职能和层次,建立、实施并改进企业社会责任目标和指标,确定实现目标和指标的方案,规定职责和时间表,并应形成文件。目标和指标应该尽可能可测量,并与企业社会责任行为准则相一致。

1.3　实施和运行

1)资源、职能、职责和权限。

管理者应确保为 CSC9000T 管理体系的制定、实施、保持并改进提供必要的资源。资源包括人力资源和财力资源等。

为便于社会责任管理工作的有效开展,应当对职能、职责和权限做出明确规定,形成文件,并予以传达。企业的高层管理者应任命专门的管理者代表,无论其是否还负有其他方面的责任,并明确规定其职能、职责和权限,以便:

a)确保按照本 CSC9000T 的要求制定、实施和保持企业 CSC9000T 社会责任管理体系;

b)向高层管理者报告 CSC9000T 管理体系的运行表现(绩效情况)以供评审,并提出改进建议。

2)能力、培训和意识。

企业应确保所有为它工作的人员,特别是从事对职业健康与安全有重大影响的人员,都具备相应的能力。能力的获得可以基于必要的培训、教育或具有所需的经验。企业应保存相关的记录。

企业应根据工作性质确定能力需求,并提供相应的培训,或采取其他措施来满足这些需求,并保存相关的记录。

企业应建立、实施并保持一个或多个程序,使为它或代表它工作的人员都意识到:

a)职业健康与安全的重要性;

b）他们工作中实际存在的或潜在的影响职业健康与安全的因素，以及个人工作的改进所能带来的影响；

c）他们在实现职业健康与安全方面的职能与职责；

d）偏离规定的运行程序的潜在后果。

3）信息交流。

企业应建立、实施并保持一个或多个程序，用于有关 CSC9000T 管理体系的：

a）企业内部各层次和职能间的信息交流；

b）与外部利益相关者沟通的接收、形成文件和答复。

4）文件 CSC9000T 管理体系文件应包括：

a）企业社会责任行为准则、目标和指标；

b）对 CSC9000T 管理体系主要要求的描述以及相关文件的查询途径；

c）本 CSC9000T 要求的文件，包括记录；

d）企业为确保符合 CSC9000T 管理体系的要求，进行有效规划、运行和控制所需的文件，包括记录。

5）文件控制。

企业应对 CSC9000T 管理体系所要求的文件进行有效控制。记录是一种特殊的文件，应按照本章 1.4 4）的要求进行控制。

企业应建立、实施并保持一个或多个程序，以便：

a）在文件发布前进行审批，以确保其适宜性；

b）必要时对文件进行评审和修订，并重新审批；

c）确保对文件的修改和现行修订状态做出标识；

d）确保适用文件的有效版本发放到相关部门或个人；

e）确保文件字迹清楚，标识清楚；

f）确保对规划和运行 CSC9000T 管理体系所需的外部文件做出标识，并对其发放予以控制；

g）防止对过期文件的误用。如出于某种目的将其保留，应做出适当的标识。

6）运行控制。

企业应根据 CSC9000T 的要求以及本企业制定的目标和指标，识别和规划有关的运行，特别是对职业健康与安全有重大影响的运行，以确保它们通过下列方式在规定的条件下进行：

a）对于缺乏书面程序或作业指导书可能导致偏离行为准则、目标和指标的情况，应建立、实施并保持一个或多个书面的程序或作业指导书予以控制；

b）在程序中规定运行规则；

c）对于企业所确定的影响职业健康与安全的重大因素，应建立、实施并保持必要的程序，并将适当的程序通报合同方或承包方。

7）处理意见及采取纠正措施。

当员工和其他利益相关者质疑企业是否符合企业社会责任行为准则或本CSC9000T管理体系规定的事项之时，公司应该调查、处理并做出反应；员工如果提供关于企业是否遵守本CSC9000T的资料，该企业不可对其采取惩处、解雇或歧视的行为。

如果发现任何违反企业社会责任行为准则或本CSC9000T社会责任管理体系规定的事项的，企业应该根据其性质和严重性，调配相应的资源予以适当的补救和纠正。

8）应急准备和应对。

企业应建立、实施并保持一个或多个程序，用于确定可能对职业健康与安全造成影响的潜在的紧急情况和事故，并规定应对措施。

企业应该对实际发生的紧急情况和事故做出应对，并预防或减少进一步的负面影响。

企业应定期评审其应急准备和应对程序。必要时，特别是在紧急情况和事故发生后，对其进行修订。可行时，企业还应定期试验应急和应对程序，例如定期进行火警演习。

1.4　检查

1）监测和测量。

企业应建立、实施并保持一个或多个程序，对可能影响职业健康与安全的关键特性进行例行监测和测量。程序中应规定监测和测量项目、目标和指标，并形成文件。

企业应确保所使用的监测和测量设备经过校准和检验，予以妥善维护，并保存相关记录。

2）合规性评价。

为了履行对合规性的承诺，企业应建立、实施并保持一个或多个程序，以定期评价对适用的法律法规以及其他相关要求的遵循情况，并保存定期评价结果的记录。

3）不符合、纠正和预防措施。

企业应建立、实施并保持一个或多个程序，用来处理实际或潜在的不符合，采取纠正措施和预防措施。程序中应规定以下方面的要求：

a）识别和纠正不符合，并采取措施减少所造成的影响；

b）对不符合进行调查，确定其产生原因，并采取措施避免重复发生；

c）评价采取措施以预防不符合的需求，实施所制定的适当措施，以避免不符合的发生；

d）记录采取纠正和预防措施的结果；

e）评审所采取的纠正和预防措施的有效性。

所采取的措施应与问题的严重性相匹配。

企业应确保对其CSC9000T管理体系文件进行必要的更改。

4）记录控制。

企业应根据需要，建立并保持必要的记录，用来证实符合其企业社会责任行为准则和本CSC9000T管理体系的要求，以及所取得的结果。

企业应建立、实施并保持一个或多个程序，用于记录的标识、存放、保护、检索、留存和处置。记录应字迹清楚，标识明确，并具有可追溯性。

记录可包括，但不限于：抱怨投诉记录、培训记录、监测和测量记录、有关的合同方和承包方记录、偶发事件报告、应急准备试验记录、审核结果、管理评审结果、适用的法律法规要求记录、绩效记录、相关会议记录、和利益相关者的交流记录，等等。

5）内部审核。

企业应确保按照计划对其CSC9000T管理体系进行内部审核。目的包括：

a）评判企业的CSC9000T管理体系是否符合相关的要求，以及是否得到了妥善的实施和保持；

b）向管理者报告审核结果。

企业应建立、实施并保持一个或多个审核程序，用来规定职责和要求、审核原则、范围、频次和方法，报告审核结果，并保存相关记录。审核员的选择和审核的实施应确保审核过程的客观性和公正性。

1.5　管理评审

企业的高层管理者应按计划的时间间隔，对企业的CSC9000T管理体系进行评审，以确保体系的持续适宜性、充分性和有效性。评审应包括对企业社会责任行为准则、目标和指标进行改进的机会和修改的需求。应保存管理评审记录。

管理评审的输入应包括：内部审核和合规性评价的结果、与利益相关者的交流、企业的社会责任实行绩效、目标和指标的实现程度、纠正和预防措施的状况、以前管理评审的跟进措施、相关法律法规和其他要求的发展变化、改进建议等。

管理评审的输出应包括：为实现持续改进的承诺而做出的，和企业社会责任行为准则、目标和指标的修改有关的决策和行动。

2. 劳动合同

总则：

企业招用员工时应当订立书面劳动合同。

细则：

2.1   企业招用员工时应当按照法律、法规的要求，在平等自愿、协商一致的基础上与员工签订劳动合同。

2.2   劳动合同应当以书面形式订立，并具备以下条款：

1）劳动合同期限；

2）工作内容；

3）劳动保护和劳动条件；

4）工作时间；

5）劳动报酬；

6）劳动纪律；

7）劳动合同终止的条件；

8）违反劳动合同的责任。

3. 童工

总则：

严格禁止招用童工。

细则：

3.1   企业不得招用或支持招用未满 16 周岁的未成年人，包括应依法接受义务教育的人。

3.2   如果发现已经招用了未满 16 周岁的未成年人从事工作，则该企业应当建立、记录并保留旨在救济被招用未满 16 周岁的未成年人的措施以保障其身心健康，并保障其接受义务教育的权利。

3.3   企业招用未成年工人必须符合国家法律、法规的要求。

3.4   企业依照国家有关规定招用未成年工人的，必须在工种、劳动时间、劳动强度和保护措施等方面执行国家有关规定，不得安排其从事过重、有毒、有害的劳动或危险作业。

3.5   无论在工作地点内外，未成年工人不应被置于危险、不健康、不安全的环境中，并且企业应保证其每年至少接受一次体检。

4. 强迫或强制劳动

总则：

严格禁止企业使用或支持使用强迫或强制劳动。

细则：

4.1 任何企业都不得以暴力、威胁或者非法限制人身自由等手段强迫或强制员工劳动或服务。

4.2 企业不得在招用条件中规定任何个人缴费内容，也不得强制要求员工寄存身份证件。

5. 工作时间

总则：

企业应当遵守国家法律、法规有关工作时间的要求。

细则：

5.1 企业应当保证在正常情况下员工每日工作不超过 8 小时、每周工作不超过 40 小时。

5.2 企业应当保证员工每 7 天之内至少有一天的休息日。

5.3 企业由于生产经营需要，通过与工会和员工协商后可以延长工作时间，一般每日不得超过 1 小时。因特殊原因需要延长工作时间的，在保障员工身体健康不受影响的条件下，可延长工作时间每日不得超过 3 小时，但每月累计不得超过 36 小时。

5.4 企业因市场周期性的变化不能实行 5.1、5.2、5.3 规定时，可依据劳动法申请实行综合计算工时工作制，即分别以周、月、季、年等为周期，综合计算工作时间，但其平均日工作时间和平均周工作时间应与法定标准工作时间基本相同。

5.5 企业应当为所有的超时工作支付法律、法规规定的额外的报酬。

6. 薪酬与福利

总则：

企业应当保证向员工支付的工资、福利待遇不低于法律、法规的要求，并且以货币形式支付。

细则：

6.1 员工在正常劳动的情况下，企业应当保证支付给员工的工资在除掉以下各项后仍然不低于企业所在地最低工资标准：

1）延长工作时间产生的额外的报酬；

2）以货币形式支付的住房补贴以及伙食补贴；

3）中班、夜班、高温、低温、井下、有毒有害等特殊工作环境和条件下的津贴；

4）国家法律、法规规定的员工应当获得的福利待遇等。

6.2 企业应当保证不克扣和无故拖欠员工的工资。

6.3 企业应当保证不采取虚假的学徒工制度以规避涉及劳动和社会保障的适用法律、法规所规定的企业对员工应尽的义务。

7. 工会组织和集体谈判权

总则：

企业应当承认并尊重员工组织和参加工会以及进行集体谈判的权利。

细则：

7.1 员工不分民族、种族、性别、职业、宗教信仰、教育程度都有依法组织和参加工会的权利。企业不得对此加以阻挠和限制。

7.2 企业不能仅因为员工参加工会或者履行工会职责而单方与该员工解除劳动合同，打击报复该员工或者使该员工受到并非公正合理的对待。

7.3 企业应当支持工会的建立、运转和管理，保证工会及其代表在依法行使职责时不会受到无端干涉和破坏。

7.4 企业应当保障工会、员工能够利用通畅的渠道就企业社会责任管理体系的修正和改进与高层管理者进行沟通。

7.5 员工与企业可以就劳动报酬、工作时间、休息休假、职业健康与安全、保险福利等事项，签订集体合同。集体合同由工会代表职工与企业签订；没有建立工会的企业可以由职工推举的代表与企业签订。

8. 歧视

总则：

严格禁止企业因民族、种族、宗教信仰、残疾、个人特性等原因使员工受到歧视。

细则：

8.1 员工不应当仅因其民族、种族、宗教信仰、残疾、个人特性等客观原因而在招用、培训、晋级、薪酬、生活福利、社会保险、解聘、退休等方面受到不公平的对待。

8.2 企业应当尊重员工不同的风俗习惯和信仰，只要该风俗习惯与信仰在合理的范围内并且不会伤害到企业或其他员工的合法权益。

8.3 女性享有与男性同等的就业权利。企业在聘任员工时，除法律规定不适合女性从事的工种或者岗位外，不得仅以性别为由拒绝招用女性或者提高对女性的聘任标准。

8.4 任何企业不得仅以结婚、怀孕、生产、哺乳等为由辞退女员工或者单方解除劳动合同。

8.5 企业应当保证男女员工同工同酬。

8.6 残疾员工所在的企业应当对残疾员工进行岗位技术培训，提高其劳动技能和技术水平。

9. 骚扰与虐待

总则：

企业应当保障每位员工的身体与精神健康，禁止骚扰、虐待与体罚。

细则：

9.1　企业应保证员工不会受到体罚、殴打；企业也不得支持或纵容该类行为。

9.2　企业应保证员工不会受到人身、性、心理或者语言上的骚扰或虐待；企业也不得支持或纵容该类行为。

9.3　企业应当避免和制止管理人员要求员工以性好感作为获得有利待遇的交换或者作为保住工作的条件。

10. 职业健康与安全

总则：

企业应基于 PDCA 的运行模式，建立、实施、保持并改进职业健康与安全管理体系，为所有员工提供一个健康和安全的工作环境。

细则：

10.1　企业职业健康与安全方针。

企业的高层管理者应在国家法律法规的框架内制定企业职业健康与安全方针，方针应清楚地陈述职业健康与安全的总目标和提高安全绩效的承诺。方针还应包括：

1）适合企业职业健康与安全的风险性质和程度；

2）包括对降低风险和持续改进的承诺；

3）文件化；

4）可实施和维持；

5）传达给所有的员工，使员工清楚地认识到各自工作所承受的职业健康与安全的风险以及各自的责任；

6）可向利益相关者公开；

7）定期进行检查和评审，以确定方针的有效性和适宜性。

10.2　规划。

1）法律法规：企业应建立并保持必要的程序，用来识别和取得适用的法律法规和其他职业健康与安全的要求。

2）危险辨识、风险评估和风险控制的规划：企业应建立并保持必要的程序，用以进行危险辨识、风险评估和风险控制。

3）目标和指标：企业应对其内部各个有关职能和层次建立、实施并改进职业健康与安全目标和指标，规定职责和时间表，并应形成文件。目标和指标应该尽可能可测量，并与企业职业健康与安全方针相一致。

10.3　实施与运作。

1）职责、资源与管理：企业应确定对职业健康与安全有影响的管理人员、执行人员和其他相关人员的职责和权限，指定一名高层管理人员（无论其是否还负有其他方面的责任）具体负责职业健康与安全管理程序的正确实施，并提供实施和改进职业健康与安全管理所需要的资源。

2）能力、培训和认知：对于工作上可能对职业健康与安全有影响的人员，企业应确保他们具有相应的能力，并确保他们对所从事工作的风险性和应急准备等有足够的认知。能力应以适当的学习、培训和经验来界定。

3）信息交流和沟通：企业应建立程序，确保与职业健康与安全有关的信息在企业内部各层次和职能间进行交流。

4）文件和文件控制：企业应建立并保存必要的文件，以确保职业健康与安全工作的管理和绩效改进。文件必须实用、有效且最少。

5）作业控制：企业应鉴别出哪些作业和活动与已确认的需要采取控制措施的风险有关，并通过必要的作用指导书和培训来规划上述作业与活动。

6）应急准备和应对：企业应建立并保持必要的程序，以鉴别可能发生的意外事件并做出应对，以及预防和减轻意外事件和紧急状态可能造成的伤害。企业应定期评审其应急准备和应对计划与程序，特别是意外事件或紧急状态发生以后。可能时，企业应定期测试这种程序。

10.4　检查与纠正措施。

1）绩效测量与监督：企业应建立并保持必要的程序，以定期监控和测量职业健康与安全绩效。

2）事故、事件、不符合和纠正与预防措施：企业应建立并保持必要的程序，用来界定责任与权限，以调查和处理事故、事件和不符合，并采取纠正与预防措施，消除实际的或潜在的不合格原因。程序应要求所有建议的纠正与预防措施在实施之前通过风险评估过程进行评审。

3）记录与记录的管理：企业应建立并保持必要的程序，以保存职业健康与安全记录，以及审核和评审记录，并规定记录保存期。

4）内部审核：企业应建立并保持必要的程序，以定期对职业健康与安全管理体系进行内部审核，将审核结果提供给管理层，并保存记录。

10.5　管理评审。

企业的高层管理者应依据预订的时间间隔，对职业健康与安全管理体系进行管理评审，以保证其持续的适宜性、符合性和有效性，并保持记录。

10.6　员工宿舍。

如果企业为员工提供宿舍，宿舍及其设施的卫生与安全保障应纳入企业健康与安全的管理体系中。

六、上海银行业金融机构企业社会责任指引

中国银行业监督管理委员会上海监管局
关于印发《上海银行业金融机构企业社会责任指引》
的通知

（沪银监通〔2007〕30号）

上海市各银行业金融机构：

现将《上海银行业金融机构企业社会责任指引》印发给你们，请结合实际，认真执行。

附件：上海银行业金融机构企业社会责任指引

中国银行业监督管理委员会上海监管局
二〇〇七年四月九日

上海银行业金融机构企业社会责任指引

第一章　总　则

第一条　为督促上海银行业金融机构（以下简称"银行业机构"）落实科学发展观，承担企业社会责任，促进经济、社会与环境的可持续发展，根据《中华人民共和国公司法》、《中华人民共和国银行业监督管理法》等相关法律法规，制定本指引。

第二条　本指引适用于在上海市设立的法人商业银行，包括中资商业银行、外商独资银行、中外合资银行、政策性银行、国有商业银行、金融资产管理公司、股份制商业银行、邮政储蓄银行和外国银行在上海市设立的分支机构以及

非银行金融机构参照本指引执行。

第三条　本指引所称企业社会责任是指银行业机构对其股东、员工、金融消费者等利益相关者以及社会与环境的可持续发展所应承担的法律责任和道德责任。

银行业机构的企业社会责任至少应包括：

（一）维护股东合法权益，公平对待所有股东；

（二）以人为本，重视和保护员工的合法权益；

（三）诚信经营，维护金融消费者合法权益；

（四）反不正当竞争，反商业贿赂，反洗钱，营造良好市场竞争秩序；

（五）节约资源，保护和改善自然生态环境；

（六）改善社会金融服务，促进社区发展；

（七）关心社会发展，支持社会公益事业。

第四条　银行业机构应遵守法律法规和公司章程，遵守社会公德和商业道德，加强企业社会责任管理。

第五条　银行业机构应确立正确的经营理念和价值观念，建设具有社会责任感的企业文化，促进社会与环境的可持续发展。

第二章　利益相关者权益保护

第六条　银行业机构应完善公司治理结构，安全稳健经营，加强关联交易管理，履行信息披露义务，确保股东享有法律法规和公司章程规定的各项权益。

第七条　银行业机构应遵循按劳分配、同工同酬原则，改善人力资源管理，重视员工健康和安全，加强员工培训，提高员工职业素质和从业技能，促进员工全面发展，发挥员工积极性、主动性和创造性。

第八条　银行业机构应重视金融消费者权益保护，有效提示风险、披露信息，公平对待金融消费者，加强客户投诉管理，完善客户信息保密制度。

第九条　银行业机构应承担金融消费者教育的责任，开展金融知识普及教育活动，引导和培育社会公众的金融意识和风险意识。

第三章　环境保护

第十条　银行业机构应制定资源节约与环境保护计划，尽可能减少日常营运对环境的负面影响。

第十一条　银行业机构应确保经营战略、政策和程序符合国家产业政策和环保政策的要求，优化资源配置，支持社会经济和环境的可持续发展。

第十二条　银行业机构应通过信贷等金融工具支持客户节约资源、保护环境，引导和鼓励客户增强社会责任意识。

第十三条　银行业机构应制定项目融资的环境影响评估程序，加强风险管理，不以降低信贷标准作为业务竞争手段，不向高污染、高耗能项目发放贷款。

第四章　公共利益维护

第十四条　银行业机构应加强合规管理，规范经营行为，遵守银行业从业人员行为准则、反不正当竞争公约、反商业贿赂公约等行业规则，开展公平竞争，维护银行业良好的市场竞争秩序。

第十五条　银行业机构应为社区提供金融服务便利，创新小企业贷款等金融服务机制，提高金融服务质量，支持社区经济发展。

第十六条　银行业机构应关心社会发展，参与环境保护、社区建设等社会公益活动。

第五章　企业社会责任管理

第十七条　银行业机构应根据经营规模、业务复杂程序和发展战略，明确企业社会责任目标，践行对利益相关者的承诺。

第十八条　银行业机构应参照国内外企业社会责任的良好做法，在业务流程和管理程序中体现企业社会责任的管理要求。

第十九条　银行业机构应建立适当的评估机制，定期评估企业社会责任履行情况，包括信贷等核心业务对社会与环境的影响，并将企业社会责任评估与改善内部管理相结合，提升经营管理绩效。

第二十条　银行业机构应于每年6月底前向监管部门提交上一年度的企业社会责任报告。鼓励银行业机构通过网站渠道，公开披露企业社会责任报告。

第六章　附　　则

第二十一条　本指引由中国银行业监督管理委员会上海监管局负责解释。

第二十二条　本指引自发布之日起施行。

发布日期：2007年4月9日　实施日期：2007年4月9日（地方法规）

七、福建上市公司、证券期货经营机构、证券期货服务机构社会责任指引

关于印发《福建上市公司、证券期货经营机构、证券期货服务机构社会责任指引》的通知

（闽证监发〔2008〕30号）

辖区各上市公司、证券期货经营机构、证券期货服务机构：

为深入落实科学发展观，构建和谐社会，推进福建省上市公司、证券期货经营机构、证券期货服务机构在海峡西岸区域资本市场的建设中，认真履行社会责任，实现自身与社会、环境的全面协调可持续发展，根据《公司法》、《证券法》等法律、法规、规章，我局制定了《福建上市公司、证券期货经营机构、证券期货服务机构社会责任指引》，现印发给你们，请遵照执行。

附件：福建上市公司、证券期货经营机构、证券期货服务机构社会责任指引

二〇〇八年三月八日

福建上市公司、证券期货经营机构、证券期货服务机构社会责任指引

第一章　总　　则

第一条　为深入落实科学发展观，构建和谐社会，推进福建省上市公司、证券期货经营机构、证券期货服务机构在海峡西岸区域资本市场的建设中，认真履行社会责任，实现自身与社会、环境的全面协调可持续发展，根据《公司法》、《证券法》等法律、法规、规章，制定本指引。

第二条　本指引适用于注册地在福建省内的上市公司、证券期货经营机构（包括证券公司、基金公司、期货公司等）和证券期货服务机构（包括投资咨询机构、财务顾问机构、资信评级机构、会计师事务所、律师事务所、资产评估

机构等），以及注册地在福建省外的证券期货经营机构、证券期货服务机构在福建省内设立的分支机构，外资证券机构在福建省内设立的代表处（以下统称"社会责任主体"）。

第三条 本指引所称的社会责任是指社会责任主体对国家和社会的全面发展、自然环境和资源，以及股东（包括出资人，下同）、客户、债权人、职工、消费者、供应商、社区等利益相关方所应当承担的责任。

第四条 社会责任主体应当在追求经济效益、保护股东合法权益的同时，切实增强社会责任意识，积极保护债权人和职工的合法权益，诚信对待供应商、客户和消费者，积极从事环境保护、社区建设等公益事业，参与资本市场文化建设，促进自身与全社会的协调、和谐和可持续发展，促进福建省证券期货市场的长期、稳定、健康发展。

第五条 社会责任主体在经营活动中，应当遵循自愿、公平、等价有偿、诚实信用的原则，遵守社会公德、商业道德，自觉接受政府和社会公众的监督。

第六条 社会责任主体应当按照本指引要求，积极履行社会责任，定期评估社会责任的履行情况，及时披露社会责任报告。

第二章 股东和债权人权益保护

第七条 社会责任主体应当完善自身的治理结构，公平对待所有股东，确保股东充分享有法律、法规、规章所规定的各项合法权益。

第八条 上市公司、证券期货经营机构应当选择合适的时间、地点召开股东（大）会，充分听取股东尤其是中小股东的意见，并尽可能采取网络投票等方式，促使更多的股东特别是中小股东能够参加会议，保障其顺利行使权利。

第九条 上市公司、证券期货经营机构应当严格按照有关法律、法规、规章和证券交易所业务规则的规定，履行信息披露义务。对可能影响股东和其他投资者投资决策的信息，应当积极进行披露，并公平对待所有投资者，不得进行选择性信息披露。

第十条 社会责任主体应当优化发展战略，突出做强主业，缩短管理链条，合理配置资源。要不断强化自身管理，提高管控能力，降低经营成本，加强风险防范，提高投入产出水平，增强市场竞争能力。

第十一条 社会责任主体应当推进自主创新和技术进步。建立和完善技术创新机制，加大研究开发投入，提高自主创新能力。强化知识产权意识，实施知识产权战略，实现技术创新与知识产权的良性互动。

第十二条 社会责任主体应当制定长期和相对稳定的利润分配政策和办法，制定切实合理的分红方案，积极回报股东。

第十三条　社会责任主体应当确保财务稳健，保障资产、资金安全，在追求股东利益最大化的同时兼顾债权人的合法权益，不得为了股东的利益损害债权人的合法权益。

第十四条　社会责任主体在经营决策过程中，应当充分考虑债权人的合法权益，及时向债权人通报与其债权权益相关的重大信息；当债权人为维护自身利益需要了解有关财务、经营和管理等情况时，社会责任主体应当予以配合和支持。

第三章　供应商、客户和消费者权益保护

第十五条　社会责任主体应当对供应商、客户和消费者诚实守信，不得依靠虚假宣传和广告牟利，不得侵犯供应商、客户的著作权、商标权、专利权等知识产权。

第十六条　社会责任主体应当切实提高产品质量和服务水平，特别是要保证其提供的商品或者服务的安全性，努力为社会提供优质安全健康的产品和服务，最大限度地满足消费者的需求。对可能危及人身、财产安全的商品和服务，应当向消费者作出真实说明和明确警示，并标明正确使用方法。

第十七条　社会责任主体应当建立相应程序，严格监控和防范自身、职工与客户、供应商进行的各类商业贿赂活动。

第十八条　社会责任主体应当妥善保管供应商、客户和消费者的个人信息，未经授权许可，不得使用或者转售上述个人信息牟利。

第十九条　社会责任主体应当提供良好的售后服务，妥善处理供应商、客户和消费者等提出的投诉和建议。

第二十条　社会责任主体如发现其提供的商品或者服务存在严重缺陷的，即使使用方法正确仍可能对人身、财产安全造成危害的，应当立即向有关主管部门报告并告知消费者，同时采取防止危害发生的措施。

第二十一条　社会责任主体应当敦促客户和供应商遵守商业道德和社会公德，对拒不改进的客户或者供应商，应当拒绝向其出售产品、提供服务或者使用其产品。

第二十二条　证券期货经营机构应当重视客户权益保护，确保客户资产安全，有效提示投资风险，充分披露信息，公平对待客户，加强客户投诉管理，完善客户信息保密制度。

第二十三条　证券期货经营机构和证券期货服务机构在推荐理财产品、服务时，应当向客户充分提示投资风险，使客户充分认识到"市场有风险，入市须谨慎"、"买者自负"的含义，由客户自主作出决定，并做好后续跟踪服务。

第二十四条　证券期货经营机构和证券期货服务机构应当承担投资者教育责任，充分整合投资者教育资源，完善制度，拓宽渠道，创新方式，充实内容，引导社会公众树立理性投资理念。

第二十五条　社会责任主体应当自觉建立反洗钱机制，不得为洗钱提供便利。

第四章　职工权益保护

第二十六条　社会责任主体应当严格遵守《劳动法》、《劳动合同法》，依法与职工签订并履行劳动合同，切实保护职工的合法权益，建立和完善包括薪酬体系、激励机制等在内的用人制度，保障职工依法享有劳动权利和履行劳动义务。

第二十七条　社会责任主体应当尊重职工人格和保障职工合法权益，关爱职工，促进劳资关系的和谐稳定，按照国家有关规定对女职工实行特殊劳动保护。不得非法强迫职工进行劳动，不得对职工进行体罚、精神或者肉体胁迫、言语侮辱及其他任何形式的虐待。

第二十八条　社会责任主体应当建立、健全劳动安全卫生制度，严格执行国家劳动安全卫生规程和标准，加大安全生产投入，对职工进行劳动安全卫生教育，严防重、特大安全事故发生。建立健全应急管理体系，不断提高应急管理水平和应对突发事件能力。为职工提供安全、健康、卫生的工作条件和生活环境，保障职工职业健康，最大限度预防和减少职业病和其他疾病对职工的危害。

第二十九条　社会责任主体应当遵循按劳分配、同工同酬的原则，建立工资正常增长机制，按时足额缴纳社会保险，不得克扣或者无故拖欠职工工资，不得采取纯劳务性质的合约安排，或者变相试用等形式，降低对职工的工资支付和社会保障。

第三十条　社会责任主体不得干涉职工信仰自由，不得因民族、种族、国籍、宗教信仰、性别、年龄等对职工在聘用、报酬、培训机会、升迁、解职或者退休等方面采取歧视行为。

第三十一条　社会责任主体应当建立职业培训制度，按照国家规定提取和使用职业培训经费，积极开展职工培训，并鼓励和支持职工参加业余进修培训，为职工发展提供更多的机会。

第三十二条　社会责任主体应当根据自身实际情况，依据《公司法》和章程等规定，建立起职工董事、职工监事选任制度；支持工会依法开展工作，对工资、福利、劳动安全卫生、社会保险等涉及职工切身利益的事项，通过职工代表大会、工会会议的形式听取职工的意见，关心和重视职工的合理需求。

第五章　环境保护与可持续发展

第三十三条　社会责任主体应当确保经营战略、政策和程序符合国家产业政策和环保政策的要求，优化资源配置，支持社会经济和环境的可持续发展。

第三十四条　社会责任主体应当根据其对环境的影响程度制定整体环境保护政策，指派具体人员负责环境保护体系的建立、实施、保持和改进，并为环保工作提供必要的人力、物力以及技术和财力支持。

第三十五条　证券期货经营机构和证券期货服务机构应当制定上市辅导项目、并购重组咨询项目等的环境影响评估程序，加强风险管理，不以降低辅导、咨询项目选择标准作为业务竞争手段，不为高污染、高耗能项目提供上市辅导和并购重组咨询等服务。

第三十六条　上市公司的环境保护政策通常应当包括以下内容：

（一）符合所有相关环境保护的法律、法规、规章的要求；

（二）减少包括原料、燃料在内的各种资源的消耗；

（三）减少废料的产生，并尽可能对废料进行回收和循环利用；

（四）尽量避免产生污染环境的废料；

（五）采用环保的材料和可以节约能源、减少废料的设计、技术和原料；

（六）尽量减少由于经营主体的发展对环境造成的负面影响；

（七）为职工提供有关保护环境的培训；

（八）创造一个可持续发展的环境。

第三十七条　上市公司应当尽量采用资源利用率高、污染物排放量少的设备和工艺，应当用经济合理的废弃物综合利用技术和污染物处理技术。

第三十八条　排放污染物的上市公司，应当依照国家环保部门的规定申报登记。排放污染物超过国家或者地方规定的上市公司，应当依照国家规定缴纳超标准排污费，并负责治理。

第三十九条　社会责任主体应当定期指派专人检查环保政策的实施情况，对不符合经营主体环境保护政策的行为应当予以纠正，并采取相应补救措施。

第六章　公共关系和社会公益事业

第四十条　社会责任主体在经营活动中应当充分考虑社区的利益，鼓励设立专门机构或者指定专人协调自身与社区的关系。

第四十一条　社会责任主体应当在力所能及的范围内，积极参与社区建设，鼓励职工志愿服务社会。热心参与慈善、捐助等社会公益事业，关心支持环境保护、教育、文化、科学、卫生、社区建设、扶贫济困等公共福利事业。在发生重大自然灾害和突发事件的情况下，积极提供财力、物力和人力等方面的支持和援助。

第四十二条　社会责任主体应当主动接受政府部门和监管机关的监督和检查，关注社会公众及新闻媒体的评论。

第七章　制度建设与信息披露

第四十三条　社会责任主体应当把履行社会责任提上重要议事日程，经常研究和部署社会责任工作，加强社会责任全员培训和普及教育，不断创新管理理念和工作方式，在业务流程和管理程序中体现社会责任的管理要求，努力形成履行社会责任的价值观。

第四十四条　社会责任主体应当建立和完善履行社会责任的体制机制。明确归口管理部门，建立健全工作体系，逐步建立和完善社会责任指标统计和考核体系。要建立履行社会责任的评价机制，定期检查和评价社会责任制度的执行情况和存在问题，形成社会责任报告。上市公司和证券期货经营机构要定期发布社会责任报告或者可持续发展报告，公布履行社会责任的现状、规划和措施，完善社会责任沟通方式和对话机制，及时了解和回应利益相关者的意见建议，主动接受利益相关者和社会的监督。

上市公司、证券期货经营机构可将社会责任报告与年度报告同时对外披露。社会责任报告的内容至少应当包括：

（一）关于职工保护、环境污染、商品质量、社区关系等方面的社会责任制度的建设和执行情况；

（二）社会责任履行状况是否与本指引存在差距及原因说明；

（三）改进措施和具体时间安排。

第四十五条　社会责任主体应当依法支持党组织、工会、共青团、妇女组织在履行社会责任中发挥积极作用，努力营造有利于企业履行社会责任的良好氛围。

第四十六条　社会责任主体应当加强相互交流与国际合作，研究学习国内外履行社会责任的先进理念和成功经验，总结经验，找出差距，改进工作。

第八章　诚信文化建设

第四十七条　社会责任主体应当以保护投资者特别是中小投资者的合法权益为基本出发点，以道德为基础，以法制为保障，努力培育诚信意识，切实提高诚信水平，推动形成"以诚实守信为荣，以见利忘义为耻"的文化氛围，为证券期货市场的稳定发展创造良好的市场环境。

第四十八条　社会责任主体应当建立健全激励约束机制，把单位、员工的诚信表现与其切身利益直接联系起来，鼓励诚实守信，维护诚信利益，形成"守信得益，失信受损"的利益导向。定期或者不定期对履行诚信的情况进行检查，发现存在违法失信行为，要依据规章制度严肃处理和认真整改，自觉向政府部门和监管机构报告。

第四十九条　社会责任主体应当高度重视新闻媒体宣传、监督的作用，积极支持和配合新闻媒体对其履行诚信的情况进行报道，宣传和表扬单位和职工的诚信事迹，揭露和批评违法失信行为。

第五十条　社会责任主体应当向社会公布举报监督电话，建立畅通的监督渠道，为广大投资者和社会公众对其履行诚信情况进行监督提供便利，有效提高广大投资者和社会公众的监督能力。

第九章　附　　则

第五十一条　未在福建省内设立分支机构的省外证券期货经营机构、证券期货服务机构在福建省内从事证券期货经营和提供服务活动的，参照本指引执行。

第五十二条　本指引自发布之日起施行。

参 考 文 献

一、中文部分

1. 陈佳贵等：《中国企业社会责任研究报告（2009）》，社会科学文献出版社，2009 年。

2. 陈英等：《企业社会责任理论与实践》，经济管理出版社，2009 年。

3. 陈支武：《企业社会责任理论与实践》，湖南大学出版社，2008 年。

4. 高鸿业：《西方经济学》，中国人民大学出版社，2005 年。

5. 蒋正华、邹东涛：《中国企业公民报告（2009）》，社会科学文献出版社，2009 年。

6. 金碚：《中国企业竞争力报告（2007）》，社会科学文献出版社，2007 年。

7. 金碚等：《竞争力经济学》，广东经济出版社，2003 年。

8. 黎友焕：《企业社会责任在中国——广东企业社会责任建设前沿报告》，华南理工大学出版社，2007 年。

9. 黎友焕：《SA8000 与中国社会责任建设》，中国经济出版社，2004 年。

10. 李立清、李燕凌：《企业社会责任研究》，人民出版社，2005 年。

11. 李梦觉：《企业核心竞争力研究》，湖南人民出版社，2009 年。

12. 李善同、王直、翟凡、徐林：《WTO：中国与世界》，中国发展出版社，2000 年。

13. 李喜先等：《技术系统化》，北京科学出版社，2005 年。

14. 林毅夫：《中国经济研究》，北京大学出版社，1999 年。

15. 林毅夫、蔡昉、李周：《中国的奇迹：发展战略与经济改革》，上海人民出版社，1994 年。

16. 林毅夫、蔡昉、李周：《充分信息与国有企业改革》，上海人民出版社，1997 年。

17. 林毅夫、蔡昉、李周：《中国的奇迹：发展战略与经济改革》（增订版），上海人民出版社，1999 年。

18. 林毅夫：《自生能力与经济发展与转型——理论与实证》，北京大学出版社，2004 年。

19. 刘俊海：《公司的社会责任》，法律出版社，1999 年。

20. 刘连煜：《公司治理与公司社会责任》，中国政法大学出版社，2001 年。

21. 卢代富：《企业社会责任的经济学与法学分析》，法律出版社，2002 年。

22. 任荣明、朱晓明：《企业社会责任多视角透视》，北京大学出版社，2009 年。

23. 芮明杰等：《公司核心竞争力培育》，格致出版社、上海人民出版社，2008 年。

24. 商务部跨国经营管理人才培训教材编写组：《中外企业跨文化管理与企业社会责任比较》，中国商务出版社，2009 年。

25. 沈洪涛、沈艺峰：《公司社会责任思想起源与演变》，上海人民出版社，2007 年。

26. 沈宗灵：《现代西方法理学》，北京大学出版社，1997 年。

27. 史际春、邓峰：《经济法总论》，法律出版社，1998 年。

28. 司马迁：《史记·货殖列传》，中州古籍出版社，1994 年。

29. 田丰：《2004 广东企业社会责任建设蓝皮书》，广东经济出版社，2004 年。

30. 王玲：《经济法语境下的企业社会责任研究》，中国检察出版社，2008 年。

31. 吴敬琏：《现代公司与企业改革》，天津人民出版社，1994 年。

32. 杨瑞龙、周业安：《企业的利益相关者理论及其运用》，经济科学出版社，2000 年。

33. 袁家方：《企业社会责任》，海洋出版社，1990 年。

34. 袁庆明：《新制度经济学》，华夏出版社，2005 年。

35. 湛远知：《企业公民：策问与策辩》，社会科学文献出版社，2009 年。

36. 张后铨：《招商局史》（近代部分），人民交通出版社，1988 年。

37. 张金昌等：《打造国际竞争力》，经济管理出版社，2008 年。

38. 张维迎：《现代企业理论和中国企业改革》，北京大学出版社，1999 年。

39. 张维迎：《博弈论与信息经济学》，上海三联出版社、上海人民出版社，2004 年。

40. 张维迎：《产权·激励与公司治理》，经济科学出版社，2007 年。

41. 张维迎：《企业的企业家——契约理论》，上海人民出版社，1995 年。

42. 张维迎：《企业理论与中国企业改革》，北京大学出版社，1999 年。

43. 张维迎：《信息、信任与法律》，生活·读书·新知三联书店，2003 年。

44. 张文显：《二十世纪西方法哲学思潮研究》，法律出版社，1999 年。

45. 张文显：《法理学》，法律出版社，1997 年。

46. 郑石明：《企业社会责任构建——公共责任研究的新视野》，经济管理出版社，2009 年。

47. 周祖城：《企业伦理学》，清华大学出版社，2005 年。

48. 卓泽渊：《法的价值论》，法律出版社，1999 年。

49. 博登海默：《法理学——法律哲学与法律方法》，邓正来译，中国政法大学出版社，2004 年。

50. 阿·B.卡罗尔、安·K.马克霍尔茨：《企业与社会：伦理与利益相关者管理》，黄煜平等译，机械工业出版社，2004 年。

51. 罗伯特·C.克拉克：《公司法则》，胡平、林长远、徐庆恒、陈亮译，工商出版社，1999 年。

52. 迈克尔·波特：《竞争优势》，华夏出版社，1997 年。

53. 因内思·马可-斯达德勒、J. 大卫·佩雷斯-卡斯特里罗：《信息经济学引论：激励与合约》，管毅平译，上海财经大学出版社，2004 年。

54. 阿兰·A.瓦尔特斯：《发展经济学的革命》，黄祖辉、蒋文华译，上海人民出版社，2000 年。

55. 弗里德利希·冯·哈耶克：《法律、立法与自由》（第一卷），邓正来等译，中国大百科全书出版社，2000 年。

56. 弗里德利希·冯·哈耶克：《个人主义与经济秩序》，贾湛等译，北京经济学院出版社，1989 年。

57. 马尔科姆·卢瑟福：《经济学中的制度》，陈波、郁仲莉译，中国社会科学出版社，1999 年。

58. 让-雅克·拉丰：《规制与发展》，中国人民大学出版社，2009 年。

59. 道格拉斯·诺斯：《经济史中的结构与变迁》，上海三联书店，1991 年。

60. 国里安·艾斯勒：《国家的真正财富：创建关怀经济学》，社会科学文献出版社，2009 年。

61. 约翰·奈斯比特、多丽丝·奈斯比特：《中国大趋势——新社会的八大支柱》，吉林出版社、中华工商联合出版社，2009 年。

62. 雅诺什·科尔耐：《社会主义体制：共产主义政治经济学》，中央编译出版社，2007 年。

63. 保罗·托马斯：《执行力Ⅱ——完全行动手册》，源泉译，北京国际文化出版公司，2004 年。

64. 贝克尔：《人力资本》，梁小民译，北京大学出版社，1987 年。

65. 彼得·圣吉：《第五项修炼——学习型组织的艺术与实务》第一部，郭进隆译，杨硕英审校，上海三联书店，1998年。

66. 大卫·李嘉图：《政治经济学及赋税原理》，华夏出版社，2005年。

67. 舒尔茨：《论人力资本投资》，吴珠华等译，北京经济学院出版社，1992年。

68. 亚当·斯密：《国富论》，谢祖钧译，新世界出版社，2007年。

69. 伊夫·多兹：《管理核心竞争力以求公司更新：走向一个核心竞争力管理理论》，东北财经大学出版社，2003年。

70. 约翰·内希姆：《绝对竞争优势》，中国人民大学出版社，2008年。

71. 《浦东新区推进建立企业社会责任体系三年行动纲要（2007~2009)》，2007年。

72. 邓曦东：《企业社会责任与可持续发展战略关系的经济分析》，《当代经济》，2008年。

73. 北京大学中国经济研究中心发展战略研究组：《国有企业改革的回顾与展望》，北京大学中国经济研究中心内部讨论稿，2000年。

74. 杨丽英：《日本公司立法的历史考察》，《现代法学》，1998年第5期。

75. 蔡莉、尹苗苗：《新创企业资源构建与动态能力相互影响研究》，《企业管理研究》，2009年第2期。

76. 杨育谋：《力拓"间谍案"的背后》，《社会与文化》，2009年第8期。

77. 曹红军、赵剑波：《动态能力如何影响企业绩效——基于中国企业的实证研究》，《企业管理研究》，2009年第3期。

78. 常凯：《全球经济一体化与社会责任》，《工会理论与实践》，2003年第4期。

79. 陈汉林、张新国：《五维结构企业国际竞争力理论模型分析》，《经济管理》，2009年第10期。

80. 陈佳怡：《我国公司社会责任的实践与完善思路》，《改革与战略》，2008年第3期。

81. 陈留彬：《企业社会责任理论研究综述》，《山东社会科学》，2006年第12期。

82. 陈梅：《企业战略投资的分类治理——基于交易治理期权观的视角》，《经济管理》，2009年第2期。

83. 陈明宪、陈韵竹：《企业人力资源管理现状分析与对策》，《企业经济》，2009年第5期。

84. 陈文标、阮兢青：《新经济时代下创业型企业的战略领导实施》，《企业经济》，2009年第6期。

85. 陈湘舸、邝爱峰：《企业社会责任运动理论与实践》，《求索》，2004 年第 6 期。

86. 陈雪阳：《基于顾客价值的动态竞争优势》，《企业管理研究》，2009 年第 9 期。

87. 崔晓筝：《浅析技术创新在提升国企竞争力方面的作用》，《企业经济》，2009 年第 8 期。

88. 崔子龙：《基于三个纬度完善我国企业公民价值体系》，《特区经济》，2008 第 1 期。

89. 邓冬梅：《我国企业的社会责任》，《集团经济研究》，2005 年第 2 期。

90. 邓健、任文举：《企业的社会责任的内涵辨析》，《商场现代化》，2005 年第 10 期。

91. 邓玲、肖化柱：《自生能力视角下的中小企业参与产业配套问题研究》，《价值工程》，2008 年第 19 期。

92. 董婷婷、张玉华：《从汶川大地震看企业社会责任的重构》，《经济导刊》，2008 年第 7 期。

93. 杜中臣：《企业的社会责任及其实现方式》，《中国人民大学学报》，2005 年第 4 期。

94. 段文、刘善仕：《国外企业社会责任研究述评》，《华南理工大学学报》，2007 年第 6 期。

95. 谷奇峰、丁慧平：《企业能力理论研究评述》，《北京交通大学学报(社会科学版)》，2009 年 1 月第 8 卷第 1 期。

96. 郭朝先：《中小企业面临的问题与对策》，《经济纵横》，2008 年第 5 期。

97. 郭文美、黎友焕：《食品企业履行社会责任刻不容缓》，《中国贸易报》，2007 年 12 月 13 日。

98. 韩喜平：《论科学发展观对经济发展理论的突破与创新》，《当代世界与社会主义》，2009 年第 5 期。

99. 郝幸田：《企业公民责任重》，《企业文明》，2006 年第 4 期。

100. 何平：《论民法与经济价值定位的二元互补律》，《山东法学》，1999 年第 4 期。

101. 何夏蓓：《利用成本管理提升企业核心竞争力》，《企业经济》，2009 年第 7 期。

102. 虎岩：《我国企业公民建设的路径选择》，《河南省政法管理干部学院学报》，2008 年第 2 期。

103. 黄赤、刘普：《企业内部知识共享的障碍及解决方法》，《经济管理》，

2009 年第 8 期。

104. 黄如安：《从突发性外部问题谈企业社会责任》，《企业经济》，2008 年第7 期。

105. 林海滨：《企业社会责任问题探析》，《党政干部学刊》，2008 年第 5 期。

106. 霍季春：《从"企业社会责任"到"企业公民"》，《理论与现代化》，2007 年第 1 期。

107. 霍季春：《企业公民：对企业社会责任的匡正与超越》，中共中央党校博士学位论文，2008 年。

108. 纪德尚、郭秋娟：《构建和谐社会与企业的社会责任》，《郑州大学学报》，2006 年第 9 期。

109. 姜彦福、金景泰、张久春、吴重山：《跨国公司海外子公司的能力演化过程研究——以跟随韩国现代汽车来华的韩国零部件供应商为例》，《中国工业经济》，2009 年第 10 期。

110. 金碚、李刚：《中国企业盈利能力提升与企业竞争力》，《中国工业经济》，2007 年第 11 期。

111. 金建成：《企业社会责任视角下的民营企业可持续发展研究》，《企业管理》，2007 年第 8 期。

112. 金建江：《从利益相关者视角解读企业社会责任》，《财经科学》，2007 年第 11 期。

113. 金香兰、李宝奇：《构建和谐社会与企业社会责任的思考》，《东疆学刊》，2005 年第 10 期。

114. 景春梅：《司马迁与亚当·斯密若干经济思想之比较》，《生产力研究》，2008 年第 15 期。

115. 睢国余、蓝一：《要素禀赋不对称与企业的性质》，《北京大学经济学报（哲学社会科学版）》，2006 年第 43 卷第 6 期。

116. 雷杰、李蕾蕾、何存英：《企业履行社会责任对其经济效益与可持续发展能力的影响》，《经济问题探索》，2008 年第 8 期。

117. 黎友焕：《企业社会责任研究》，西北大学，2007 年。

118. 黎友焕：《企业应对社会责任标准体系（SA8000）认证需要注意的几个问题》，《财经理论与实践》，2004 年第 5 期。

119. 黎友焕：《推动 SA8000 在我国实施的主体行为及影响分析》，《世界标准化与质量管理》，2004 年第 10 期。

120. 李碧珍：《企业社会责任缺失：现状、根源、对策——以构建和谐社会为视角的解读》，《企业经济》，2006 年第 6 期。

121. 李炳毅、李东红：《在战略管理过程中倡导企业的社会责任》，《经济问题》，1998 年第 8 期。

122. 李端：《对企业社会责任的理性思考》，《集团经济研究》，2006 年第 8 期。

123. 李健、陈传明：《权力视角下的战略联盟结构模式研究》，《经济管理》，2009 年第 6 期。

124. 李军林、张英杰：《国有企业激励机制有效实施的制度基础——一种市场竞争与信号传递的分析视角》，《经济学动态》，2009 年第 4 期。

125. 李抗美：《论企业的社会责任》，《江淮论坛》，1994 年第 3 期。

126. 李平龙：《超越道德教化：公司社会责任法律内涵解读》，《社会科学家》，2005 年第 1 期。

127. 连漪、李涛：《企业的责任竞争力与可持续竞争优势》，《改革与战略》，2007 年第 12 期。

128. 林军：《利益相关者与公司控制权安排》，《暨南学报（人文科学与社会科学版）》，2004 年第 4 期。

129. 林军：《企业社会责任的社会契约理论解析》，《岭南学刊》，2004 年第 4 期。

130. 林毅夫、刘培林：《自生能力与国企改革》，北京大学中国经济研究中心 2001 年讨论系列稿，No. C2001005。

131. 林毅夫：《发展战略，自生能力与经济收敛》，芝加哥大学"D.盖尔·约翰逊年度讲座"讲稿，2001 年 5 月 14 日。

132. 林毅夫、谭国富：《自生能力、政策性负担、政策归属和预算软约束》，1999 年。

133. 林毅夫、李志赟：《政策性负担、道德风险与预算软约束》，《经济研究》，2004 年第 2 期。

134. 林毅夫、李志赟：《中国的国有企业和金融体制改革》，《经济学（季刊）》，2005 年第 3 期。

135. 林毅夫：《自生能力经济转型和新古典经济学的反思》，《经济研究》，2002 年。

136. 林毅夫、蔡昉、李周：《比较优势与发展战略——对"东亚奇迹"的再解释》，《中国社会科学》，1999 年第 5 期。

137. 林毅夫：《自生能力与改革的深层次问题》，《经济社会体制比较》，2002 年第 2 期。

138. 林毅夫：《自生能力与我国当前资本市场的建设》，《经济学（季刊）》，

2004 年 1 月第 3 卷第 2 期。

139. 刘藏岩：《民营企业社会责任推进机制研究》，《经济经纬》，2008 年第 5 期。

140. 刘诚：《企业社会责任概念的界定》，《上海师范大学学报 (哲学社会科学版)》，2006 年 9 月第 35 卷第 5 期。

141. 刘桂山：《英国：政府鼓励 企业自律》，《参考消息特刊》，2004 年 7 月 29 日。

142. 刘俊海：《强化公司社会责任的法理思考与立法建议》，《证券时报》，2004 年 8 月 16 日。

143. 刘俊海：《挑战股东利益最大化——美国近年非股东利益相关者立法研究》，《国际贸易》，2002 年第 7 期。

144. 刘莉、王成、韩晓东：《集成创新、核心竞争力与经营绩效关系的实证研究——以深圳软件企业为例》，《企业经济》，2009 年第 2 期。

145. 刘素芝：《浅析强化公司社会责任的机理》，《湖南省政法管理干部学院学报》，2002 年第 6 期。

146. 刘彤：《我国企业公民建设的路径选择》，《中国经济时报》，2007 年 10 月 11 日。

147. 刘兴赛：《主体自生、结构优化与市场深化》，《东北大学学报 (社会科学版)》，2009 年 3 月第 11 卷第 2 期。

148. 刘子安、陈建勋：《魅力型领导行为对自主技术创新的影响——机制与情境因素研究》，《中国工业经济》，2009 年第 4 期。

149. 龙丹、张玉利：《新企业机会发现方式及其对机会创新性作用解析》，《经济管理》，2009 年第 9 期。

150. 路越：《试论我国企业的社会责任建设》，《吉林师范大学学报》，2005 年第 10 期。

151. 罗珉、刘永俊：《企业动态能力的理论架构与构成要素》，《企业管理研究》，2009 年第 4 期。

152. 毛羽：《凸显"责任"的西方应用伦理学——西方责任伦理述评》，《哲学动态》，2003 年第 9 期。

153. 毛蕴诗、姜岳新、莫伟杰：《制度环境、企业能力与 OEM 企业升级战略——东菱凯琴与佳士科技的比较案例研究》，《管理世界》，2009 年第 6 期。

154. 倪建文：《论质量文化对企业管理职能的规制——以日本丰田汽车公司的质量文化为例》，《企业管理研究》，2009 年第 2 期。

155. 钱立洁：《民营企业实施品牌战略途径探讨》，《企业经济》，2009 年第

1 期。

156. 秦颖、雷家骕：《企业自主创新研究的案例选择与创新模式比较》，《经济管理》，2009 年第 7 期。

157. 秦志华、刘艳萍：《商业创意与创业者资源整合能力拓展——白手起家的创业案例分析及理论启发》，《管理世界》，2009 年增刊。

158. 邱钊、黄俊、李传昭、陈明锐、吕心田：《动态能力与企业竞争优势——基于东风汽车有限公司的质性研究》，《企业管理研究》，2009 年第 2 期。

159. 邵炜、王晶晶：《从"社会责任"到"企业公民"的演变》，《特区经济》，2009 年 3 月。

160. 盛顺喜：《企业社会责任缺失的原因及强化对策》，《上海企业》，2005 年第 11 期。

161. 史美霖：《企业知识创新与竞争优势》，《企业经济》，2009 年第 1 期。

162. 宋瑞卿：《老板的革命：解读民营企业的管理变革》，《企业管理》，2005 年第 3 期。

163. 孙汉建：《企业公民：社会责任与盈利目标的平衡》，《内蒙古农业大学学报（社会科学版）》，2006 年第 2 期。

164. 孙明华：《论和谐社会的企业社会责任》，《环渤海经济瞭望》，2007 年第 2 期。

165. 孙文冈、刘荣：《战略记分卡——企业治理的评测工具》，《企业管理研究》，2009 年第 2 期。

166. 孙永杰：《我们离"企业公民"有多远》，《企业文化》，2004 年第 3 期。

167. 汤春来：《公司正义的制度认证与创新》，《法律科学（西北政法学院学报)》，2003 年第 3 期。

168. 唐魁玉：《自生能力：信息产业的市场化、集群化与创新化》，《哈尔滨工业大学学报（社会科学版)》，2005 年 5 月第 7 卷第 3 期。

169. 唐清泉、甄丽明：《管理层风险偏爱、薪酬激励与企业 R&D 投入——基于我国上市公司的经验研究》，《经济管理》，2009 年第 5 期。

170. 田怡：《我国企业社会责任的问题及对策》，《法制与社会》，2008 年第 6 期。

171. 汪林、储小平、倪婧：《领导—部属交换、内部人身份认知与组织公民行为——基于本土家族企业视角的经验研究》，《管理世界》，2009 年第 1 期。

172. 王丹等：《英国政府推进企业社会责任的实践和启示》，《改革与战略》，2008 年第 12 期。

173. 王富祥：《对企业自主创新的思考》，《企业经济》，2009 年第 8 期。

174. 王季:《控制权配置与公司治理效率——基于我国民营上市公司的实证分析》,《经济管理》,2009 年第 8 期。

175. 王加灿:《基于生命周期理论的企业社会责任管理》,《企业经济》,2006 年第 5 期。

176. 王洁明:《瑞典企业的"社会责任"》,《绿叶》,2005 年第 6 期。

177. 王雷:《构建组织公民行为的激励体系》,《企业经济》,2009 年第 9 期。

178. 王莉、徐松屹:《企业动态能力本质属性与影响因素研究》,《企业经济》,2009 年第 8 期。

179. 王茂林:《构建和谐社会必须强化企业的社会责任》,《求是》,2005 年第 23 期。

180. 王明辉、彭翠:《基于企业文化的核心竞争力思考》,《企业经济》,2009 年第 1 期。

181. 王涛、邓荣霖:《新创企业能力构建的跨层次分析》,《经济管理》,2009 年第 10 期。

182. 王天林:《劳动权保障与制度重构——基于我国劳工权益保护的现状分析》,《学术界》,2008 年第 2 期。

183. 王天林:《劳工权益的国际化保护趋势研究》,《山东大学学报》,2007 年第 9 期。

184. 王晓文、张玉利、李凯:《创业资源整合的战略选择和实现手段——基于租金创造机制视角》,《经济管理》,2009 年第 1 期。

185. 王新新、杨德锋:《企业社会责任研究——CSR1,CSR2,CSR3》,《工业技术经济》,2007 年第 4 期。

186. 王亚星、张磊:《国际市场分工定位下的企业国际化经营模式选择》,《经济管理》,2009 年第 7 期。

187. 王烨:《关于股权激励效应的争论及其检验》,《经济学动态》,2009 年第 8 期。

188. 王永乐、李梅香:《战略制定与执行的统一——基于员工参与的视角》,《企业管理研究》,2009 年第 3 期。

189. 魏峰、袁欣、邸杨:《交易型领导、团队授权氛围和心理授权影响下属创新绩效的跨层次研究》,《管理世界》,2009 年第 4 期。

190. 翁君奕:《从单点到并行:聚焦战略的分化趋势与实现路径》,《经济管理》,2009 年第 2 期。

191. 吴伯凡:《通向企业"公民之路"》,《企业家天地》,2008 年第 6 期。

192. 吴先明、糜军:《我国企业对发达国家逆向投资与自主创新能力》,

《经济管理》，2009 年第 4 期。

　　193. 吴宣恭：《正确认识利益相关论者的企业产权和社会责任观》，《经济学家》，2007 年第 6 期。

　　194. 武亚军：《艾默生的战略规划创新及其启示》，《经济管理》，2009 年第 8 期。

　　195. 席建国：《论中国企业的社会责任》，《上海企业》，2005 年第 11 期。

　　196. 项国鹏：《公司战略变革模式分析——基于知识的结构化框架》，《企业管理研究》，2009 年第 7 期。

　　197. 谢海霞：《浅论国际劳工标准的多样化治理》，《政治与法律》，2007 年。

　　198. 谢燕秋、宋夏：《社会本位主义——合同法的现代精神》，《吉首大学学报（社会科学版）》，1999 年第 1 期。

　　199. 熊惠珍、刘文琦：《企业人才流失危机管理初探》，《企业经济》，2009 年第 5 期。

　　200. 项志芬、戚安邦：《项目导向的企业创新战略规划方法研究》，《企业管理研究》，2009 年第 5 期。

　　201. 徐万里、钱锡红、孙海法：《动态能力、微观能动主体与组织能力提升》，《经济管理》，2009 年第 3 期。

　　202. 徐万里、孙海法、王志伟、钱锡红：《中国企业战略执行力维度结构及测量》，《企业管理研究》，2009 年第 1 期。

　　203. 许倩、张继光：《提高企业自主创新能力的软环境思考》，《企业经济》，2009 年第 9 期。

　　204. 薛云建：《基于道德价值的企业营销决策》，《企业管理〈生产力研究〉》，2007 年第 18 期。

　　205. 杨春方、石永东、于本海：《中国企业社会责任困境解析》，《科技与管理》，2007 年第 1 期。

　　206. 杨丽萍：《企业公民：少数者的荣耀与多数者的缺席》，《企业文化》，2006 年第 4 期。

　　207. 杨丽英：《日本公司立法的历史考察》，《现代法学》，1998 年第 5 期。

　　208. 杨依依：《管理顾客资源：资源类型、位置及其活用策略》，《企业管理研究》，2009 年第 5 期。

　　209. 殷格非：《提高责任竞争力，应对全面责任竞争时代》，《上海企业》，2006 年第 1 期。

　　210. 袁华等：《美国社会责任实践研究》，《经济师》，2007 年第 2 期。

　　211. 曾珠：《从比较优势、竞争优势到知识优势——日本知识产权战略对我国的启示》,《经济管理》,2009 年第 1 期。

212. 张东宝、姜力嘉:《企业核心竞争力评估方法研究》,《财会通讯学术报》,2006 年第 12 期。

213. 张和增:《儒家伦理思想的现代价值》,《学术研究》,1996 年第 1 期。

214. 张红明、朱丽贤:《商业伦理的中西方比较研究》,《经济经纬》,2005 年第 6 期。

215. 张利国:《论公司的社会责任》,《贵州财经学院学报》,2003 年第 2 期。

216. 张良桥、冯从文:《理性与有限理性:论经典博弈理论与进化博弈理论之关系》,《世界经济》,2001 年第 8 期。

217. 张维迎:《所有者、治理结构及委托—代理关系——兼评崔之元和周其仁的一些观点》,《经济研究》,1996 年第 9 期。

218. 张维迎:《正确理解企业社会责任》,《经济观察报》,2007 年 8 月 20 日。

219. 张晓文、徐光东、王建梅:《国有大型企业股份制改革的调查与分析》,《中国经贸导刊》,2005 年第 7 期。

220. 张延锋:《供应商网络治理模式的选择》,《经济管理》,2009 年第 6 期。

221. 张英:《论经济法的基本价值取向》,《法律科学 (西北政法学院学报)》,2004 年第 4 期。

222. 张玉利、田新、王晓文:《有限资源的创造性利用——基于冗余资源的商业模式创新:以麦乐送为例》,《经济管理》,2009 年第 3 期。

223. 张正华、武邦涛、宁方华:《虚拟企业 (集团) 经营与提升核心竞争力研究》,《企业经济》,2009 年第 10 期。

224. 章斌飞:《发达国家的技术创新对我国企业的启示》,《今日科技》,2004 年第 5 期。

225. 赵连荣:《我国企业社会责任的演变与趋势》,《企业改革与管理》,2005 年第 2 期。

226. 赵素洁:《我国高新技术企业核心竞争力的构建》,《企业经济》,2009 年第 9 期。

227. 赵中伟:《金融危机对中国企业的影响与应对》,《现代企业》,2008 年第 11 期。

228. 郑慕强、徐宗玲:《中小企业外部网络、吸收能力与技术创新》,《经济管理》,2009 年第 11 期。

229. 周小兰:《论新经济时代的企业管理理念》,《企业经济》,2009 年第 2 期。

230. 周勇:《论责任、企业责任与企业社会责任》,《武汉科技大学学报(社会科学版)》，2003 年第 4 期。

231. 朱长丰：《基于动态能力战略观的企业资源层次结构和演化路径分析》，《企业经济》，2009 年第 8 期。

232. 朱锦程：《政府、企业与社会三者关系中的中国企业社会责任监管机制》，《社会科学战线》，2007 年第 1 期。

233. 朱芝洲、俞位增、蔡文兰：《现代企业人力资源激励问题思考》，《企业经济》，2009 年第 2 期。

234. 宗晓兰：《企业公民——理论探索与经验研究》，苏州大学硕士学位论文，2005 年。

二、英文部分

1. Michael E.Porter, Mark R.Kramer. "Philanthropy's New Agenda: Creating Value". Harvard Business Review, November–December, 1999.

2. Logsdon Reiner, Burke. "Corporate Philanthropy: Strategic Responses to the Firm's Stakeholders". Nonprofit and Voluntary Sector Quarterly, 1990 (19).

3. Steiner G.A.. "Changing Managerial Philosophies". Business Horizons, 1971 (1).

4. Keim G.D.. "Corporate Social Responsibility: An Assessment of the Enlightened Self–interest Model". Academy of Management Review, 1978 (1).

5. Morris, Biederman. "How to Give Away Money Intelligently". Harvard Business Review, 1985 (11).

6. Stephen Brammer, Andrew Milington. "Corporate Reputation and Philanthropy: An Empirical Analysis". Journal of Business Ethics, 2005 (61).

7. Haley U.C.V.. "Corporate Contributions as Managerial Masques Reframing Corporate Contributions as Strategies to Influence Society". Journal of Management Studies, 1991, 28 (5).

8. Porter M. E., Kramer M.R.. "The Competitive Advantage of Corporate Philanthropy". Harvard Business Review, 2002, 80 (12).

9. P. Smith Manufacturing Co. v. Barlow, 13N.J.145, 98 A.2d 581, appeal dismissed 346 US. 1953 (86).

10. Alchian Armen, Demsetz Harold. "Production, Information Costs and Economic Organization". American Economic Review, 1972, 62 (50).

11. Intelligence Boston: Butterworth –Heinemann, 1997, 51 (11): 71–74.

12. Archie B. Caroll, Frank Hoy. "Integration Corporate Social Policy into

Strategic Management". Journal of Business Strategy, 1984, 4.

13. Archie B. Caroll. "The Pyramid of Corporate Social Responsibility: Toward the Moral Management of Organizational Stakeholders". Business Horizons, 1991, 34 (4).

14. Ayres, Ian. "Fair Driving: Gender and Race Discrimination in Retail Car Negotiations". Harvard Law Review, 1991, 104 (4).

15. Barney J. B.. Is the "Resource-Based 'View' a Useful Perspective for Strategic Management Research? Yes". Academy of Management Review, 2001, 26(1).

16. Beaver W.. "Is the Stakeholder Model Dead?". Business Horizons, 1999, 42 (2).

17. Bebchuck, Lucian Arye, Roe, Mark J.. "A Theory of Path Dependence in Corporate Ownership and Governance". Stanford Law Review, 1999, 52 (1).

18. Berle, Adolf, Gardiner Means. "The Modern Corporation and Private Property". MacMillan, 1932.

19. Blair M. M.. "Corporate 'Ownership'". Brookings Review, 1995, Winter.

20. Stone. "Where the Law Ends", 1975, in Dr Saleem Sheikh, Corporate Social Responsibility: Law and Practice, Cavendish Publishing Limited, 1996.

21. Carroll A. B.. "Business and Society: Ethics and Stakeholder Management". Cincinnati: South-Western, 1993.

22. Charkham J.. "Corporate Governance: Lessons from Abroad". European Business Journal, 1992, 4 (2).

23. Cheung, Steven. "The Contractual Nature of the Firm". Journal of Law and Economics, 1983, 26.

24. Clarkson M.. "A Stakeholder Framework for Analyzing and Evaluating Corporate Social Performance". Academy of Management Review, 1995, 20 (1).

25. Clarkson M.. "A Risk-based Model of Stakeholder Theory". Proceedings of the Toronto Conference on Stakeholder Theory, Center for Corporate Social Performance and Ethics, University of Toronto, Toronto, Canada, 1994.

26. Coase R.H.. "The Nature of the Firm". Economics, 1937, 4.

27. Donaldson, Preston L.E.. "The Stakeholder Theory of the Corporation: Concepts, Evidence, and Implications". Academy of Management Review, 1995, 20 (1).

28. Donaldson T., Dunfee T.W.. "Toward a Unified Conception of Business

Ethics: Integrative Social Contracts Theory". Academy of Management Review, 1994, 19 (2).

29. Donna J. Wood. "Corporate Social Performance Revisited". Academy of Management Review, 1991, 16 (4).

30. Dufee T.W., Donaldson T.. "Contractarian Business Ethics: Current Status and Next Steps". Business Ethics Quarterly, 1995, 5 (2).

31. Epstein. "The Social Role of Business Enterprise in Britain: An American Perspective". The Journal of Management Studies, 1977.

32. Fleming R. W.. "Worldwide Changes in Corporate Governance". The Corporate Board, 1998.

33. Freeman R. E.. "Strategic Management: A Stakeholder Approach". Pitman Publishing Inc., 1984.

34. Freeman R. E.. "Strategic Management: A Stakeholder Approach". Pitman Publishing Inc., 1984.

35. Freeman R. E.. "The Politics of Stakeholder Theory: Some Future Directions". Business Ethics Quarterly, 1984, 4.

36. Freeman R. Edward. "Strategic Management: A Stakeholder Approach". Boston: Pitman, 1984.

37. Furubotn, Erik G., Richer Rudolf. "Institutions and Economic Theory: The Contribution of the New Institutional Economics". The University of Michigan Press, 2000.

38. Goodpaster K. E.. "Business Ethics and Stakeholder Analysis". Business Ethics Quarterly, 1991, 1 (1).

39. Goodpaster K.E.. "Trust: the Scocial Virtues and the Creation of Prosperity". The Free Press, 1991.

40. Granovetter M.. "Economic Action and Social Structure: the Problem of Embeddedness". American Journal of Sociology, 1985, 91.

41. Grant, Robert M.. "The Resource-based Theory of Competitive Advantage: Implications for Strategy Formulation". California Management Review, 1991, 33 (3).

42. Hart O.. "Firm, Contracts and Financial Structure". Oxford University Press, 1995.

43. Hill C., Jones T. M.. "A Stakeholder –Agency Theory". Journal of Management Studies, 1992, 29 (2).

44. James J. Drummer. "Corporate Responsibility and Legitimacy". Greenwood Press, 1991.

45. James P. Lester, Joseph Stewart Jr.. "Public Policy: An Evolutionary Approach (2nd. Ed.)". Thomson Learning, 2000.

46. Jan Ella Joseph. "Promoting Corporate Social Responsibility: Is Market－based Regulation Sufficient". New Economy, 2003.

47. Jan Svejnar. "Bargaining Power, Fear of Disagreement and Wage Settlements: Theory and Evidence from U.S. Industry". Econometrica, 1986, 54.

48. Jawahar I. m., McLaughlin G. L.. "Toward a Descriptive Stakeholder Theory: An Organizational Life Cycle Approach". Academy of Management Review, 2001, 26 (3).

49. Jeremy Moon. "Government as a Driver of Corporate Social Responsibility". Research Paper Series of International Centre for Corporate Social Responsibility, 2004.

50. John Elkington. "Cannibals with Forks: The Triple Bottom Line of 21st Century Business". Capstone, Oxford, 1997.

51. Jones T. M.. "Ethical Decision-making by Individuals in Organizations: An Issue-contingent Model". Academy of Management Review, 1991, 16 (3).

52. Jones T. M., Wicks A. C.. "Convergent Stakeholder Theory". Academy of Management Review, 1999, 24.

53. Jones T. M.. "Instrumental Stakeholder Theory: A Synthesis of Ethics and Economics". Academy of Management Review, 1995, 20 (2).

54. Jones T. M.. "The Toronto Conference: Reflections on Stakeholder Theory". Business and Society, 1994, 33 (1).

55. Joseph W. McGuire. "Business and Society". McGraw-Hill, 1963.

56. Kenneth E. Boulding. "The Economics of the Coming Spaceship Earth". In H. Jarrett, ed. "Environmental Quality in a Growing Economy". Baltimore, MD: "Resources for the Future". Johns Hopkins University Press, 1966.

57. Kornai Janos, Maskin Eric, Roland Gerard. "Understanding the Soft Budget Constraint". Working Paper, 2002, UC Berkeley.

58. Levitt T.. "The Danger of Social Responsibility". Harvard Business Review. 1958, 9.

59. Lin J.Y.. "Development Strategy, Viability and Economic Convergence". Economic Development and Cultural Change, 2003, (51).

60. Lin J. Y., Tan G.. "Policy Burdens, Accountability and Soft Budget Constraint". American Economic Review, 1999, 2.

61. Lin, Justin Yifu. "Development Strategy and Economic Convergence". The Inaugural D. Gale Johnson Lecture, Department of Economics, the University of Chicago, 2001.

62. Lin J. Y., Tan G.. "Policy Burdens, Accountability and Soft Budget Constraint". American Economic Review, 1999, 89.

63. Lin J. Y., Cai F., Li Z.. "Competition, Policy Burdens, and State-Owned Enterprises Reform". American Economic Review, 1998, 88 (2).

64. Lois A. Mobr, Deborah J. Webb. "The Effect of Corporate Social Responsibility and Price on Consumer Responses". The Journal of Consumer Affairs, 2005, 39.

65. Many K. Coulter. "Strategic Management in Action". In: Mark S. Schwartz, Archie B. Carroll, ed. "Corporate Social Responsibility: A Three Domain Approach". Business Ethics Quarterly, 2003, 13.

66. Matten D., Crane. "A Corporate Citizenship: Toward an Extended Theoretical Conceptualization". Academy of Management Review, 2005, 30 (1).

67. Mckelvey B.. "Evolution and Organizations Science". In: Baum J. A. C., J. V. Singh, ed. "Evolution Dynamics of Organization". Oxford University Press, 1994.

68. Merry, Sally Engle. "Rethinking Gossip and Scandal". In: Donald Black, ed. "Towards a General Theory of Social Control". Academic Press, 1984.

69. Mitchell A., Wood D.. "Toward a Theory of Stakeholder Identification and Salience: Defining the Principle of Who and What Really Counts". Academy of Management Review, 1997, 22 (4).

70. Nä si, Juha. "Understanding Stakeholder Thinking". Helsinki, Finland: LSR Publication, 1995.

71. Orts, Eric W.. "Beyond Shareholders: Interpreting Corporate Constituency Statuses", George Washington Law Review, 1992, 17.

72. Richard N., Langlois. "Cognitive Comparative Advantage and the Organization of Work: Lessons from Herbert Simon's Vision of the Future". Journal of Economic Psychology, 2003, 24.

73. Bass, Steve, Roe, Dilys, Vorley, Bill. "Standards and Sustainable Trade: A Sectoral Analysis for the Proposed Sustainable Trade and Innovation

Centre". IIED et al., 2002.

74. Tschhopp, D. J.. "Corporate Social Responsibility: A Comparison between the United States and the European Union". Corporate Social-Responsibility and Environmental Management, 2005, 12 (1).

75. Zadek, Simon, Raynard, Peter, Oliviera, Cristiano. "Responsible Competitiveness: Reshaping Global Markets through Responsible Business Practices". Accountability, 2005.

76. Shleifer, Andrei, Vishny, Robert. "A Survey of Corporate Governance". Finance, 1997, 52.

77. Steadman M. E., Garrion S. H.. "The Impact of Stakeholder Theory on the International Firm: A United States v. Japanese Comparison". International Journal of Management, 1993, 10 (3).

78. Steiner G. A., J. F. Sterner. "Business, Government and Society". Random House, 1980.

79. Stephen Timms. "The Government Has an Ambitious Vision for Corporate Social Responsibility". London: Department of Trade and Industry. UK Government. 2004.

80. Steven L. Wartick, Philip L. Cochran. "The Evolution of the Corporate Social Performance Model". Academy of Management Review, 1985, 10 (4).

81. Svejnar. "On the Theory of a Participatory Firm". Journal of Economic Theory, 1982, 27.

82. Szwajkowski E.. "Simplifying the Principles of Stakeholder Management: The Three most Important Principles". Business & Society, 2000, 39 (4).

83. Teece D.J., G. Pisano, A. Shuen. "Dynamic Capabilities and Strategic Management". Strategic Management Journal, 1997, 18.

84. Terry McIlwee. "Collective Bargaining". European Labor Relations, Cower, 2001, 1.

85. "The Research and Policy Committee of the Committee for Economic Development". Social Responsibilities of Business Corporations, 1971.

86. Thomas R. Dye. "Understanding Public Policy (10th ed.)". Pearson Education, 2002.

87. Thompson J. K., Wartick S. L., Smith, H. L.. "Integrating Corporate Social Performance and Stakeholder Management: Implications for a Research Agenda in Small Business". Research in Corporate Social Performance and Policy, 1991, 12.

88. Vromen J. J.. "Evolutionary Economics: Precursors, Paradigmative Propositions, Puzzles and Prospects". In: Reijinders J., ed. "Economics and Evolution". Edward Elgar, 1997.

89. Wheeler D., Maria S.. "Including the Stakeholders: the Business Case". Long Range Planning, 1998, 31 (2).

90. Witt U.. "Evolutionary Economics: An Interpretative Survey". In: K. Dopfer, ed. "Evolutionary Economics: Program and Scope". Kluwer Academic Publishers, 2001.

91. Witt U.. "Evolutionary Economics: Some Principles". In: U. Witt, ed. "Evolution in Markets and Institutions". Physica-Verlag Heidelberg, 1993.

92. "Working with the Community-A Guide to Corporate Social Responsibility". In: D Clutter Buck and Snow, 1990.

93. Yin R. K.. "Case Study Research-design and Methods", Applied Social Research Methods Series, 1994 (5).

94. Ziegler J. N.. "Institution, Elites and Technological Change in France and Germany".World Politics, 1995, 47.

图书在版编目（CIP）数据

企业公民教育研究——企业公民、企业自生能力与企业社会责任 / 王金辉著.—北京：经济管理出版社，2010.11

ISBN 978-7-5096-1157-9

Ⅰ.①企…　Ⅱ.①王…　Ⅲ.①企业—社会—职责—研究　Ⅳ.①F270

中国版本图书馆 CIP 数据核字（2010）第 218509 号

出版发行：**经济管理出版社**

北京市海淀区北蜂窝 8 号中雅大厦 11 层

电话：(010)51915602　　　邮编：100038

印刷：世界知识印刷厂　　　　　　经销：新华书店

组稿编辑：徐　雪	责任编辑：徐　雪
技术编辑：杨国强	责任校对：郭　佳

720mm×1000mm/16　　　28 印张　　　518 千字

2011 年 1 月第 1 版　　　2011 年 1 月第 1 次印刷

定价：56.00 元

书号：ISBN 978-7-5096-1157-9